後遺障害入門

認定から訴訟まで

小松初男

小林　覚

西本邦男

編

青林書院

はしがき

　厚生労働省は，労災保険法の障害等級の認定方法について，「障害等級認定基準」（昭和50年9月30日付基発第565号別冊）を定め，逐次その改訂を行っており，その解説書が『労災補償　障害認定必携』（一般財団法人労災サポートセンター発行）です。

　自賠責保険（自賠責共済を含みます。以下同じ）の後遺障害等級認定は，労災保険法の障害の等級認定に依拠しているため，『労災補償　障害認定必携』は，自賠責保険や裁判実務での後遺障害等級認定においても必携の書となっています。交通事故での自賠責保険金請求や損害賠償請求訴訟において，後遺障害の有無・等級が争点となる場合に，その後遺障害の内容や程度に関する認定方法を理解していなければ，的確な主張・立証は望むべくもありません。

　本書は，第二東京弁護士会紫水会に所属し，交通事故の損害賠償実務に日々真摯に携わる弁護士が，後遺障害認定実務に必須の知識である障害等級認定基準と『労災補償　障害認定必携』の内容を，交通事故により発生する主な後遺障害ごとに初学者の方にもわかりやすいよう平易な表現で解説することを目指したものです。

　そこで，本書は，第1章の総論で後遺障害等級認定全般につき実務家に必要不可欠と思われる基本的な事項を解説し，第2章の各論では実務上問題となることが多い後遺障害を取り上げ，その後遺障害の「定義・概要」と「認定基準」を解説し，さらに「主な争点と主張立証上の留意事項」を指摘したうえで，末尾に近時の実務上参考になると思われる裁判例を要約して掲載するという構成をとりました。本書のタイトルは「入門」とはなっていますが，本文のほか引用文献の摘示や裁判例の紹介等全体を通じて，必ずしも「入門者」に限らず，後遺障害についての損害賠償に携わるすべての実務家にとっても有益なものとなったのではないかと自負しています。本書が，後遺障害に関心のある皆様のお役に立つことができれば幸いです。

　最後に，丹念な校正とともに読みやすい紙面作りにご尽力いただいた青林書院編集部の長島晴美さんに心より感謝を申し上げます。

平成30年6月吉日　　編者一同

編者・執筆者紹介

編　　者

小松　初男（こまつ　はつお）【第2章 *1*・*2*・*3*・*5*・*9*・*11*担当】
　　弁護士
　　早稲田大学法学部卒業
　　1987年弁護士登録
　　〔所属事務所〕虎の門法律事務所

小 林　　覚（こばやし　さとる）【第1章，第2章 *6*・*7*担当】
　　弁護士
　　早稲田大学法学部卒業
　　1985年弁護士登録
　　〔所属事務所〕エスペランサ法律事務所

西本　邦男（にしもと　くにお）
　　弁護士
　　中央大学法学部卒業
　　1984年弁護士登録
　　〔所属事務所〕日比谷南法律事務所

執　筆　者

（執筆順）

小松　初男　　上掲

國貞　美和（くにさだ　みわ）【第2章 *4*担当】
　　弁護士
　　上智大学法学部卒業
　　2000年弁護士登録
　　〔所属事務所〕國貞法律事務所

小 林　覚　上掲

吉田　大輔（よしだ　だいすけ）【第2章8担当】
　　弁護士
　　一橋大学法学部卒業
　　2006年弁護士登録
　　〔所属事務所〕虎の門法律事務所

片野田志朗（かたのだ　しろう）【第2章10担当】
　　弁護士
　　明治大学法学部卒業
　　2006年弁護士登録
　　〔所属事務所〕東京中央総合法律事務所

鈴木　雄貴（すずき　ゆうき）【第2章12担当】
　　弁護士
　　慶應義塾大学理工学部卒業
　　中央大学法科大学院修了
　　2009年弁護士登録
　　〔所属事務所〕虎の門法律事務所

白井　由里（しらい　ゆり）【第2章13担当】
　　弁護士
　　早稲田大学法学部卒業
　　2007年弁護士登録
　　〔所属事務所〕小林明子法律事務所

岡村晋之祐（おかむら　しんのすけ）【第2章14，15担当】
　　弁護士
　　早稲田大学法学部卒業
　　早稲田大学大学院法務研究科修了
　　2014年弁護士登録
　　〔所属事務所〕日比谷南法律事務所

凡　例

１．用字・用語等
　本書の用字・用語は，原則として常用漢字，現代仮名づかいによったが，法令に基づく用法，及び判例，文献等の引用文は原文どおりとした。

２．関係法令
　関係法令は，原則として平成30年６月末日現在のものによった。

３．本文の注記
　判例，文献の引用や補足，関連説明は，脚注を用いた。法令の引用などは，本文中にカッコ書きで表した。

４．法令の引用表示
　本文解説中における法令条項は，原則としてフルネームで引用した。
　カッコ内における法令条項のうち主要な法令名は，後掲の〔主要法令略語表〕の略語によった。

５．判例の引用表示
　判例・裁判例の引用は，原則として次のように行った。その際に用いた略語は，後掲の〔判例集・主要雑誌等略語表〕によった。
〔例〕平成18年３月30日最高裁判所判決，最高裁判所民事判例集60巻３号1242頁
　　　→　最判平18・３・30民集60巻３号1242頁
〔例〕平成28年３月16日東京地方裁判所判決，交通事故民事裁判例集49巻２号349頁
　　　→　東京地判平28・３・16交民49巻２号349頁

６．文献の引用表示
　引用した文献については，頻出する文献は略語を用いて引用し，その際用いた略語は，後掲の〔主要文献略語表〕によった。それ以外のものについては，著者（執筆者）及び編者・監修者の姓名，『書名』（「論文名」），巻数又は号数（掲載誌とその巻号又は号），出版者，刊行年，引用（参照）頁を掲記した。
　主要な雑誌等は後掲の〔判例集・主要雑誌等略語表〕によった。

凡　例

〔主要法令略語表〕

自賠	自動車損害賠償保障法（自賠法)	民訴	民事訴訟法
自賠令	自動車損害賠償保障法施行令	労災	労働者災害補償保険法

〔判例集・主要雑誌等略語表〕

最	最高裁判所	労民	労働関係民事裁判例集
高	高等裁判所	労判	労働判例
地	地方裁判所	自保	自保ジャーナル（2010年～)，自動車保険ジャーナル
支	支部		
判	判決	判タ	判例タイムズ
民集	最高裁判所民事判例集	判時	判例時報
交民	交通事故民事裁判例集	裁判所ＨＰ	裁判所ホームページ

〔主要文献略語表〕

『赤い本〔〇〇年版〕』　→東京三弁護士会交通事故処理委員会編『民事交通事故訴訟損害賠償額算定基準』〔1980年版～1996年版〕

『赤い本〔〇〇年版〕』　→東京三弁護士会交通事故処理委員会＝財団法人日弁連交通事故相談センター東京支部編『民事交通事故訴訟損害賠償額算定基準』〔1997年版～2004年版〕

『赤い本(上)〔〇〇年版〕』, 『赤い本(下)〔〇〇年版〕』　→公益財団法人日弁連交通事故相談センター東京支部編『民事交通事故訴訟損害賠償額算定基準』基準編(上)，講演録(下)〔2005年版～〕

『青本〔26訂版〕』　→公益財団法人日弁連交通事故相談センター編『交通事故損害額算定基準―実務運用と解説〔26訂版〕』(2018)

『青本〔25訂版〕』　→公益財団法人日弁連交通事故相談センター編『交通事故損害額算定基準―実務運用と解説〔25訂版〕』(2016)

『青本〔17訂版〕』　→公益財団法人日弁連交通事故相談センター編『交通事故損害額算定基準―実務運用と解説〔17訂版〕』(2000)

『LP交通損害関係訴訟〔補訂版〕』　→佐久間邦夫＝八木一洋編『リーガル・プログレッシブ・シリーズ5　LP交通損害関係訴訟〔補訂版〕』(青林書院，2009)

『ガイドライン2013』　→日本線維筋痛症学会編『線維筋痛症診療ガイドライン2013』(日本医事新報社，2013)

『ガイドライン2017』　→一般社団法人日本線維筋痛症学会／国立研究開発法人日本医療研究開発機構線維筋痛症研究班編『線維筋痛症診療ガイドライン2017』(日本医事新報社，2017)

『後遺障害等級認定と裁判実務〔改訂版〕』　→高野真人編著『後遺障害等級認定と裁判実務―訴訟上の争点と実務の視点〔改訂版〕』(新日本法規出版，2017)

凡　　例　　　　　　　　vii

『交通事故におけるむち打ち損傷問題〔第2版〕』　→栗宇一樹＝古笛恵子編『交通事故におけるむち打ち損傷問題〔第2版〕』(保険毎日新聞社，2012)

『裁判実務シリーズ9』　→森冨義明＝村主隆行編著『裁判実務シリーズ9　交通関係訴訟の実務』(商事法務，2016)

『新耳鼻咽喉科学〔改訂11版〕』　→切替一郎原著／野村恭也監修／加我君孝編『新耳鼻咽喉科学〔改訂11版〕』(南山堂，2013)

『新入門解剖図譜』　→三井但夫＝須田都三男『新入門解剖図譜』(建帛社，2013〔新版第6刷〕)

『整形外科専攻ハンドブック』　→山下敏彦編『整形外科専攻ハンドブック』(中外医学社，2016)

『脊髄損傷理学療法マニュアル〔第2版〕』　→岩﨑洋編『脊髄損傷理学療法マニュアル〔第2版〕』(文光堂，2014)

『注解交通損害賠償算定基準(上)〔3訂版〕』　→損害賠償算定基準研究会編『注解交通損害賠償算定基準：実務上の争点と理論(上)損害額算定・損害の塡補編〔3訂版〕』(ぎょうせい，2002)

『南山堂医学大辞典〔第18版〕』　→『南山堂医学大辞典〔第18版〕』(南山堂，2005)

『南山堂医学大辞典〔第20版〕』　→『南山堂医学大辞典〔第20版〕』(南山堂，2015)

『NEW 耳鼻咽喉科・頭頸部外科学〔改訂第2版〕』　→喜多村健＝森山寛編著『NEW 耳鼻咽喉科・頭頸部外科学〔改訂第2版〕』(南江堂，2007)

『標準解剖学』　→坂井建雄『標準解剖学』(医学書院，2017)

『標準整形外科学〔第13版〕』　→中村利孝＝松野丈夫『標準整形外科学〔第13版〕』(医学書院，2017)

『労災補償障害認定必携〔第7版〕』　→『労災補償　障害認定必携〔第7版〕』(財団法人労働福祉共済会，1988)

『労災補償障害認定必携〔第16版〕』　→『労災補償　障害認定必携〔第16版〕』(一般財団法人労災サポートセンター，2016)

目　次　　　　　　　　　　ix

目　次

第1章　総　　論

Ⅰ　後遺障害等級　　　　　3

|1| 後 遺 症————————————————————————3
|2| 労働者災害補償保険法と後遺障害————————————3
|3| 自賠責保険と後遺障害——————————————————4
　(1) 後遺障害··4
　(2) 永久残存性··4
　(3) 症状固定··5
　(4) 後遺障害等級··5
|4| 自賠責保険の支払基準——————————————————5
　(1) 支払基準の拘束性····································5
　(2) 後遺障害についての支払基準························6

Ⅱ　障害等級の仕組み　　　　　9

|1| 部　　位————————————————————————9
|2| 障害の系列————————————————————————10
|3| 障害の序列————————————————————————10
|4| 障害等級認定の原則と準則————————————————10
　(1) 併　　合··10
　(2) 相当等級（準用）····································13
　(3) 加　　重··14

Ⅲ　後遺障害の認定手続　17

1　等級認定 ———————————————————————————— 17
　(1)　自賠会社等による請求の受付等 ······················· 17
　(2)　支　　払 ·· 17
2　事前認定 ———————————————————————————— 17
3　不服申立制度 ————————————————————————— 18
　(1)　書面の検討 ·· 18
　(2)　損保料率機構への異議申立て ························· 18
　(3)　一般財団法人自賠責保険・共済紛争処理機構への紛争処理申請 ····· 19

Ⅳ　自賠責保険と損害賠償との違い　21

1　自賠責保険の後遺障害認定と裁判 ——————————— 21
2　労働能力喪失期間（永久残存性について）——————— 21
3　逸失利益の有無が問題とされる後遺障害（労働能力喪失率）——— 22
　(1)　外貌醜状 ·· 23
　(2)　歯牙障害 ·· 23
　(3)　味覚・嗅覚障害 ··· 23
　(4)　鎖骨変形 ·· 23
　(5)　腸骨採取による骨盤骨の変形 ························· 24
　(6)　脾臓又は1側の腎臓の障害 ···························· 24
　(7)　生殖器の障害 ·· 24
　(8)　下肢短縮 ·· 25
4　既存障害がある場合の取扱い ——————————————— 25

第2章　各論―類型別にみる後遺障害認定の実務

目　次　xi

I　神経系統の機能又は精神の障害　29

第1　脳の器質性障害　29

1　高次脳機能障害　29

1　定義・概要　29
- (1)　高次脳機能障害の意義　29
- (2)　高次脳機能障害の症状　30
  - ア　典型的な症状としての多彩な認知障害，行動障害及び人格変化　30
    - (ｱ)　認知障害　30　／　(ｲ)　行動障害　30　／　(ｳ)　人格変化　30
  - イ　発症の原因及び症状の併発　30
  - ウ　時間的経過　31
  - エ　社会生活適応能力の低下　31
  - オ　見過ごされやすい障害　31

2　高次脳機能障害の認定基準　31
- (1)　認定上の問題点　31
- (2)　脳外傷による高次脳機能障害認定につき重視される事項　32
  - ア　交通外傷による脳の受傷を裏づける画像検査結果があること　33
  - イ　一定期間の意識障害が継続したこと　34
  - ウ　一定の異常な傾向が生じていること　34

3　等級認定基準　35
- (1)　労災補償の等級認定基準　35
  - ア　1級，2級の認定基準　35
  - イ　3級以下の認定基準　36
- (2)　自賠責保険の認定基準　38

4　主な争点と主張立証上の留意事項　38
- (1)　自賠責実務において提出を求められる資料　38
- (2)　資料の提出・作成に関する留意点　41
  - ア　受傷直後の脳画像の重要性　41
  - イ　その他の資料作成上の工夫　42
  - ウ　客観的な検査の重要性　43

エ　小児に関する留意点……44

5　裁判例の紹介─────────────────────────45

(1)　高次脳機能障害の有無が争点となった裁判例……………………45

(2)　高次脳機能障害の程度が争点となった裁判例…………………………46

　　ア　自賠責認定よりも上位の等級が認定された事例……46

　　イ　自賠責認定よりも下位の等級が認定された事例……46

　　ウ　後遺障害等級よりも低い労働能力喪失率の認定がなされた事例……47

　　エ　3級以下の場合でも付添介護費や近親者の慰謝料が認められた事例……47

6　裁 判 例─────────────────────────48

2　軽度外傷性脳損傷（MTBI）　　60

1　定義・概要─────────────────────────60

(1)　軽度外傷性脳損傷（MTBI）の意義………………………………60

　　ア　交通事故外傷による器質的損傷としてのMTBI……60

　　イ　世界保健機関（WHO）の定義・診断基準……61

(2)　MTBIの症状………………………………………………………62

2　MTBIの認定基準─────────────────────62

(1)　平成23年報告書の見解……………………………………………62

(2)　裁判上の認定基準…………………………………………………64

　　ア　平成23年報告書，平成30年報告書の基準が重視される……64

　　イ　明確な画像所見が得られない場合の留意点……65

　　ウ　画像機器の限界を踏まえた総合的判断の必要性……66

3　主な争点と主張立証上の留意事項──────────────67

(1)　高次脳機能障害の発症………………………………………………67

(2)　事故との因果関係……………………………………………………68

(3)　素因減額………………………………………………………………68

4　裁判例の紹介─────────────────────────68

(1)　認定した裁判例………………………………………………………68

(2)　否定した裁判例………………………………………………………70

5　裁 判 例─────────────────────────70

3 遷延性意識障害 78

1 定義・概要 78

(1) 遷延性意識障害の意義 78

　ア　植物状態と同義 78

　イ　脳死状態との違い 78

(2) 常時介護の必要性 79

(3) 平均余命 79

2 後遺障害等級 80

3 主な争点と主張立証上の留意事項 80

(1) 問題の所在 80

(2) 将来介護費 81

　ア　自宅での介護費用 81

　イ　その他の介護関係費用 82

　　(ア) 自宅や自動車の改造費　82　／　(イ) 介護用品その他消耗品の費用　82

(3) 定期金による損害賠償 83

　ア　問題の背景 83

　イ　定期金賠償の長所と短所 83

　　(ア) 主な長所　83　／　(イ) 主な短所　84

　ウ　訴訟上の留意事項 85

　　(ア) 近時の裁判例（一部遷延性意識障害事案ではないものを含む）　85　／　(イ) どのような場合に認容されるか　85

4 裁判例 86

第2　脊髄障害 93

4 脊髄障害 93

1 定義・概要 93

(1) 脊髄障害事案の特殊性 93

(2) 脊髄と脊椎 93

　ア　脊髄とは 93

　　(ア) 中枢神経　93　／　(イ) 区分　93　／　(ウ) 構造　94

　イ　脊椎とは 94

（ア）　脊髄を保護する骨　94　／　（イ）区　　分　95　／　（ウ）　椎骨の形状　95

ウ　脊髄・脊椎を取り巻く組織……96

（ア）　神経根　96　／　（イ）　椎間板と椎間関節　96　／　（ウ）　靭　　帯　97

エ　脊髄と脊椎の位置関係──損傷された脊椎のレベルと損傷された脊髄のレベルは違う……98

(3)　脊髄損傷の病態・評価……98

ア　ポイント……98

イ　損傷高位（高さ）別の症状の特徴……98

（ア）　概　　要　98　／　（イ）　より詳しい病態　99

ウ　脊髄横断面での損傷程度と特徴……100

（ア）　概　　要　100　／　（イ）　完全麻痺　100　／　（ウ）　不全麻痺　100

2 等級認定基準 ──── 101

(1)　自賠責の等級認定における基本的な構造……101

ア　7段階の等級……101

イ　麻痺の範囲と程度……101

（ア）　範　　囲　101　／　（イ）　程　　度　101

ウ　認定基準……102

エ　他の障害と複合する場合の認定……104

オ　馬尾神経の損傷による障害の認定……104

(2)　等級認定に関わる診断・検査方法……104

ア　ポイント……104

イ　画像診断……105

（ア）　X　　線　105　／　（イ）　C　　T　105　／　（ウ）　M　R　I　105

ウ　神経学的所見……105

（ア）　反　　射　105　／　（イ）　筋　　力　105　／　（ウ）　感覚テスト　106

エ　電気生理学的診断……106

(3)　自賠責における認定資料……107

3 主な争点と主張立証上の留意事項 ──── 107

(1)　脊髄障害の有無が問題になり得るケース……107

(2)　脊髄障害（特に不全麻痺）に関する主張立証のポイント……108

ア　画像の検討……108

イ　神経学的所見の整合性……108

ウ　症状経過等……109

エ　セカンドオピニオンの検討……109

オ　その他……109

目　　次　　xv

（3）　他の障害の検討‥‥‥‥‥‥‥‥‥‥‥‥‥‥‥‥‥‥‥‥‥‥‥‥110
　　　ア　局部の神経症状‥‥‥‥110
　　　イ　非器質性精神障害‥‥‥‥110
　4　裁 判 例───────────────────────────111

第3　非器質性精神障害　120

5　非器質性精神障害─PTSDを中心に　120

1　定義・概要───────────────────────120

（1）　非器質性精神障害‥‥‥‥‥‥‥‥‥‥‥‥‥‥‥‥‥‥‥‥‥‥120
　　　ア　定　　　義‥‥‥‥120
　　　イ　自賠責認定基準の変更‥‥‥‥120
　　　ウ　後遺障害認定項目‥‥‥‥121
　　　エ　等級認定基準‥‥‥‥121
（2）　PTSD‥‥‥‥‥‥‥‥‥‥‥‥‥‥‥‥‥‥‥‥‥‥‥‥‥‥‥122

2　PTSDの診断基準──────────────────────123

（1）　DSM－ⅣからDSM－Ⅴへの改訂‥‥‥‥‥‥‥‥‥‥‥‥‥‥‥123
（2）　ICD－10‥‥‥‥‥‥‥‥‥‥‥‥‥‥‥‥‥‥‥‥‥‥‥‥‥‥123

3　主な争点と主張立証上の留意事項──────────────126

（1）　PTSDの認定に関する裁判所の姿勢‥‥‥‥‥‥‥‥‥‥‥‥‥126
　　　ア　PTSD認容判決とその批判‥‥‥‥126
　　　イ　東京地裁平成14年判決‥‥‥‥127
（2）　PTSDを否定した場合の後遺障害の認定‥‥‥‥‥‥‥‥‥‥‥128
　　　ア　非器質性精神障害に対する近時の考え方‥‥‥‥128
　　　イ　主張立証方法の指針‥‥‥‥128
　　　ウ　後遺障害逸失利益認定の期間の限定‥‥‥‥129
（3）　素因減額‥‥‥‥‥‥‥‥‥‥‥‥‥‥‥‥‥‥‥‥‥‥‥‥‥130
　　　ア　心因的な素因の競合‥‥‥‥130
　　　イ　素因減額が認められる基準‥‥‥‥130
　　　ウ　主張立証の指針‥‥‥‥131

4　裁 判 例（PTSDに関する裁判例）──────────────131

第4　疼痛障害　141

6 RSD（CRPS） 141

1 定義・概要 141
(1) カウザルギーとRSD 141
(2) RSDからCRPSへ 142
(3) CRPSの診断基準 142

2 等級認定基準 143

3 主な争点と主張立証上の留意事項 144
(1) RSDの診断基準と等級認定基準の違い 144
(2) 裁判例の傾向 145
　ア　RSD（CRPS）の発症否定例……145
　イ　RSD（CRPS）の発症肯定例……145
　ウ　その他……146
　エ　素因減額との関係……146
(3) 主張立証上の留意事項 147

4 裁判例 147

7 線維筋痛症 152

1 定義・概要 152
(1) 線維筋痛症とは 152
(2) 発症要因等 153
(3) 診断基準等 153
　ア　アメリカリウマチ学会の分類基準……153
　イ　アメリカリウマチ学会の診断予備基準……154
　ウ　わが国での取組み……155

2 認定基準 156

3 主な争点と主張立証上の留意事項 156
(1) 線維筋痛症の発症 157
(2) 発症と事故との因果関係 157
(3) 他の疾患を認めた例 158
(4) 線維筋痛症を認めた例 158
(5) 結語 159

目　次　　xvii

4 裁 判 例————————————————————159

第5　局部の神経症状（むち打ち症を中心に） 164

8　局部の神経症状（むち打ち症を中心に） 164

1 定義・概要————————————————————164

(1) 局部の神経症状‥‥‥‥‥‥‥‥‥‥‥‥‥‥‥‥‥‥‥‥164

(2) むち打ち症‥‥‥‥‥‥‥‥‥‥‥‥‥‥‥‥‥‥‥‥‥‥‥165

　ア　むち打ち症とは‥‥‥165

　イ　むち打ち症の原因，症状‥‥‥165

　ウ　むち打ち症の分類‥‥‥168

　　(ア) 頸椎捻挫型　168　／　(イ) 根症状型　168　／　(ウ) バレ・リュー症状型　169　／　(エ) 根症状＋バレ・リュー症状混合型　169　／　(オ) 脊髄症状型　169

2 等級認定基準————————————————————169

(1) 自賠責等級における取扱い‥‥‥‥‥‥‥‥‥‥‥‥‥‥‥‥169

　ア　等級認定区分‥‥‥169

　イ　等級認定の基準‥‥‥170

(2) むち打ち症の等級認定と検査方法‥‥‥‥‥‥‥‥‥‥‥‥‥171

　ア　等級認定‥‥‥171

　イ　画像検査‥‥‥171

　　(ア) レントゲン検査　171　／　(イ) MRI検査　171

　ウ　神経学的検査‥‥‥172

　　(ア) 深部腱反射検査　172　／　(イ) 徒手筋力テスト（MMT）　172　／　(ウ) 感覚検査　172　／　(エ) スパーリングテスト・ジャクソンテスト　172

3 主な争点と主張立証上の留意事項————————————172

(1) 後遺障害の存在‥‥‥‥‥‥‥‥‥‥‥‥‥‥‥‥‥‥‥‥‥172

(2) 事故との因果関係‥‥‥‥‥‥‥‥‥‥‥‥‥‥‥‥‥‥‥‥174

(3) 労働能力喪失率及び労働能力喪失期間‥‥‥‥‥‥‥‥‥‥‥175

(4) 素因減額‥‥‥‥‥‥‥‥‥‥‥‥‥‥‥‥‥‥‥‥‥‥‥‥175

　ア　体質的素因‥‥‥175

　イ　心因的要因‥‥‥176

4 裁 判 例————————————————————176

II　醜状障害　183

9　醜状障害　183

1　定義・概要　183
(1)　醜状障害………………………………………………………183
(2)　外貌の醜状障害………………………………………………183

2　等級認定基準　183
(1)　等級の種類……………………………………………………183
(2)　等級の認定基準………………………………………………184
　　ア　外貌の醜状障害……184
　　イ　露出面の醜状障害……185
(3)　外貌及び露出面以外の醜状障害……………………………185

3　主な争点と主張立証上の留意事項　185
(1)　逸失利益の認定………………………………………………185
(2)　検討対象となる要素…………………………………………187
　　ア　醜状の内容及び程度……187
　　イ　被害者の職業……188
　　ウ　被害者の性別……188
　　エ　将来の就職・転職，昇進・昇格・昇給への影響，対人関係や対外的関係への支障……188
(3)　主張立証上の留意事項………………………………………189
　　ア　外貌醜状障害について……189
　　イ　上肢・下肢の醜状瘢痕について……190

4　裁判例　191

III　眼の障害　197

10　眼の障害　197

1　定義・概要　197
(1)　眼球の構造……………………………………………………197

目　　次　　xix

(2)　副眼器の構造‥‥‥‥‥‥‥‥‥‥‥‥‥‥‥‥‥‥‥‥‥‥‥‥‥‥‥‥‥‥‥198

(3)　視覚伝導路‥‥‥‥‥‥‥‥‥‥‥‥‥‥‥‥‥‥‥‥‥‥‥‥‥‥‥‥‥‥‥‥‥199

2　等級認定基準————————————————————————199

(1)　自賠責等級における取扱い‥‥‥‥‥‥‥‥‥‥‥‥‥‥‥‥‥‥‥‥‥‥‥‥199

ア　等級認定区分‥‥‥‥199

㋐　視力障害　199　／　㋑　調節機能障害　201　／　㋒　眼球の運動障害・複視　202　／　㋓　視野障害　203　／　㋔　まぶたの障害　204

イ　自賠責等級表以外の障害と等級認定‥‥‥‥204

㋐　外傷性散瞳　204　／　㋑　流　　涙　205

(2)　眼の障害の検査方法‥‥‥‥‥‥‥‥‥‥‥‥‥‥‥‥‥‥‥‥‥‥‥‥‥‥‥205

ア　視力障害に関する検査‥‥‥‥205

㋐　細隙灯顕微鏡検査（スリットランプ検査）　205　／　㋑　直像鏡眼底検査　205　／　㋒　網膜電位図検査（ERG検査）　206　／　㋓　視覚誘発電位検査（VEP検査）　206

イ　調節機能障害に関する検査‥‥‥‥206

ウ　運動障害に関する検査‥‥‥‥206

エ　視野障害に関する検査‥‥‥‥206

3　主な争点と主張立証上の留意事項————————————207

(1)　後遺障害の存在とその程度‥‥‥‥‥‥‥‥‥‥‥‥‥‥‥‥‥‥‥‥‥‥‥207

ア　視力障害‥‥‥‥207

イ　むち打ち損傷（外傷性頸部症候群）‥‥‥‥207

(2)　事故との因果関係‥‥‥‥‥‥‥‥‥‥‥‥‥‥‥‥‥‥‥‥‥‥‥‥‥‥‥‥208

(3)　逸失利益の立証‥‥‥‥‥‥‥‥‥‥‥‥‥‥‥‥‥‥‥‥‥‥‥‥‥‥‥‥‥209

4　裁　判　例—————————————————————————210

Ⅳ　耳の障害　215

11　耳の障害　215

1　定義・概要————————————————————————215

2　耳の障害の態様———————————————————————216

(1)　難　　聴‥‥‥‥‥‥‥‥‥‥‥‥‥‥‥‥‥‥‥‥‥‥‥‥‥‥‥‥‥‥‥‥216

ア　伝音難聴‥‥‥‥216

イ　感音難聴‥‥‥‥216

ウ　混合難聴……216

(2)　耳鳴り（耳鳴）………………………………………………216

(3)　耳　漏……………………………………………………216

3　等級認定基準 ──────────────────── 217

(1)　等級認定区分 ……………………………………………217

(2)　難聴以外の障害に関する等級認定 ………………………217

ア　耳鳴り……219

イ　耳　漏……219

ウ　平衡機能障害……220

エ　耳介の欠損障害……220

4　聴力障害の検査方法 ──────────────── 220

(1)　聴覚の検査法 ……………………………………………220

ア　純音聴力検査……220

イ　語音聴力検査……221

(2)　その他の検査法 …………………………………………221

ア　ピッチ・マッチ検査……221

イ　ラウドネス・バランス検査……221

ウ　画像検査……222

5　主な争点と主張立証上の注意事項 ──────── 222

(1)　後遺障害の存在と程度 ……………………………………222

(2)　事故との因果関係 ………………………………………223

(3)　逸失利益の立証 …………………………………………224

6　裁　判　例 ──────────────────── 225

Ｖ　鼻の障害　　　　　　　　　　　　　　　　　　229

12　鼻の障害　　　　　　　　　　　　　　　　　229

1　定義・概要 ──────────────────── 229

(1)　鼻の構造と機能 …………………………………………229

ア　鼻の構造……229

イ　鼻（鼻腔）の機能……231

(2)　鼻の障害 …………………………………………………231

ア　鼻疾患の一般症状……231

イ　嗅覚障害……232

　(ア) 呼吸性嗅覚障害　232　／　(イ) 神経性嗅覚障害　232

(3) 外傷性嗅覚障害の発生機序………………………………………232

2　等級認定基準────────────────────233

(1) 自賠責等級における取扱い………………………………………233

ア　等級認定区分……233

イ　鼻を欠損しないで鼻の機能障害のみを残すもの……234

(2) 嗅覚障害の検査方法………………………………………………235

ア　基準嗅力検査（T&Tオルファクトメーター）……235

イ　静脈性嗅覚検査（アリナミンテスト）……236

ウ　他覚的検査……236

3　主な争点と主張立証上の留意事項──────────236

(1) 後遺障害の存在……………………………………………………236

(2) 事故との因果関係…………………………………………………237

(3) 逸失利益の立証……………………………………………………238

4　裁 判 例────────────────────────239

VI　口の障害
247

13　口の障害
247

1　定義・概要──────────────────────247

(1) 口の構造と機能……………………………………………………247

(2) 口の障害の種類……………………………………………………249

ア　咀嚼機能障害……249

イ　言語機能障害……249

ウ　歯牙障害……250

エ　味覚障害……250

オ　嚥下機能障害……250

2　等級認定基準────────────────────250

(1) 咀嚼・言語機能障害の認定基準…………………………………250

ア　咀嚼機能障害……250

イ　言語機能障害……251

ウ　準　　用……251

(2)　歯牙障害……………………………………………………………252

ア　歯科補綴……252

イ　併合・加重……253

(3)　味覚障害の認定基準……………………………………………………253

ア　等級認定基準の準用……253

イ　検査方法……254

(4)　嚥下機能障害の認定基準………………………………………………254

ア　等級認定基準の準用……254

イ　検査方法……254

3　主な争点と主張立証上の留意事項 ───────────── 255

(1)　後遺障害の存在とその程度……………………………………………255

(2)　事故との因果関係………………………………………………………256

(3)　逸失利益の立証…………………………………………………………257

ア　逸失利益の認定……257

イ　後遺障害慰謝料として考慮される場合……259

(4)　将来の治療費……………………………………………………………260

(5)　インプラント費用………………………………………………………260

4　裁 判 例 ─────────────────────── 260

VII　上肢・下肢・指の傷害　　　　　　　　　　　269

14　上肢・下肢の障害　　　　　　　　　　　　　269

1　定義・概要 ───────────────────── 269

(1)　欠損障害・下肢の短縮障害……………………………………………269

(2)　機能障害…………………………………………………………………269

(3)　変形障害…………………………………………………………………269

2　等級認定基準 ────────────────────── 271

(1)　欠損障害・下肢の短縮障害……………………………………………271

(2)　機能障害…………………………………………………………………271

ア　等級認定……271

イ 可動域の測定方法……271

(ア) 参考可動域角度 274 ／ (イ) 主要運動と参考運動 274 ／ (ウ) 自動運動と他動運動 274

(3) 変形障害……………………………………………………………275

(4) 複数の後遺障害の残存……………………………………………275

③ 主な争点と主張立証上の留意事項─────────275

(1) 欠損障害・短縮障害と労働能力喪失率……………………………275

(2) 機能障害と後遺障害認定……………………………………………278

(3) 機能障害と基準値に達しない可動域制限…………………………278

(4) 可動域測定値の信用性………………………………………………279

④ 裁 判 例─────────────────────279

15 手指・足指の障害　282

① 定義・概要─────────────────────282

② 等級認定基準────────────────────282

(1) 欠損障害………………………………………………………………282

ア 手 指……282

イ 足 指……284

(2) 機能障害………………………………………………………………284

ア 手 指……284

(ア) 用 廃 285 ／ (イ) 遠位指節間関節の屈伸不能 286

イ 足 指……286

(3) 複数の後遺障害の残存………………………………………………286

③ 主な争点と主張立証上の留意事項─────────287

(1) 手指・足指の後遺障害認定…………………………………………287

(2) 機能障害と後遺障害認定……………………………………………288

④ 裁 判 例─────────────────────288

事項索引……291

判例索引……295

第1章

総論

Ⅰ　後遺障害等級

1　後　遺　症

　交通事故により，人が負傷し，それが治療により治癒すれば，傷害に関する損害が確定する。ところが，治療をしても治らずに，身体に何らかの症状が残存することがあり，一般的には，これを後遺症と呼んでいる。また，後遺症と同じ意味で後遺障害の語を使うことがある。

2　労働者災害補償保険法と後遺障害

　自動車損害賠償保障法（昭和30年法第97号。以下「自賠法」という）が制定される以前から，労働基準法（昭和22年法律第49号）と労働者災害補償保険法（昭和22年法第50号。以下「労災法」という）が制定されていた。労災法は，業務上の事由又は通勤による労働者の負傷，疾病，障害，死亡等に対する迅速かつ公平な保護を目的として，いわゆる労災保険の制度を設けている。その保険給付の一つとして，障害補償給付（労災12条の8第1項3号）が規定されている。

　障害補償給付は，労働基準法の定める災害補償の事由が生じた場合に労働者の請求により支給される。そして，労働基準法77条は，障害補償について，「労働者が業務上負傷し，又は疾病にかかり，治った場合において，その身体に障害が存するときは」としており，労働者が業務上負傷し，又は疾病にかかり，治った場合に身体に存する障害が後遺障害ということになる。

　労災法を受けて労災法施行規則14条等は，障害補償給付を支給すべき身体障害の障害等級について，別表第1「障害等級表[1]」を定めている。これには，障害の存する期間1年につき給付基礎日額を，1級の313日分から14級の56日分まで，いずれも平均賃金から算定される給付基礎日額の日数分という形で給付

☆1　労災保険の障害等級表は，工場法施行令を前身とすると説かれるが，労働者災害扶助法施行令の別表を前身とするとの指摘がある（羽成守「後遺障害の等級表をめぐる諸問題」交通事故民事裁判例集創刊25周年記念論文集『交通事故賠償の新たな動向』（ぎょうせい，1996）332頁）。

額が定められている。

　労働者災害補償保険（以下「労災保険」という）における障害等級認定の基本的事項と認定基準については，労働省の基本通達として「障害等級認定基準」（昭和50年9月30日付基発第565号）が定められており，それに解説を加えたものとして，『労災補償障害認定必携』（一般財団法人労災サポートセンター）がある。

3　自賠責保険と後遺障害

(1)　後遺障害

　労働基準法や労災法より後に制定された自賠法は，自動車損害賠償責任保険（以下「自賠責保険」という）の制度を設けている。自賠責保険の保険金額は政令で定められており（自賠13条1項)，同法施行令2条は，事故による損害を死亡，後遺障害，傷害に区別したうえで，それぞれの保険金額を定めている。

　これによれば，後遺障害とは，「傷害が治ったとき身体に存する障害」（自賠令2条1項2号）である。

(2)　永久残存性

　この点について，永久残存性ということがいわれている。自賠責保険が準拠する労災補償（労災保険）の障害等級認定基準（昭和50年9月30日付基発第565号別冊等）によれば，障害補償の意義として，「障害補償は，障害による労働能力のそう失に対する損失てん補を目的とするものである。したがって，負傷又は疾病（以下「傷病」という。）がなおったときに残存する，当該傷病と相当因果関係を有し，かつ，将来においても回復が困難と見込まれる精神的又は身体的なき損状態（以下「廃疾」という。）であって，その存在が医学的に認められ，労働能力のそう失を伴うものを障害補償の対象としているものである。」としている。このうちの「将来においても回復が困難と見込まれる」という点について，いわゆる永久残存性と称され，自賠責保険の後遺障害認定実務においても要件とされている。したがって，自賠責保険において，後遺障害と認められたものについては，程度の軽いものを含めて永久残存性があり，逸失利益についても稼働可能年齢までの分が認められる。この点は，後述するとおり民事訴訟とは異なる。ただし，非器質性精神障害については，その特質上症状の改善が見込まれることを認定基準自体が前提としている☆2ことから，永久残存性が認め

☆2　『労災補償障害認定必携〔第16版〕』153頁。

られなくとも後遺障害として認定され得る。

(3) 症状固定

　負傷が治ったときに残存するものが後遺障害となり得るが，ではどの時点において，後遺障害と認められるのか。これについては，実務上，症状固定とその時期が重要である。

　負傷が治ったときとは，「傷病に対して行われる医学上一般に承認された治療方法（以下「療養」という。）をもってしても，その効果が期待し得ない状態（療養の終了）で，かつ，残存する症状が自然的経過によって到達すると認められる最終の状態（症状の固定）に達したときをいう。」（労災補償の障害等級認定基準)☆3。要するに，治療を行い，これ以上治療による改善が期待できず，症状が固定したといえるときである。これを実務上，症状固定と呼んでいるが，これは医学用語ではなく，法令用語でもなく，上記のとおり労災補償の通達で用いられている用語である。

(4) 後遺障害等級

　自賠責保険の後遺障害は，介護を要する後遺障害とそれ以外の後遺障害に分けられ，それぞれ，別表第1及び別表第2☆4に定める等級ごとの後遺障害に応じて保険金額が定められている。この別表第1及び第2は，施行令自体が別表に名称を付しているわけではないが，労災補償（労災保険）と同様に後遺障害等級表と呼ばれている。

4　自賠責保険の支払基準

(1) 支払基準の拘束性

　自賠法は，「保険会社は，保険金等を支払うときは，死亡，後遺障害及び傷害の別に国土交通大臣及び内閣総理大臣が定める支払基準に従ってこれを支払わなければならない。」（自賠16条の3）としている。本条は，平成13年の自賠法改正により追加された。

　従前も支払基準はあったが，自賠責保険会社及び自賠責共済（以下「自賠会社

☆3　『労災補償障害認定必携〔第16版〕』69頁。
☆4　平成13年までは，別表は1つであり，1級の保険金額3000万円と死亡の場合の保険金額とは同一であった。平成13年の自賠法施行令の改正により，介護を要する後遺障害の保険金額をそれ以外の後遺障害よりも高額（1級4000万円，2級3000万円）にするために，介護を要する後遺障害についての別表第1とそれ以外の後遺障害についての別表第2に区分された。

等」と総称する）に対する拘束性はなかった。この改正により自賠会社等を拘束するものとなった。

これを受けて「自動車損害賠償責任保険の保険金等及び自動車損害賠償責任共済の共済金等の支払基準」（平成13年金融庁・国土交通省告示第1号。以下「支払基準」という）が定められている。

この支払基準が自賠会社等を拘束することは法律上明らかであるが，裁判所をも拘束するかについて争われた。その事案は，横断歩行中の79歳・女性が乗用車と衝突し，死亡し，加害者から32万円，自賠責保険から1809万余円が支払われたが，更に2161万余円の損害があるとして，被害者が加害者に100万円を請求するとともに，保険会社に対して，自賠法16条1項に基づく損害賠償額の支払として，死亡保険金（3000万円）の残りを請求したものである。最判平18・3・30（民集60巻3号1242頁・交民39巻2号285頁・判タ1207号70頁）は，自賠法16条の3は，保険会社に支払基準に従って保険金等を支払うことを義務づけた規定であることは明らかであって，支払基準が保険会社以外の者も拘束する旨を規定したものと解することはできないとして，裁判所は，同条1項が規定する支払基準によることなく損害賠償額を算定して支払を命じることができるとした☆5。

(2) 後遺障害についての支払基準

支払基準は，「第3 後遺障害による損害」において，「後遺障害による損害は，逸失利益及び慰謝料等とし，自動車損害賠償保障法施行令第2条並びに別表第1及び別表第2に定める等級に該当する場合に認める。」としている。したがって，自賠責保険では，いかに後遺障害等級表に定められた後遺障害に類似した後遺症があっても，別表第1及び第2に該当しない限り，原則として支払がなされない。

さらに，「等級の認定は，原則として労働者災害補償保険における障害の等級認定の基準に準じて行う。」としている。したがって，自賠責保険の後遺障害についても，前掲の労災保険の「障害認定基準」を参照する必要がある。

支払基準は，後遺障害による損害のうち逸失利益の算定に使用するために，

☆5 支払基準に裁判所は拘束されないからといっても，自賠会社等を被告に請求する実益があるのは，遺族が少なく支払基準に基づく慰謝料額が少ない，高齢で逸失利益が少ない等の事情から自賠責保険金の支払額が自賠責保険金額（限度額）に達していない場合に限られる。また，裁判所は支払基準に拘束されないから，支払基準に基づく重過失減額ではなく，過失相殺が行われること（この事案においても過失相殺がされている）にも注意を要する。

別表Ⅰとして，自賠法施行令別表第1と第2の場合に分けて，労働能力喪失率表を付している。すなわち，別表第1の1級及び2級は労働能力喪失率100/100，別表第2の1級から3級までは100/100とし，以下順に少ない喪失率を定め，14級は5/100としている。

これは，前述の労災補償（労災保険）の障害等級表が給付基礎日額の何日分と定めているのと異なり，労災保険に関する労働省基準局通牒（昭和32年7月2日付基発第551号別表）☆6に基づくものである☆7。

☆6　第三者行為災害につき労災保険金が支払われた場合には，政府が第三者に対する求償権を取得する（労災12条の4）。政府による求償に際しては労働者の第三者に対する損害額を算定する必要があるため，この通達は，別表を付して，その際に用いる等級ごとの労働能力喪失率を明らかにしている。

☆7　羽成・前掲（☆1）334頁。

II 障害等級の仕組み

　以下は，自賠責保険の障害等級表のもととなる労災補償（労災保険）の障害等級認定基準及び『労災補障障害認定必携』の解説に基づく。

　障害等級表は，労災補償の対象とする身体障害の程度を定めるものであるが，身体の部位ごとに障害の系列と呼ばれる生理学的観点から分けられた障害群に分けている。また，各障害は，労働能力喪失の程度に応じて一定の順序に配列されており，これは障害の序列と呼ばれている。

1　部　　位

身体障害を解剖学的な観点から大きく10の部位に区分する。

(1)　眼
　　①　眼球
　　②　まぶた（右又は左）

(2)　耳
　　①　内耳等
　　②　耳介（右又は左）

(3)　鼻

(4)　口

(5)　神経系統の機能又は精神

(6)　頭部，顔面，頸部

(7)　胸腹部臓器（外生殖器を含む）

(8)　体幹
　　①　せき柱
　　②　その他の体幹骨

(9)　上肢（右又は左）
　　①　上肢
　　②　手指

(10)　下肢（右又は左）

① 　下肢

② 　足指

　なお，両眼球と両内耳等は，左右で一つの機能を営んでいる（相対性器官）という特質から，それぞれ同一部位とされるが，上肢と下肢は，左右一対ではあるが，左右それぞれを別個の部位としている。

2　障害の系列

　部位ごとに区分された身体障害は，更に生理学的観点から，次頁の☑図表障害系列表のとおり35の系列に分類される。

3　障害の序列

　同一系列の障害相互間における等級の上位，下位の関係は，障害の序列と呼ばれている。

　障害等級表上定めのない身体障害及び同一系列に2以上の身体障害がある場合の等級の認定にあたっては，障害の序列を十分に考慮すべきとされている。

4　障害等級認定の原則と準則

(1)　併　　合

① 　系列を異にする別表第2に定める等級に該当する後遺障害が2以上存する場合☆1（②以下を除く）は，重い方の後遺障害の等級による（自賠令2条1項3号ホ）。

　〔例〕　局部の頑固な神経症状（12級13号）と局部の神経症状（14級9号）→
　　　　併合12級。

② 　系列を異にする別表第2に定める13級以上に該当する後遺障害が2以上存する場合（③，④を除く）は，重い方の後遺障害の等級を1級繰り上げる（自賠令2条1項3号ニ）。

　〔例〕　局部の頑固な神経症状（12級13号）と1眼の視力が0.6以下（13級1号）
　　　　→　併合11級

☆1　自賠法施行令の別表第1に定める後遺障害が2以上あっても，併合とはならず，また，別表第1に定める後遺障害と別表第2に定める後遺障害があっても，併合とはならない。

II 障害等級の仕組み

☑図表　障害系列表

部位			器質的障害	機能的障害	系列区分
眼	眼球 (両眼)			視力障害	1
				調節機能障害	2
				運動障害	3
				視野障害	4
	まぶた	右	欠損障害	運動障害	5
		左	欠損障害	運動障害	6
耳	内耳等 (両耳)			聴力障害	7
	耳かく (耳介)	右	欠損障害		8
		左	欠損障害		9
鼻			欠損及び機能障害		10
口				そしゃく及び言語機能障害	11
			歯牙障害		12
神経系統の機能又は精神			神経系統の機能又は精神の障害		13
頭部，顔面，頸部			醜状障害		14
胸腹部臓器 (外生殖器を含む)			胸腹部臓器の障害		15
体幹	せき柱		変形障害	運動障害	16
	その他の体幹骨		変形障害 (鎖骨，胸骨，ろく骨，肩こう骨又は骨盤骨)		17
上肢	上肢	右	欠損障害	機能障害	18
			変形障害 (上腕骨又は前腕骨)		19
			醜状障害		20
		左	欠損障害	機能障害	21
			変形障害 (上腕骨又は前腕骨)		22
			醜状障害		23
	手指	右	欠損障害	機能障害	24
		左	欠損障害	機能障害	25
下肢	下肢	右	欠損障害	機能障害	26
			変形障害 (大腿骨又は下腿骨)		27
			短縮障害		28
			醜状障害		29
		左	欠損障害	機能障害	30
			変形障害 (大腿骨又は下腿骨)		31
			短縮障害		32
			醜状障害		33
	足指	右	欠損障害	機能障害	34
		左	欠損障害	機能障害	35

出所：昭和50年9月30日付基発第565号「別冊　障害等級認定基準」。

ア　同一欄内の身体障害は同一の系列にあるものとして取り扱う。
　イ　みなし系列
　　　同一部位に系列を異にする身体障害を生じた場合は，同一又は関連するものとして取り扱うことが認定実務上合理的であるので，具体的運用にあたり同一系列とみなして取り扱う。
　　a　両眼球の視力障害，調節機能障害，運動障害，視野障害
　　b　同一上肢の機能障害と手指の欠損又は機能障害
　　c　同一下肢の機能障害と足指の欠損又は機能障害

③　系列を異にする別表第2に定める8級以上に該当する後遺障害が2以上存する場合（④を除く）は，重い方の後遺障害の等級を2級繰り上げる（自賠令2条1項3号ハ）。
　〔例〕　外貌の著しい醜状（7級12号）と脊柱の運動障害（8級2号）→　併合5級
④　系列を異にする別表第2に定める5級以上に該当する後遺障害が2以上存する場合は，重い方の後遺障害の等級を3級繰り上げる（自賠令2条1項3号ロ）。
　〔例〕　両耳の聴力をまったく失ったもの（4級3号）と1下肢を足関節以上で失ったもの（5級5号）→　併合1級
しかし，次のような取扱いがなされる。
ア　併合して等級が繰り上げられた結果，障害の序列を乱すこととなる場合は，障害の序列に従って等級を定める。
　〔例〕　右上肢をひじ関節以上で失い（4級4号），左上肢を手関節以上で失った（5級4号）ときは，単純に併合すると併合1級となるが，両上肢をひじ関節以上で失ったもの（1級3号）には達しないので，併合2級とする。
イ　系列を異にする後遺障害が2以上存するが併合の方法を用いないもの。
　　a　両上肢と両下肢の欠損障害は，本来，系列を異にする後遺障害として取り扱うべきだが，障害等級上，組合せ等級が定められているとき。
　　〔例〕　右下肢をひざ関節以上で失い（4級5号），左下肢もひざ関節以上

で失った（4級5号）→　併合1級でなく，両下肢をひざ関節以上で失ったもの（1級5号）に該当。

b　1の障害が観察の方法によっては，等級表上の2以上の等級に該当すると考えられるが，1の障害を複数の観点（複数の系列）で評価しているにすぎないとき。

〔例〕　右大腿骨に変形を残した（12級8号）結果，右大腿骨を1cm短縮した（13級8号）→　上位等級である12級8号とする。

c　1の障害に他の障害が通常派生する関係にあるとき。

〔例〕　1上肢に偽関節を残す（8級8号）とともに，そこに頑固な神経症状を残した（12級13号）ときは，8級8号とする。

(2)　相当等級（準用）

自賠法施行規則別表第2の備考6は，「各等級の後遺障害に該当しない後遺障害であって，各等級の後遺障害に相当するものは，当該等級の後遺障害とする。」と定めている。これを相当等級という。

どのような後遺障害であれば，これに該当するかについては，定めがあるわけではないが，実務上は，労災保険において準用☆2として扱っているものについては，自賠責保険でも相当等級として認めている。

相当等級として認められる主なものとしては，次のものがある。

①　外傷性散瞳（11級相当，12級相当，14級相当）

②　耳漏（12級相当，14級相当），耳鳴（12級相当，14級相当）

③　嗅覚脱失（12級相当「局部に頑固な神経症状を残すもの」），鼻呼吸困難（12級相当），嗅覚減退（14級相当「局部に神経症状を残すもの」）

④　味覚脱失（12級相当），味覚減退（14級相当）

⑤　上肢の動揺関節（10級相当，12級相当），上肢の習慣性脱臼（12級相当）

⑥　下肢の動揺関節（8級相当，10級相当，12級相当），下肢の習慣性脱臼・弾発ひざ（12級相当）

このほか，併合の方法を用いて相当等級を定めるものもある。

☆2　労災保険法施行規則14条4項は，「別表第一に掲げるもの以外の身体障害については，その障害の程度に応じ，同表に掲げる身体障害に準じてその障害等級を定める。」としており，『労災補償障害認定必携〔第16版〕』83頁は，「準用の場合」として，記している。

（3）加　　重

　自賠責保険では，既に後遺障害のある者が傷害を受けたことによって同一部位について後遺障害の程度を加重した場合には，その損害については，別表第1又は別表第2に定める等級に対応する金額から，既にあった後遺障害の該当する等級に対応する金額を控除した金額としている（自賠令2条2項）。

　「既に後遺障害のある」とは，既にあった後遺障害の原因が交通事故か否か，後天性のものか否かを問わない。

　「加重」とは，交通事故によって新たに後遺障害が加わったことにより障害等級表上，現存する障害が事故前の既存の障害より重くなったことをいう。したがって，既存の障害が自然的経過，疾病又は交通事故以外の災害等で重くなっても，ここでいう加重には当たらず，同一部位に新たな障害が加わっても障害等級表上重くならなければ，やはり加重には当たらない。

　「同一部位」とは，同一の系列の範囲内のものをいう。ただし，系列が異なっても，欠損障害と機能の全部喪失は，部位ごとで見れば，最上位の等級であることから，これらの障害が後から加わった場合には，同一部位の加重として取り扱われる。例えば，左上肢の変形障害（系列番号22）があったところ，後から左上肢をひじ関節以上で欠損（系列番号21）したときは，系列は異なるが同一部位であり，加重として取り扱われる。この例では，1上肢をひじ関節以上で失ったもの（4級4号）の保険金額1889万円から，長管骨に変形を残すもの（12級8号）の保険金額224万円を控除した1665万円の範囲で支払われることとなる。

　加重に関しては，神経系統の機能又は精神の障害について，従来，自賠責保険の実務では，中枢神経系の既存障害があるときは，末梢神経系の障害である局部の神経症状が新たに生じても加重とならないとされていた。

　ところが，近時これと異なる判断を示す裁判例が現れた。

　脊髄損傷により車椅子で通行中車に衝突され，頸部の痛みと手のしびれが生じた被害者につき，自賠責保険は，局部の神経症状（14級9号）に該当するが既存の中枢神経系の障害（別表第1の1級1号）と末梢神経系の局部の神経症状は，加重には当たらないとした。

　これに対し，東京高判平28・1・20（判時2292号58頁・自保1966号53頁）は，「施行令2条2項にいう『同一の部位』とは，損害として一体的に評価されるべき身体の類型的な部位をいうと解すべきであるところ，本件既存障害と本件症状

は，損害として一体的に評価されるべき身体の類型的な部位に当たるとは認められないから，『同一の部位』であるとはいえない」として，新たに生じた局部の神経症状についての損害を認めた原審さいたま地判平27・3・20（判時2255号96頁・自保1946号43頁）の判断を是認した。

Ⅲ　後遺障害の認定手続

1　等級認定

(1)　自賠会社等による請求の受付等

　自賠会社等に対し，被保険者からの保険金請求（自賠15条）又は被害者からの損害賠償額（自賠16条）の請求があると，自賠会社等は，請求書類を点検し，加害車両の自賠責保険（以下自賠責共済を含む）契約を確認する。

　自賠責保険の調査業務は，判断の公平化，客観化のために，各自賠責保険会社の立場を離れた第三者機関である損害保険料率算出機構（旧自動車保険料率算定会。以下「損保料率機構」という）に全件の調査が委ねられている。

　なお，JA共済は，従前，損保料率機構に損害調査を委託せず独自に損害調査を行ってきたが，近時，順次損保料率機構へ委託するようになった。

　自賠会社等は，請求書類を確認したうえで，損保料率機構の自賠責損害調査事務所へこれを送付する。

(2)　支　　払

　自賠責損害調査事務所は，責任の有無，後遺障害の有無・程度（等級）の認定と損害額の算定を行い，自賠会社等にその結果が報告され，これに基づき自賠会社等は，支払額を決定し，請求者に支払を行う。

2　事前認定

　任意保険（共済を含む）は，原則として，損害が自賠責保険で支払われた部分を超えた場合に超えた部分を支払う。しかし，損害が自賠責保険で支払われる金額を超える場合に，被害者としては，まず自賠責保険から支払を受け，その後に足りない分を任意保険から支払を受けるとなると極めて不便である。そこで，任意保険会社（以下共済を含む）のサービスとして，任意保険会社が自賠会社等から支払われるであろう分を含めて一括して被害者に支払い，その後，任意保険会社が加害者に代位して自賠会社等に請求し，自賠責保険から支払を受

けることが行われている。これを一括払いという。

　ところが，任意保険会社が被害者に一括払いした後に，自賠会社等から自賠責分の支払を受けようと請求したところ，その時点で自賠会社等から支払を拒絶されると任意保険会社としては，自賠責保険分についての回収が困難となる。そのため，あらかじめ，任意保険会社から損保料率機構（自賠責損害調査事務所）に対し，責任の有無，後遺障害の有無・程度（等級）を問い合わせ，その調査結果を受けている。これを事前認定という。

　なお，人身傷害補償保険についても，被害者が契約する任意保険に基づき人身傷害保険金を請求する場合に，その任意保険会社が自賠会社等から支払われるであろう部分を含めて，被害者に人傷保険金を支払い，その後に自賠会社等から回収する，いわゆる人傷一括払いを行うにあたり，その任意保険会社から損保料率機構（自賠責損害事務所）への事前認定の申請も認められている。

3　不服申立制度

(1)　書面の検討

　損保料率機構で損害調査がなされ，その結果が出たときは，委託者である自賠会社等へその内容が通知される。自賠会社等は，保険金等を支払ったとき及び支払わないこととしたときは，被保険者又は被害者に説明書面を交付することが義務づけられている（自賠16条の4第2項・第3項）。

　また，事前認定の場合には，事前認定を申請した任意保険会社から書面が交付される。

　そこで，入手した書面に記載された後遺障害についての理由を検討し，不服申立てをすべきか否か，何を主張すべきかを検討することになる。

(2)　損保料率機構への異議申立て

　後遺障害の認定につき，不服があるときは，異議申立書と資料を自賠会社等（事前認定の場合は任意保険会社）へ提出する。この異議申立書には決まった書式はないが，ひな形を公開している任意保険会社もある。

　なお，必ず何らかの医学的資料（医師の意見書，新たな検査結果，カルテ等）を付すべきであり，医学的資料のない異議申立てについては，結論が変わることは期待できない。結論を変えるためには，医師の協力を得ることが不可欠であり，少なくとも主治医との関係が良好でないとその協力が得られず苦労すること

なる。

異議申立書その他提出書類は，自賠会社等から損保料率機構の自賠責損害調査センターに設置された地区本部又は本部の自賠責保険審査会（有無責等の専門部会，後遺障害の専門部会）に送られ，そこで判断される。

なお，異議申立ては，自賠責保険金等の請求権が時効により消滅するまでの間は，何回でも可能である。

(3) 一般財団法人自賠責保険・共済紛争処理機構への紛争処理申請

国土交通大臣及び内閣総理大臣は，保険金等又は共済金等の支払に係る紛争の公正かつ的確な解決による被害者の保護を図ることを目的とする一般財団法人等を紛争処理業務を行う者として指定することができる（自賠23条の5）。この紛争処理機関として指定されているのが一般財団法人自賠責保険・共済紛争処理機構である。

法文上（自賠23条の6第1項1号）は，申請のあった紛争の「調停」を行うとされているが，裁判所の調停とは異なり，原則として書面審査である。

申立書式及び記入要領は，同機構のウェブサイトからダウンロード可能であり，調停は，東京と大阪で行われている。

調停に伴う審査は，医師，弁護士，その他学識経験者で構成する審査委員会で行われ，被害者に不利益な変更はしていない。

調停の申請は，異議申立てを経てからでも，異議申立てを経ずに行ってもよいが，異議申立てと異なり，調停の申請は1回に限られており，審査結果に不服なときは，不服申立ての手段としては，訴訟しかなくなることに留意すべきである。

Ⅳ 自賠責保険と損害賠償との違い

1 自賠責保険の後遺障害認定と裁判

　自賠責保険における後遺障害の認定は，自賠会社等が自賠責保険金又は損害賠償額を支払うために行うものであって，民事損害賠償において裁判所を何ら拘束するものではない☆1。したがって，裁判所は，自賠責保険において認められた後遺障害を否定することも，自賠責保険において認められなかった後遺障害を認定することも可能である。

　しかしながら，自賠責保険の後遺障害の認定を当事者が争わず，それを前提として損害算定等について争うものも多い。また，後遺障害の有無や程度が争いとなって，裁判所が自賠責保険の認定と異なる判断をする場合にも，自賠責保険の後遺障害の認定基準に代わる適切な基準がないこともあって，自賠責保険の認定基準とまったく離れて裁判所が独自に判断することは少ない。裁判所も自賠責保険の認定を前提として，その不備や誤りがないかを検討したうえで，後遺障害の有無及び程度を判断するのであって，その意味で，自賠責保険の後遺障害等級表と認定基準は，民事損害賠償においても重視されているといえる。

2 労働能力喪失期間（永久残存性について）

　自賠責保険については，前述のとおり，非器質性精神障害を除く後遺障害については永久残存性が要件とされており，いやしくも後遺障害と認められた以上，最も程度の軽い14級の後遺障害であっても，回復が困難と見込まれることから，その逸失利益については就労可能年限までの労働能力の喪失が認められる。

　これに対して，民事損害賠償の裁判実務においては，原則として就労可能年限までの労働能力の喪失が認められるものの，比較的軽度の機能障害や神経障害については，労働能力の喪失期間を限定して認定することがある。

☆1　最判平18・3・30民集60巻3号1242頁・交民39巻2号285頁・判タ1207号70頁。

いわゆるむち打ち損傷については，「最近では，後遺障害等級12級（他覚的に神経障害が証明されるもの）該当については10年の，14級該当については5年の労働能力喪失期間を認めた例が多い。ただし，これと異なる長期短期の喪失期間を認めた例もあるので，留意を要する。」☆2といわれている。その理由としては，馴化，いわゆる慣れにより労働能力が回復するなどと言われることもあるが，疼痛等については直接これを判定する検査方法がないことも影響していると考えられる。

なお，労働能力喪失の期間を制限するものは，むち打ち損傷に限られるわけでも，14級と12級に限られるわけでもなく，他の後遺障害やそれらより重い等級の後遺障害でも行われることはある。裁判所の目から見て，就労可能年限までの喪失を認めて損害算定することが適当でないとされる場合に，適切な損害算定のために労働能力の喪失期間を限定するものであるが，あくまで例外的なものとすべきである。

3　逸失利益の有無が問題とされる後遺障害（労働能力喪失率）

自賠責保険では，後遺障害と認定されれば，すべて労働能力喪失率表に記載された労働能力の喪失が生じるとして，後遺障害による逸失利益が損害として認められる。

また，自賠責保険で認定された多くの後遺障害については，民事損害賠償訴訟でも自賠責保険の労働能力喪失率表に記載された労働能力の喪失があることが一応の前提とされる。もっとも，自賠責保険が準拠する労災保険の認定基準においては，「『労働能力』とは，一般的な平均的労働能力をいうものであって，被災労働者の年令，職種，利き腕，知識，経験等の職業能力的諸条件については，障害の程度を決定する要素とはなっていない」（昭和50年9月30日付基発第565号）のに対し，裁判は，個別の被害者の労働能力の喪失を扱う点で異なる。また，裁判所は，自賠責保険の認定基準や労働能力喪失率表に拘束されない。したがって，民事損害賠償訴訟においては，被害者の年齢，性別，職業や各後遺障害の部位，程度その他の個別的事情により，労働能力喪失率が増減されることがある。

ところが，後遺障害の中には，労働能力の喪失，すなわち逸失利益の発生自

☆2　青本〔26訂版〕125頁。

体が問題とされるものがある。もちろん，そのような類型の後遺障害でも，労働能力の喪失が認められる場合もあるが，一定の場合に限定されたり，認められても喪失率が低く抑えられることもある。したがって，これらの類型の後遺障害にあって逸失利益を請求するのであれば，単に等級が認定されたというだけでなく，他の類型の後遺障害にも増して，どのような症状が残存し，どのように労働に影響があるかを，訴訟において具体的かつ詳細に主張立証する必要がある。なお，労働能力の喪失が否定された場合に，そのことを慰謝料の増額として斟酌するか否かは別の問題である。

以下，労働能力の喪失が問題とされる主なものを掲げる。

(1)　**外貌醜状** (詳しくは各論183頁参照)

通常の労働には，影響を及ぼさないとして，逸失利益が否定される。しかし，容姿が重視されたり，容姿がそれなりに必要とされる職業に従事している場合には逸失利益が認められる。

また，従前はその影響が大きいとして男性よりも女性の方が認められやすい傾向にあったが，自賠責保険の外貌醜状についての基準から男女差がなくなったこともあり，どのような場合にどこまで労働能力が認められるかについては，裁判例の動向を注視する必要がある。

(2)　**歯牙障害** (詳しくは各論252頁参照)

労災法より以前の工場法の時代には，肉体労働も多く，歯牙障害もその労働能力に影響を及ぼすと考えられていた。しかし，デスクワーク中心となった現代においては，多くの労働においては，歯牙障害は労働能力に直接影響を及ぼさないと考えられ，労働能力の喪失が否定されることが多い。

(3)　**味覚・嗅覚障害** (詳しくは各論232頁・253頁参照)

味覚脱失と嗅覚脱失は12級相当，味覚減退と嗅覚減退は14級相当とされる (自賠令別表第2備考6)。味覚や嗅覚が重視される調理師等にあっては高い労働能力喪失が認められる。主婦の嗅覚脱失についても自賠責保険よりも高い労働能力喪失が認められた例がある。しかし，そのような事情がないときは，労働能力の喪失が否定される。

(4)　**鎖骨変形**

著しい変形を残すものは12級5号に該当する。その場合には，モデル等の容姿が重視される職業やスポーツ選手等の肉体労働的側面が強い職業については

労働能力の喪失が認められる。しかし，そのような事情がないときは，労働能力の喪失が否定される。

(5) 腸骨採取による骨盤骨の変形

骨移植術のために腸骨を採取することがある。これにより骨盤骨が著しく変形すれば，12級5号に該当する。しかし，その場合でも，腸骨は人体で最も大きな骨であり，その変形により労働能力が減少することはあまり考えられない[3]ことから，それだけでは，労働能力喪失を否定される可能性がある。

(6) 脾臓又は1側の腎臓の障害

胸腹部臓器の機能に障害を残した場合は13級11号に，そのために「労務の遂行に相当な程度の支障があるもの」であれば11級10号に，「服することができる労務が相当な程度に制限されるもの」であれば9級11号に，それぞれ該当する。

しかし，平成18年4月1日より前は，「脾臓又は1側の腎臓を失ったもの」については，一般の胸腹部臓器と区別して8級11号とされていた。ところが，同日以後に発生した事故については，それらは8級11号ではなく，一般の胸腹部臓器の機能障害として評価されるにすぎなくなった。これは，脾臓又は1側の腎臓を失ったからといって，必ずしも労働能力に大きく影響することはないとの考えから，変更されたものである。

「胸腹部臓器の機能に障害を残し，服することができる労務が相当な程度に制限されるもの」は9級11号に，「胸腹部臓器の機能に障害を残し，労務の遂行に相当な程度の支障があるもの」は11級10号に該当する。しかし，脾臓又は1側の腎臓を失い，自賠責保険で「胸腹部臓器の機能に障害を残すもの」として13級11号の後遺障害として認定された場合には，その喪失によって労働能力に影響があることを明らかにしないと自賠責保険では後遺障害と認定されたとしても，損害賠償訴訟では，労働能力喪失を否定される可能性がある。

(7) 生殖器の障害

生殖器も胸腹部臓器ではあるが，「両側の睾丸を失ったもの」が7級13号，「生殖器に著しい障害を残すもの」が9級17号とされている。これらは，生殖器が日常生活に及ぼす影響が大きいことによると考えられるが，労働能力には通常影響を及ぼさないので，逸失利益は否定される。

---

[3] 『LP交通損害関係訴訟〔補訂版〕』167頁。

(8) 下肢短縮

「1下肢を5センチメートル以上短縮したもの」は8級5号に，「1下肢を3センチメートル以上短縮したもの」は10級8号に，「1下肢を1センチメートル以上短縮したもの」は13級8号に，それぞれ該当する。片方の下肢の長さが短縮したことにより，身体のバランスが崩れ，日常生活に支障をきたす。

しかし，13級8号に該当し，脚長差が1cm以上はあるが，3cmには及ばない場合には，歩行障害も見られないこともあり，事務職などで肉体労働の要素が少ないときは，労働への影響が否定され，逸失利益が否定されたり，労働能力喪失率が低く認定されることがある。

4 既存障害がある場合の取扱い

前記のとおり自賠責保険では，加重と認められない限り，保険金等の支払はなされず，また，加重と認められた場合には，新たに生じた障害の等級に基づく金額と既存の障害の等級に基づく金額との差額のみが支払われる。

これに対して，民事損害賠償の裁判例では，3つの方式があるとされている[4]。

① 2度目の事故によって新たに生じた労働能力の喪失の程度を認定し，その直前の収入の金額（実収入又は既存の後遺障害を考慮して賃金センサスの平均賃金を減額した額）に，当該労働能力喪失率を乗ずる方式

② 2度目の事故後の後遺障害による逸失利益の金額から，2度目の事故による受傷がなかったとした場合の既存の後遺障害のみによる逸失利益の金額を控除する方式

③ 2度目の事故後の後遺障害による逸失利益の金額から，既存の後遺障害を理由に素因減額（民722条2項類推適用）をする方式

いずれも，一長一短があり，事案に応じて適切な方式を用いることになる[5]。

---

[4] 『LP交通損害関係訴訟〔補訂版〕』178頁。
[5] 詳しくは，浅岡千香子裁判官「加重障害と損害額の認定」『赤い本(下)〔2006年版〕』138頁を参照。

第2章

各　論

類型別にみる
後遺障害認定の実務

I 神経系統の機能又は精神の障害

第1 脳の器質性障害

1 高次脳機能障害

1 定義・概要

(1) 高次脳機能障害の意義

「高次脳機能」とは，単なる視覚・聴覚等の感覚や筋の収縮や関節の屈伸などの運動等，人が生まれながらにして備えている能力を超えて，次第に学習して身についてくる「言語」「空間認知」「対象の認知」「目的を持った動作」や「記憶」「計画的な行動」等を意味するものとされる[1]。

　高次脳機能障害，とりわけ脳外傷による高次脳機能障害は，事故により脳外傷（脳損傷）が発生した被害者について，その回復過程において生じる認知障害や人格的変化等の症状が，外傷の治療後も残存し，就労や生活が制限され，時には社会復帰が困難となる障害を総称するものであると定義されている[2]。すなわち，交通事故で脳に損傷を受けて意識不明状態に陥った被害者が，集中治療等の結果意識を回復しリハビリを経て社会復帰を果たしたが，事故前と比較して被害者の人格や性格に変化を来し，また記憶保持等の知的側面にも異常があって就労ができない状態が継続する。このような後遺障害であり，器質性の精神障害であると定義される。

　器質性とは「傷」のことであり，脳に損傷が認められる精神障害である。これに対して，脳に損傷が認められない場合で精神障害を発症するケースを非器

☆1　石合純夫『高次脳機能障害学〔第2版〕』（医歯薬出版，2012）1頁。
☆2　「『脳外傷による高次脳機能障害事案』の相談における留意点」『赤い本(下)〔2018年版〕』143頁。

質性精神障害という。

(2) 高次脳機能障害の症状

自動車事故を原因とする「脳外傷による高次脳機能障害」の後遺障害認定に関しては，自動車損害賠償責任保険（自賠責保険）（共済を含む。以下同じ）において平成12年から自動車保険料率算定会（現，損害保険料率算出機構，以下「損保料率機構」という）が検討を開始して認定システムを確立し，平成13年1月以降実施，運営してきている。

自賠責保険における高次脳機能障害認定システム検討委員会は，平成15年と19年に脳外傷による高次脳機能障害認定システムの見直しを行い，平成23年3月4日付けで「自賠責保険における高次脳機能障害認定システムの充実について」（報告書）を公表し（以下「平成23年報告書」という），その後さらなる見直しを行い，平成30年5月31日付けで，同様の名称の報告書を公表している（以下「平成30年報告書」という）。平成30年報告書によれば，脳外傷による高次脳機能障害は，脳外傷後の急性期に始まり多少軽減しながら慢性期へと続く，次の特徴的な臨床像であるとされる☆3。

ア 典型的な症状としての多彩な認知障害，行動障害及び人格変化

㈦ 認知障害

記憶・記銘力障害，注意・集中力障害，遂行機能障害などで，具体的には，新しいことを覚えられない，気が散りやすい，行動を計画して実行することができない，複数のことを同時に処理できない，話が回りくどく要点を相手に伝えることができない，などである。

㈣ 行動障害

周囲の状況に合わせた適切な行動ができない，職場や社会のマナーやルールを守れない，行動を抑制できない，危険を予測・察知して回避的行動をすることができない，などである。

㈤ 人格変化

受傷前には見られなかったような，発動性低下と抑制低下であり，自発性低下，気力の低下，衝動性，易怒性，自己中心性などとして現れる。

イ 発症の原因及び症状の併発

上記アの各障害は，主としてびまん性脳損傷を原因として発症するが，局在

☆3　平成30年報告書2頁。

性脳損傷（脳挫傷，頭蓋内血腫など）との関わりも否定できず，両者が併存することがしばしば見受けられる。また，びまん性脳損傷の場合，上記**ア**の症状だけでなく，小脳失調症，痙性片麻痺あるいは四肢麻痺の併発も多い。これらの神経症状により起立や歩行の障害がある事案においては，脳外傷による高次脳機能障害を疑うべきである。

ウ　時間的経過

脳外傷による高次脳機能障害は，急性期には重篤な症状が発現していても，時間の経過とともに軽減傾向を示す場合がほとんどである。これは，外傷後の意識障害の回復経過と似ている。したがって，後遺障害の判定は急性期の神経学的検査結果に基づくべきではなく，経時的に検査を行って回復の推移を確認すべきである。しかし，症例によっては回復が認めにくく重度な障害が持続する場合もある。

エ　社会生活適応能力の低下

上記**ア**の症状が後遺した場合，社会生活への適応能力が徐々に低下することが問題である。社会生活適応能力の低下は，就労や就学等の社会参加への制約をもたらすとともに，人間関係や生活管理などの日常生活活動にも制限をもたらす。重症者では介護を要する場合がある。

オ　見過ごされやすい障害

脳外傷による高次脳機能障害は，種々の理由で見落とされやすい。例えば，急性期の合併外傷のために診察医が高次脳機能障害の存在に気づかなかったり，家族・介護者は患者が救命されて意識が回復した事実によって他の症状もいずれ回復すると考えていたり，被害者本人の自己洞察力の低下のため症状の存在を否定していたりする場合などがあり得る。

2　高次脳機能障害の認定基準

(1)　認定上の問題点

最も大きな問題点として，大脳の損傷状況が確認できないことが多いことが指摘されている。

脳損傷のうち，画像上大脳の形態的異常（出血・陥没による脳圧迫，明確な大脳萎縮や脳ヘルニア等）が確認できる症例は，いずれも大脳の一部に局在的に損傷が認められるものであり，その局在損傷部分によって，大脳機能の障害が生じる

ことが医学的に説明できた（例えば，側頭葉や前頭葉の特定の領域が損傷すると，それぞれの損傷箇所に対応した特徴的な態様の失語症状が生じる等）ため，この機能障害を捉えて高次脳機能障害の後遺障害認定をする扱いが多かった。

ところが，治療の結果幸いにして意識を回復し，画像上も明確な脳の形態的異常所見（出血痕や脳挫傷痕等）が見出せないにもかかわらず，上記のような認知障害，行動障害や人格変化が生じる症例がある。このように，大脳の形態的病巣が明確でないのに，結果として精神神経上の機能障害が生じる原因については，大脳皮質に明確な損傷は見当たらないものの，大脳白質部（大脳皮質の下）の神経軸索が広汎に断線して神経刺激が脳の部分間で伝達できなくなっている状態が生じていると説明される。これを，びまん性軸索損傷（Diffuse Axonal Injury：DAI）又はびまん性脳損傷という[4]。

びまん性脳損傷は，事故後の画像診断で発見されることは困難である。それゆえ，「脳外傷による高次脳機能障害」の被害者の相談対応として重要なことは，一見明白な脳表面の損傷がないにもかかわらず人格変性や認知障害等を訴える被害者が，内因性疾患でもなく，脳損傷以外の原因による軽微な神経症状でもなく，大脳の形態的異常が乏しいびまん性の脳損傷患者，すなわち脳外傷に起因する交通外傷被害者であることを見落とすことなく，正当な後遺障害認定を受けられるよう対処することであるとされている[5][6]。

(2) 脳外傷による高次脳機能障害認定につき重視される事項

平成30年報告書によれば，平成23年報告書と同様，脳外傷による高次脳機能障害の症状を医学的に判断するためには，意識障害の有無とその程度・持続時間の把握と，画像資料上で外傷後ほぼ3か月以内に完成する脳室拡大，びまん性脳萎縮の所見等が重要なポイントとなること，及び，その障害の実態を把握するためには，診療医所見は無論，家族・介護者等から得られる被害者の日常生活の情報が有効であると指摘されている[7]。これを受けて，自賠責保険においては，以下の各所見を総合的に検討して，脳外傷（ここでは「脳の器質的損傷」を意味する）による高次脳機能障害の有無程度が判断されている。

☆4　渡辺修「脳外傷による高次脳機能障害の臨床」『青本〔25訂版〕』381頁。
☆5　「脳外傷による高次脳機能障害相談マニュアル」『青本〔26訂版〕』324頁。
☆6　前掲（☆2）『赤い本(下)〔2018年版〕』144頁。
☆7　平成30年報告書3頁。

ア 交通外傷による脳の受傷を裏づける画像検査結果があること☆8

(ア) 交通外傷による脳の受傷とは，外力作用に起因する脳の器質的病変が生じていることをいう。この点で，非器質性精神障害と自賠責保険で後遺障害認定の対象とされる脳外傷による高次脳機能障害は峻別されるのであり，この認定のためには，画像所見が重視される。CTやMRI画像での継時的観察による脳出血（硬膜下血腫，くも膜下出血などの存在とその量の増大）像や脳挫傷痕の確認があれば，外傷に伴う脳損傷の存在が確認されやすい。よって，CTで所見を得られない患者について頭蓋内病変が疑われる場合は，受傷後早期にMRIを撮影することが望ましいとされている。

しかし，これら脳組織の形態や組織状態を撮影する検査方法では，DAIの発症を確認することは困難なことが多いとされる。なぜなら，DAIは，大脳白質部内部に張りめぐらされた神経コードの広範な断線が推定される症状であるが，神経コードそのものは，現在の画像技術では，撮影できないからである。ただし，平成30年報告書11頁は，DAIを含むびまん性脳損傷の場合，外傷直後のCTではくも膜下出血や脳室内出血等が明らかでなく正常に見えることもあるが，MRIで脳内（皮質下白質，脳梁，基底核部，脳幹など）に点状出血を生じていることが多い旨の指摘があることに留意すべきであるとしている。

(イ) また，事故後ある程度期間が経過した時点で，MRIやCT検査により脳室の拡大や脳溝拡大などの脳全体の萎縮と外傷後3か月程度での固定が確認されれば，神経コードの断線（軸索の組織の障害）が生じたことを合理的に疑え，出血や脳挫傷の痕跡が乏しい場合であっても，DAI発症を肯定できるものとされ，自賠責保険の障害認定実務はこの考え方で運用されている。近時，訴訟等における立証資料として，SPECT（単光子放射体断層CT）やPET（陽電子放射体断層撮影）等，放射性同位元素を利用して脳内血流の活性程度を画像化する等の手法による画像検査結果が提出される例も多い。しかしながら，いずれも神経軸索そのものを撮影しているものではなく，評価が定まっているとはいえない状況である。また，脳の器質的損傷を裏づけるとされる新しい画像検査手法も提案されている（拡散テンソルMRI，MRS等々）☆9。しかしながら，平成30年報告書はDTI

☆8 画像所見や判断基準の解説については，吉本智信「高次脳機能障害問題・第1節医学からのアプローチ」日本賠償科学会編『賠償科学〔改訂版〕―医学と法学の融合』（民事法研究会，2013）303頁以下に詳しい。
☆9 前掲（☆5）『青本〔26訂版〕』325頁。

（拡散テンソル画像），fMRI（脳機能MRI），MRスペクトロスコピー，SPECT，PET等に関する研究は，現在なお進行中で，健常者との比較研究や脳器質性の病変との関連，画像処理方法等も研究段階である。したがって，現在，これらの検査のみで，脳の器質的損傷の有無，認知・行動面の症状と脳の器質的損傷の因果関係あるいは障害程度を確定的に示すことはできないとしている☆10。この表現は平成23年報告書と同様であり，自賠責保険実務において，CT，MRIによる異常所見の存在を重視する方針は変更されていない。

　なお，平成30年報告書では，「しかし，当初のCT，MRIにおいて脳損傷が明らかであったものの，時間経過とともに損傷所見が消失した場合など脳外傷による障害の残存に疑義が生じる場合には，前記のようなCT，MRI以外の検査において整合性のある一貫した所見が窺えるものについては，補助的な検査所見として参考になる場合がある。」との見解が付加されている。

　㈡　当然のことではあるが，今後，検査機器のよりいっそうの精度の向上や新たな医学的事実の発見ないし脳研究の進歩があれば，高次脳機能障害としての器質的病変が今よりも容易かつ確実に認定されるものと考えられる。

イ　一定期間の意識障害が継続したこと

　この事実は極めて重要である。脳神経外科では，意識状態を検査することが脳機能を推定する重要な物差しであるとされる。一般に多用されている検査はJCS（Japan Coma Scale）である。また，GCS（Glasgow Coma Scale）も用いられる☆11。

　受傷直後において，半昏睡〜昏睡で開眼・応答しない状態（JCSが3〜2桁，GCSが12点以下）が6時間以上継続すると，障害発生のおそれがあるとされる。また，健忘症あるいは軽度意識障害（JCS1桁，GCSが13〜14点）が少なくとも1週間以上続くと障害発生の可能性が出てくるとされる。自賠責保険ではこれらの意識障害が確認される事案を，脳外傷による高次脳機能障害が残存する可能性あるものとして審査する対象としている。ただし，審査の対象とするのであり，診断基準あるいは判定基準とはされていないことに注意を要する。

ウ　一定の異常な傾向が生じていること

　㈠　前述した高次脳機能障害の典型的な症状としての多彩な認知障害，行

☆10　平成30年報告書11頁。
☆11　各検査内容については，後記■(1)「①頭部外傷後の意識障害についての所見」に，本項目末尾の☑意識障害について，☑外傷後健忘（PTA）についての説明書きがある。

動障害及び人格障害が，頭部外傷を契機として発生していることが必要である。

(イ)　また，身体機能の異常（起立障害・歩行障害，痙性片麻痺）にも着目する必要があるとされる。

(ウ)　ただし，これらの異常はその発症時期などに照らし，内因性の疾患等他の原因で生じたものではないことが確認される必要がある。平成30年報告書では，頭部への打撲などがあってもそれが脳の器質的損傷を示唆するほどのものではなく，その後通常の生活に戻り，外傷から数か月以上を経て当該症状が発症し次第に増悪した場合は，脳外傷に起因する可能性は少ないことが指摘されている☆12。

3 等級認定基準

(1) 労災補償の等級認定基準☆13

ア 1級，2級の認定基準

(ア)　「高次脳機能障害のため，生命維持に必要な身のまわり処理の動作について，常に他人の介護を要するもの」は，1級の3に該当する。

以下のa又はbが該当する。

a　重篤な高次脳機能障害のため，食事・入浴・用便・更衣等に常時介護を要するもの

b　高次脳機能障害による高度の認知症や情意の荒廃があるため，常時監視を要するもの

(イ)　「高次脳機能障害のため，生命維持に必要な身のまわり処理の動作について，随時介護を要するもの」は，2級の2の2に該当する。

以下のa，b又はcが該当する。

a　重篤な高次脳機能障害のため，食事・入浴・用便・更衣等に随時介護を要するもの

b　高次脳機能障害による認知症，情意の障害，幻覚，妄想，頻回の発作性意識障害等のため，随時他人による監視を必要とするもの

c　重篤な高次脳機能障害のため自宅内の日常生活動作は一応できるが，1人で外出することなどが困難であり，外出の際には他人の介護を必要とす

☆12　平成30年報告書13頁。
☆13　『労災補償障害認定必携〔第16版〕』143頁以下。

るため，随時他人の介護を必要とするもの

イ　3級以下の認定基準

　労災補償における高次脳機能障害の等級評価は，意思疎通能力（記憶・記銘力，認知力，言語力等），問題解決能力（理解力，判断力等），作業負荷に対する持続力・持久力，及び社会行動能力（協調性）の4つの能力（以下「4能力」という。）の各喪失程度に着目して行われる☆14。この4能力のそれぞれにつき，喪失の程度をA（概ねできる）からF（できない）の6段階評価の目安を記載して分類した表が高次脳機能障害整理表である（☑表2）。そして，その喪失の内容程度により，次のとおりの等級認定を行うこととしている。

☑表1　労災での高次脳機能障害等級認定基準

等　級	障害の程度
第3級の3	4能力のいずれか1つがF，又は4能力のいずれか2つ以上がE
第5級の1の2	4能力のいずれか1つがE，又は4能力のいずれか2つ以上がD
第7級の3	4能力のいずれか1つがD，又は4能力のいずれか2つ以上がC
第9級の7の2	4能力のいずれか1つがC
第12級の12	4能力のいずれか1つ以上がB
第14級の9	4能力のいずれか1つ以上がA

☑表2　高次脳機能障害整理表

障害の区分／喪失の程度	意思疎通能力（記銘・記憶力，認知力，言語力等）	問題解決能力（理解力，判断力等）	作業負荷に対する持続力・持久力	社会行動能力（協調性等）
A　多少の困難はあるが概ね自力でできる（わずかに喪失）	①　特に配慮してもらわなくても，職場で他の人と意思疎通をほぼ図ることができる。②　必要に応じ，こちらから電話をかけることができ，かかってきた電話の内容をほぼ正確に伝えることができる。	①　複雑でない手順であれば，理解して実行できる。②　抽象的でない作業であれば，1人で判断することができ，実行できる。	概ね8時間支障なく働ける。	障害に起因する不適切な行動はほとんど認められない。
	①　職場で他の人と意思疎通を図ることに困難を生じること			

☆14　『労災補償障害認定必携〔第16版〕』142頁。

B 困難はあるが概ね自力でできる（多少喪失）	があり，ゆっくり話してもらう必要が時々ある。②　普段の会話はできるが，文法的な間違いをしたり，適切な言葉を使えないことがある。	AとCの中間	AとCの中間	AとCの中間
C 困難はあるが多少の援助があればできる（相当程度喪失）	①　職場で他の人と意思疎通を図ることに困難を生じることがあり，意味を理解するためにはたまには繰り返してもらう必要がある。②　かかってきた電話の内容を伝えることはできるが，時々困難を生じる。	①　手順を理解することに困難を生じることがあり，たまには助言を要する。②　1人で判断することに困難を生じることがあり，たまには助言を必要とする。	障害のために予定外の休憩あるいは注意を喚起するための監督がたまには必要であり，それなしには概ね8時間働けない。	障害に起因する不適切な行動がたまには認められる。
D 困難はあるがかなりの援助があればできる（半分程度喪失）	①　職場で他の人と意思疎通を図ることに困難を生じることがあり，意味を理解するためには時々繰り返してもらう必要がある。②　かかってきた電話の内容を伝えることに困難を生じることが多い。③　単語を羅列することによって，自分の考え方を伝えることができる。	CとEの中間	CとEの中間	CとEの中間
E 困難が著しく大きい（大部分喪失）	①　実物を見せる，やってみせる，ジェスチャーで示す，などのいろいろな手段とともに話しかければ，短い文や単語くらいは理解できる。②　ごく限られた単語を使ったり，誤りの多い話し方をしながらも，何とか自分の欲求や望みだけは伝えられるが，聞き手が繰り返して尋ねたり，いろいろと推測する必要がある。	①　手順を理解することは著しく困難であり，頻繁な助言がなければ対処できない。②　1人で判断することは著しく困難であり，頻繁な指示がなければ対処できない。	障害により予定外の休憩あるいは注意を喚起するための監督を頻繁に行っても半日程度しか働けない。	障害に起因する非常に不適切な行動が頻繁に認められる。

F できない （全部喪失）	職場で他の人と意思疎通を図る ことができない。	課題を与えられ てもできない。	持続力に欠け 働くことがで きない。	社会性に欠け 働くことがで きない。

出所：『労災補償障害認定必携〔第16版〕』165頁から一部加筆のうえ引用。

（2）　自賠責保険の認定基準

「自動車損害賠償責任保険の保険金等及び自動車損害賠償責任共済の共済金等の支払基準」（平成13年金融庁・国土交通省告示第１号。以下「支払基準」という）は，「後遺障害による損害は，逸失利益及び慰謝料等とし，自動車損害賠償保障法施行令第２条並びに別表第１及び別表第２に定める等級に該当する場合に認める。」「等級の認定は，原則として労働者災害補償保険における障害の等級認定の基準に準じて行う。」と定めているため，自賠責保険の後遺障害等級認定は，一般的には労災補償制度における障害認定基準に準じて行われる。

しかしながら，労災保険が雇用関係下にある青年や壮年者を対象としているのに対し，自賠責保険が取り扱う交通事故の被害者は，就労していない年少者や高齢者をも対象としており，また障害の評価も就労のみならず就労を含めた生活全般について生ずる障害に対するものであるから，労災補償における認定基準を単純に取り込めるものではない。そのため，自賠責保険手続における高次脳機能障害の等級認定は，☑表３の「補足的な考え方」欄に記載された基準により行われている。ただし，労災補償手続における障害評価に相違が出ることは好ましくないため，自賠責保険手続においては労災障害認定基準による評価をも行い，認定の妥当性を検証している☆15。

4　主な争点と主張立証上の留意事項

（1）　自賠責実務において提出を求められる資料

自賠責後遺障害認定手続において，高次脳機能障害の発生可能性のある診断書等が提出されると，損害保険料率算出機構の調査事務所から以下の書類の提出を求められる。

ただし，以下の内容は平成23年報告書当時のものである。平成30年報告書☆16では，「平成23年報告書当時の調査内容に症状の発現時期・経過等も併せ

☆15　『青本〔26訂版〕』330頁。
☆16　平成30年報告書16頁。

Ⅰ 第1 **1** 高次脳機能障害 39

☑表3　脳外傷による高次脳機能障害の等級認定にあたっての基本的な考え方

	障害認定基準	補足的な考え方
別表第1 1級1号	「神経系統の機能又は精神に著しい障害を残し，常に介護を要するもの」	「身体機能は残存しているが高度の痴呆があるために，生活維持に必要な身の回り動作に全面的介護を要するもの」
別表第1 2級1号	「神経系統の機能又は精神に著しい障害を残し，随時介護を要するもの」	「著しい判断力の低下や情動の不安定などがあって，1人で外出することができず，日常の生活範囲は自宅内に限定されている。身体動作的には排泄，食事などの活動を行うことができても，生命維持に必要な身辺動作に，家族からの声掛けや看視を欠かすことができないもの」
別表第2 3級3号	「神経系統の機能又は精神に著しい障害を残し，終身労務に服することができないもの」	「自宅周辺を1人で外出できるなど，日常の生活範囲は自宅に限定されていない。また声掛けや，介助なしでも日常の動作を行える。しかし記憶や注意力，新しいことを学習する能力，障害の自己認識，円滑な対人関係維持能力などに著しい障害があって，一般就労が全くできないか，困難なもの」
別表第2 5級2号	「神経系統の機能又は精神に著しい障害を残し，特に軽易な労務以外の労務に服することができないもの」	「単純繰り返し作業などに限定すれば，一般就労も可能。ただし新しい作業を学習できなかったり，環境が変わると作業を継続できなくなるなどの問題がある。このため一般人に比較して作業能力が著しく制限されており，就労の維持には，職場の理解と援助を欠かすことができないもの」
別表第2 7級4号	「神経系統の機能又は精神に障害を残し，軽易な労務以外に労務に服することができないもの」	「一般就労を維持できるが，作業の手順が悪い，約束を忘れる，ミスが多いなどのことから一般人と同等の作業を行うことができないもの」
別表第2 9級10号	「神経系統の機能又は精神に障害を残し，服することができる労務が相当な程度に制限されるもの」	「一般就労を維持できるが，問題解決能力などに障害が残り，作業効率や作業持続力などに問題があるもの」

出所：青本〔26訂版〕337頁より引用。

て照会を行うことで認定精度がより一層向上する」とし，「現行の調査様式（「頭部外傷後の意識障害についての所見」および「神経系統の障害に関する医学的意見」）の一部を改めるとしている。加えて，我が国の救急救命や頭部外傷の診療においては，電子カルテ等の診療録に初診時から退院（終診）時までの経過が正確，かつ，精緻に記録されていることに鑑み，必要に応じて退院時要約（サマリー）や診療情報提供書等の提供を求めていくこととした。」とされており，今後このような資料の提出が必要となる場合がある。

① 頭部外傷後の意識障害についての所見

　　意識障害の状態等に関する医師による回答書であり，意識障害の有無・推移に関してJCS又はGCSの数値を記載して回答する欄や，外傷後健忘（PTA，本人が覚えていない期間）の有無，長さ，その他意識障害の所見につき特記すべき事項の記載欄がある。これには記入例が付いており，JCSとGCS及び外傷後健忘（PTA）の説明も記載されている（本項末尾を参照）。

② 神経系統の障害に関する医学的意見

　　医師が作成する精神症状等に関する意見書であり，①画像（脳MRI，脳CTなど）及び脳波の検査所見，②神経心理学的検査の所見，③運動機能（上肢・下肢・体幹）に関する所見，④身の回り動作能力に関する所見，⑤てんかん発作の有無に関する所見，⑥認知・情緒・行動障害とその症状が社会生活・日常生活に与える影響に関する所見，⑦全般的活動及び適応状況に関する所見の記載欄がある。

③ 日常生活状況報告（小学生以上・成人用）

　　家族，近親者，介護者等被害者の日常生活の状況把握が可能な者が作成する報告書であり，①受傷前と受傷後の様々な日常行動の能力程度の違い，②受傷前と受傷後の様々な問題行動の違い，③家庭，地域社会，職場，学校などでの日常活動及び適応状況，④①～③の症状状態が社会生活・日常生活に与えている具体的な影響，⑤就労状況，就学状況や仕事や学校を辞めた場合又は変更した場合の理由や経緯の記載欄がある。

④ 学校生活の状況報告（学童・学生用）

　　受傷前と受傷後の担任教師がそれぞれ作成する報告書であり，事故前と事故後につき，①学習面，②休み時間，放課後等の友達との過ごし方，③体育，スポーツ等身体の動かし方，④日常行動等，⑤精神・性格面，⑥そ

の他の項目，につき記載欄が設けられている。

(2)　資料の提出・作成に関する留意点

裁判所は，自賠責保険における等級認定基準には拘束されないとしても，高次脳機能障害に関する等級認定は，「特定事案」として，損害保険料率算出機構内の専門的機関である「高次脳機能障害審査委員会」に付議して審査がなされるものであるから，裁判所においてもその判断を尊重する傾向にある。したがって，被害者側代理人としてはまず自賠責保険において然るべき等級認定を受けるため，最大の努力を傾注すべきである。

ア　受傷直後の脳画像の重要性[17]

まず最も重要なのは，脳のMRIやCTの画像であり，それも受傷直後の画像が非常に重要であることは論を待たないところである。平成30年報告書においては，「より的確な画像所見の評価に向けて，急性期の頭蓋内病変や脳挫傷はもとより，慢性期の脳萎縮や脳室拡大等を含めた画像上の異常所見の有無を把握するため，外傷直後から撮影された経時的な頭部画像を可能な限り入手していくことが重要である。」との指摘がなされている[18]。

直後の画像で，脳内点状出血や脳室出血などが認められれば，それだけでびまん性脳損傷と認定される可能性がある。また，その後の慢性期の脳室や脳溝の拡大を検証するためにも重要である。すなわち，自賠責保険の障害認定実務においては，事故後ある程度期間が経過した時点で，MRIやCT検査により脳室の拡大や脳溝拡大などの脳全体の萎縮と外傷後3か月程度での固定が確認されれば，神経コードの断線（軸索の組織の障害）が生じたことを合理的に疑い得るとされていることは前述したとおりである。ところが，一般に脳室や脳溝は加齢により拡大するものであり，また個人差も大きいものである。この点，受傷直後の脳画像は，外傷前の脳室サイズ画像の代用となり得るのである。また，外傷後に脳梗塞や脳出血性病変が認められた場合，外傷直後の脳画像によりこれらが外傷当日に既にあったかどうかをも確認することができる。

イ　その他の資料作成上の工夫

(ア)　調査事務所に提出する書面については，前記4能力を念頭に置きつつ，

---

[17]　益澤秀明『交通事故で多発する"脳外傷による高次脳機能障害"とは　見過ごしてはならない脳画像所見と臨床症状のすべて』（新興医学出版社，2006）6頁。

[18]　平成30年報告書16頁。

それらの喪失状況がより具体的に記載されるよう工夫するべきである。担当医師が作成するものについては，その診断に至る経過を脳画像所見や本人の4能力に関する所見を可能な限り詳細な内容としてもらうよう要請する必要がある。

(イ)　また，家族等が作成する書面に関しても，定型的な質問項目への回答にとどまらず，被害者の生活状況を詳細に記載し，記載欄に書き切れなければ別紙を添付するなどの工夫をすべきである。その際，以下の事項に留意することは，その等級認定にとって有益である。ちなみに，裁判実務においては，高次脳機能障害については，日常生活動作 (ADL) は自立しているが，声かけや看視を中心とする付添いが必要な場合があり，自賠責3級以下でも将来介護費の必要性が認められる場合がある☆19。

①　本人の日々の言動

②　本人及び家族の1日の過ごし方の状況

③　家族等の付添いが必要であれば，それを必要とする具体的な状況

④　学生であれば学校での状況（そこでの問題行動や生活上の支障など）

⑤　職場復帰している場合であれば，仕事の内容，勤務状況や職場での問題発生の具体的状況，家族・勤務先等周囲の特別な配慮，など

なお，本人の状況に関する記載にあたり，高次脳機能障害が重度であればあるほど，自己洞察力の低下・喪失のため，本人の訴えは減少し，むしろ実態にそぐわない自信と肯定的自己評価を抱くこととなるが，反対に，脳機能が正常であればあるほど，人間は急性のストレスに対して神経質に反応するので，高次脳機能障害がないか，ごく軽度のときは過剰な不安感を示し，外傷性神経症に陥りやすい☆20，との指摘があることにも留意すべきである。

(ウ)　学童・学生については，事故前の担任教師と事故後の担任教師による学習や生活等の状況に関する「学校生活の状況報告」を提出する必要があるが，質問項目がやや抽象的であり，教師によっては報告書の作成に難色を示したり，おざなりな記載となる場合がある。各教師に面談のうえ報告書の趣旨や報告すべき項目の内容につき十分説明し，教師が記載しやすいよう，事故前と事故後の変化が鮮明になるような具体的なエピソードを引き出す努力等をしたうえで，記載を依頼すべきである。

☆19　『LP交通損害関係訴訟〔補訂版〕』163頁。

☆20　益澤・前掲（☆17）95頁。

Ⅰ　第1　1　高次脳機能障害　　　43

　㈎　なお，脳画像の出血や脳室拡大が確認されない場合，高次脳機能障害が認定されることは難しい。しかしながら，このような場合であっても，脳への強い衝撃があったことが認められ，頭部外傷後に一定期間の意識障害があり，医師の診断書や意見書に高次脳機能障害に伴いやすい神経兆候や前記4能力の喪失等の神経症状が認められる場合には，軽度外傷性脳損傷（MTBI）ないしはそれに近い後遺障害として，裁判上後遺障害等級認定がなされることもあり得る。このような意味においても，医師や家族が作成する書面は具体的かつ詳細であるべきである。

ウ　客観的な検査の重要性

　前記4能力の低下（喪失）は，前述したとおり医師や家族の報告書において具体的かつ詳細に記載される必要があるが，さらにそれを裏づけて客観化させるため，専門医師による検査を依頼しその結果を提出することも重要である☆21☆22。

　①　認知機能に関する神経心理学的検査としては，ウェクスラー成人知能検査（現在はWAIS−Ⅲ，以前はWAIS−R），年少者（6歳〜16歳）用のWISC−RやWPPSIなどがある。

　②　記憶機能をテストするものとしては，三宅式（東大脳研式）ウェクスラー記憶検査（WMS−R），ベントン視覚記名検査等がある。

　③　遂行機能障害・注意力障害を評価するものとしては，BADS（遂行機能障害症候群の行動評価），WCST（ウィスコンシン・カードソーティング・テスト），TMT（トレイル・メイキング・テスト），かな拾いテスト，D−CAT等がある。

　④　人格や性格の変化を心理検査で的確に把握することは現状では難しいようであるが，心理検査としての矢田目・ギルフォード性格検査，MMPI（ミネソタ多面人格目録），ビネー式検査，バウムテスト等が有効であるとされている。

エ　小児に関する留意点

　㈠　小児の高次脳機能障害のケースでは，自賠責の等級認定と異なる認定がなされる場合がある。自賠責の等級認定申請の場合はもちろん，等級認定が

☆21　『青本〔26訂版〕』328頁。
☆22　各種テストの内容については，吉本智信『精神高次脳機能障害と損害賠償〔全面改訂〕』（自動車保険ジャーナル，2011）48頁以下，石合・前掲（☆1）4頁以下に詳しい紹介がある。

なされた場合であっても，異議申立てや訴訟における等級認定の立証に関し，念頭に置くべき事項である。

(イ)　平成23年報告書には，要旨以下の指摘がなされている☆23。一般に成人の場合では，急速な急性期の症状回復が進んだあとは，目立った回復がみられなくなることが多い。したがって，受傷後1年以上を経てから症状固定の後遺障害診断書が作成されることが妥当である。

しかし，小児の場合には，受傷後1年を経過した時期でも，後遺障害等級の判定が困難なことがある。後遺障害等級が1～2級であれば判定は比較的容易であるが，3級より軽度である場合，幼稚園，学校での生活への適応困難の程度を的確に把握するには，適切な時期まで経過観察が必要になる場合が多い。小児が成長したときにどの程度の適応困難を示すかについては，脳損傷の程度だけではなく，脳の成長と精神機能の発達とによるところが大きい。

学校などにおける集団生活への適応困難の有無を知ってからであれば，成人後の自立した社会生活や就労能力をより正確に判断できる可能性がある。したがって，適切な経過観察期間，例えば，乳児の場合は幼稚園などで集団生活を開始する時期まで，幼児では就学期まで，後遺障害等級認定を待つという考え方も尊重されるべきである。

(ウ)　平成30年報告書では，以上に加え，要旨以下の指摘が付加されている☆24。

しかし，前記のとおり，迅速な補償を求める家族も多いと考えられることや，早期の示談を希望する加害者もいることから，年齢によって一律に症状固定時期を延伸することは必ずしも適切ではない。この場合，現時点での症状固定日に基づき等級認定をするが，仮に入園・入学後に症状憎悪（障害の顕在化）が判明したとして，追加請求がなされた場合には，これを受け付けて慎重に検討することが必要である。

なお，この点に関して，被・加害者間で損害賠償責任に関する示談が成立した事例において，示談の内容として被害者が損害賠償請求権を放棄している場合には，自賠責保険に対する請求もできないのが原則である。しかし，示談条項として，症状が悪化（障害が顕在化）した場合や示談後に上位の障害等級が認

☆23　平成23年報告書14頁。
☆24　平成30年報告書17頁・18頁。

定された場合等における賠償の権利を留保する趣旨の内容が定められていれ
ば，加害者への損害賠償請求及び自賠責保険への請求（交渉再開）も可能と判断
される。そのため，症状が悪化（障害が顕在化）した場合の損害賠償の権利をい
たずらに失うことがないように，（特に被害者に対して）示談条項に関する注意点
も教示することが望ましい。

　また，被害者の成長・発達に伴い，社会的適応に問題があることが明らかに
なることで，被害者に有利な等級認定が可能となる場合もあることから，その
ような要素があると考えられる事案については，社会的適応障害の判断が可能
となる時期まで後遺障害等級認定を待つという考え方もあることを周知するこ
とが望ましいと考えられる。

5　裁判例の紹介

　裁判実務においては，高次脳機能障害の有無のほか，その等級，労働能力喪
失率や介護費用，慰謝料（近親者分を含む）の額が主要な争点となることが多い。
この場合も，自賠責での高次脳機能障害審査委員会に提出された資料が証拠と
なるほか，その後の症状の状況，就学や就労状況に関する事情，日常生活に関
する事情等が新たな証拠として提出され，裁判所が審理判断することとなる。

(1)　高次脳機能障害の有無が争点となった裁判例

　まず，高次脳機能障害の発症自体が争われ，これを否定する裁判例も少なく
ない。その場合の主なポイントは，事故後の一定期間の意識障害の不存在，脳
室の拡大等脳の器質的損傷が確認できるような画像上（CT，MRI）の異常所見が
ないことである。この判断要素が欠如している場合には，たとえ医師の診断書
や前述したSPECTやPET等，放射性同位元素を利用して脳内血流の活性程度を
画像化する検査結果を提出しても，認定されるのは困難である。原則として自
賠責での認定の段階で否定され，裁判になっても大半の場合が否定される傾向
にある（裁判例①～③）。

　なお，理由は不明ながら自賠責で後遺障害非該当とされたケースで，裁判所
が事故後の意識障害，画像上の異常所見，身体機能障害や記銘障害，気分障害
を認定し，7級4号相当と認定した事例（裁判例⑦），自賠責による認定はない
ものの，医師の意見書とMRI所見，現在の易疲労性と認知障害等から約25年前
の事故による高次脳機能障害発症を認め，その後の生活状況から損害の50％を

減額した事例（裁判例⑤）などがある。また，自賠責で非該当とされたが，一定の画像所見が認められるほか，被害者の法廷での尋問時に認められた発語の緩慢さや供述内容等を総合考慮し，被害者の脳実質が広範囲に損傷されたものと認定し，5級2号相当とした事例（裁判例⑬）もある。

これに対して，画像所見がない場合でも，例外的に高次脳機能障害を認めた事例がある。事故により頭部に極めて大きな外力を受けていることや，SPECT検査から軽度の脳の血流の低下が認められること，意識清明になるまで一定の時間を要したこと，軽度の知的障害があること等を根拠とし，1審大阪地裁判決を変更して9級の高次脳機能障害を認定し，労働能力喪失率を60％とした事例（裁判例④），同様に頭部に衝撃を受け，記憶障害があり，精神症状が認められる等の事実を根拠として7級の高次脳機能障害であるとして，他の後遺障害との併合6級と認定し，31歳から67歳まで36年間労働能力喪失率を67％と認定した事例（裁判例⑫）等である。なお，このような場合，本件交通事故のほかに高次脳機能障害を発症する原因が存在しないと認定し得ることが，重要な要素となっていることに注意を要する。

(2) 高次脳機能障害の程度が争点となった裁判例
ア 自賠責認定よりも上位の等級が認定された事例

自賠責において高次脳機能障害が認定されている場合でも，裁判上その程度が争いとなる場合がある。多くの場合，自賠責での等級認定どおりの判決となるが（裁判例⑮⑯），自賠責で9級10号と認定された事例で，前記4能力のうち2つ以上の能力の半分以上が失われていること等から5級2号（併合4級）相当と認定し，労働能力喪失率92％を認めた事例がある（裁判例⑨）。

イ 自賠責認定よりも下位の等級が認定された事例

これに対して，自賠責で一定の後遺障害等級が認定されていても，被害者の事故後の回復状況等が勘案されて，それよりも低い等級認定に変更される場合も少なくない。自賠責で高次脳機能障害5級2号ほか併合4級と認定されたため，原告が労働能力喪失率92％を主張した事案で，等級認定自体は変更しなかったが，原告は良好な人間関係を保ちながら継続的に就労することに困難を伴うが，単純な作業程度の仕事はできなくはないとして労働能力喪失率を85％と認定した事例（裁判例⑧），自賠責で7級4号と認定されている被害者につき，その後教員として大過なく就労している等の状況を考慮し，嗅覚障害と併せて

併合11級と認定した事例（裁判例⑭）等がある。

　また，小児の場合には自賠責の等級認定と異なる認定がなされる場合があることは前述したとおりであるが，自賠責9級10号高次脳機能障害を残した児童のケースでは，症状固定日の時点でも12歳の児童であることからすると，今後の心身の発達に伴って，残存する認知機能等の問題についても，これに順応し，あるいはこれを克服することが合理的に期待できるとして，将来，18歳から67歳までの長期にわたり35％もの労働能力が喪失したとはいいがたく10％程度にとどまると認定した事例がある（裁判例⑮）。

ウ　後遺障害等級よりも低い労働能力喪失率の認定がなされた事例

　高次脳機能障害で相当程度の認知障害や行動障害を残しつつも，幸いにして元の職場に復帰するなどして，顕著な減収が認められない場合がある。このような場合，損害に関する従来の通説である差額説に立てば，後遺障害逸失利益を否定する見解もあり得るところである。しかしながら，現在の裁判例ではそのように判旨するものは少なく，現在のところ減収はないが，それは本人の努力や職場の理解によるもので，また転職の場合の不利益等を勘案して将来の減収はあり得るものとして一定の労働能力喪失率を認定するものが多い。しかしながら，減収が現実化していないことが影響し，労働能力の喪失率の認定は自賠責基準の等級ごとに規定されている労働能力喪失率よりも相当控えめに認定される傾向にある（裁判例⑰，⑱）。

エ　3級以下の場合でも付添介護費や近親者の慰謝料が認められた事例

　そのほか，事故当時21歳女性の7級相当の高次脳機能障害につき，大学は卒業しているものの，日常生活動作が自発的にはできず，声掛けが必要であり，外出時には付き添って看視することが必要であるとして，将来介護費として平均余命までの63年間日額2000円，合計1389万円余を認めた事例（裁判例⑩），固定時23歳女性が7級4号の高次脳機能障害，12級15号の醜状障害で自賠責併合6級の認定を受けた事案で，6級相当の67％の労働能力喪失を認め，原告は小学生（11歳）程度の知能しか有さない状態であるが，排泄等は自力で行え日中は1人で自宅で生活できるとし，その介護の程度は付ききりではなく援助が必要な際，日常生活の決まった場面における援助の必要性を認め，将来介護費として余命までの63年間日額2000円，合計1392万円余等を認め，慰藉料として本人分のほかXの母親につき，「我が子に人並みな幸せを」と願う母親の失望は大き

いとして，慰謝料100万円を認めた事例（裁判例⑥），事故当時12歳男子の3級3号の高次脳機能障害のケースで着替え・食事・入浴に介助が必要で，認知・情緒・行動障害のため1人で行動させることには不安があるが，徐々に改善しているとして，将来介護費として母親67歳までの27年間は母親が介護できるとして日額3000円を認め，その後38年間は職業介護によるとしてもさほど高額にならないとして日額1万円を認めたほか，後遺障害慰謝料として本人分1990万円のほか，父母各100万円，の合計2190万円を認めた事例（裁判例⑪）等は，実務上の参考になるものと思われる。

6 裁 判 例

高次脳機能障害の発症を否定した裁判例

◆事故後の意識障害，画像上の異常所見がないとして否定した事例
①東京地判平20・9・18判時2034号56頁

　昭和61年12月27日，原付自転車を運転中右側から左折しようとして普通貨物自動車に巻き込まれて転倒し，下顎部打撲挫滅創で入院したが同月31日経過良好で退院したX（男・事故時21歳・職業不詳）が，平成18年7月以降高次脳機能障害と診断され，加害者と人身事故共済契約を締結していた共済組合に対し損害賠償を請求した事案で，交通事故の後遺障害としての高次脳機能障害の存否の判断にあたっては，医科学的な見地から，事故後の意識障害の有無・程度及び画像上の異常所見が基本的な要素とされ，前者について，半昏睡〜昏睡で開眼・応答しない状態（JCSが3桁）が6時間以上継続する場合は，永続的な高次脳機能障害が残ることが多く，健忘症あるいは軽度意識障害（JCSが2桁か1桁）が少なくとも1週間以上続いた場合も高次脳機能障害を残すことがあり，後者について，急性期における脳内出血の確認，慢性期における脳室拡大，脳萎縮等が高次脳機能障害の徴候であるところ，本件事故による原告の頭部への受傷は下顎部打撲挫滅創であり，見当識障害はあったものの，継続時間は入院後1時間くらいでその程度も軽度であり，その後，診断上重要なものとされる画像検査を受けていないこと等の事情に照らすと，Xにつき高次脳機能障害が存することを認めるに足りる証拠ないし事情は認められないとした。

◆事故後の意識障害，画像上の異常所見が認められないこと等から外傷性脳損傷によるMTBI，高次脳機能障害を否定し，後遺障害の残存なしとした事例
②宇都宮地判平28・5・12自保1979号1頁

　青信号交差点を普通乗用車で進行中，赤信号で進入してきた乗用車に衝突され，頭部打撲，頚椎捻挫，腰椎捻挫等と診断され，約1年3か月後症状固定し，自賠責

非該当と認定されたが，外傷性脳損傷による高次脳機能障害（5級2号），身体性機能障害（5級2号）の併合障害として3級3号の後遺障害を残したとするX（固定時44歳，女，短期大学生）につき，本件事故直後に，ある程度複雑な思考過程を経て自らが置かれている状況を把握しており，その認識を経て，自車を車両の通行の妨げにならない場所まで運転して停車するなどの運転操作を行い，父親及び短期大学の友人に電話をかけるなどして，自らの現在の状況を説明して助けを求めたり，学校に登校することができない旨を伝えたりし，救急隊員とのやり取りも特に支障なく行っており，事故後のJCSは0とされていること，衝突の瞬間の記憶がないことや，頻脈，頻呼吸状態で興奮状態にあったことは，本件事故が突然の非日常的な出来事であったことからして，脳損傷を生じなくても起こり得ることであるし，その後の警察署における取調べにおいても事故当時の状況を一定程度詳細に話しているものであるから，特異な記憶の喪失があったとか，記憶の欠落を生じさせるほどの顕著な興奮状態にあったということはできないとして，Xにつき本件事故の直後において，特に意識障害があったものということはできないと認定し，3つの医療機関において画像上の異常所見は指摘されておらず，他の1つの病院において，FA-SPMimageの検査結果からは脳の器質的損傷の存在が疑われ，FDG-PET所見はびまん性軸索損傷の所見として矛盾するものではないとされているものの，一方で，通常のMRI，MRtensor imageでは器質的損傷をとらえることはできず，ECD-SPECT所見は抑うつ状態などの精神障害で見られる所見であることから，同病院としては，原告の症状は厚生労働省基準に合致せず，診断は「頭部外傷後高次脳機能障害疑い」のレベルに止めるものとし，またその病院の診断としても，画像上の有意な異常所見があったものとみることはできないと画像上の異常所見を否認していることなどから，Xには，脳の器質的病変が生じているということはできないと認定し，また，Xには事故以前において本件事故とは別の交通事故により頸椎，両肩，腰椎，胸椎捻挫との診断がなされ，両手の震え等が生じており，また，身体表現性障害やうつ状態であったことから，身体性機能障害は本件事故以前から生じていた心因的要因等により生じていた可能性があると認定し，本件事故により軽度外傷性脳損傷が生じ，身体性機能障害及び高次脳機能障害が生じたものということはできないとして，身体性機能障害及び高次脳機能障害の発症を否認した。

◆事故当時8歳の女児につき，事故後の意識障害や画像上の異常所見なく，就学上の支障もないとして自賠責5級認定の高次脳機能障害を否定し後遺障害残存なしとした事例　③津地四日市支判平28・8・3自保1978号15頁

　平成16年12月9日に道路横断中に走行してきた乗用車の左前部に接触された事故で負傷したX（女・事故時8歳）につき，損害料率機構が外傷性脳損傷による高次脳機能障害の診断名が付された平成18年4月10日付けの診断書，救急搬送先の看護記録から意識障害が窺われること等から事故による5級2号の後遺障害を認め

たところ，本判決は，Xは事故後救急搬送された際には意識障害が生じておらず，また，入院時に意識がはっきりしなかったことは投薬又は睡魔の影響によるものであり意識障害は生じていなかったこと，頭部CT検査やMRI検査でも異常は認められていないこと，このような検査所見を前提とすると味覚異常による摂食障害についても事故によって脳損傷が生じていたことを窺わせるものとはいえないこと，担任教師の報告書等からは復学後の修学に大きな支障が生じていたとまでは認めがたいこと，そして，Xが事故当時8歳であり，その後，中学校，高校及び短期大学へと進学し，部活動や短期留学に参加し，各種検定に合格し，飲食店でのアルバイトを行っていたことを総合勘案すると，Xには，事故後，日常生活において種々の支障が生じていたことを否定できないものの，その後の生育過程において，相応の意思疎通能力，問題可決能力等を獲得し，集団生活への適応も身に着けたものといえるから，現時点において生涯にわたって労働能力の一部を喪失するほどの障害が生じているとはいえないとして，びまん性軸索損傷ないし軽度外傷性脳損傷による高次脳機能障害が生じていることを否定し，その他の歯牙欠損や醜状障害のXの主張も認めず，Xに後遺障害を認めなかった。

高次脳機能障害の発症を認定した裁判例

◆画像所見がない場合でも症状や医師の診断等から9級の高次脳機能障害を認めた事例　④大阪高判平21・3・26交民42巻2号305頁

　普通貨物自動車を運転中対向車線をセンターラインを越えて走行してきた普通貨物自動車に衝突し，頭部外傷II型（脳震盪型），頭部・顔面挫創，両足関節挫傷等の障害を負い，約10か月後に症状固定の診断を受け，自賠責で外貌醜状（14級11号），頸部挫傷後の頸部痛・違和感（14級10号），併合14級の認定を受け，高次脳機能障害機能の認定を求める異議申立てを行ったが非該当とされたX（男・固定時53歳・建設請負業）につき，高次脳機能障害を否定した原判決（大阪地裁）を変更し，事故により頭部に極めて大きな外力を受けて頭部外傷の障害を負ったこと，その結果比較的早期に回復したとはいえ見当識障害があり，意識清明になるまで一定の時間を要したこと，事故後の症状は典型的な高次脳機能障害症状を呈していること，Xに軽度の知的障害が認められること，2度のSPECT検査からは軽度ではあるが脳血流の低下が認められたこと，長期間認知リハビリにあたった医師は高次脳機能障害と診断していること，本件事故以外を原因とする器質性・非器質性の精神障害が発生したことを認めるに足りる証拠は存在しないこと等を総合して考えると，頭部X線検査，CT検査，MRI検査において異常所見が認められないことを考慮しても，Xの本件事故後の症状は高次脳機能障害の症状であり，本件事故との因果関係を肯定できるとし，9級の精神障害が残存したと認定し60％の労働能力喪失を認めた。

◆医師の意見書とMRI所見，現在の易疲労性と認知障害等から25年前の高次脳機能

I　第1　**1**　高次脳機能障害　　　　　　　51

障害発症を認め，その後の生活状況から損害の50％を減額した事例
　⑤東京地判平21・4・16判時2056号88頁・判タ1311号229頁

　昭和61年7月，X（女・事故時14歳）が自転車で走行中普通貨物自動車に衝突され，頭蓋骨骨折，急性硬膜下血腫等の傷害を負い，23日間入院しその後通院して治癒し，中学，高校，大学を卒業して就職，結婚，離婚後平成17年4月に再婚し主婦となっているが，脳外傷後の器質性精神障害が残ったとして損害賠償請求を行った事案につき，Xの現在の症状につき易疲労性や，記憶力・前頭葉機能の低下といった認知障害が認められるとして，労働能力喪失率67％（後遺障害等級6級相当）と認定したうえ，医師の意見書とMRI所見等をもとに，本件事故後Xに脳外傷による高次脳機能障害が生じ，そのために，現在と同程度ではないものの易疲労性と認知障害の症状が発生したことを認めたが，その後症状が悪化したことにはXの素因や家庭その他の生活環境等の要因も存在し，本人の資質があったにせよ，都立大学ほか有名大学3校に合格し，4年で卒業して就職していることなどを考慮すると，認められる損害5000万円余から50％を減額すべきとした。

◆7級4号の高次脳機能障害につき将来介護費日額2000円と近親者の慰謝料を認
**　めた事例**　⑥横浜地判平22・3・31自保1832号35頁

　道路を歩行横断中，自動二輪車に衝突され急性硬膜下血腫等で75日入院，525日間通院をして7級4号高次脳機能障害，12級15号の醜状障害の併合6級の認定を受けたX（女・固定時23歳・高卒アルバイト）につき，女性労働者高卒の年収を基礎として67％の労働能力喪失を認め，Xには①今日が何月何日かわからない，②簡単な買い物の釣り銭計算がようやくできる程度，③人の話がスムーズに理解できない，④新しいことを覚えたり，同時に複数のことを並行してできない，⑤感情の起伏が激しい，⑥自分の食事の支度ができない等の症状が認められ，小学生（11歳）程度の知能しか有さない状態であるが，排泄等は自力で行うことができ日中は1人で自宅で生活することができ，1人でプールの受付事務を行うことが可能であること等から，Xのその介護の程度は付ききりではなく援助が必要な際，日常生活の決まった場面における援助で足りるとし，将来の介護料として日額2000円で63年間，1392万円余等を認め，Xの母親につき，「我が子に人並みな幸せを」と願う母親の失望は大きいとして，慰謝料100万円を認めた。

◆自賠責非該当事案につき，意識障害，画像上の異常所見，身体機能障害や気分障
**　害等が認められるとして7級4号の高次脳機能障害を認めた事例**
　⑦東京地判平22・5・13交民43巻3号591頁・自保1832号139頁

　交差点を自動二輪車で直進中，右方道路から進行してきた普通貨物自動車に衝突し，約1年6か月後に症状固定し，自賠責で右顔面部の外貌醜状（12級13号・当時），右眼視野障害（9級3号），高次脳機能障害は非該当，併合8級と認定された会社員（男・固定時50歳）につき，少なくとも事故後から6時間程度は軽度の意識

障害があり，MRI画像によれば脳の病変や脳挫傷を疑う所見があり，物忘れや新しいことの学習障害，複数の作業を並行処理する能力の障害，集中力等の低下，易怒性，多弁といった性格上の変化がみられることから，本件事故により脳損傷を受け，体幹機能障害，失調症，巧緻性低下等の身体機能障害と記銘力障害や気分障害等の高次脳機能障害が残存したと認定し，原告が訴訟の尋問において終始質問の趣旨を正確に把握し，これに対して回答し，その内容も首尾一貫していること等から，神経系統の機能に障害を残し，軽易な労務以外の労務に服することができないものとして7級4号と認定し，身体機能障害と合わせて併合6級として，67％の労働能力喪失を認めた。

◆高次脳機能障害5級2号ほか併合4級で労働能力喪失率は85％とした事例
　⑧神戸地尼崎支判平23・5・13判時2118号70頁

　X（男・固定時29歳・専門学校卒後アルバイト）が，Y₁の運転する軽貨物車の助手席に同乗中，Y₂の運転する普通乗用車と衝突し，頭部外傷，頭蓋骨骨折等の傷害を負い，約4年間入通院し，自賠責で高次脳機能障害（5級2号）及びの醜状障害（12級13号・当時），併合4級の認定を受け，Y₁とY₂に対し，労働能力喪失率につき4級相当の92％を主張し総額1億3159万円余の損害賠償を請求した事案で，Xの職業，年齢，性別，後遺症の部位・程度，事故前後の稼働状況等の事情を含めて検討したうえ，Xは，良好な人間関係を保ちながら，継続的に就労することは困難を伴うが，単純な作業程度の仕事はできなくはないとして，事故前の就労状況，頭部及び顔面部の醜状痕の部位・程度等にてらして労働能力喪失率を85％と認定し，総額7680万円余の限度でXの請求を認容した。

◆自賠責9級10号の認定を5級2号（併合4級）と認定し，労働能力喪失率92％を認めた事例　⑨千葉地判平23・8・17交民44巻4号1053頁・自保1864号23頁

　平成13年7月，X（女・固定時27歳・パブスナック等アルバイト）が普通乗用車に同乗中，運転者が制限時速を40kmも超過する時速100kmで走行し急カーブでの不用意なブレーキ操作のためガードレールに激突し，右急性硬膜外血腫・脳挫傷・頭蓋骨骨折等の傷害を負い，約3年間の入通院後に症状固定し，自賠責で高次脳機能障害（9級10号），右聴力障害（11級6号），右顔面神経麻痺に伴う症状（12級15号）等の後遺障害を残すと認定されたが，高次脳機能障害は5級2号相当と主張した事案で，Xの高次脳機能障害の等級につき，労災認定基準に照らせば，問題解決能力は，記銘・記憶力の不足から意思疎通能力に相当程度の問題があり，また合理的・計画的な手順を理解できないため，困難はあるがかなりの援助があればできるという程度であり，社会行動能力も些細なことに立腹して暴力行為に出ることが多く自制が難しいため，やはり困難はあるがかなりの援助があればできるという程度であり，したがってその余の持続力，持久力を判断するまでもなく，4能力のうち2つ以上の能力が半分程度失われており5級該当というべきであり，自賠責の障害認定

Ⅰ 第1 **1** 高次脳機能障害 53

基準によっても，Xは一般人に比べ作業能力が著しく低く，作業の困難に直面すると激昂して人間関係を破壊してしまうため，結局，単純繰返し作業はできるがその継続には職場の理解と援助が欠かせないといえ，特に軽易な労務以外の労働に服することができないものとして，Xの主張通り5級2号に該当するとし，併合4級の後遺障害と認め，労働能力喪失率92%として逸失利益を認めた。

◆7級高次脳機能障害につき将来介護費日額2000円を認めた事例
⑩東京高判平23・10・26自保1861号1頁

友人が運転する原付自転車の荷台に同乗中普通乗用車と衝突して転倒したX（女・事故時21歳・大学生）が，約3年間入・通院後に症状固定し，自賠責で高次脳機能障害（7級4号），半盲（9級3号），外部醜状（7級12号），併合5級と認定された事案につき，労働能力喪失率につき原判決（横浜地裁）どおり5級相当の79%と認定し，Xは大学は卒業しているが，日常生活能力の判定につき，適切な食事摂取，身辺の清潔保持，金銭管理と買い物，通院と服薬，他人との意思伝達及び対人関係については「自発的にはできないが援助があればできる」に該当し，身辺の安全保持及び危機対応については「できない」に該当し，日常生活活動の程度につき「精神障害を認め，日常生活における身の回りのことも，多くの援助が必要である」に該当することから，日常生活動作が自発的にはできず，声掛けが必要であり，外出時には付き添って看視することが必要であるとして，平均余命まで日額2000円，合計1389万円余を認めた原判決を支持した（過失相殺10%）。

◆3級3号の事案で将来介護費日額1万円，近親者の慰謝料を認めた例
⑪名古屋地判平23・10・28自保1878号29頁

X（事故時12歳・男）が道路を歩行横断中に普通貨物車に衝突され，脳挫傷・びまん性軸索損傷・頭蓋骨骨折・両鎖骨骨折・肺挫傷等で165日間入院しその後も治療を続けて約4年後に症状固定し，高次脳機能障害（認知機能障害，四肢体幹失調，左上肢不随意運動）で自賠責3級3号と認定された事案で，Xの労働能力喪失率を100%と認定したうえ，将来介護費として，Xは，着替え・食事・入浴に介助が必要で，認知・情緒・行動障害のため1人で行動させることには不安があるが，徐々に改善しているとして，固定後の平均余命65年のうち，母親67歳までの27年間は母親が介護できるとして日額3000円を認め，その後38年間は職業介護によるとしてもさほど高額にならないとして日額1万円を認めた。また，後遺障害慰謝料として本人分1990万円，父母各100万円の合計2190万円を認めた。

◆画像所見がなく自賠責非該当事案につき7級相当の高次脳機能障害を認めた事例 ⑫名古屋地判平24・2・24自保1872号1頁

自動二輪車の後部同乗中，対向車線から右折した乗用車と衝突し，多数の骨折と脳震盪，上顎骨陥没等で2131日後に関節機能障害で後遺障害等級12級6号の認定（高次脳機能障害は非該当）を受けたX（事故時25歳・女・美容専門学校を卒業後の

美容室社員）が，高次脳機能障害5級2号を主張した事案につき，脳損傷につき画像所見から直ちにその旨の所見は認められないが，そのことから直ちに高次脳機能障害を否定することはできないとし，Xは頭部に衝撃を受けており，本件事故前後の記憶がないこと及び事故直後の意識消失があり，意識障害の程度は低いが入院中一時記憶障害があり，本件事故後に前記認定の精神症状が現れていることを総合すると，Xは本件事故により高次脳機能障害の後遺障害が残ったものと推認されるとし，脳損傷の程度は低いものであること，記憶障害はあるものの，知的レベルはそれほど低くなっていないこと，本人尋問でのXの状況に照らすと，後遺障害等級としては7級相当と認定し，他の後遺障害との併合6級と認定し，31歳から67歳まで36年間労働能力喪失率を67％と認定した。

◆自賠責で高次脳機能障害を否定されたが，画像上軽度の脳室の拡大及び局所的な脳委縮が認められる等から5級2号の高次脳機能障害と認定した事例
⑬東京地判平24・12・18交民45巻6号1495頁・自保1893号48頁

　青信号交差点を自動二輪車で直進中，右折レーンから車線変更中の乗用車と衝突，頭部外傷等で462日間入通院して，めまい・ふらつきで自賠責12級13号と認定されたが高次脳機能障害を否定されたX（男・事故時28歳・大工）が，5級2号相当と主張した事案で，Xは，本件事故後救急搬送された際，意識はあったが，事故の記憶がないなどの健忘の症状があり，事故後約1か月前に交際相手の妊娠を知り，4か月後に婚姻しているが，法廷でもXの発語は緩慢であり，個々の供述は，おおむね1語の主語又は目的語と動詞のみで構成されており，尋問当日の暦年を間違え，妻の年齢はわからないと述べ，妹については，実際には婚姻しているにもかかわらず，婚姻していないと供述したことや，X線検査では右側頭部に線状骨折を認め，検査画像においては軽度の脳室の拡大及び局所的な脳委縮が認められると認定し，Xの脳実質は，本件事故により広範囲にわたって損傷を受けたものと推認されるとして，Xの本件事故による受傷直後の意識障害の程度は軽度であり，その持続時間も短いものであったが，本件事故による受傷当初から記憶障害等の高次脳機能障害に特徴的な症状があらわれていたと認められるとして，本件事故により，Xの脳実質が広範囲にわたって損傷を受け，びまん性脳損傷ないしびまん性軸索損傷を負ったことを示唆する画像所見等が存在するとともに，本件事故後にXの認知能力が標準を下回る水準にあることを示す神経心理学的検査の結果が存在し，Xを診察した複数の医師がXに高次脳機能障害が残存しているとの見解を示していることを総合考慮すると，典型的な症例でみられるほどの明確な客観的所見を伴うものではないものの，本件事故による脳損傷を原因として高次脳機能障害が残存したと認められるとし，その程度は，他人の介助又は指示の下で軽易な労務に服するか，極めて軽易な労務に服することができるにとどまるというべきであるとし，その程度を後遺障害等級表でいえば，同表第2の5級2号に相当するものというべきである

I　第1　**1**　高次脳機能障害　　　　　　55

とした。

◆**自賠責で7級4号認定のケースで，その後の就労状況を考慮し嗅覚障害と合わせて併合11級と認定した事例**　⑭大阪地判平28・3・10自保1978号29頁

　　原付自転車で信号交差点を直進中，赤進入の被告普通貨物車に衝突され，脳挫傷等から自賠責7級4号高次脳機能障害等併合6級認定を受け，大学に復学，卒業して教員採用されているX（事故時20歳・男子大学生）の後遺障害認定につき，平成25年4月以降，小学校の教員という高度の知的能力が求められるとともに生徒との全人格的な関わりや個々の生徒に応じたきめ細やかな配慮が必要とされる職に就いており，日頃から様々な支障が生じていても，X自ら努力や試行錯誤を重ねつつ，時には周囲の指導や助言も得ながら，現在までクラス担任として大過なく，経験年数に相応する職責をまっとうしていること，その他，認定した神経心理学的検査の結果，医師の医学的意見，日常生活の状況等の諸事情を総合考慮すれば，Xの高次脳機能障害は，通常の労務に服することはできるが，高次脳機能障害のために多少の障害を残すものという程度であって，その等級は，脳挫傷が認められることに鑑み，嗅覚障害と併せて11級相当と判断するとした。

◆**自賠責9級10号の高次脳機能障害を残した11歳の小学生につき，49年間10%の労働能力喪失を認めた事例**　⑮金沢地判平28・3・31自保1991号14頁

　　交差点を自転車で横断中，左方道路から直進してきた普通貨物車に衝突され，脳挫傷，左環指PIP関節側副靱帯損傷等の傷害を負い，21日入院含む，約7か月入通院後自賠責9級10号高次脳機能障害を残したX（男・事故時11歳）が，労働能力喪失率35%を主張した事案で，Xの後遺障害は9級10号である，後遺障害逸失利益につき，現時点で表面化している日常生活における支障は相当に限られたものであり，Xが症状固定日の受診を最後に医療機関への通院をしていないこともこれを窺わせる事情であるとし，小・中学校での成績等を見ても，中学校進学後，成績評価がやや低下しつつあるように見受けられるが，その低下の程度については顕著なものであるとまではいえず，上記後遺症によるものであるかも判然としないとし，Xが症状固定日の時点でも12歳の児童であることからすると，今後の心身の発達に伴って，残存する認知機能等の問題についても，これに順応し，あるいはこれを克服することが合理的に期待できるとして，将来，18歳から67歳までの長期にわたり35%もの労働能力が喪失したとはいいがたく10%程度にとどまると認めるのが相当であるとし，賃金センサス男子高卒平均を基礎収入に49年間10%の労働能力喪失を認めた。

◆**自賠責の認定通り9級10号と認定した事例**　⑯大阪地判平28・4・14自保1977号49頁

　　交差点を自動二輪車で進行中，対向右折乗用車に衝突され，脳挫傷，右側頭骨骨折，硬膜外血腫等の傷害を負い，約2年10か月間入通院し，自賠責9級10号高次脳

機能障害等併合 8 級の後遺障害認定を受けたが，5 級 2 号高次脳機能障害等の併合4 級を主張する X（男・事故時24歳・大卒後派遣社員）につき，X は勤務先には高次脳機能障害について申告しておらず，アルバイト開始後 3 年以上の間にわたって大きなトラブルを起こした形跡は見当たらず，解雇されることなく就労を継続していることから，職場では上司や同僚との意思疎通は多少の困難はあるものの概ね自力で対処できているといえ，自らが手掛けているインターネットオークションで落札者から多くの高評価を得ているのは，購入希望者の要望に沿えるように配慮しながら数多くの商品を出品しているといえるからであって，この点でも記憶力等の低下が原因で意思疎通能力に大きな問題が生じているとはいいがたいとしつつ，X には，本件事故後，家庭内で母親らに対し粗暴な言動に及んだり家財道具を破損するなどの攻撃的な面が見られる一方で，母親に年齢不相応に甘える幼稚な面も見られるなど，本件事故前に比べて性格や人格の変化が認められるとし，これらは脳外傷による高次脳機能障害により生じた情緒障害であり，これにより他者とのコミュニケーションに一定の困難を来す状態に至っていると判断されるとし，日常生活では，一定程度の水準の能力が要求されるインターネットオークションを手広く手掛けていること，また，自然環境保全のボランティア活動に積極的に参加し，他者と関わり合いを持ちながら幅広く活動していることに鑑みると，現にアルバイト先で従事している作業が比較的軽易な内容に限られているとはいえ，現行の高次脳機能障害については，神経系統の機能又は精神に障害を残し，服することができる労務が相当な程度に制限されるものとして，自賠責保険の認定どおり，後遺障害等級 9級に該当すると認定した。

◆自賠責 7 級 4 号の高次脳機能障害を残したが復職している公務員につき，67歳まで35％の労働能力喪失を認めた事例　⑰大阪地判平28・6・14自保1980号12頁

　　交差点を大型自動二輪車に搭乗して直進中，対向車線から右折してきた乗用車に衝突され，外傷性くも膜下出血，脳挫傷，左肩関節脱臼等の傷害を負い，178日入院，約 9 か月間通院して，約 1 年 3 か月後に症状固定し，自賠責 7 級 4 号の高次脳機能障害の認定を受けた X（男・固定時54歳・町役場公務員）が，労働能力を13年間56％喪失したと主張した事案で，職場復帰後，X に減収は生じておらず，町役場での事務作業を担うことができていることからすれば，X の後遺障害の労働能力に対する影響は限定的であるとしつつも，X の高次脳機能障害は，記憶障害及び処理能力といった町役場での業務にも影響し得るものであることからすれば，減収が生じていないのは，町の給与体系，同僚らの配慮及び X の特別の努力による部分も一定程度あるということができるとして，事故前年の実収入年額606万0982円を基礎に，少なくとも13年間35％労働能力を喪失したものとして逸失利益を算定した。

◆高次脳機能障害 7 級 4 号の後遺障害を残し職場復帰して減収のない会社員に，67歳まで45％を喪失したと認定した事例　⑱神戸地判平28・6・30自保1980号 1 頁

Ⅰ 第1 **1** 高次脳機能障害 57

歩道を自転車で進行して車道に侵入した際，普通乗用車に衝突され，脳挫傷，外傷性くも膜下出血，頭蓋骨骨折等の傷害を負い，29日入院，91日実通院し，約3年後に症状固定し，高次脳機能障害で自賠責7級4号の後遺障害認定を受けたX（男・固定時41歳・会社員）が，味覚異常も残存し併合6級後遺障害を残したとして，労働能力喪失率67％を主張した事案で，本件事故後味覚はわかるが旨味がわからず，味の好みが変わるなど味覚の変化を感じており，その症状は，本件事故による高次脳機能障害，左脳挫傷後遺症に起因する旨の医師の診断があることから，後遺障害等級14級相当と認めたものの，自賠責保険の後遺障害認定手続において等級の繰上げがされないので，後遺障害等級は7級と認定しつつも，Xは，本件事故後，職場に復帰したが，担当部署は組立部門から物流部門に異動となり，仕事の内容は，係長の雑用係として用事があれば動くといったもので，残業もなく，周囲もX自身も満足な仕事はできていないと感じていることが認められ，相応の収入を得ているものの，残業に伴う収入を得る見込みはなく，また，認定したXの後遺障害の内容に照らせば，現在の会社を退職後の再就職の可能性は低いといわざるを得ないとして，賃金センサス男子学歴計全年齢平均を基礎として，67歳までの26年間労働能力喪失率を45％を喪失したとして逸失利益を認定した。

第2章　各論—類型別にみる後遺障害認定の実務

☑意識障害について

JCSについて
Ⅰ．覚醒している（1桁の点数で表現）
　0 意識清明
　1 （Ⅰ－1）見当識は保たれているが意識清明ではない
　2 （Ⅰ－2）見当識障害がある
　3 （Ⅰ－3）自分の名前・生年月日が言えない
Ⅱ．刺激に応じて一時的に覚醒する（2桁の点数で表現）
　10（Ⅱ－1）普通の呼びかけで開眼する
　20（Ⅱ－2）大声で呼びかけたり，強く揺するなどで開眼する
　30（Ⅱ－3）痛み刺激を加えつつ，呼びかけを続けると辛うじて開眼する
Ⅲ．刺激しても覚醒しない（3桁の点数で表現）
　100（Ⅲ－1）痛みに対して払いのけるなどの動作をする
　200（Ⅲ－2）痛み刺激で手足を動かしたり，顔をしかめたりする。
　300（Ⅲ－3）痛み刺激に対し全く反応しない
　　この他，R（不穏）・I（糞便失禁）・A（自発性喪失）などの付加情報を
　　つけて，JCS200－Iなどと表す。

乳幼児意識レベルの点数評価
Ⅰ．刺激しないでも覚醒している状態
　1．あやすと笑う。ただし不十分で声を出して笑わない
　2．あやしても笑わないが視線は合う
　3．母親と視線が合わない
Ⅱ．刺激すると覚醒する状態
　10．飲み物をみせると飲もうとする。あるいは乳首をみせれば欲しがって吸
　　う
　20．呼びかけると開眼して目を向ける
　30．呼びかけを繰り返すと辛うじて開眼する
Ⅲ．刺激をしても覚醒しない状態
　100．痛み刺激に対し，はらいのけるような動作をする
　200．痛み刺激で少し手足を動かしたり顔をしかめたりする
　300．痛み刺激に反応しない

Ⅰ　第1　**1**　高次脳機能障害　　59

GCSについて
　「E＿点，V＿点，M＿点，合計＿点と表現。正常は15点満点で深昏睡は3点。
点数は小さいほど重症
　開眼機能（Eye opening）「E」
　　　4点：自発的に開眼
　　　3点：呼びかけで開眼
　　　2点：痛み刺激で開眼
　　　1点：痛み刺激でも開眼しない
　言語機能（Verbal response）「V」
　　　5点：見当識が保たれている
　　　4点：会話は成立するが見当識が混乱
　　　3点：発語はみられるが会話は成立しない
　　　2点：意味のない発声
　　　1点：発声みられず
　運動機能（Motor response）「M」
　　　6点：命令に従って四肢を動かす
　　　5点：痛み刺激に対して手で払いのける
　　　4点：指への痛み刺激に対して四肢を引っ込める
　　　3点：痛み刺激に対して緩徐な屈曲運動
　　　2点：痛み刺激に対して緩徐な伸展運動
　　　1点：運動みられず

☑**外傷後健忘（PTA）について**

重症度	PTAの持続
わずかな脳震盪	0〜15分
軽度の脳震盪	15〜1時間
中等度の脳震盪	1〜24時間
重度の脳震盪	1〜7日間
非常に重度の脳震盪	7日間以上

60　　第2章　各論—類型別にみる後遺障害認定の実務

第1　脳の器質性障害

2　軽度外傷性脳損傷（MTBI）

1　定義・概要

（1）　軽度外傷性脳損傷（MTBI）の意義
ア　交通事故外傷による器質的損傷としてのMTBI

　軽度外傷性脳損傷（Mild Traumatic Brain Injury 以下「MTBI」という）について
は，様々な定義がなされているが，自賠責保険における高次脳機能障害認定シ
ステム検討委員会が平成23年3月4日に公表した「自賠責保険における高次脳
機能障害認定システムの充実について」（報告書）（以下「平成23年報告書」という）
によれば，交通事故による外傷性の症状で，自動車損害賠償保障法上の後遺障
害等級認定対象となり得るものであり，その定義は「軽症頭部外傷」後の「脳
外傷」（脳の器質的損傷）であるとされる[1]。「軽症頭部外傷」（mild head injury）
とは，頭部外傷による脳への影響を軽度から重度までの連続体と考えたとき，
最も軽度な部分に「脳震盪」という疾病概念があるが，脳震盪は多くの場合脳
損傷を伴わない可能性が大きいことから，脳震盪よりも重度なものとして位置
づけられるものである。なお，脳外科領域では，頭部外傷による重症度分類で
あるGCS（Glasgow Coma Scale）では，「GCS13－15が軽症頭部外傷，GCS 9 －12
が中等症，GCS 8 以下が重傷」と定義されている[2]。

　また，「脳外傷」とは，脳の器質的損傷を意味するものである[3]。

　よって，以下では，軽症頭部外傷後の脳の器質的損傷による高次脳機能障害
について検討するものである。

---

[1]　平成23年報告書3頁。
[2]　吉本智信『高次脳機能障害と損害賠償〔全面改訂〕』（自動車保険ジャーナル，2011）153頁。
[3]　平成30年5月31日公表の「自賠責保険における高次脳機能障害認定システムの充実につい
　　て」（報告書）（以下「平成30年報告書」という）においても平成23年報告書の定義を用いている
　　（平成30年報告書2頁）。

イ　世界保健機関（WHO）の定義・診断基準

　世界保健機関（WHO）の共同特別専門委員会（タスクフォース）は，MTBIに関し1980年から2002年までに公表された文献を網羅的に検索し，2004年にその内容をまとめた論文を発表した。そして，今後の研究のために，MTBIを物理的外力による力学的エネルギーが頭部に作用した結果起こる急性脳外傷であると定義し，その臨床診断のための運用上の基準を提案している（以下「WHOの定義」という）[4]。

　平成23年報告書では，この定義に関する部分を「WHO共同特別専門委員会のMTBIの診断基準」と表記していたが，平成30年報告書において，「後遺障害に関する該当性を判断するための基準としての誤解を与える表現と考えられる」とし，その原文での表現等をもとに「MTBIの定義」という表記に改めている[5]。

　診断基準の要旨は，以下のとおりである[6]。

（ア）　以下の１つ以上を満たすこと（第１要件）。

①　混乱や失見当識

②　30分あるいはそれ以下の意識喪失

③　24時間以下の外傷後健忘期間

④　その他の一過性の神経学的異常（例えば，局所神経徴候，けいれん，手術を要しない頭蓋内病変）

（イ）　患者の外傷後30分あるいはそれ以上経過している場合は急患室到着時点でのGCSが13−15であること（第２要件）。

（ウ）　上記の所見は，薬物・酒・内服薬，他の外傷とか他の外傷治療（例えば全身の系統的外傷，顔面外傷，挿管など），他の問題（例えば心理的外傷，言語の障壁，併存する医学的問題）あるいは穿通性脳外傷などによって起きたものであってはならない。

　上記WHOの定義によれば，MTBIは「一過性の神経学的異常や手術を要しない頭蓋内病変などの器質的脳損傷を示唆する状態も含む」ものとされており，

☆４　吉本智信「軽度外傷性脳損傷（MTBI）医学からのアプローチ」日本賠償科学会編『賠償科学―医学と法学の融合〔改訂版〕』（民事法研究会，2013）535頁。

☆５　平成30年報告書13頁（注）。

☆６　原文・訳文は，平成23年報告書４頁，平成30年報告書20頁参考１。国土交通省自動車交通局保障課の平成23年３月４日付プレスリリースと平成30年６月29日付プレスリリース等に掲載されている。

脳の器質的損傷が生じた症状と，これが生じていない症状の双方を包含する概念と理解される。そのため，平成23年報告書では，自賠責保険における高次脳機能障害の前提となる，「脳の器質的損傷」発生の判定には，直接的に適用できる基準とはいえないとの指摘がなされており，この考え方は平成30年報告書においても変更されていない☆7。

(2) MTBIの症状

前述したように，交通事故の後遺障害認定において，MTBIが交通事故による外傷性の症状で軽症頭部外傷後の高次脳機能障害であるとされる。したがって，その症状は高次脳機能障害と同様のものといえ，以下のとおりの典型的症状を始め本書30頁以下で述べたような症状を呈することとなる☆8。

① 認知障害

記憶・記銘力障害，注意・集中力障害，遂行機能障害などで，具体的には，新しいことを覚えられない，気が散りやすい，行動を計画して実行することができない，複数のことを同時に処理できない，話が回りくどく要点を相手に伝えることができない，などである。

② 行動障害

周囲の状況に合わせた適切な行動ができない，職場や社会のマナーやルールを守れない，行動を抑制できない，危険を予測・察知して回避的行動をすることができない，などである。

③ 人格変化

受傷前には見られなかったような，発動性低下と抑制低下であり，自発性低下，気力の低下，衝動性，易怒性，自己中心性などとして現れる。

2 MTBIの認定基準

(1) 平成23年報告書の見解☆9

平成23年報告書のMTBI「軽症頭部外傷後の高次脳機能障害」発症の有無に関する認定基準に関する結論は，以下のとおりである。

軽症頭部外傷後に1年以上回復せずに遷延する症状については，それが

☆7　平成23年報告書4頁，平成30年報告書12頁。
☆8　平成30年報告書2頁。
☆9　平成23年報告書14頁・15頁。

WHOの診断基準を満たすMTBIとされる場合であっても，それのみで高次脳機能障害であると評価することは適切ではない。ただし，軽症頭部外傷後に脳の器質的損傷が発生する可能性を完全に否定することまではできないと考える。したがって，このような事案における高次脳機能障害の判断は，症状の経過，検査所見等も併せ慎重に検討されるべきである。

また，現時点では技術的限界から，微細な組織損傷を発見しうる画像資料等はないことから，仮に，DTIやPETなどの検査所見で正常値からのへだたりが検出されたとしても，その所見のみでは，被害者の訴える症状の原因が脳損傷にあると判断することはできない。

c）　理由

上記のとおり，WHOは，診断基準を示すと共に，MTBIに関する2004年以前の医学論文の系統的レビューを行い，MTBIによる症状，特に受傷後1年以上経過しても，症状が治癒・改善されない場合の考え方について，次のように整理している。

i　MTBIの受傷直後に神経心理学的検査を行うと，注意，記憶，情報処理速度，遂行機能などの障害が把握されることが多い。しかし，これらの異常は大多数の患者で3か月から1年以内に正常化する。同様に受傷直後には，非特異的自覚症状として，易疲労，頭痛，めまい，不眠，自覚的な記憶障害等も生じる。しかし，これらも大多数の患者で3か月から1年以内に回復する。

ii　一部の患者で，上記の自覚症状が遷延することが確認されている。症状が遷延することに関連する因子として，脳外傷の重症度は統計的に有意の関連を示さなかった。唯一確実に関連があると認められた因子は，訴訟・補償問題の有無であった。このように，症状の遷延については，心理社会的因子の影響によるという考えが有力であるとされている。

確かに，MTBIに関する医学論文にもBiglerによる1報告例（受傷時にGCS14の軽症頭部外傷の例）にあるように，軽症頭部外傷受傷後の認知・情緒・行動面の症状が，高次脳機能障害である可能性が全くないと断言することまではできない。しかしながら，WHOのMTBI基準が脳の器質的損傷による症状のみを対象とするものではなく，かつ，WHOはMTBI後の「症状の遷延は心理社会的因子の影響による」という考え方が有力であると報告

64　　第2章　各論─類型別にみる後遺障害認定の実務

しているのであるから，同基準をもって直ちに後遺障害等級認定の前提と
なる脳損傷が発生したと判断し，さらには，それと事故後に発生した残存症
状との因果関係があると判断するための認定基準とすることは相当でない
と考える。

　したがって，後遺障害等級の判断において，被害者がWHOのMTBIの診
断基準に該当することのみをもって，事故後1年以上経過して残存する症
状を自賠責保険における高次脳機能障害に該当すると判断することはでき
ない。

　なお，現時点では，画像資料等の技術的限界から，微細な組織損傷を発見
する手段はないことから，仮に，DTIやPETなどの検査所見で正常値からの
へだたりが検出されたとしても，その所見のみで当該患者が訴えている症
状の原因であると診断することはできないと考える。

　結局，自賠責保険が加害者の損害賠償責任を前提としているため，被害者
のみならず加害者をも納得させ得る「根拠に基づく判断」が求められている
ことは無視できないことから，脳外傷（脳損傷）による後遺障害であるかの
判断においては，現時点で系統的レビューなどで根拠が認められた医学的指
標や判断手法☆10を重視せざるを得ない。

　なお，平成30年報告書では，労災保険において，画像所見が認められない症
例であって，MTBIに該当する受傷時に意識障害が軽度であるものにあっても，
高次脳機能障害を残す可能性について考慮する必要がある旨，厚生労働省より
通達（平成25年6月18日付基労補発0618第1号）が出ていることを踏まえ，WHOの定
義を参考にしつつ，MTBIにおいて高次脳機能障害が生じ，かつ残存する可能
性について検討を行っている。その上で，平成23年報告書で示された内容を変
更する根拠は認められないとしている☆11。

(2)　裁判上の認定基準
ア　平成23年報告書，平成30年報告書の基準が重視される

　平成23年報告書は，MTBIを「軽症頭部外傷後の高次脳機能障害」であると
し，あくまでも脳の器質的損傷による障害としての高次脳機能障害と捉えてい

☆10　この点に関する委員会の考え方の概要は，平成23年報告書6(1)①～⑤（10～14頁）に示され
　　　ている。
☆11　平成30年報告書12頁。

Ⅰ　第1　2　軽度外傷性脳損傷（MTBI）　　65

る。それゆえ，非器質性の症状をも含ませるWHOの定義に該当することは，せいぜい検討対象となる症状にすぎず，改めて，高次脳機能障害の認定基準である①脳の受傷を裏づけるMRIやCT等による画像検査結果があること，②一定期間の意識障害が継続したこと，③一定の異常な傾向が生じていること，の認定基準に則してその発症と程度が判断されることとなる（WHOの定義の詳細については，本書61頁参照）。

　平成30年報告書においても，脳の器質的損傷の判断にあたっては，CT，MRIが有用な検査資料であるとされており，上記認定基準にほぼ変更はない[12]。

　これらMTBIの認定基準は，労災保険や自賠責保険（共済）で依拠されている認定基準であり，これが直ちに裁判所を拘束するものではない。しかしながら，現在のところ他に有力な認定基準がないため，裁判所においてもこの考え方を尊重する傾向にある[13]。

　裁判例の中には，必ずしも有意な脳の受傷を裏づける画像所見がない場合でも症状の重篤さに着目して高次脳機能障害を認定したものも存在するが，最近の傾向としては，WHOの定義にすら該当しない症例は「軽症頭部外傷後の高次脳機能障害」に当たらないとして排除され，その基準を満たす場合であっても平成23年報告書及び平成30年報告書の示す基準に該当しない場合には高次脳機能障害と認定されることは難しいといえる。

イ　明確な画像所見が得られない場合の留意点

　医師によるMTBIの診断がなされている場合で，画像資料により脳の損傷が確認できないケースは多い。また，平成30年報告書には，びまん性軸索損傷を含むびまん性脳損傷の場合は，外傷直後のCTではくも膜下出血や脳室内出血等が明らかでなく正常にみえることもあるが，その一方で，MRIで脳内（皮質下白質，脳梁，基底核部，脳幹など）に点状出血等の所見がみられることが多い旨の指摘がある[14]。そして，びまん性軸索損傷のように，広範で微細な脳損傷の場合，CTでは診断のための十分な情報を得がたいため，頭蓋内病変が疑われる場合は，受傷後早期にMRI（T2強調画像，T2*（スター），FLAIRなど）を撮影すること

---

[12]　平成30年報告書11頁。
[13]　なお，厚生労働省の定める「高次脳機能障害」診断基準も存在するが，この基準は，画像のみならず脳波や診断書による脳の器質的病変が確認できる場合をも含めている。主として，行政による生活支援の対象に関する認定基準として機能している。
[14]　平成30年報告書11頁。平成23年報告書11頁。

が望まれるとし，受傷から３〜４週が経過した場合，脳萎縮が起きない場合には拡散強調画像DWIやFLAIRで捉えられていた微細な損傷所見が消失することがあり，この時期に始めてMRIを行った場合には，脳損傷の存在を診断できない場合があるとしつつ，Ｔ２*は，時間が経過した場合でも，びまん性脳損傷による小出血部に沈着したヘモジデリンを捉えて診断につながる場合や，磁化率強調画像（SWI）は，Ｔ２*よりもさらに鋭敏に微細な出血痕を捉えられる可能性がある旨の指摘がある☆15。明確な画像所見が得られない場合に留意すべきである。

　平成30年報告書では，画像所見が明らかではないが，軽度の意識障害が認められる場合について報告している。このような場合，MTBIと診断されている症例も存在するが，MTBIに関しては，WHOの定義を自賠責保険における後遺障害認定の基準とすることは適切ではないとし，平成23年報告書の結論は維持されるべきとしている。その理由としては，そもそもWHOの定義は論文集約のために設けられた基準であり，脳に器質的損傷が生じていない場合の症状も含むものであること，また，MTBI後に認められる症状は中長期的には消失するもので，症状の遷延には心理社会的因子の影響があると報告されていることが指摘されている☆16。

ウ　画像機器の限界を踏まえた総合的判断の必要性

　将来の画像機器の進歩により，現在のMRI等では捉えられない出血痕が確認される可能性は否定できない。加害者への損害賠償責任を課する根拠として，画像所見は重要であるが，科学の限界による不利益をすべて被害者に負わせるべきではない。損害の公平な分担を図るとの見地からすれば，事故直後のCT，MRI等で脳の器質的損傷が確認できない場合，まずＴ２*やSWIにより出血痕が確認できないかを検討し，併せて，事故直後の意識の程度，症状・障害の発生時期やその後の推移等を総合的に検討し「脳外傷」の有無が判断されるべきである☆17。この点，平成30年報告書では，脳外傷による高次脳機能障害の症状を医学的に判断するためには，画像所見のほか，意識障害の有無・程度・持続時間，神経症状の経過，認知機能を評価するための神経心理学検査が重要であり，

☆15　平成30年報告書11頁。平成23年報告書13頁。
☆16　平成30年報告書12頁。
☆17　松居英二「軽度外傷性脳損傷（MTBI）法学からのアプローチ」日本賠償科学会編『賠償科学
　　　─医学と法学の融合〔改訂版〕』（民事法研究会，2013）550頁。

これらの結果を総合的に勘案したうえで判断することが重要であるとしている☆18。

3　主な争点と主張立証上の留意事項

(1)　高次脳機能障害の発症

　MTBIの案件では，まずその症状が脳外傷による高次脳機能障害と認定し得るかどうかが問題であることは既に述べてきたとおりである。この場合，明確な画像所見が得られている場合は極めて少ない。そのため，T 2 *やSWI等による出血痕の確認ができる資料があればそれらの提出を行うべきであるし，それが得られなくとも，当該事故そのものが脳外傷を生じる可能性があるものであることを立証する必要がある。事故態様や車両の損傷状況，他の同乗者の受傷状況等による被害者の頭部への衝撃の程度，救急搬送記録やカルテ等による事故後の意識障害や外傷性健忘の有無・程度の立証は極めて重要である。

　また，高次脳機能障害のその他の判断基準である受傷直後の一定期間の意識の喪失や，認知障害，行動障害及び人格障害，身体機能の異常（起立障害・歩行障害，痙性片麻痺）が頭部外傷を契機として発生していることの立証も重要である。加えて，高次脳機能障害の後遺障害等級認定は，意思疎通能力（記憶・記銘力，認知力，言語力等），問題解決能力（理解力，判断力等），作業負荷に対する持続力・持久力，及び社会行動能力（協調性）の４つの能力の各喪失程度に着目して行われることから（本書36頁参照），これらの能力の喪失状況を強く裏づけられる資料の提出も重要である。高次脳機能障害においても指摘したところであるが，自賠責調査事務所に提出する書面については，前記４能力の喪失状況がより具体的に記載されるよう工夫するべきであり，担当医師に対し，所見を可能な限り詳細な内容としてもらうよう要請するとともに，家族等が作成する書面に関しても，定型的な質問項目への回答にとどまらず，被害者の生活状況を詳細に記載し，記載欄に書ききれなければ別紙を添付するなどし，できるだけ具体的なエピソードを交えて説明するどの工夫をすべきである。また，能力の有無や喪失の程度の立証のため，必要と思われる神経心理学的検査を受けてもらい，その結果を提出することも重要である。

　なお，以上に述べるような重篤な神経症状が立証されていれば，たとえ高次

☆18　平成30年報告書12頁。

脳機能障害が否定された場合でも，その神経症状に相応した後遺障害等級が認定される可能性があることを付言する。

(2)　事故との因果関係

上記高次脳機能障害が，当該交通事故を契機として発現したこと（事故との因果関係）の立証も必要となる。被害者がそれまで何の支障もなく日常生活を送っていたのであればこの点が争点となることは少なく，特段の立証活動は不要である。しかし，当該交通事故以前に精神神経科への通院歴があったり，以前にも脳外傷を惹起するような事故に遭っているなどの事情があれば，事故との因果関係が争われることがある。この場合には，事故以前の通院治療状況に関する医師のカルテや脳の画像等の提出やそれまでの特段の支障のない生活状況等の立証も必要になる。

(3)　素因減額

MTBIが主張される案件では，外傷性脳損傷であることの立証が十分でないとし，被告側から症状の発症や遷延化に対し素因減額の主張がなされることが多い。その理由とされるのは，本人の気質や精神的な疾病，周囲の環境の影響等であるから，原告側においては，まずは当該症状が当該事故によって発現する蓋然性の立証に努めるとともに，事故以前の本人の快活な気質や思慮深い性格，円満な生活状況等についても積極的な立証を試みるべきである。

4　裁判例の紹介

(1)　認定した裁判例

裁判例①から④は，高次脳機能障害を認定した事例である。裁判例①は，控訴人の高次脳機能障害の発症に関し，裁判上，専門家の意見が肯定説，条件付肯定説，否定説に分かれるが，否定説の医師が自身の研究論文で控訴人の事例を現在の認定システムでは判断困難な症例として取り上げており，裁判での脳神経外科の専門医及び神経心理学の専門医の意見は条件付きで高次脳機能障害がないとはいいきれないとしている（条件付肯定説）こと等から，控訴人の高次脳機能障害を認め，これを否定していた1審判決（札幌地裁）を変更し，症状固定時である17歳から67歳までの49年間は労働能力喪失率100％とし，賃金センサス全労働者平均賃金を基礎収入として8605万円余の逸失利益を認定し，後遺障害慰謝料を1990万円と認定したものであり，素因減額は行っていない。この判

決は，いわゆる「MTBI訴訟」で初めて高次脳機能障害を認めたもので，以後同種訴訟に多大な影響を与えた判決である。②の裁判例は，器質性の障害は認められないとしつつも，原告の症状から9級10号という中枢神経系統の障害に由来する等級認定を行い，労働能力喪失率35％を認定したものである。裁判例③は，WHOによる軽度外傷性脳損傷の定義に該当しない等から高次脳機能障害を否定し，局部の神経症状で14級程度であるとした原判決[19]を変更し，医師の所見をもとに，事故後すぐに症状が現れなくとも，また画像所見に異常が認められずとも発症を否定することはできないとし，WHOの定義への該当性を判断する必要もないとし，本件事故により頭部に衝撃を受けて脳幹部が損傷（脳細胞の軸索が損傷）された事実は否定できず，これにより重篤な後遺障害を残したことが認められるとして，その後遺障害を9級10号該当とし，労働能力の喪失率を35％と認定したものである。なお，被害者の心的な要因の影響を指摘して3割の素因減額を行っている。裁判例④は，原審[20]が，事故後の昏睡がなくびまん性軸索損傷の発症は認められず，また軽度外傷性脳損傷の診断基準第1要件も満たさず，脳の器質的病変が認められないとしてXの高次脳機能障害を否定し非器質性精神障害として9級相当と認定したのに対し，(a) MRIやCTでは画像上明らかな脳実質内の異常信号や外傷性変化を指摘できないが，脳内血流を描出するSPECTの検査結果からは全体的な脳血流が高度に低下していることや，事故以前にはまったく通常の日常生活を営み大学法学部の高度な研究生活に耐え得る知性を有していたXにおいて，現在の症状が多岐にわたっていること等から，頭部に対する衝撃によってびまん性軸索損傷を発症している旨の医師の意見書の記載は信頼に足り，これを支持する他の医師の意見もあること，(b) 受傷時の意識障害の有無をもって脳外傷後高次脳機能障害の発生を論じることには問題があるとの見解もあること，(c) 厚生労働省の高次脳機能障害の診断基準には，「検査所見で脳の器質的病変の存在を明らかにできない症例については，慎重な評価により高次脳機能障害者として診断されることがあり得る」との補足説明があることに照らし，本件事故後に意識障害が確認できず，頭部CTやMRI等の画像診断で有意な所見を見出すことができないとしても，それらを絶対視して高次脳機能障害の存在を否定することは相当でないとし，右上下

---

[19]　東京地判平22・2・23交民43巻5号1121頁。
[20]　京都地判平26・10・31交民47巻5号1326頁。

肢の運動機能障害及び脳機能に関する症状等について7級（他の障害と併合6級）に該当すると認定したものである。SPECTの検査結果により，全体的な脳血流が高度に低下していることを認定理由の一つとしていることは注目に値する。

(2) 否定した裁判例

⑤以下の裁判例は，いずれもMTBIの発症を否定した裁判例である。

否定する理由として，裁判例⑤，⑨，⑩はWHOのMTBI診断基準に該当しないことを指摘し，裁判例⑥，⑧は画像所見がなく典型的な症状もないことを理由としている。また，裁判例⑦は平成23年報告書の認定基準に該当しないことを指摘し，裁判例⑪は平成23年報告書の認定基準，労災補償認定基準，WHOのMTBI診断基準のすべてを検討して，発症を否定している。裁判例⑫は特に認定基準を明記していないが，頭部CT検査やMRI検査でも異常が認められないことや復学後の就学に大きな支障を生じておらず，部活動や短期留学に参加し，各種検定に合格していること等を総合勘案するとしている点で，平成23年報告書の認定基準に依拠しているものといえる。

裁判例⑤は神経症状につきしびれや痛みは14級9号相当として，労働能力喪失率5％で5年間の逸失利益等を認めており，裁判例⑦はXの日常生活上の支障が生じる程度をせいぜい12級相当と認定した原判決☆21を変更し，就労可能な職種は相当に制限され，日常生活においてもときに周囲の援助が必要な状態であるとして9級相当と認定し，裁判例⑨は原告の不安障害や睡眠障害は事故に起因した不安やストレスによる非器質的精神障害であるとして14級相当と認定している。裁判例⑥，⑧及び⑩～⑫は，MTBI発症を否定しすべての後遺障害を否定したものである。

5　裁判例

◆真に高次脳機能障害に該当する者の保護に欠ける場合があることを考慮し，これを認めた事例　①札幌高判平18・5・26判時1956号92頁

母親の運転する軽貨物自動車に同乗中，普通貨物自動車に追突され頸椎捻挫と診断された控訴人（女・固定時17歳・高校生）につき，高次脳機能障害の要素を充足しているかについては，医学的見地から十分な判断ができない状況にあるとしつつ，控訴人の高次脳機能障害の発症に関しては専門家の意見が肯定説，条件付肯定

☆21　東京地判平25・9・13交民46巻5号1228頁・自保1910号29頁。

説，否定説に分かれるが，否定説の医師が自身の研究論文で控訴人の事例を現在の認定システムでは判断困難な症例として取り上げて，その症状を転換性ヒステリー症状としつつも鑑別には脳神経外科的及び神経心理学的検討が必要である旨指摘しており，脳神経外科の専門医及び神経心理学の専門医の意見は条件付きで高次脳機能障害がないとはいいきれないとしている（条件付肯定説）こと等から，本件で採用できる意見は肯定説と条件付肯定説であるとし，本件事故直後の控訴人の症状と日常生活における行動をも検討し，外傷性による高次脳機能障害は近時ようやく社会的認識が定着しつつある分野で，その診断が極めて困難な場合があり得るとしつつ，真に高次脳機能障害に該当する者に対する保護に欠ける場合があることを考慮し，当裁判所は控訴人が本件事故により高次脳機能障害を負ったと判断する旨判示し，これを否定した1審判決を変更し，症状固定時である17歳から67歳までの49年間は労働能力喪失率100％とし，賃金センサス全労働者平均賃金を基礎収入として8605万円余の逸失利益を認定し，後遺障害慰謝料を1990万円と認定した（素因減額なし）。

◆脳に器質的損傷がないとしつつ高次脳機能障害の残存を認め9級10号とした事例
②神戸地判平20・1・29交民41巻1号102頁・自保1766号14頁

　自転車で走行中原動機付自転車と衝突して転倒し，頭部外傷，脳挫傷，頸部捻挫等の傷害を負い，入院41日を含む通院後症状固定となり，医師の高次脳機能障害5級2号との診断もあるペットショップ経営者（男・固定時44歳）につき，事故後意識が清明であること，MRIやCTで脳に異常が見られない等の事情に照らし，器質性の障害は認められないが，一般就労を維持できるが問題解決能力などに障害が残り，作業効率や作業持続力などに問題があるとして，解離性健忘，特定不能の認知障害の後遺障害を9級10号該当とし，労働能力喪失率35％で，賃金センサス男子労働者全年齢計の平均賃金を基礎として，23年間の逸失利益合計2622万円余，後遺障害慰謝料600万円を認めた（過失相殺30％）。

◆軽度外傷性脳損傷としての脳幹部損傷による後遺障害が認められた事例
③東京高判平22・9・9交民43巻5号1109頁・自保1832号8頁

　プロゴルファーのキャディーX（男・固定時32歳・大学中退）が高速道路で車を運転中渋滞で停止した際，玉突き事故に遭い，脳幹部損傷（軽度外傷性脳損傷）を発症し，高次脳機能障害（知的機能低下，記憶障害等），右半身不全麻痺，神経因性膀胱，両側聴力低下，嗅覚低下等で3級相当の後遺障害を残したとする（自賠責では非該当）事案で，軽度外傷性脳損傷を提唱するA医師の見解は，外傷性脳損傷，びまん性軸索損傷に関する医学上の一般的な見解として広く受け入れられておらず，平成16年度のWHOによる軽度外傷性脳損傷の定義にも該当しない等から否定し，Xの後遺障害は局部の神経症状で14級程度であるとした原判決（東京地判平22・2・23交民43巻5号1121頁）を変更し，A医師の所見をもとに，事故後すぐに

症状が現れなくとも、また画像所見に異常が認められずとも発症を否定することはできないとし、WHOの定義への該当性を判断する必要もないとし、最判昭50・10・24（民集29巻9号1417頁、いわゆるルンバール事件判決）を摘示しつつ、Xに残存する本件後遺障害が本件事故以外にその原因を考えることができず、本件事故を原因とするものであること（いわゆる条件的因果関係があることの高度の蓋然性）は認めることができ、また相当因果関係も認められるとし、本件事故により頭部に衝撃を受けて脳幹部が損傷（脳細胞の軸索が損傷）された事実は否定できず、これにより重篤な後遺障害（手の脱力、味覚・嗅覚障害、頻尿、道に迷う、健忘症、右足の感覚障害、抑うつ気分、強度の不安等）を残したことが認められるとして、Xの後遺障害を9級10号該当とし、労働能力の喪失率を67歳まで35％と認定して1637万円余の逸失利益を認めた事例（素因減額3割）。

◆ **意識障害確認できず有意な画像所見のない場合で7級の高次脳機能障害を認めた事例　④大阪高判平28・3・24自保1972号1頁**

　X（男・事故時19歳・大学生）が自転車で走行中乗用車に衝突されて転倒し、頭部外傷、頸椎・腰椎捻挫等の傷害を負い、902日入通院（うち入院59日）後、日常生活は一応自立しているものの、事故後物忘れがひどく、何度も同じことを尋ねたり、買い物に出ても何を買うのか忘れたり道に迷うことも多い、右不完全麻痺により安定した歩行が困難であるうえ、右同名半盲〔注：右目の半盲のこと〕や半側空間無視により、側溝に落ちそうになったり、車に接触しそうになるなど一人での移動が困難な状況にあるケースで（自賠責保険は局部神経症状で併合14級）、原審（京都地裁）は、事故後の昏睡がなくびまん性軸索損傷の発症は認められず、また軽度外傷性脳損傷のWHOの診断基準の第1の要件（受傷後に昏迷又は見当識障害、30分以内の意識喪失、24時間未満の外傷性健忘症、これら以外の短期間の神経学的異常）も満たさず、脳の器質的病変が認められないとしてXの高次脳機能障害を否定し非器質性精神障害として9級相当と認定したが、これを覆し、Xの右上肢の運動機能障害・感覚障害、視覚障害及び高次脳機能障害は交通事故による頭部外傷に起因するとするA医師の意見書における、MRIやCTでは画像上明らかな脳実質内の異常信号や外傷性変化を指摘できないが、脳内血流を描出するSPECTの検査結果からは全体的な脳血流が高度に低下しており、事故以前にはまったく通常の日常生活を営み大学法学部の高度な研究生活に耐え得る知性を有していたXにおいて、現在の症状が多岐にわたっていることや脳血流が全体にわたって高度に低下していることからすると、頭部に対する衝撃によってびまん性軸索損傷を発症している旨の医師の意見書の記載は信頼に足り、これを支持する別の医師の意見もあること、また、事故後の意識障害や脳萎縮が画像上確認できない点について、受傷時の意識障害の有無をもって脳外傷後高次脳機能障害の発生を論じることには問題があるとの見解もあること、厚生労働省の高次脳機能障害の診断基準には、「検査所見で脳

の器質的病変の存在を明らかにできない症例については，慎重な評価により高次脳機能障害として診断されることがあり得る」との補足説明があることに照らし，Xに本件事故後に意識障害が確認できず，頭部CTやMRI等の画像診断で有意な所見を見出すことができないとしても，それらを絶対視して高次脳機能障害の存在を否定することは相当でないとし，右上下肢の運動機能障害及び脳機能に関する症状等について7級（併合6級）に該当すると認定し，5715万円余の逸失利益と後遺障害慰謝料1180万円を認めた。

◆WHOの基準に該当しないとして否定し，14級9号を認定した事例
　⑤東京高判平22・11・24自保1837号1頁

　乗用車助手席に同乗して停車中，後続の乗用車に追突されたX（女・レストラン料理長・事故時34歳）が，頸椎捻挫から軽度外傷性脳損傷を生じ，東京都から外傷による右上肢機能障害（3級），左上肢機能障害（7級），右下肢機能障害（4級），左下肢機能障害（7級）により身体障害程度2級とされる重篤な後遺障害を残したと主張する事案で（自賠責の認定は受けていない），1審東京地裁（平22・4・23自保1337号10頁）は，事故当日の診療録には，エアバッグは作動しなかった，衝突時，特にぶつけたところはなく意識消失はなかった，旨の記載があり，救急隊や病院救急部での検査結果でも意識レベルは「清明」であり，本件事故後のXには受傷後の混迷又は見当識障害，30分以内の意識喪失，24時間未満の外傷後健忘症，局所徴候，痙攣等の短時間の神経学的な異常のいずれも認められないから，WHOが定義する軽度外傷性脳損傷に該当しないとし，Xの神経症状であるしびれや痛みは14級9号相当として，労働能力喪失率5％で5年間の逸失利益等を認め，控訴審もこの結論を支持した。

◆画像所見なく典型的な症状もないとしてMTBIを否定し，それによる神経症状も否定した事例　⑥東京高判平23・8・3自保1856号1頁

　X（男・事故時27歳・会社員）が自動二輪車を運転し交差点で停止中，前方で停止していた普通乗用車が後退して逆突されて河川敷に転落，脊髄損傷，軽度外傷性脳損傷を発症して左上肢・両下肢機能障害等で歩行困難となり1級相当の後遺障害を残したとして，既払金等を控除して2億2636万円余，父母固有の慰謝料各200万円を求めて提訴した事案で，1審横浜地裁（平21・9・17自保1856号10頁）は脊髄損傷を否認し，Xは本件事故により河川敷に転落して頭部を打撲し，これにより顎関節症を発症して開口障害及び咀嚼障害で12級相当及び頸部痛と腰部痛で14級相当の神経症状の後遺障害が残ったといえるが，本件事故と左上肢及び両下肢機能障害との間に因果関係があるとはいえないとして，Xの請求のうち1186万円余を認めたところ，控訴審判決は，Xには本件事故当時意識障害はなかったと認められること，入院先病院において，Xが歩行器を使用してトイレに行ったり，松葉杖を使用して8m程度歩行したりするなどその症状は軽快傾向にあったこと，また，本件事

故により軽度外傷性脳損傷を負ったことの頭部画像診断による客観的な裏づけがなく，その他の症状についても，軽度外傷性脳損傷の典型的な症状とは認められず，Xが本件事故後に歩行困難となったことやC医師の「医学的意見書」が存在することによっても，Xが本件事故により脳に損傷を受け，軽度外傷性脳損傷を発症し左上肢及び両下肢機能障害の後遺障害が残ったとまで認めるのは困難である等の理由で1審と同様軽度外傷性脳損傷を否定したうえ，被控訴人敗訴部分を取り消すとし，取消部分は既払金で填補済みとしてXの請求を棄却する判決を下した。

◆画像上びまん性脳室拡大・脳萎縮の所見がなく基準を満たす意識障害もないこと等からMTBIを否定したが，9級の後遺障害を認めた事例
⑦東京高判平26・7・24交民47巻4号859頁・自保1930号14頁

　X（男・固定時63歳・会社員）が原付自転車で交差点を走行中に普通乗用車と出会い頭衝突し，頭部外傷に伴う精神神経の障害（高次脳機能障害）で併合5級の後遺障害を負ったと主張する事案で，右頭頂葉皮質直下の点状出血が認められ，出血性びまん性軸索損傷の後遺である旨の主張に対し，高次脳機能障害の判断要素として，外傷直後一定期間の意識障害のほか「画像資料上で外傷後ほぼ3カ月以内に完成するびまん性脳室拡大・脳萎縮の所見」が挙げられ，脳室拡大・脳萎縮の有無や程度を把握することが重要であるところ，Xには，深部白質損傷所見，脳室拡大（特に側脳室下角の拡大や第3脳室の拡大），脳梁萎縮，脳弓萎縮が認められず，他に，脳全体の萎縮を認めるに足りる証拠もないことからすれば，本件事故の外傷による高次脳機能障害を示すような脳の器質的損傷の存在を合理的に裏づける画像所見があるとは認められないことは原判決（東京地判平25・9・13交民46巻5号1228頁・自保1910号29頁）説示のとおりであるとし，また，Xは，外傷性高次脳機能障害の判断基準に関し，意識障害や画像所見は必ずしも必要的ではない旨主張し，厚生労働省労働基準局労災補償部補償課長名義の文書も，画像所見が認められない場合であっても障害等級14級を超える障害が残る可能性があることが研究において示唆されている旨指摘するほか，平成23年報告書においても，審査必要事案の選別基準として間口を広げることが提案されているが，その場合にも，「意識障害（JCSが3〜2桁，GCSが12点以下）が少なくとも6時間以上，もしくは，健忘症あるいは軽度意識障害（JCSが1桁，GCSが13〜14点）が少なくとも1週間以上続いていること」とされているところ，本件ではこれらには該当しないとして，Xの高次脳機能障害の後遺障害を否定したが，Xの日常生活上の支障が生じる程度をせいぜい12級相当と認定した原判決を変更し，就労可能な職種は相当に制限され，日常生活においてもときに周囲の援助が必要な状態であるとして9級相当と認定した。

◆事故当時の意識喪失はなく画像所見もないとしてMTBIの発症を否定した事例
⑧東京地判平26・12・25自保1941号28頁

　平成17年4月，X（女・事故時67歳・理容室店長）が自転車で走行中T字路突当

たり道路から侵入してきた乗用車に追突されて転倒し，頭部打撲，頸椎捻挫等の傷害を負い，翌年1月まで入通院（入院20日）し，その後てんかん等の診断を受け同24年5月まで通院し，外傷性てんかん7級，軽度外傷性脳損傷7級，併合7級（自賠責保険では非該当）の後遺障害を主張した事案で，診療記録上事故当時の意識喪失は認められず，意識喪失や痙攣を訴え始めたのは事故から約2年10か月経過後であること，高次脳機能障害との医師の診断があった後，大学病院の他の医師が，聴力，嗅覚及び味覚については正常と診断し，右不全麻痺や嚥下障害の症状はないとし，高次脳機能障害の検査は不要と判断していることや，平成17年4月の頭部CT検査及び6月の頭部MRI検査の結果がいずれも異常なしとの所見であること等から高次脳機能障害及びてんかんの発症を否定し，後遺障害による逸失利益を否認した。

◆WHOの基準に該当しないとしてMTBIを否定し，14級の非器質性精神障害を認定した事例　⑨京都地判平27・9・16交民48巻5号1154頁・自保1961号22頁

　X（男・固定時33歳・派遣社員）は，普通貨物自動車を運転し，道路の渋滞により停止したところ後続の普通乗用自動車に追突され，頸椎捻挫等で約6か月通院し（実通院78日），頸椎痛，膝痛，視覚障害，不安障害・睡眠障害等で労災で9級相当の認定を受け，これらの症状は，追突を受けた際にヘッドレストに後頭部を何度か打ちつけたことにより生じた軽度外傷性脳損傷によるものであると主張した事案で，WHO診断基準等をもとに検討し，Xは事故直後の混迷や見当識障害，30分以内の意識喪失，24時間未満の外傷後健忘症又はこれら以外の短時間の神経学的異常がないこと，頭部MRI等で外傷性病変を裏づける画像所見がないこと，Xの訴える症状経過と休業状況が一致しないこと，複視を訴え眼科を受診したのは事故後25日後であること，その後浮遊感や歩行困難等を訴えるに至りこうした状態が1年以上経過しても改善しないことから，Xの残存症状が本件事故による軽度外傷性脳損傷によるものと認めることは困難であるとし，Xの訴える不安障害や睡眠障害は事故に起因した不安やストレスによる非器質的精神障害であるとして14級相当と認定した。

◆WHOの基準に該当しないとしてMTBIの発症及び後遺障害を否定した事例　⑩神戸地判平28・4・20自保1976号42頁

　X（女・事故時27歳・職業不詳）が原付自転車で走行中に普通貨物自動車に追突され（第1事故），その約2か月後に信号のない交差点を原付自転車で走行中普通乗用車に出会い頭衝突されて（第2事故）入通院し，頸部痛等で自賠責14級9号と認定されたが，軽度外傷性脳損傷等で四肢麻痺，膀胱直腸障害，排泄障害等で5級2号相当の後遺障害を残したと主張した事案で，軽度外傷性脳損傷は，外部から物理的な力が作用して頭部に機械的なエネルギーが負荷された結果起きた急性の脳損傷であり，WHOが定めた軽度外傷性脳損傷の診断基準は，第1要件として「受傷

後に混迷または見当識障害，30分以内の意識喪失，24時間未満の外傷後健忘症，またはこれら以外の短時間の神経学的異常，例えば局所徴候，痙攣，外科的治療を必要としない頭蓋内疾患等が少なくとも１つ存在すること」，第２要件として，「外傷後30分後，ないしは後刻医療機関受診時のGCSの評価が13点から15点に該当すること」，除外項目として「上記の症状が，ア 薬，アルコール，処方薬，イ 他の外傷又は他の外部の治療（例えば全身外傷，顔面外傷，挿管），ウ 心的外傷，言語の障壁，同時に存在する疾病，エ 穿孔性頭蓋脳外傷によってもたらされたものではないこと」であるとし，第１事故，第２事故の入通院経過を見ても，原告に軽度外傷性脳損傷が生じたとの診断はなされていないこと，Xは第１事故後救急搬送されているが，搬送中の意識は正常で，搬送後の初診時も意識障害は認められておらず，上記診断基準の第１要件を満たすと認め得る証拠もないとして軽度外傷性脳損傷の発症を否定し，第１事故，第２事故による後遺障害は発生していないとした。

◆平成23年報告書，労災補償認定基準，WHOのMTBI診断基準のいずれにも該当しないとして，高次脳機能障害・身体機能性障害を否定した事例
⑪宇都宮地判平28・５・12自保1979号１頁

　本件とは別の交通事故により頸椎捻挫等と診断され身体表現性障害等があるX（女・固定時44歳・短期大学在学中）が，乗用車運転中に赤信号で進入の乗用車と衝突した事故により外傷性脳損傷を受傷し，後遺障害等級３級相当の後遺障害を負ったと主張した事案で，損保料率機構の「自賠責保険における高次脳機能障害認定システムの充実について（報告書）」の認定基準，労災補償認定基準，WHOのMTBI診断基準に基づき，外傷後の意識障害の有無，画像上の異常所見の有無及び他の疾患との識別の観点から外傷性脳損傷の有無につき検討すると述べたうえで，Xは事故後に他の車両の通行の妨げにならない場所に運転して移動したり，父親や友人に電話をかけて助けを求めたり，学校に登校できない旨伝えており，救急隊とのやりとりを特に支障なく行い，救急報告書においても９時29分，32分，48分の意識はいずれもJCSで０とされている（事故発生は９時５分頃）こと等からXは事故直後に特に意識障害はない，B病院，E大学病院整形外科，C病院でXは画像上の異常所見がある旨の診断はされておらず，J病院においてはFA－SPMimageの検査結果から脳の器質的損傷の存在が疑われ，FDG－PET所見はびまん性軸索損傷の所見として矛盾するものではないとされているものの，一方で通常のMRI，MRtensor imageでは器質的損傷を捉えることはできず，ECD－SPECT所見は抑うつ状態などの精神障害でみられる所見であるから同病院は厚生労働省基準に合致せず「頭部外傷後高次脳機能障害疑い」のレベルにとどまり，J病院の診断も画像上の有意な異常所見とはみられないとして，画像上の異常所見を否定し，Xは本件事故以前に別の交通事故により頸椎，両肩，腰椎，胸椎捻挫と診断を受け，両手の震え等が生じており，また身体表現性障害やうつ状態にあり，Xの右半身麻痺や頻尿などの現症はこ

I 第1 **2** 軽度外傷性脳損傷（MTBI） 77

れらの心因的要因によって生じたものである可能性も否定できないとして，Xには脳の器質的病変は認められず，本件事故により身体性機能障害及び高次脳機能障害が生じたとはいえないとし，Xの請求を棄却した。

◆自賠責5級認定の外傷性高次脳機能障害を否定しMTBIほか後遺障害すべてを否定した事例　⑫津地四日市支判平28・8・3自保1978号15頁

　道路横断中に走行してきた乗用車の左前部に接触された事故で負傷したX（女・事故時8歳）につき，損保料率機構が外傷性脳損傷の診断名が付された診断書，救急搬送先の看護記録から意識障害が窺われること等から事故による自賠責5級2号と認定した事案で，事故後救急搬送された際には意識障害が生じておらず，また，入院時に意識がはっきりしなかったことは投薬又は睡魔の影響によるものであり意識障害は生じていなかったこと，頭部CT検査やMRI検査でも異常は認められていないこと，担任教師の報告書等からは復学後の就学に大きな支障が生じていたとまでは認めがたいこと，Xが事故当時8歳であり，その後，中学校，高校及び短期大学へと進学し，部活動や短期留学に参加し，各種検定に合格し，飲食店でのアルバイトを行っていたこと等を総合勘案すると，Xには，事故後，日常生活において種々の支障が生じていたことを否定できないものの，その後の生育過程において，相応の意思疎通能力，問題解決能力等を獲得し，集団生活への適応も身につけたものといえるから，現時点において生涯にわたって労働能力の一部を喪失するほどの障害が生じているとはいえないとして，びまん性軸索損傷ないし軽度外傷性脳損傷による高次脳機能障害が生じていることを否定し，その他の歯牙欠損や醜状障害の主張も認めず，Xにつき後遺障害を否定した。

第2章　各論─類型別にみる後遺障害認定の実務

第1　脳の器質性障害

3　遷延性意識障害

1　定義・概要

(1)　遷延性意識障害の意義

ア　植物状態と同義

「遷延」とは「長引く」という意味である[1]。遷延性意識障害とは，長く続く意識障害という意味であり，脳に何らかの重い障害を受けて昏睡，つまり意識を失い，外界からの刺激にまったく反応しない状態に陥った後，呼吸活動や眼の体光反射など生命徴候だけは戻ったものの，外部との意思の疎通がまったくできないという状態が長く続くことである。

遷延性植物状態と表記される場合もあり，いわゆる「植物状態」と同義であるとされる。日本脳神経外科学会植物状態患者研究協議会が1972年に発表した「植物状態の定義」によれば，useful lifeを送っていた人が脳損傷を受けた後で，①自力移動不可能，②自力摂食不可能，③糞尿失禁状態にある，④たとえ声は出しても意味のある発語は不可能，⑤「目を開け」「手を握れ」，などの簡単な命令にはかろうじて応ずることもあるが，それ以上の意思の疎通が不可能，⑥眼球はかろうじて物を追っても認識はできない，という6項目を満たす状態に陥り，ほとんど改善が見られないまま満3か月以上経過したものをいうとされる[2]。

イ　脳死状態との違い

上記定義によれば，植物状態は脳死状態とは異なるものであり，脳幹機能がほぼ正常に保たれており，自発呼吸がある等の相違点があるとされている。

ちなみに，「脳死状態」とは，脳機能の停止（脳幹部の機能停止）状態をいい，脳死の判定法としては，①深昏睡，②両側瞳孔散大，③自発呼吸の停止，④急

☆1　『広辞苑〔第7版〕』。
☆2　『南山堂医学大辞典〔第20版〕』1401頁。

激な持続性低血圧，⑤平坦脳波，⑥①〜⑤がそろって6時間後まで継続的に検出されること，とされている[☆3]。

(2)　常時介護の必要性

治療法としては，脳外科手術による回復は困難であり，脳深部電気刺激法や脊髄電気刺激療法が行われている[☆4]。また，周囲の者の呼びかけや身体への刺激等も相まって，意識を取り戻したという例もあるが，相当に少なく，多くの場合患者の自己治癒能力による回復に期待しつつ，現状維持を図ることが治療の目的となる。

遷延性意識障害では，24時間の常時介護が必要で，定期的な輸液や身体の清拭，床ずれ防止のための体位交換，排泄の処理，入浴，関節や筋肉の拘縮防止のためのマッサージ，随時の痰の吸引等，介護に携わる者の負担は大きい。長期療養型の医療機関で継続的な療養介護が受けられれば，近親者の負担は経済的なものを除き比較的少ないが，そのような施設はいまだ数が少ない。通常の病院に入院している場合，効果的な治療が存在しないために，現在の医療制度では，入院する医療機関から3か月程度を経過すると退院を迫られることとなり，家族は新たな受入先を探さねばならないことが多い。

(3)　平均余命

交通事故で植物状態になった人の死亡率につき，5年未満で66.3%，5年以上10年未満で21.8%，10年以上15年未満で8.3%，15年以上20年未満で3.0%，20年以上が0.4%という統計が存在することから，交通事故により植物状態となった男性会社員（症状固定時33歳）の推定余命を口頭弁論終結時から10年間（事故時から13年間，症状固定時から12年間）とした原判決（東京高裁）を支持する最高裁判決がある[☆5]。また，統計的数字をもとに，「最高裁の平均生存余命は10年とする判決は非常に合理性の高いものと思われる。いずれにしろ，67歳まで生存するということは，ごく少数の例外を除いて，医学的にはかなり無理な主張と思われる」との有力な見解[☆6]があること等から，かつては植物状態になった被害者に対し，通常人よりも短い余命の主張がなされ，逸失利益や将来の介護費用

☆3　植物状態の臨床例と脳死の違いについては，堀江武「遷延性植物状態について」交通法学会編『交通法研究25重度後遺障害者の実態とその救済』（有斐閣，1997）4頁以下に詳しい解説がある。

☆4　『南山堂医学大辞典〔第20版〕』1372頁。

☆5　原判決：東京高判平6・5・30交民27巻6号1562頁。最判平6・11・24交民27巻6号1553頁。

☆6　吉本智信「"脳損傷による寝たきり者"の生存余命の推定」判タ1088号91頁。

の期間等が争われる場合が少なからずあった。しかしながら，現在においては，後述する定期金賠償方式の合理性を裏づける論拠の一つとして主張される場合があるという程度のようである。

2 後遺障害等級

遷延性意識障害は，交通事故による後遺障害としては，神経系統の機能に著しい障害を残し，常に介護を要するものであるから，自動車損害賠償保障法施行令（自賠法施行令）別表第1の1級に該当するものであり，労働能力喪失率は100％である。

なお，元来自賠法施行令は，別表第1，第2という区別をしておらず，「神経系統の機能又は精神に著しい障害を残し，常に介護を要するもの」は別表の1級3号で，支払われる保険金額は3000万円とされてきた。その後，介護を要する重篤な後遺障害につき自賠責保険金額を増額する改訂が行われ，平成18年4月1日以降，「神経系統の機能又は精神に著しい障害を残すもの」と「胸腹部臓器の機能に著しい障害を残すもの」で常時介護を要するものを別表第1の1級として保険金額を4000万円とし，「神経系統の機能又は精神に著しい障害を残すもの」と「胸腹部臓器の機能に著しい障害を残すもの」で随時介護を要するものを別表第1の2級として保険金額を3000万円とすることとし，現在に至っている。

3 主な争点と主張立証上の留意事項

(1) 問題の所在

前述したように，被害者には常時介護が必要であるため，一般病院や長期療養型病院等の医療機関に入所できて介護を受けることができる場合，その医療費は高額なものとなる。他方，自宅での介護となる場合には，まず，自宅を介護仕様に改造する必要があり，様々な介護用品を常備する必要がある。また，自宅での昼夜24時間にわたる介護の負担は相当なものであり，近親者の負担軽減のため職業介護人を雇う必要があるが，そのための経済的な負担も大きい。

これらの理由により，遷延性意識障害の事案での損害賠償請求訴訟においては，逸失利益のほか，将来の介護費用が膨大なものとなり，また症状固定までの入院期間が長期に及ぶため傷害慰謝料も比較的高額となるほか，後遺障害慰

謝料についても高額な本人分のほか両親等の近親者固有の慰謝料も請求されることが多い。被害者の年齢にもよるが，損害賠償の請求金額は自動車損害賠償責任保険（自賠責保険）や自動車保険からの既払分を差し引いても，2億円〜3億円となることは珍しいことではなく，時には4億円を超えることもあり，裁判所で認定される金額も非常に高額なものとなる。自保ジャーナルでは，高額な損害賠償を認めた裁判例を定期的に一覧表にして掲載しているが[7]，遷延性意識障害の事例がその大半を占めている。

　また，前述したとおり，遷延性意識障害の被害者の余命が平均余命より短いことを示すデータもあることから，加害者側において，その経済的負担を軽減するべく，将来介護費用を被害者の死亡までの定期金賠償方式とするのが相当である旨の主張がなされる場合も多い。

　なお，加害者側から，遷延性意識障害の場合被害者は日常生活費の支払をほぼ免れるとして，生活費控除を行うよう主張される場合がある。しかしながら，通常，裁判所はそのような主張は認容していない[8]。

(2)　将来介護費

ア　自宅での介護費用

　自宅での昼夜24時間にわたる介護の負担は相当なもので，近親者の介護には限界があり負担軽減のため職業介護人を雇う必要がある。赤い本では，将来介護費につき，医師の指示又は症状の程度により必要があれば被害者本人の損害として認めるとし，職業付添人は実費全額，近親者付添人は1日につき8000円を認めるべきである（ただし，具体的状況により増減することがある）とする[9]。

　裁判例においては，母親の介護につき1日1万円，職業介護人の介護につき1日2万7000円を認めたもの（裁判例①），11年間は近親者と職業付添人の介護で1日1万6000円，その後は職業介護人2名での介護を要するとして1日2万4000円を認めたもの（裁判例②），母親の介護につき67歳までの16年間は日額1万5000円，以降は全面的に職業介護人による介護となるとして原告余命まで46年間日額2万円としたもの（裁判例③），母親が67歳になるまでは1年のうち300日は日中職業介護，夜間近親者介護が行われ，残り65日は全日近親者介護が行

☆7　自保1991号13頁ほか。

☆8　東京地判平10・3・19交民31巻2号342頁・判タ969号226頁ほか。『赤い本(上)〔2018年版〕』118頁。

☆9　『赤い本(上)〔2018年版〕』22頁。

われるとして，職業介護費日額2万円，近親者介護費のうち夜間分日額5000円，全日分日額1万円を認め，母親の67歳以降の介護は，毎日職業介護が必要となるとして日額2万5000円を認めたもの（裁判例④），母親の介護につき67歳までは職業介護人による介護も相当程度必要となるとして1日1万3000円，その後は介護の大部分を職業介護人に頼らざるを得なくなるとして1日2万3000円を認めたもの（裁判例⑥）などがある。

イ　その他の介護関係費用

㋐　自宅や自動車の改造費

　自宅での介護となる場合には，まず自宅の居室，玄関，廊下，ドア，浴室等につき介護仕様に改造する必要があり，介護リフトの設置も必要となる場合がある。裁判例ではこれらが被害者の介護に必要かつ相当である場合に認められるが，家族の便益にも供される場合には一定の減額がなされることがある（裁判例①）。また，在宅介護をするには自宅の敷地が狭いため土地を購入して介護用住宅を建築したのは本件事故に起因するとして，在宅介護用の住宅取得費用と通常の住宅取得費用の差額合計1895万円余を損害と認めた事例（裁判例④）や，介護を予定する居宅は老朽化が進み，リフォーム工事ではかえってコストがかかるため新築するのが相当であり，新築された介護用居宅は介護のために必要な範囲で設計されたものであることが明らかで，その費用も著しく高額とはいえない等として，介護用居宅の新築に関連して要した費用のうち合計1628万円余を必要かつ相当なものであると認定したもの（裁判例⑥）などがある。

　また，車両の改造費についても，必要かつ相当と認められる費用が耐用年数ごとに事故との相当因果関係のある損害として認められる（裁判例①④）。

㋑　介護用品その他消耗品の費用

　介護用品その他の消耗品についても，必要かつ相当と認定されれば，それらの購入費用又はレンタル費用が事故との相当因果関係のある損害として認められる。裁判上認められた介護用品としては，自宅改造で設置したスロープ，介護ベッド，介護リフト，浴室リフト，シャワーキャリー等の各設置費用及びそれらの保守管理費用，蘇生バッグ，痰吸引器及び吸入器，パルスオキシメーター及び血圧計等の医療機器の備置き費用，空気清浄機，紙おむつ，尿取りパッド，等の購入費等がある☆10。

　☆10　『赤い本(上)〔2018年版〕』47頁以下に，介護用品・器具を認めた裁判例が数多く収録されてい

I 第1 **3** 遷延性意識障害　　　　　83

消耗品である介護器具や介護用品は，平均余命までの購入費用が認められる。ただし，介護器具の場合は，平均余命まで耐用年数ごとに当該介護用品代相当の損害が生じるものとして損害の計算がなされる場合が多い[11]。

(3)　定期金による損害賠償

ア　問題の背景

最高裁は，重度後遺障害者が口頭弁論終結前に死亡した事案で，「介護費用の賠償は，被害者において現実に支出すべき費用を補てんするものであり，判決において将来の介護費用の支払を命ずるのは，引き続き被害者の介護を必要とする蓋然性が認められるからにほかならない。ところが，被害者が死亡すれば，その時点以降の介護は不要となるのであるから，もはや介護費用の賠償を命ずべき理由はなく，その費用をなお加害者に負担させることは，被害者ないしその遺族に根拠のない利得を与える結果となり，かえって衡平の理念に反することになる。」と判示し[12]，いわゆる切断説を採用した。将来介護費用がその性質上定期金賠償の対象となり得ることは明らかであり，否定説はないとされている[13]。

イ　定期金賠償の長所と短所

これまで，定期金賠償を認める場合の長所と短所については，概ね以下の事項が指摘されてきた[14]。

㋐　主な長所

① 将来の介護費用の認定困難さを回避できる

一時金賠償では，将来の社会経済情勢や被害者の余命等の不確定要素の中で，的確な介護費用金額の認定は不可能である。定期金賠償を命ずる場合，現在介護費用として日額3万円を支払っている（見込まれる）のであれば，その必要性や相当性を勘案し，月額90万円を認定すればよい。

② 公平性が保たれる

一時金賠償では被害者が裁判所の認定よりも長生きしたために家族が介護費

　　る。

[11]　『赤い本(上)〔2018年版〕』46頁の計算式参照。

[12]　最判平11・12・20民集53巻9号2038頁・交民32巻6号1669頁。

[13]　白石史子「定期金賠償の諸問題」『裁判実務シリーズ9』277頁。

[14]　大島眞一「重度後遺障害事案における将来の介護費用――一時金賠償から定期金賠償へ――」判タ1169号73頁，中園浩一郎「定期金賠償」判タ1260号5頁，小河原寧裁判官講演「定期金賠償判決に伴う諸問題」『赤い本(下)〔2013年版〕』71頁。

用に窮したり，被害者が早期に死亡したために家族が利得するという不合理さを回避できず，結果的に被害者側と加害者側のいずれかが不相当な利得を得て，他方が損失を被っているのではないか。定期金賠償は，そのような不合理を回避でき，当事者間の公平が保たれる。

③　被害者の生活状況にふさわしい賠償が可能

判決で，現在の被害者の後遺障害内容・程度・介護状況・職業付添人の介護報酬等の介護費用に基づき必要かつ相当な介護費用を認定しておき，将来その費用に変動があれば，民事訴訟法117条で確定判決の変更を求めることができる。

⑷　主な短所

①　処分権主義に反する

裁判所は，当事者の申し立てていない事項について判決をすることができない（民訴246条）ことから，最高裁は，「損害賠償請求権者が訴訟上一時金による賠償の支払を求める旨の申立をしている場合に，定期金による支払を命ずる判決をすることはできないものと解するのが相当である」と判示している☆15。しかしながら，定期金による支払を命ずるのは損害賠償の金額に関するものではなく，支払方法に関するものであり当事者の求めた請求の範囲内であるから，処分権主義には反しないとの見解もある（裁判例⑪）。

②　履行確保の問題

将来における賠償義務者の資力悪化の危険を被害者に負担させるべきではないが，担保供与制度がないのが現状である。国や地方公共団体や損保会社が支払う場合，履行確保は担保されているとの見解がある一方で，数十年後に地方公共団体や損保会社が破綻しないとは断定できないとの見解も有力である☆16。

③　紛争解決の一回性・終局性が確保できない

そもそも紛争は，事実が確定し，判断を示すことができる時点において適正な判断が示されるのであり，将来の事情が不確かなまま，将来の変更があり得ることを前提とするような解決を図るべきではない。

④　被害者の一般的感情に反する

一度にまとまった（これまで目にしたこともないような）金額を手にし，事故によ

☆15　最判昭62・2・6判時1232号100頁・判タ638号137頁。
☆16　白石・前掲（☆13）292頁。

り傷つきまた後ろ向きであった気持ちに整理をつけ，加害者との不快な関係を早期に断ち切りたいというのが，被害者の一般的感情である。

ウ　訴訟上の留意事項

(ア)　近時の裁判例（一部遷延性意識障害事案ではないものを含む）

　将来介護費に関し，定期金賠償の対象となり得ることに異論はないことは前述したとおりであり，裁判上は，原告が定期金賠償を請求する場合には特段の理由がない限り認められることとなる。問題は，原告が一時金賠償を求めているのに対して，被告側が定期金賠償によることを主張する場合である。従来は，処分権主義に反すること等を理由に否定する例が主流であり（裁判例⑦），その後平成23年1月に福岡地裁で認容判決が出されたが，同年12月に福岡高裁で覆されている（裁判例⑧⑨）。

　しかしながら，平成24年に東京地裁は詳細な理由を付して将来介護費の定期金賠償を認め，東京高裁もこれを支持している（裁判例⑩⑪）。また，福岡地裁において，再度定期金賠償を認める判決が下され，控訴されることなく確定している（裁判例⑫）。

(イ)　どのような場合に認容されるか

　以上のように，下級審では将来介護費につき，原告が請求していない場合でも定期金賠償によることを認容し得るとする傾向にあるといえる。しかしながら，近時，東京地裁民事27部（交通専門部）の裁判官より，原告の申立てがない場合においては，定期金賠償を命じるには慎重であるべきであるとし，その認容されるべき場合としては，①履行が確保されていることに加え，②被害者が重度の後遺障害を負っている事案で，被害者が若年である，被害者の病状が安定していない，手厚い看護・介護がその生存の前提とされるなどの事情があって，被害者の余命を認定することが特に困難である場合，③現在，施設介護の対象とされている被害者につき，原告が近い将来に職業付添人による在宅介護に移行するとの主張をしているが，現在の状況からはこれを認めるのが困難な場合，④逆に，被害者が現在職業介護人などによる在宅介護を受けているが，その病状等からしてこれを継続することが困難と予測される場合など，双方当事者の主張する将来事実が異なり損害額の差も大きいがその認定が困難であり，原告側が定期金賠償に消極的になっているという事情を考慮してもなお一時金賠償を命じることが損害の公平な分担という理念に照らし明らかに妥当で

86 第2章 各論—類型別にみる後遺障害認定の実務

ない事案に限られる旨の意見がある☆17。

　訴訟の当事者においては，定期金賠償の可否が争点となる場合，上記の事情
が勘案されて判断される可能性を踏まえた主張立証が必要であると思料する。

4　裁　判　例

遷延性意識障害に関する裁判例

①千葉地佐倉支判平8・9・27判時1967号108頁

　飲酒運転の車両に衝突され，約10か月の入院治療後に遷延性意識障害等の後遺障
害（1級3号，当時の等級）が残り，意識不明の状態で自宅療養を余儀なくされた
Ｘ（男・固定時38歳・郵便局勤務試用期間中）の将来の自宅での介護費用につき，
母親が67歳になるまでの6年間は母親が介護を担当するとして日額1万円，その後
Ｘの平均余命までの35年間は職業介護人による介護になるとして日額2万7000円，
合計1億3441万円余を認め，家屋改造費につき家族が便益を受けることは否定でき
ないとしてＸ主張額の9割である2370万円を認めたほか，41年間の車両改造費（耐
用年数6年ごとに6回分），介護ベッド代（耐用年数6年ごとに5台分），車椅子代
（耐用年数5年ごとに8台分），入浴担架代（耐用年数3年ごとに13台分），空気清
浄機代（耐用年数3年ごとに13台分），痰吸引器及び吸入器代（耐用年数3年ごと
に13台分）等の介護用品代を損害と認めた。また，傷害慰謝料350万円，後遺障害
慰謝料3200万円を認めたほか，父母につき24時間全介護を要する介護の労力は計り
知れず，その精神的苦痛は死亡にも比肩する甚大なものであるとして各300万円の
固有の慰謝料を認めた（既払金514万円余を控除し，Ｘの損害として総額で2億6778
万円余を認容した）。

②大阪地判平19・7・26交民40巻4号976頁・自保1721号8頁

　自転車で交差点に進入した際乗用車と衝突し脳挫傷等の傷害を負い，約9か月入
院し，遷延性意識障害，てんかん，強い四肢緊張などの症状を伴う自賠責別表第1
の1級1号の後遺障害を残した事故当時7歳男子の介護費用につき，成人1名での
移動介助や入浴介助は不可能で，四肢拘縮を予防するリハビリも重労働であり，寝
たきりで常に褥創の危険にさらされ，夜間も定期的に体位交換やおむつ交換を行う
必要があるうえ，てんかん様の発作をきたすことから常時看視する必要があり，原
告の介護に伴う周囲の負担は物理面でも精神面でも相当大きいとしつつ，現在母親
と祖父は就労する必要があるため祖母が介護の中心となるが，56歳の祖母のみの介
護では不十分であるとして，祖母が67歳になるまでの11年間は近親者と職業付添人
1名を加えた介護で日額1万6000円を認め，その後平均余命までの59年は職業付添
人2名による介護で算定すべきとして日額2万4000円を認め，総額1億4519万円余

☆17　白石・前掲（☆13）293頁。

I 第1 **3** 遷延性意識障害　　　　　　　87

を認めた。

③仙台地判平21・11・17交民42巻6号1498頁・自保1823号1頁

　14歳男子中学生の原告が歩道上に佇立中，酒酔い運転の普通貨物車に衝突され，低酸素脳症等で症状固定まで857日のうち505日入院して自賠法別表第1の1級1号の遷延性意識障害等の後遺障害を残し，既払金を控除して4億7898万円余円，父母は各550万円の慰謝料を求めて提訴した事案で，入院付添費につき，完全看護であるものの原告は年少であり，母親は毎日付き添い，父親も毎日朝夕に面会に来ていたことなどを考慮し日額8500円で505日分429万円余を認め，退院後将来分としては，気管切開で気管カニューレが挿入されており，昼夜を問わず痰の吸引を要し，服薬は注射器を使って腸瘻から入れており，嚥下障害により刻み食やおかゆを摂取しており，1日9～10回程度の紙おむつ，尿とりパットの交換を要すること等から，母親67歳までの16年間は日額1万5000円，以降は全面的に職業介護人による介護となるとして原告余命まで46年間日額2万円とし，合計1億2441万円余を認め，また，介護用器具一式（内容不明）を，各耐用年数ごとに買い替えることを前提として合計1608万円余，介護用特別仕様車の購入費を，同様に買い替えることを前提として591万円余を認めた。なお，傷害慰謝料500万円，後遺障害慰謝料3000万円，両親分各400万円の合計4300万円の慰謝料を認めている。

④名古屋地判平23・2・18交民44巻1号230頁・自保1851号1頁

　車両のボンネットに伏臥しているところを車両が発進したため転落し，384日間入院し頭部外傷後遷延性意識障害及び四肢体幹運動機能障害で症状固定し自賠責別表第1の1級1号と認定されたX（男・事故時20歳・大学3年生）につき，逸失利益1億1455万円余を認めたほか，将来介護費につき，Xの将来介護期間を平均余命の57年間よりも短い期間と認める理由はないとして，母親が67歳になるまでの20年間は1年のうち300日は日中職業介護，夜間近親者介護が行われ，残り65日は全日近親者介護が行われるとして，職業介護費日額2万円，近親者介護費のうち夜間分日額5000円，全日分日額1万円とし，母親の67歳以降は，毎日職業介護が必要となるとして日額2万5000円として，合計1億5903万円余を認めた。また在宅介護をするには自宅の敷地が狭いため土地を購入して介護用住宅を建築したのは本件事故に起因するとして，在宅介護用の住宅取得費用と通常の住宅取得費用の差額合計1895万円余を損害と認めたほか，症状固定時から57年の余命期間，車両改造費，介護ベッド費用，介護リフト費用，シャワーキャリー費用，車椅子費用，医療機器費用等につき，各耐用年数ごとに買い替えることを前提として算定し，損害として認定した。また，慰謝料につき，X本人分として傷害慰謝料330万円，後遺障害慰謝料2800万円を認め，母親固有の慰謝料として500万円を認めた（既払金4227万円余と受領した障害基礎年金148万円余を控除した2億7158万円余を認容した。過失相殺20％）。

第2章 各論—類型別にみる後遺障害認定の実務

⑤札幌地判平28・3・30自保1991号1頁

交差点を歩行横断中普通貨物車に衝突されたX（男・固定時34歳・公務員）が，外傷性脳内出血，外傷性くも膜下出血，脳挫傷等の傷害を負い，1302日入院し，遷延性意識障害で，自賠責別表第1の1級1号後遺障害を残したとして，X本人が既払金を控除し4億6379万円余を請求し，両親が各550万円を請求した事案で，将来介護費につき，Xは症状固定時から46年の余命期間入院する必要があり，母親が毎日付き添い，体位交換，痰吸引，おむつ交換等をしており，母親の年齢等に鑑みれば，他の者に付添いを依頼する必要が生ずると認められるが，Xが入院する病院で相当程度の看護がなされる蓋然性があるとして，1年当たり219万円（日額6000円），合計3915万円余を認め，症状固定時から46年の余命期間，車椅子，パルスオキシメーター及び血圧計，自宅改造で設置したスロープ（耐用年数各5年），ローラースライド及び痰吸引器（耐用年数3年）を，各耐用年数に応じて買い替える必要があるとしてその費用を認定した。また，慰謝料につき，X本人分として傷害慰謝料500万円，後遺障害慰謝料2800万円を認め，両親固有の慰謝料を各150万円認定した（既払金1億2200万円余を控除し，総額で4億5381万円余を認容した）。

⑥神戸地判平29・3・30自保1999号1頁

X（男・事故時32歳・IT関連専門学校のティーチングアシスタント）が，自動二輪車で直進中，右折してきた対向乗用車に衝突され，びまん性軸索損傷，外傷性くも膜下出血等の傷害を負い，1048日入院を含め約3年5か月間入通院後，遷延性意識障害で自賠責別表第1の1級1号認定を受け，X本人が既払金を控除した4億7947万円余を請求し，両親が各550万円を請求した事案で，Xの将来の介護費につき，24時間体制の介護が必要であり，在宅介護移行後母親が67歳になるまでの6年間につき，母親が中心となった介護が期待できるが，父母の年齢や介護の負担を考えると，職業介護人による介護も相当程度必要であると認められるとし，現在，職業介護人1人につき1時間当たり2106円を要し，職業介護人の費用以外の自己負担額は公的なサービス等を利用して月額4万円弱であること，介護用居宅が新築されたこと，24時間体制の介護を要することなども踏まえて，上記期間の介護費は1日当たり1万3000円とし年間474万5000円と認め，母親が67歳になって以降Xの平均余命までは，介護の大部分を職業介護人に頼らざるを得ないことから1日当たり2万3000円，年額839万5000円と認めるとして将来介護費用合計1億3157万円余を認め，住宅改造費につき，介護を予定する居宅は老朽化が進み，リフォーム工事ではかえってコストがかかるため新築するのが相当であり，新築された介護用居宅についてみても，これが介護のために必要な範囲で設計されたものであることが明らかで，その費用も著しく高額とはいえない等として，介護用居宅の新築に関連して要した費用のうち合計1628万円余は，必要かつ相当なものであると認定し，車椅子費用につき耐用年数である6年ごとに買い替えることを前提として算定し，それぞれ損害

として認定した。また，慰謝料につき，Xにつき傷害慰謝料450万円，後遺障害慰謝料2800万円のほか，Xは常時介護が必要で，両親の介護の負担も大きくなっていることに加え，母親は市職員であったが，Xが遷延性意識障害となったこと等から不安と抑うつ気分のため就労が難しい状態となり退職を余儀なくされたこと，父親もXの介護等を案じ，心労が募っていることなど一切の事情を考慮するとして，慰謝料各350万円を認めた（既払金1億0700万円余を控除し，総額で3億9095万円余を認容した）。

将来介護費の定期金賠償に関する裁判例

◆否定した事例

⑦東京地判平17・2・24交民38巻1号275頁・自保1593号8頁

　薬剤師として夫と共同で薬局を経営していたX（固定時48歳）が，自転車で交差点を走行し乗用車と出合い頭衝突をして脳挫傷等の傷害を負い，全身の筋力低下，廃用性症候群・坐位耐久性低下による車いす生活，常に尿便失禁状態，会話不能状態で1級3号（当時の等級）の後遺症を残し，X本人が2億5800万円余，父親が慰謝料等440万円，母親が慰謝料等220万円の支払請求をした事案で，将来の介護費（自宅）について，被告側が，将来の介護状況には不確定要素が多く定期金による支払が合理的であり，本件では事情変更があった場合の対処と賠償義務者の履行確保の問題がないとして，定期金賠償によるべきことを主張したが，損害賠償請求者が定期金による賠償を求めていない場合に，あえて定期金賠償を認めるのは処分権主義に反し合理的な根拠があるとはいえないとして，被告に対し，平均余命残期間38年間分，1億0258万円余の将来介護費の一時払を命じた。

◆肯定した事例

⑧福岡地判平23・1・27判タ1348号191頁・自保1841号1頁

　大学院修士課程在学中のX（男・固定時25歳）が，平成17年9月に自動二輪車を運転走行中路外から道路に侵入してきた貨物自動車に衝突され，同18年9月にびまん性脳損傷，外傷性水頭症等の後遺障害（別表第1の1級1号相当）を残しXとその両親が，X本人分3億6979万円余，両親分900万円の損害賠償請求をした事案で，本人分の損害として1億6850万円余を認めたほか，現在医療施設入所中であるが在宅介護も可能としたうえで，将来の介護費用については，Xらは一時払を請求し，被告は定期金払が相当であると主張しているところ，①Xの余命全般にわたり継続して必要となる現実損害の性格を有しており，定期金賠償方式はそれに即したものといえ，②定期金賠償の継続中インフレ等の事情変更があっても民事訴訟法117条の活用で対処可能であり，③任意保険により履行の確保も図られており，④推定余命で一時金に還元した賠償をさせると賠償額が過多あるいは過少となって，かえって当事者間の公平を著しく欠く危険性があるとし，金額については，母親が介護できる間は日中のみの職業介護人1人と母親の体制で日額1万8000円，母親が介護で

きなくなった後は24時間職業介護人１人の体制で日額２万3000円をそれぞれ損害と認定し，過失割合を15％として，Xの死亡か平成18年の男性平均余命である79歳のいずれか早期に到来するまでの間，平成30年８月までは日額１万5000円余，それ以降は日額１万9000円余の支払を命じ，また，車いすや福祉車両，介護用ベッドの買換費用についても５年又は10年ごとに定期金賠償の方式で支払うよう命じた。

◆否定した事例
⑨福岡高判平23・12・22判時2151号31頁

　上記⑧の控訴審判決，確定。

　原審（福岡地裁）が，将来の介護費用の損害賠償につき，原告側が一時金賠償方式での支払を請求している場合に，介護費用は被害者の余命期間を全般にわたり継続して必要となる現実損害の性格を有している等を理由とし定期金賠償方式を認めたところ，１審原告ら（被害者と両親）が控訴した事案で，控訴審は，①賠償責任保険が付保されているとしても，損害保険会社の経営が破綻する可能性もあるから履行確保の不確実性があること，②控訴人らは本件事故に関する被控訴人側の主張により大きな精神的負担を負っていたところ，定期金賠償方式によれば被害者側と加害者側の関係性が長期にわたり固定化されてしまうことが耐えがたいとして一時金払を求めていること，③被害者が固定時25歳で高度意識障害や著明な四肢拘縮が継続しているが，現在在宅療養をしておりこれを前提に損害を算定することが公平の理念に反するということはできないとし，民事訴訟法117条が創設されたことを勘案しても，控訴人らの申立てに反して定期金賠償方式を採用することは相当でない旨判示し，原判決を変更した。

◆肯定した事例
⑩東京地判平24・10・11交民45巻５号1239頁・判タ1386号265頁・自保1883号１頁・1892号12頁

　平成20年５月，X（男・固定時27歳・会社員）が交差点を自動二輪車で走行中一時停止道路から進入してきたタクシーに衝突され，頸髄損傷で入院し同21年11月に症状固定し，遷延性意識障害で自発呼吸がなく人工呼吸の状態で自賠責別表第１の１級１号の後遺障害を残し，Xと妻・子が合計５億1000万円余の請求（すべて一時払）をし，被告側が定期金払を相当とする旨主張した事案で，将来の介護費につき，①既に事故から４年以上生存しているものの感染症罹患のリスクも相当高く，余命を含め将来の状況を的確に予測することは困難で，このような場合に一般人の平均余命を前提として将来の介護費を算定しその全部の一括払を命じることは損害の公平な分担という損害賠償の理念に照らし適当ではない，他方，Xの妻の自宅介護の意向は強く，将来介護環境も整備されて一定期間自宅介護がなされる可能性もないとはいえないところ，②施設介護を前提に控えめに一時金賠償方式により中間利息を控除して将来の介護費用を算定した場合には，実費補填の性質を有する介

護費用に不足が生じても，それを請求する途を閉ざすことになり適当ではないとし，③本件では，将来に著しい変動が生じた場合には変更判決の制度（民訴117条）で対応を図るのが適当であり，④実質的に賠償金を支払うのはY損保であり履行が確保されていることを考慮し，定期金賠償方式によるのが相当であるとし，現在の病院での治療費（高いときで月額約24万円，安いときで15万円）と近親者の付添費用と交通費，Xの過失割合（25％）を考慮すると，月額25万円が妥当であるとし，口頭弁論終結の翌日からXの死亡に至るまで毎月19日限りでの支払を命じた。

◆肯定した事例
⑪東京高判平25・3・14判タ1392号203頁・自保1892号1頁

　上記⑩判決を不服とするX及び両親の控訴による控訴審判決，確定。

　Xらの後遺障害の内容や程度等に照らすと，①現時点でXの余命について的確に予想することが困難であることは前示（注：⑩の判決を引用した部分）のとおりであることに加え，交通事故の被害者が事故のために介護を要する状態になった後に死亡した場合には，死亡後の期間に係る介護費用を交通事故による損害として請求することはできないことに鑑みると，本件において，平均余命を前提として一時金に還元して介護費用を賠償させた場合には，賠償額に看過できない過多あるいは過小を生じ，かえって当事者間の公平を著しく欠く結果を招く危険があることが想定されるから，このような危険を回避するため，余命期間にわたり継続して必要となる介護費用を現実損害の性格に即して現実の生存期間にわたって定期的に支弁して賠償する定期金賠償方式を採用することは合理的であるとし，②Xに対して賠償金の支払をするのは事実上は被控訴人Y損保であって，その企業規模等に照らし，将来にわたって履行が確保できているといえることからすると，Xの父母（控訴人）が，金銭の授受を含む法的紛争を速やかに終了させて，Xの介護に専念したいという強い意向を有し，定期金賠償方式による賠償をまったく望んでいないという事情を考慮しても，定期金賠償方式の採用は不相当ではなくむしろ相当であると判示し，③一時金賠償方式による将来の介護費用の支払請求に対し，判決で定期金賠償方式による支払を命じることは，損害金の支払方法の違いがあることにとどまり当事者の求めた請求の範囲内と解されるから，処分権主義に反しないとして，原審判断を是認した。

◆肯定した事例
⑫福岡地判平25・7・4判時2229号41頁・自保1922号1頁

　平成18年8月，X（男・固定時6歳）が普通乗用車に同乗中普通乗用車に正面衝突され，胸髄損傷・左大腿骨骨折等の傷害を負い入院し同22年4月に症状固定し，第二胸椎以下完全麻痺等で1級相当の後遺障害を残し，Xと父母が合計1億8000万円余の損害のほか，将来発生する介護費用については定期金による月額での賠償を請求したが，被告側は一時払を主張した事案で，被告側は，定期金賠償は必要ない

し，支払管理上も受け入れがたいとして，すべて一時金賠償とすべき旨主張するが，①被害者X側が強く定期金賠償を希望していることや，②将来介護費等は将来にわたって定期的に支出を要する費用であり，Xの年齢に照らし，その介護期間は相当長期に及び定期金賠償による賠償方法になじみやすい（Xは上肢がある程度使え，車いすでの移動，小学校での活動や車いすテニスや乗馬など学校外活動も行っていることなどを考慮している）とし，将来介護費については症状固定日の翌日から母親が67歳に達する約23年間は日額8000円で月額24万円及びおむつ代7350円の合計24万7350円，その後Xの死亡までは日額1万5000円で月額45万円及びおむつ代7350円の合計45万7350円の支払のほか，4年ごとに車いす購入代金相当額，2年ごとに下肢装具代相当額等の損害につき，Xの死亡まで毎月末日限り定期金による賠償を認めた。

I　第2　**4**　脊髄障害　　　93

> **第2　脊髄障害**

4　脊髄障害

1　定義・概要

（1）　脊髄障害事案の特殊性

　一口に脊髄損傷といっても，損傷部位や程度により症状はまったく異なる。「脊髄損傷」と担当医が診断しているケースでも，自賠責の等級認定において脊髄障害とは認められず，また訴訟においても脊髄障害とは認められないケースが少なからず存在する。弁護士が適切に事件を処理するためには，等級認定上のポイントとともに最低限の医学的知識を心得ておく必要のある分野の一つといえる。

（2）　脊髄と脊椎

ア　脊髄とは

（ア）　中枢神経

　脊髄は，脳から繋がる中枢神経である[☆1]。

　脊髄は，脳の指令・信号を末梢器官に伝達し，また末梢からの情報・信号を脳に伝達する役割を果たしているとともに，反射中枢としての機能を有している[☆2]。

（イ）　区　　分

　脊髄は，その高位（高さ）によって，頭側から，頸髄（C）・胸髄（T）・腰髄（L）・仙髄（S）・尾髄（Co）に大別される（☑図1参照）[☆3]。

　脊髄から左右に出ている神経を脊髄神経といい，脊髄神経（ないし神経根〔後記**ウ**（ア）参照〕）に対応する脊髄のブロックを髄節という。頸髄は8髄節，胸髄は12髄節，腰髄は5髄節，仙髄は5髄節，尾髄は1髄節ある（☑図1参照）。

　☆1　『整形外科専攻ハンドブック』2頁。
　☆2　『脊髄損傷理学療法マニュアル〔第2版〕』11頁。
　☆3　『整形外科専攻ハンドブック』2頁，馬場元毅『絵でみる脳と神経―しくみと障害のメカニズム〔第2版〕』（医学書院，2001）52頁。

☑図1　脊柱のアライメント，脊椎と脊髄，馬尾，神経根との位置関係

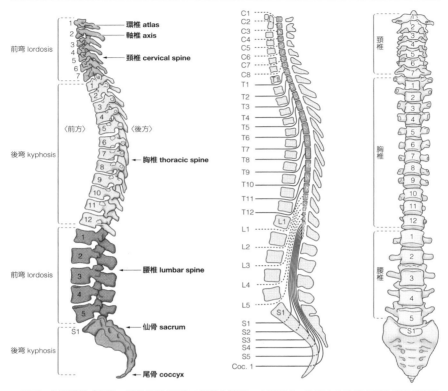

出所：永島英樹「脊柱の機能解剖A脊柱の構造と機能」中村利孝＝松野丈夫監修『標準整形外科学〔第13版〕』（医学書院，2017）500頁・図30-1。

　(ｳ)　構　　造
　脊髄の中心部は灰白質，周辺部は白質で構成されている。脊髄は，軟膜，くも膜，硬膜に覆われ，脊柱管がその外を取り囲んでいる（☑図2参照）[☆4]。
　イ　脊椎とは
　　(ｱ)　脊髄を保護する骨
　脊髄が「神経」であるのに対して脊椎とは「骨」である。脊椎は，1本の柱のように見える背骨全体，すなわち「脊柱」を指すこともあれば，脊柱を構成する1つ1つの骨，すなわち「椎骨」を指すこともある。

☆4　馬場・前掲（☆3）53頁。

☑図２　脊髄と脊髄神経

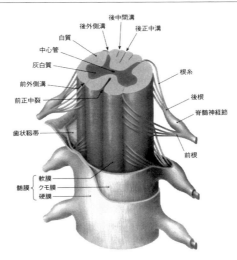

出所：河田光博＝稲瀬正彦『カラー図解　人体の正常構造と機能Ⅷ　神経系(1)〔改訂第3版〕』（日本医事新報社，2017）16頁・図31。

　脊柱には，トンネルのような構造をした脊柱管があり，その中を脊髄が通っている。脊柱は，身体を支持する機能，身体を前後左右に可動する機能及び脊髄などの神経組織を保護する機能を有している☆5。

(イ)　区　　分

　脊椎は，その高位（高さ）によって，頭側から，頸椎（C）・胸椎（T）・腰椎（L）・仙椎（S）・尾椎（Co）に区別される。頸椎は7個の椎骨，胸椎は12個の椎骨，腰椎は5個の椎骨からなり，仙椎は5個の椎骨が癒合して仙骨を形成し，尾椎は数個の椎骨が癒合して尾骨を形成している（☑図1参照）☆6。

(ウ)　椎骨の形状

　椎骨は，基本的に，椎体，椎弓，上下関節突起，棘突起，横突起で構成されている（☑図3参照）☆7。

　頸椎，胸椎，腰椎，仙骨は，解剖学的に形態が異なるが☆8，頸椎は，第1

☆5　『整形外科専攻ハンドブック』2頁。
☆6　『整形外科専攻ハンドブック』2頁，『脊髄損傷理学療法マニュアル〔第2版〕』12頁。
☆7　『標準解剖学』206頁。
☆8　『標準整形外科学〔第13版〕』500頁。

☑図3　椎骨の基本形

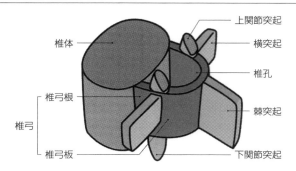

出所：「B椎骨1椎骨の基本形」坂井建雄『標準解剖学』（医学書院，2017）206頁・図5－2。

頸椎（環椎）と第2頸椎（軸椎）を除いて，ほぼ同じ構造をしており，前方（腹側）に椎体，後方（背側）に椎弓がある（☑図3参照）☆9。椎体と椎弓で囲まれた空間が椎孔で脊柱管を構成しており☆10，その中に脊髄が通っている。

ウ　脊髄・脊椎を取り巻く組織

(ｱ)　神経根

中枢神経と末梢神経をつなぐ神経組織を神経根という。脊髄の前後から前根と後根を発し，両根があわさって個々の神経根となる（☑図2参照）☆11。

脊髄の各髄節に対応するように神経根は左右1対ずつ存在し，頭部から順に頸神経8対，胸神経12対，腰神経5対，仙骨神経5対の各神経根が分岐している☆12。

(ｲ)　椎間板と椎間関節

椎骨と椎骨の間には，椎間板（椎間円板）と椎間関節がある。すなわち，上下の椎骨は，前方（腹側）では椎間板，後方（背側）では椎間関節を介して連結している（☑図4参照）。椎間板は，上下の椎体の間に存在し，髄核（ゲル状の組織）を線維輪で覆う構造になっており（☑図4参照），クッションのように衝撃を和らげる役割を果たしている。椎間板の線維輪がほころび，中の髄核が脱出したものが椎間板ヘルニアである。これにより脊髄や神経根を圧迫し症状をきたすこと

☆9　『整形外科専攻ハンドブック』2～3頁。
☆10　『整形外科専攻ハンドブック』2～3頁。
☆11　『整形外科専攻ハンドブック』4頁，『脊髄損傷理学療法マニュアル〔第2版〕』11頁。
☆12　『整形外科専攻ハンドブック』2～4頁，『脊髄損傷理学療法マニュアル〔第2版〕』11頁。

☑図4　椎間円板，椎間関節

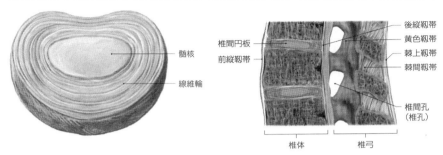

A. 概観　　　　　　　　　　　　　　B. 腰椎正中断

出所：「B椎骨1椎骨の基本形B椎骨の連結」坂井建雄『標準解剖学』(医学書院，2017) 207頁・図5-3。

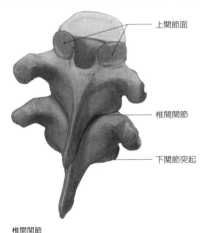

椎間関節

出所：「B椎骨1椎骨の基本形B椎骨の連結」坂井建雄『標準解剖学』(医学書院，2017) 207頁・図5-4。

がある☆13。

(ウ) 靱　帯

　靱帯は，椎骨を連結する線維性の結合組織である（☑図4参照）。靱帯は，脊柱の適度な可動性を保ちつつ，異常な動きや脱臼を予防する機能を果たしている。そこで，靱帯が損傷すると，脊椎の支持性が保たれず，運動機能にも支障が出ることになる。また，靱帯に石灰（カルシウム）が沈着したり，肥厚を生じると，脊髄を圧迫し神経症状の原因となることがある。上位頸椎から仙椎まで椎体の

☆13　『標準整形外科学〔第13版〕』514頁。

後面を裏打ちしている靭帯を後縦靭帯というが（☑図4参照），それが骨化すると，脊髄が圧迫されて症状を呈することがある（後縦靭帯骨化症）☆14。

また，胸椎に多い黄色靭帯骨化も脊髄圧迫の原因として挙げられる。

エ　脊髄と脊椎の位置関係──損傷された脊椎のレベルと損傷された脊髄のレベルは違う

注意を要するのは，成人において，脊椎と脊髄の高さがズレている点である（☑図1参照）（胎生期には脊椎と髄節の高位〔高さ〕は一致しているが，脊椎の成長が脊髄の成長より早いため，成人ではズレを生じる）。

例えば，頸髄については頸椎との位置関係が1〜1.5椎ほどずれており，おおよそ，C3／4椎間板の高さにC5髄節，C4／5椎間板の高さにC6髄節，C5／6椎間板の高さにC7髄節，C6／7椎間板の高さにC8髄節が各対応するといわれている☆15。

したがって，注意しなければならないのは，交通事故等により損傷された脊椎のレベルと損傷された脊髄のレベルが異なることである。

(3)　脊髄損傷の病態・評価

ア　ポイント

脊髄損傷の状態を把握するには，①損傷高位（高さ）の評価，②脊髄横断面での損傷程度の評価，この2つの側面から評価し病態を把握することが必要である☆16。

それぞれの損傷状態における病態の特徴を知っておくことは事案の処理に有用である。

イ　損傷高位（高さ）別の症状の特徴

(ア)　概　　要

大雑把にわかりやすくいえば，脊髄が損傷された場合，損傷部位から下にある部位の機能が消失ないし障害される☆17。

すなわち，首（頸髄）を損傷すれば，首から下の四肢の機能が消失ないし障害され，胸（胸髄）を損傷すれば，胸から下の臓器・体幹・下肢等の機能が消失な

☆14　『標準整形外科学〔第13版〕』519〜521頁。
☆15　『整形外科専攻ハンドブック』4頁，『脊髄損傷理学療法マニュアル〔第2版〕』11〜12頁。
☆16　『脊髄損傷理学療法マニュアル〔第2版〕』8頁，『後遺障害等級認定と裁判実務〔改訂版〕』222〜223頁。
☆17　『脊髄損傷理学療法マニュアル〔第2版〕』12頁。

いし障害される。また，腰（腰髄）を損傷すれば，腰から下の主に下肢の機能が消失ないし障害され，上肢に障害が出ることはないとされている。

　もっとも，損傷高位別の症状の特徴はより複雑である。そのおおまかな特徴を知っておくことは，損害賠償実務に携わる法律家にとっても有益である。

　　⑴　**より詳しい病態**

　　（ⅰ）　頸髄損傷　　頸髄損傷により，通常，四肢麻痺が認められる[18]。

　すなわち，四肢に感覚・運動機能の障害ないし消失をきたし，骨盤臓器に機能障害を呈する。

　上位頸椎部（環椎Occiput〜軸椎；C1〜3髄節）の完全麻痺は致命的で，生存例はほぼ不全麻痺である。この場合，四肢麻痺，四肢・体幹の感覚異常のほか，顔面にしびれなどの感覚障害を発症することがある[19]。

　また，中下位頸椎部（C2／3椎間〜C7／T1椎間；C4〜T2髄節）が損傷された場合には，髄節の高位により四肢の残存機能に差を生じる。不全麻痺の場合は，発症時に軽度であった痙性や疼痛が慢性期に徐々に進行し，日常生活動作のレベルが低下する場合もある[20]。

　　（ⅱ）　胸髄以下の損傷　　胸髄以下が損傷された場合には，通常，対麻痺が認められる[21]。すなわち，両下肢及び骨盤臓器に感覚・運動機能障害を呈する。

　上中位胸椎部（T1〜T10／11椎間；T3〜L2髄節）の損傷は，完全麻痺をきたすことが多い[22]。

　胸腰椎移行部（T11〜L2；L3〜S5髄節）は脊髄の終わる位置であり，その下端である脊髄円錐部から馬尾に連なるところ，脊髄は馬尾より外力に弱いため，脊髄が完全損傷されるが馬尾の一部ないし大部分が損傷を免れる神経障害を示すことがある[23]。

　腰椎部（L2／3椎間〜仙椎；馬尾）の損傷の多くは，不全麻痺であり，両下肢，特に足関節の背屈，母指の伸展筋力が低下することが多い[24]。なお，第3〜第5仙髄が損傷した場合には下肢の麻痺は生じず，肛門周囲の感覚障害・尿路障

---

　[18]　『後遺障害等級認定と裁判実務〔改訂版〕』223頁。
　[19]　『標準整形外科学〔第13版〕』834頁。
　[20]　『標準整形外科学〔第13版〕』834〜835頁。
　[21]　『後遺障害等級認定と裁判実務〔改訂版〕』223頁。
　[22]　『標準整形外科学〔第13版〕』835頁。
　[23]　『標準整形外科学〔第13版〕』835頁。
　[24]　『標準整形外科学〔第13版〕』835〜836頁。

害を生じるにすぎないが，馬尾神経も損傷された場合には下肢の麻痺（運動障害）が生じると説明するものもある☆25。

ウ 脊髄横断面での損傷程度と特徴

㋐ 概　要

脊髄横断面全体が損傷されれば，損傷部位以下が完全麻痺となる。完全麻痺の場合には，脊髄損傷の診断がしやすい。

対して，脊髄横断面の一部分が損傷された場合，損傷以下の機能が不全麻痺となる。どの部分が損傷されたかによって，麻痺の出方や残存機能が異なる。

㋑ 完全麻痺

前述したとおり，完全麻痺は，脊髄横断面全体が損傷されているケース（横断性損傷型）で起きる☆26。

完全麻痺とは，脊髄が完全に損傷された状態で，損傷部位以下の機能が完全に麻痺している状態を指す。労災認定基準では「上肢又は下肢が完全強直または完全に弛緩する」状態と説明されている☆27。

㋒ 不全麻痺

損傷部位以下の髄節支配域に感覚・運動あるいは深部反射に部分的な機能が

☑表1　損傷部位と出現する症状の特徴

損傷部位	損傷状態	症　状
脊髄半側損傷	脊髄（横断面）の左右どちらか片側が損傷された状態	損傷側：損傷高位で全感覚消失，同側下位に深部感覚・識別性触覚障害を生じる。損傷側の損傷部位以下で運動障害を生じる。 反対側：触覚は保たれるが，温痛覚が障害される。
中心性脊髄損傷	脊髄中心部（灰白質）が損傷された状態	多くの例で，下肢よりも上肢の麻痺が強く，痙性麻痺を呈し，手指の強いしびれと運動障害が残る。 触覚・深部感覚は保たれるが，温痛覚が障害される。
前部脊髄損傷	脊髄の前部が損傷された状態	損傷部位以下で温痛覚障害，運動麻痺，膀胱直腸障害を生じる。感覚は触覚・振動覚・位置覚が保たれる。
後部脊髄損傷	脊髄の後部が損傷された状態	同側の感覚（触覚，振動覚，位置覚）が障害されるため脊髄性運動失調を認めるが，運動機能は保たれる。

☆25　『労災補償障害認定必携〔第16版〕』155頁，『後遺障害等級認定と裁判実務〔改訂版〕』223頁。

☆26　榊田喜三郎＝山本新監修／大谷清編『骨折・外傷シリーズNO.3　脊椎の外傷その1』（南江堂，1986）56頁。

☆27　『労災補償障害認定必携〔第16版〕』170頁。

残存している状態である。労災認定基準では,「上肢又は下肢を運動させることができても可動範囲等に問題がある」状態と説明されている[28]。

不全麻痺は,脊髄半側損傷,中心性脊髄損傷,前部脊髄損傷,後部脊髄損傷など脊髄横断面の損傷部位によって症状が異なる。具体的には☑表1のとおりである[29]。

なお,中心性頸髄損傷は,頸椎の過伸展により生じることが多く,骨傷の明らかでない脊髄損傷として注目されている[30]。

2 等級認定基準

(1) 自賠責の等級認定における基本的な構造

ア 7段階の等級

脊髄損傷による障害については,原則として,中枢神経である脳の障害と同様に7段階に区分して等級認定が行われる。

等級は,麻痺の程度及び範囲,並びに介護の要否及び程度に応じて認定される[31]。

イ 麻痺の範囲と程度

(ア) 範 囲

認定基準に示された脊髄損傷による麻痺の範囲には,

① 四肢麻痺（両側の四肢に生じる麻痺）,

② 対麻痺（両下肢又は両上肢に生じる麻痺）,

③ 単麻痺（上肢又は下肢の一肢のみに生じる麻痺）

がある[32]。

(イ) 程 度

麻痺の程度は,高度,中等度,軽度に区分される。これらについて,認定基準の内容を表にまとめると☑表2のとおりとなる[33]。

---

[28] 『労災補償障害認定必携〔第16版〕』170頁。

[29] 榊田＝山元監修／大谷編・前掲（[26]）56～58頁,『脊髄損傷理学療法マニュアル〔第2版〕』13頁,長沼英俊＝筑田博隆「総論 頸椎・頸髄損傷総論」救急医学40巻5号507～508頁,『標準整形外科学〔第13版〕』837～838頁。

[30] 『脊髄損傷理学療法マニュアル〔第2版〕』13頁。

[31] 『労災補償障害認定必携〔第16版〕』154頁。

[32] 『労災補償障害認定必携〔第16版〕』146頁。

[33] 『労災補償障害認定必携〔第16版〕』147～148頁。

102 第 2 章 各論—類型別にみる後遺障害認定の実務

☑表 2 認定基準における麻痺の程度とその具体的内容

| 程度 | 障害のある上肢又は下肢の状態 | | 参考例 |
	運動性・支持性	基本動作*	
高度	ほとんど喪失	できない	・完全強直又はこれに近い状態
			上肢 ・三大関節と 5 手指のいずれの関節も自動運動で可動できない（又はこれに近い状態） ・随意運動の顕著な障害により，障害を残した一上肢では，物を持ち上げて移動することができない
			下肢 ・三大関節のいずれの関節も自動運動で可動できない（又はこれに近い状態） ・随意運動の顕著な障害により，一下肢の支持性及び随意的な運動性をほとんど喪失している
中等度	相当程度喪失	かなりの制限がある	上肢 ・障害を残した一上肢では，仕事に必要な軽量のもの（500 g程度）を持ち上げることができない ・障害を残した一上肢では文字を書くことができない
			下肢 ・障害を残した一下肢のために，杖又は硬性装具なしには階段を上ることができない ・障害を残した両下肢のために，杖又は硬性装具なしには歩行が困難
軽度	多少喪失	動作の際の巧緻性と速度が相当程度損なわれている	上肢 ・障害を残した一上肢では文字を書くことに困難を伴う
			下肢 日常生活は概ね独歩だが， ・障害を残した一下肢のため，不安定で転倒しやすく，速度も遅い ・障害を残した両下肢のため，杖又は硬性装具なしには階段を上ることができない

(注) ＊基本動作：下肢の場合は歩行・立位。上肢の場合は物を持ち上げて移動させること。

ウ 認定基準

認定基準の具体的な内容は，☑表 3 のとおりである[34]。

なお，自賠責実務では，軽度の四肢麻痺について 3 級 3 号に至らないより軽度のものや，軽度の対麻痺について 5 級 2 号に至らないより軽度のものは，直ちに12級13号とするのではなく，麻痺の程度や動作制限の程度に応じて，四肢麻痺では 5 級・7 級・9 級（☑表 3 の四肢麻痺の空欄部分）を，対麻痺では 7 級・

---

[34] 『労災補償障害認定必携〔第16版〕』155～158頁。

I 第2 4 脊髄障害　　103

☑表3　等級認定基準

自賠責施行令別表		労災補償障害認定基準		
		四肢麻痺	対麻痺	単麻痺
別表第1・1級1号	神経系統の機能又は精神に著しい障害を残し，常に介護を要するもの	せき髄症状のため，生命維持に必要な身のまわり処理の動作について，常に他人の介護を要するもの	高度 中等度：常時介護※1	高度 中等度；常時介護※1	
別表第1・2級1号	神経系統の機能又は精神に著しい障害を残し，随時介護を要するもの	せき髄症状のため，生命維持に必要な身のまわり処理の動作について，随時介護を要するもの	中等度（1級該当を除く） 軽度：随時介護※2	中等度：随時介護※2	
別表第2・3級3号	神経系統の機能又は精神に著しい障害を残し，終身労務に服することができないもの	生命維持に必要な身のまわり処理の動作は可能であるが，せき髄症状のために労務に服することができないもの	軽度（2級該当を除く）	中等度（2級該当を除く）	
別表第2・5級2号	神経系統の機能又は精神に著しい障害を残し，特に軽易な労務以外の労務に服することができないもの	せき髄症状のため，きわめて軽易な労務のほかに服することができないもの		軽度	高度（一下肢）
別表第2・7級4号	神経系統の機能又は精神に著しい障害を残し，軽易な労務以外の労務に服することができないもの	せき髄症状のため，軽易な労務のほかに服することができないもの			中等度（一下肢）
別表第2・9級10号	神経系統の機能又は精神に著しい障害を残し，服することができる労務が相当な程度に制限されるもの	通常の労務に服することはできるが，せき髄症状のため，就労可能な職種の範囲が相当な程度に制限されるもの			軽度（一下肢）
別表第2・12級13号	局部に頑固な神経症状を残すもの	通常の労務に服することはできるが，せき髄症状のため，多少の障害を残すもの	・軽微な麻痺（運動性・支持性・巧緻性・速度についての支障がほとんど認められない程度） ・広範囲の感覚障害（運動障害なし）		

（注）　※1　食事・入浴・用便・更衣等について常時介護を要するもの
　　　　※2　食事・入浴・用便・更衣等について随時介護を要するもの

9級（☑表3の対麻痺の空欄部分）を認定することができることとなっている。

エ　他の障害と複合する場合の認定

脊髄が損傷されたケースにおいては，複雑な諸症状を呈する場合が多く，広範囲な感覚障害や神経因性膀胱障害その他胸腹部臓器の障害が認められたり，脊柱の変形や運動障害が認められる場合があるほか，あわせて末梢神経系の障害が認められる場合もある。

脊髄障害に関する認定基準は，胸腹部臓器の障害や脊柱の変形・運動障害等を通常伴うものであることから，これらの障害を含めて格付けされており，麻痺の範囲と程度により前記**ウ**の基準で等級が認定され，脊髄障害以外に，これに伴う胸腹部臓器の障害や脊柱の変形・運動障害があっても併合は行わない。ただし，脊髄損傷に伴う胸腹部臓器の障害や脊柱障害の等級が，麻痺により判断される脊髄障害の等級より重い場合には，その重い障害を含めて総合評価し等級を認定する☆35。

また，神経系統の障害は，複数残存しても，中枢神経障害と末梢神経障害を総合的に評価し前記**ウ**の基準に従って等級認定される☆36。

オ　馬尾神経の損傷による障害の認定

馬尾神経は，解剖学上，脊髄ではなく，末梢神経に属する。しかし，馬尾神経が損傷された場合においても，下肢の運動麻痺（運動障害），感覚麻痺（感覚障害），神経因性膀胱障害又は神経因性直腸障害等，脊髄損傷による障害と同様の症状を呈することから，脊髄損傷に含めて等級認定されている☆37。

(2)　等級認定に関わる診断・検査方法

ア　ポイント

脊髄の損傷による麻痺の程度及び範囲は，以下の**イ〜エ**に記載されるような検査で得られる所見により裏づけられることが必要であり，かつ，各検査により得られた所見の整合性が重視される。

また，症状の経過・推移が合理的に説明し得るものであるか否かについて，事故の衝撃の程度等も加味して検討される。

☆35　『労災補償障害認定必携〔第16版〕』154〜155頁，『後遺障害等級認定と裁判実務〔改訂版〕』237〜238頁。

☆36　『労災補償障害認定必携〔第16版〕』154〜155頁，『後遺障害等級認定と裁判実務〔改訂版〕』237〜238頁。

☆37　『労災補償障害認定必携〔第16版〕』155頁，『後遺障害等級認定と裁判実務〔改訂版〕』223頁。

イ　画像診断

㈎　Ｘ　　線

脊椎の骨折，脱臼の有無，脊柱配列異常やすべりの有無，脊柱管狭窄，椎間板の狭小化，骨棘やアライメント異常，後縦靱帯骨化などが確認できる。脊柱不安定性の評価のためにＸ線動態検査を行うこともある[38]。

㈏　Ｃ　Ｔ

脊柱管の形態，骨棘，靱帯骨化などの脊柱管狭窄因子の評価に有用とされる[39]。現在，頸椎・頸髄損傷が疑われる場合，画像診断の一次スクリーニング手段としては，ＣＴが推奨されている[40]。

㈐　Ｍ　Ｒ　Ｉ

脊髄損傷の診断においては必要不可欠な検査である。一般的な撮影方法はＴ１強調画像とＴ２強調画像である。Ｔ１強調画像では，圧迫による脊髄の形態変化や椎間板ヘルニアなどを確認できる。また，Ｔ２強調画像では，髄内輝度変化や脊髄腫瘍などを確認できる。もっとも，無症候性の形態的異常所見を捉えることもあるため，十分に臨床症状と対比して診断すべきとされている[41]。

ウ　神経学的所見

㈎　反　　射

（ⅰ）深部腱反射　　脊髄障害では，障害高位髄節に相当する深部腱反射が減弱又は消失し，障害高位以下では亢進する[42]。

（ⅱ）病的反射　　脊髄障害では，正常では認められない反射（上肢ではホフマン反射，トレムナー反射，下肢ではバビンスキー反射，クローヌス反射など）が出現する[43]。

㈏　筋　　力

徒手筋力テスト（MMT）により６段階で筋力を評価する。前角・前根は運動神経線維を含み，損傷した前角・前根により支配されている筋節に異常をきたすため，損傷高位の診断が可能である。

---

[38]　『整形外科専攻ハンドブック』12頁，『標準整形外科学〔第13版〕』508頁・841頁。
[39]　『整形外科専攻ハンドブック』12頁。
[40]　小川真司「頸椎・頸髄損傷総論」救急医学40巻５号535頁。
[41]　『整形外科専攻ハンドブック』12頁，『標準整形外科学〔第13版〕』508～509頁。
[42]　『整形外科専攻ハンドブック』11頁。
[43]　『後遺障害等級認定と裁判実務〔改訂版〕』297頁。

(ウ) 感覚テスト

後角・後根は感覚神経線維を含み，損傷した後角・後根に支配されている皮膚分節に感覚障害をきたすため（☑図5参照），損傷高位の診断に利用される☆44。

エ　電気生理学的診断

筋電図は，筋力低下，麻痺，筋萎縮を認める場合に有用である。また，神経伝導速度の測定は末梢神経障害との鑑別に有用である☆45。

☑図5　脊髄分節と皮膚分節・支配筋

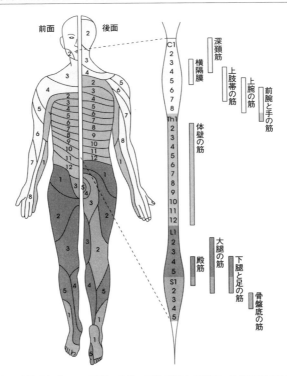

出所：河田光博＝稲瀬正彦『カラー図解　人体の正常構造と機能Ⅷ　神経系(1)〔改訂第3版〕』（日本医事新報社，2017）19頁・図38。

☆44　河田光博＝稲瀬正彦『カラー図解　人体の正常構造と機能Ⅷ　神経系(1)』（日本医事新報社，2017）19頁。
☆45　『整形外科専攻ハンドブック』12頁。

(3) 自賠責における認定資料

　自賠責保険では，診療医の評価を確認するため，自動車損害賠償責任保険後遺障害診断書のほか，診療医に対して，脊髄症状の具体的程度を判定するための照会や神経学的所見の推移に関する照会が行われている（116頁以下の☑資料１，☑資料２参照）。また，診断書や意見を裏づける画像，検査所見等の提出が求められる。さらに，自賠責保険では，被害者の日常生活活動能力や労働能力の程度を勘案して等級を認定するためその能力の程度を具体的に把握してもらうべく日常生活状況報告書を提出する例もある。

③　主な争点と主張立証上の留意事項

(1)　脊髄障害の有無が問題になり得るケース

　外傷を契機とする場合，脊椎損傷（骨折・脱臼等）に伴って脊髄損傷を発生するケースが多い。この場合には，画像上の異常所見と神経学的所見・理学所見が整合すれば，特異な症状推移を経ない限り，比較的容易に，脊髄障害を認定することが可能であると思われる。また，事故が重大かつ事故直後の症状が重篤で，脊髄ショックから脱しても完全麻痺が一貫して残る場合にも，各種検査から比較的容易に，脊髄障害を認定することが可能と思われる。

　対して，脊髄障害の有無が問題となるのは，骨傷を伴わない（骨傷の明らかではない）脊髄不全損傷である。不全損傷のケースのうち，「中心性頸髄損傷」が特によく問題となるが，それは，中心性頸髄損傷の症状が神経根を損傷した場合の症状と似ていることに起因する（後記❹裁判例④〜⑦参照，以下「後記❹」は省略）☆46。

　また，椎間板ヘルニア，後縦靭帯骨化症（OPLL），脊柱管狭窄症等，経年性の変形が認められる場合にも，経年性変化が交通事故とあいまって脊髄障害を発症したといえるのか，神経根症状（末梢神経障害）を発症したにすぎないのか（裁判例④⑤参照），そもそも事故後の症状と事故との因果関係が認められるのかも，よく問題となる。

　そもそも，診療医は，患者の治療を使命としているのに対して，自賠責の等

☆46　溝辺克己「民事交通賠償事件に必要な医学知識—頸椎捻挫・脊髄損傷を中心に」日本弁護士連合会編『現代法律実務の諸問題（日弁連研修叢書）〔平成15年版〕』（第一法規，2004）56〜60頁。

級認定や損害賠償請求訴訟の場面では損害の公平な分担を目的とするため，診療の場面と等級認定の場面では，おのずとアプローチの仕方が異なることになる。そこで，実際に「脊髄損傷」等の診断名があっても，脊髄障害とは認定されないケースが比較的多く存在する（裁判例④〜⑧参照）。等級認定にあたっては，診断名のみに捉われず，脊髄損傷を基礎づける所見及び症状経過があるのか，あるいは脊髄損傷以外の原因（末梢神経系統の障害，心因的要因等）を考え得るのか否か，医証をもとに慎重に検討する必要がある。

(2) 脊髄障害（特に不全麻痺）に関する主張立証のポイント

ア 画像の検討

画像上で外傷性の変化が認められるのかを確認するとともに，特に，MRI検査で脊髄の形態変化や髄内信号変化等が認められるのかを精査する必要がある。また，脊髄周辺の変性所見（椎間板ヘルニア，後縦靭帯骨化，骨棘等）及び脊髄の圧迫所見の有無も検討する。

MRI画像で脊髄内高信号病変が認められることを理由の一つに挙げて脊髄損傷を肯定する例（裁判例②）がある一方，Ｔ２強調画像で信号上昇がみられるものの，それが一般的にみられる中心性頚髄損傷に伴う経時的な輝度変化とは一致しないことや，整形外科の専門医が髄内の輝度変化を確認することができないとの見解を示していること等から頚髄損傷を否定した例（裁判例⑥）や，初期段階から軽度の脊髄圧迫所見あり，一時点のMRI画像において脊髄内にやや高輝度変化が認められる場合でも中心性頚髄損傷を否定した例（裁判例⑤，ただし，他の時点のMRI検査では脊髄に高輝度変化はないと診断されている）もある。

また，MRI画像で明らかな輝度変化等の異常所見が認められないことを理由の一つに挙げて脊髄損傷を否定する例（裁判例④⑧）がある一方，MRIで明らかな髄内輝度変化が認められなくても，脊柱管狭窄所見が認められる事例において脊髄損傷を肯定したもの（裁判例①）もある。

イ 神経学的所見の整合性

画像所見に異常がある場合には，その異常所見と神経学的所見等が整合することを主張立証する必要がある。裁判例②は，画像所見に異常があり，かつ，深腱部反射検査及びホフマン反射テストの結果が脊髄障害の存在を示唆する等として脊髄障害を肯定している。

画像において脊髄自体に明確な異常が認められない場合でも，脊髄への圧迫

が疑われるような変性所見が認められる場合には，圧迫が疑われる所見の高位（画像上変性がある場合には変性の高位）と神経学的所見の整合性を検討する必要がある。裁判例⑤は，軽度の脊髄圧迫所見が認められる事例において，中心性頸髄損傷に相当する他覚的所見（神経学的所見等）の存在を否定した自賠責の判断を尊重し，脊髄障害を否定している。

ウ　症状経過等

　症状の経過・推移が脊髄損傷として合理的に説明できること，交通事故の態様から当該脊髄障害の発症が不自然なものではないこと等の検証も忘れてはならない。すなわち，交通事故後の神経症状は，一般的に事故直後が一番重篤であるはずだが，実際の症例では，傷病名が変遷し，特に事故直後よりも症状が悪化しているケースも少なくない。事故後の症状悪化が不自然で医学的に説明ができなければ，脊髄障害が否定される傾向にある。加えて，症状の経過・推移が脊髄損傷の一般的病態から乖離しているか否か，交通事故の態様から想定される脊髄への衝撃の程度等もあわせて検証する必要がある。

　裁判例③は，事故後に脊髄圧迫が進行し症状が悪化しているが，頸椎前方固定術を行った担当医の回答内容等を踏まえ，同手術が行われるまでの症状悪化については事故との相当因果関係を認めている。これに対して，症状推移が外傷性の脊髄損傷とは整合しない推移をたどっていること，あるいは症状の推移が頸髄疾患としては説明が困難であること等を一つの理由として脊髄障害を否定した例（裁判例⑦⑧）がある。

エ　セカンドオピニオンの検討

　脊髄損傷は，感覚・運動・反射の障害のみならず自律神経障害も加わり随伴症，合併症（循環器障害，消化器障害，呼吸障害，排尿障害等）も生じて複雑な症状を呈するため，医証の検討にあたっては，専門医の協力を得る必要がある。担当医の診断内容に疑問がある場合には，別の専門医にセカンドオピニオンを求めることが必要な場合も考えられよう。

オ　そ　の　他

　脊髄障害と認められるケースでは，麻痺の程度及び範囲，並びに介護の要否等の認定にあたり，日常生活動作の能力程度，その生活状況等を主張立証する必要がある（裁判例①〜③参照）。家族や身の回りの世話をする者らの陳述書や証言のほか，診療録，リハビリの記録，介護・動作状況を記録した日誌等の活用

が考えられよう。なお，日常生活動作・生活状況等は，画像所見及び神経学的所見に整合する内容であることが前提となる。

　また，脊髄障害が認められるケースでも，既に経年性変化を生じている場合には，素因減額が検討されることが多いことに留意する必要がある。例えば，事故前から罹患していた後縦靱帯骨化症等が治療の長期化や後遺障害の程度に寄与したといえる場合には，多くの事例で，素因減額が認められているようである。

(3)　他の障害の検討

ア　局部の神経症状

　一見，脊髄障害を疑わせる症状が残存しているのに，画像上脊髄損傷をもたらすような異常所見が認められず，神経学的にも異常所見がない場合には，脊髄損傷が否定される。また，画像上変性があっても神経学的所見との整合性が認められない場合や臨床症状との整合性が認められない場合にも，脊髄障害は否定的となる。このように脊髄障害が否定される場合でも，事故後一貫して局部の神経症状を訴えている場合等には，末梢神経障害として認定されることが多い（裁判例④〜⑦参照）。

イ　非器質性精神障害[47]

　脊髄障害が否定され，なおかつ末梢神経障害としても説明しつくせないような症状が残るケースでは，非器質性精神障害として後遺障害が認定され得るかをさらに検討する必要がある。この点，本人の主訴が詐病とは思われないケースでは非器質性精神障害として後遺障害が認定される例も多い。例えば，脊髄損傷という診断名の下，自覚症状として下肢の麻痺・脱力等を訴え，他覚所見として下肢の筋力低下等が認められるケースにおいて，画像上の異常所見がなく，被害者の症状を基礎づける神経学的所見に乏しいために脊髄障害が否定されるケースであっても，事故に起因する非器質性精神障害（転換性障害，外傷性神経症，身体表現性精神障害，うつ病等）の発症を認めるケースもある（裁判例⑧参照）。

　もっとも，非器質性精神障害が認められるケースでは，残存する症状の発症に本人の心因的素因が寄与していると認定されて，素因減額がなされる場合があることに留意を要する。また，非器質性精神障害について自賠責の等級認定

―――――――――
[47]　非器質性精神障害とは脳の器質的損傷を伴わない精神障害のこと（『労災補償障害認定必携〔第16版〕』150頁参照）。本書第2章 I 第3「**5**　非器質性精神障害―PTSDを中心に」参照。

Ⅰ　第2　**4**　脊髄障害　　　　111

を受けるためには，精神科医による診療が必要となる点についても留意する必要がある。

4　裁 判 例

◆脊髄障害を肯定した事例（自賠責で7級に認定された中心性頸髄損傷による障害につき，上肢は軽度麻痺・下肢は中等度麻痺を残すとして3級を認めた事例）
①大阪地判平26・3・26交民47巻2号431頁

　信号機により交通整理されている交差点に，建築業者（男・事故時36歳）の運転する自動二輪車が赤信号で進入し，同じく赤信号で進入した自動二輪車に出合い頭に衝突され，同男性が負傷し，その後，両上下肢知覚低下，四肢筋力低下，下肢の痙性麻痺に伴う歩行障害等が残存した事案。自賠責は脊髄障害7級4号及び脊柱の変形障害11級7号の併合6級（既存障害・腰部起因の神経症状14級9号の加重障害）と認定した。

　裁判所は，原告が脊柱変形障害2級，脊柱変形障害11級の併合1級を主張したのに対し，治療経過等（担当医の診断内容，治療・症状経過，自賠責保険の認定内容，整形外科専門医の意見，原告の現状等）を踏まえ，脊髄障害につき，上肢に軽度の麻痺，下肢に中等度の麻痺を残すものと認めたうえで，原告は車椅子生活ではあるものの自立走行が可能な状態であり，日常生活動作が概ね可能で，食事や更衣・用便動作等は自立しており，それらの段取りや入浴の際に一部介助が必要であるものの随時介護を要するものとまではいえないとして，3級に該当するのが相当とし，これと脊柱の変形障害11級と併合して2級を認めた。なお，専門医の見解では，上肢の筋力低下と下肢の痙性麻痺に伴う歩行障害は受傷直後から症状が生じ以後一貫して持続していること，MRI画像上明らかな髄内輝度変化は認められないが，本件のような高エネルギー交通外傷では脊髄損傷が生じる可能性は否定できず，また，脊柱管狭窄所見があることは外傷時に脊髄損傷が生じたことの傍証となり得る等として，事故により中心性頸髄損傷が生じて後遺障害の四肢麻痺の原因となったものと判断されている。

◆脊髄障害を肯定した事例（脊髄障害につき自賠責で非該当とされたが7級を認め，非器質性精神障害14級（自賠責も14級）と併合し7級を認定した事例）
②大阪地判平26・9・12交民47巻5号1161頁

　前方停止車両に追突し停止していた普通乗用自動車（原告車）が，後部から普通乗用自動車に追突されて，さらに前方停止車両に再び追突した事故により，原告車を運転していた給与所得者（女・固定時27歳）が負傷し，その後，左上肢放散痛，両手指の巧緻運動障害，下肢放散痛，歩行障害等が残存した事案。自賠責は非器質性精神障害につき14級9号に認定したが，その他の後遺障害は非該当とした。

原告は，脊髄障害3級3号及び外傷後ストレス障害（非器質性精神障害）14級9号，外貌醜状12級15号の併合2級を主張したが，被告は，原告の主張する症状すべてが事故により生じたとはいえないとし，非器質性精神障害14級を踏まえても併合14級程度にとどまるものと主張した。

裁判所は，深腱部反射検査が左右とも亢進であったこと，ホフマン反射テストが右陰性・左陽性であったこと，頸椎MRIで第7頸髄レベルに脊髄内高信号病変があり，同病変は事故半年後のMRIで最も明瞭であったが，事故により頸髄を損傷し，その後半年程度までは症状が進んだと考えれば矛盾しないこと，その他診療経過や症状経緯等から脊髄障害を肯定した。そのうえで，手指を使用した作業をすることは難しく，歩行にも一定の障害はあるものの，日常生活の中で上肢下肢を一定程度動かしており，軽度の四肢麻痺とまで評価することは難しいとする一方，軽易な労務以外には就くことが困難な状況にあるといえるため，7級4号に該当すると認定した（外傷後ストレス障害につき14級9号と認めて併合7級に認定）。なお，自賠責が事故翌日のMRI画像と半年後のMRI画像に経時的な変化がない等として脊髄損傷の発生を否定した点につき，担当医の診断内容や被告提出の医師の意見書と異なる見解であり信用できないと判示されている。

◆脊髄障害を肯定した事例（自賠責で3級と認定された四肢のしびれ感，歩行困難，両上肢の巧緻運動障害等の症状につき，別表第1・2級に該当すると認定された事例）　③大阪地判平27・1・21交民48巻1号108頁

信号機により交通整理の行われている交差点において，青信号に従い直進した普通乗用自動車（原告車）が右方から赤信号を無視して直進してきた普通乗用自動車に衝突されて，原告車を運転していた兼業主婦（女・固定時43歳）が負傷し，その後，頸髄損傷，頸椎椎間板ヘルニア等と診断され，四肢のしびれ感，歩行困難，両上肢の巧緻運動障害等が残存した事案。自賠責は3級3号と認定した。

原告は，別表第1・1級1号に該当すると主張したが，被告は，事故後に症状が悪化していることから，症状悪化と事故との相当因果関係を争った。

裁判所は，脊髄損傷の場合，一般に，発症時に軽度であった痙性等が慢性期に徐々に進行する場合もあるところ，MRI検査やCT検査の結果，頸椎前方固定術を受けるまでに脊髄圧迫の進行が認められ，担当医の回答内容（症状は事故による受傷後徐々に悪化したが，これは脊髄障害症状の進行と判断して頸椎前方固定術を行ったこと等）を踏まえると，同手術までの症状悪化については事故との相当因果関係が否定されるものではないと判示した。一方，症状固定後にMMTの数値（筋力の評価）が著しく低下している点につき，運動不足や体重の増加が影響していることが窺われるとして，事故との相当因果関係を否定した。また，原告の上肢は，MMTの評価が肘・手関節とも3，肩関節は4で上肢の挙上は可能であり，運動障害の中心は基本動作を行う際の巧緻性及び速度が損なわれているものであり軽度

の麻痺を残すにとどまるが，下肢については，リハビリテーションの過程でロフストランド杖を用いて歩行訓練を行い，固定時にも歩行困難で自宅では二本杖，外出は車椅子を要する状態であり，中等度の麻痺を残すものとしたうえで，食事前後の配膳・片付け，かぶるタイプの服や靴下の着脱等，用便・入浴等に介護を要するものの，日常生活動作の中心部分は自身で行うことが可能であるとし，随時介護を超えて常時介護を要する状態とは評価できないとして，別表第1・2級1号に該当するのが相当と認定した。

◆脊髄障害を否定し局部の神経症状（12級13号）を認めた事例（労災9級，自賠責12級）　④東京地判平26・3・28自保1926号134頁

　吹鳴する救急車の指示に従って停止していた普通乗用自動車（原告車）に時速40～50㎞で走行する普通乗用自動車が追突し，原告車を運転していた調理師（男・事故時43歳）が負傷して，頸髄中心性損傷に伴う頸部痛，両上肢痛及びしびれ並びに知覚鈍麻等の後遺障害が残存したと訴えた事案。労災は脊髄障害9級と認定したが，自賠責は，頸髄損傷に起因する障害とは評価せず，局部の神経症状12級13号と認定した。

　裁判所は，原告が脊髄障害9級10号を主張したのに対し，MRI検査で髄内輝度変化等の器質的な異常所見が認められないこと，CT・MRI検査結果において脊髄や神経根に対する圧迫所見等の外傷的変化がみられず，膀胱直腸障害や神経伝達速度の異常もみられないこと，その他他覚的所見が認められないこと等から，頸髄中心性損傷を否定した。もっとも，事故日に外傷性頸部症候群と診断され，事故直後から頸部痛，両上肢しびれ・痛みの自覚症状が継続し，画像上軽度の脊柱管狭窄が見られ，腱反射，筋力，知覚に異常が認められること等から，他覚的な神経系統の障害が認められるとし，局部の神経症状12級13号を認定した。

◆脊髄障害を否定し局部の神経症状（12級13号）を認めた事例（自賠責14級）　⑤大阪地判平26・10・31自保1938号53頁

　信号待ちで停止していた普通自動二輪車（原告車）に普通乗用自動車が追突し，原告車を運転していた飲食店経営者（男・固定時49歳）が転倒して負傷し，中心性頸髄損傷により両手指筋力低下，両母指筋萎縮，両下肢筋力低下，歩行障害，姿勢障害，両下肢しびれ等が残存したと訴えた事案。自賠責は，中心性頸髄損傷を客観的に裏づける画像上の異常所見及び神経学的異常所見がないとして脊髄損傷を否定したが，頸部痛及び両手指のしびれ等につき局部の神経症状12級13号と認定した。

　裁判所は，原告が脊髄障害7級4号及び脊柱変形障害11級7号の併合6級を主張したのに対し，自賠責の判断を踏まえると中心性頸髄損傷に相当する他覚的所見があるとは認定できないとしたが，事故態様からすると，頸椎の神経圧迫を引き起こしてもおかしくない程度に相当の外力が加わったといえること，事故後の初期段階から軽度であれ脊髄圧迫所見があり，事故約7か月後の画像において脊髄内に高輝

度変化が認められ，しびれ等の神経症状を説明する他覚的所見があるといえること等から，神経症状について12級13号を認定した。また，頸椎に椎弓形成術が行われている点について，事故と相当因果関係のある損害とは認められないとしつつ，原告の後遺障害を総合して併合11級程度と認定した。なお，脊柱管狭窄の程度が悪化していることから，3割の素因減額を認めた。

◆脊髄障害を否定し局部の神経症状（14級9号）を認めた事例（労災3級，自賠責非該当）　⑥名古屋地判平28・2・16自保1972号99頁

信号機により交通整理されている交差点出口に設置された横断歩道上を青信号に従い自転車で横断していた会社員（男・事故時33歳）が，交差点を左折し上記横断歩道に進入してきた普通乗用車（後部から普通貨物自動車に追突されて押し出された左折中の普通乗用車）に衝突され，頸椎挫傷，腰部挫傷，左肩鎖関節脱臼等の傷害を負い，その後，反射性交感神経性ジストロフィー及び中心性脊髄損傷と診断され，頸部痛及び頸部よりの痙性不全麻痺，両上肢（特に手指）の巧緻運動障害の残存を訴えた事案。労災は3級3号と認定したが，自賠責の等級認定では非該当と認定した。

裁判所は，原告が3級3号を主張したのに対し，頸椎MRI画像（T2強調画像）で信号上昇がみられるものの，放射線科の医師の診断は脱髄の疑いにとどまっており，脊髄損傷の確定診断をしているわけではないし，一般的にみられる中心性頸髄損傷に伴う経時的な輝度変化（時間の経過とともにその範囲が限定されていく）とは一致しないこと，整形外科専門医は，いずれの頸椎MRI画像によっても脊髄の圧迫所見がなく，髄内の輝度変化を確認することはできないという見解を示していること，筋力低下や腱反射異常など神経学的に明らかな異常所見が認められないこと等から，中心性頸髄損傷を否定した。また，皮膚色の変化や明らかな骨萎縮等が認められないとして反射性交感神経性ジストロフィーの発症も否定した。もっとも，事故後一貫して，頸部痛，両上肢のしびれを訴えていることから14級9号を認めた。

◆脊髄障害を否定し局部の神経症状（14級9号）を認めた事例（労災9級，自賠責14級）　⑦大阪地判平28・7・28自保1985号43頁

会社員（男・固定時43歳）が乗用車を運転中，対向車を避けるために左側に寄ったところ脱輪して河川敷に滑落して頭部打撲，頸椎胸椎捻挫等の傷害を負い，事故後約5か月後より中心性頸髄損傷と診断され，C5付近の圧痛・段打痛，手指巧緻運動障害，膀胱機能障害等の残存を訴えた事案。労災は脊髄障害9級と認定したが，自賠責は，両上肢のしびれ感と疼痛について頸椎捻挫由来の症状と捉え14級9号と認定した。

裁判所は，MRI画像及びX線画像から，中心性頸髄損傷の発症因子となるような脊柱管狭窄は認められず，かつ，中心性頸髄損傷を客観的に裏づける脊髄の明らかな輝度変化や，同損傷特有の症状と整合する脊髄への圧迫所見も認められないという

え，原告の症状推移が外傷性の脊髄損傷とは整合しない推移をたどっている等とし，脊髄障害を否定した。もっとも，両上肢のしびれ感及び疼痛については，局部の神経症状14級9号を認めた。

◆脊髄障害を否定し非器質性精神障害（12級相当）を認めた例（労災12級，自賠責14級）　⑧東京地判平22・12・21自保1853号85頁

　信号機による交通整理の行われていない交差点において普通貨物自動車と出合い頭に衝突した普通乗用自動車が，その衝撃で別の普通乗用自動車（原告車）に衝突した事故で，原告車を運転していた給与所得者（男・固定時32歳）が負傷し，頸髄損傷により，頭痛，めまい，吐き気，視力低下，手足のしびれ，歩行障害等が残存したと訴えた事案。労災は局部の神経症状につき12級と認定したが，自賠責は14級10号（当時）と認定した。

　裁判所は，原告が主位的には脊髄障害（頸髄損傷による症状）に該当するとし，予備的には身体表現性障害（事故のストレスによるヒステリーのような障害）に該当するとして5級相当を主張したのに対し，事故直後の診断が打撲と頸椎捻挫等にとどまること，神経学的検査では，腱反射に異常はなく，病的反射も筋萎縮も認められないこと，画像検査でも，脊柱管の軽度な狭窄が確認されたにとどまり，明らかな脊髄圧迫や髄内変化が認められなかったこと，症状が当初は右半身のみに出現していたのが左半身等にも出現・悪化しているところ，このような症状の推移は頸髄疾患としては説明が困難であること等から，頸髄損傷を否定した。もっとも，事故後一貫して右半身のしびれ等を訴え，その症状につき複数の医師が精神的関与を疑っていること等から非器質性の疾患の発症を認め，これに由来する上下肢の感覚障害や不定愁訴等につき12級相当と認定した。

116　　第2章　各論―類型別にみる後遺障害認定の実務

☑資料1　脊髄症状判定用

脊 髄 症 状 判 定 用

氏名	男・女　　才	損傷高位	第（　　）頚髄・胸髄・腰髄 （　完全麻痺　・　不全麻痺　）
傷病名			

I．**運動機能**（左右独立評価，健常＝**合計 25点×2**）

A．肩・肘機能（三角筋、上腕二頭筋力にて測定）　(5点×2)

	右	左
0：MMT 2以下　　　　　　　肘疾患による障害を除く	□	□
2：MMT 3	□	□
3：MMT 4	□	□
4：MMT 5（－）　　　　　　耐久力の不足、脱力感	□	□
5：MMT 5	□	□

B．手指機能（10点×2）

	右	左
0：食事動作はスプーン・フォークも使用不能　ボタンかけなどがまったく不能	□	□
2：食事動作はスプーンかフォークでやっと可能　大きいボタンを見ながらやっと掛ける	□	□
4：食事動作はスプーン・フォーク使用、ナイフ使用不能、辛うじて割り箸の使用可能 　　紐を結ぶことはできるが解けない	□	□
6：食事動作はナイフもやや困難であるが使用可能　割り箸はほぼ普通に使える 　　大きいボタンは掛けられるがYシャツのボタンは困難	□	□
8：食事動作はナイフ、フォークの扱いは自由、箸の使用は自由だがややぎこちない 　　細い紐の結び解き、Yシャツのボタン掛け外しはできるがぎこちない	□	□
10：食事動作、紐結び、ボタン掛けすべて普通に可能	□	□

C．下肢機能（下肢機能は明らかな左右差がないかぎり、左右同点とする）　(10点×2)

	右	左
0：起立、歩行不能	□	□
2：つかまり立ち、歩行器歩行可能	□	□
4：松葉杖（一本杖）歩行可能、階段上昇可能、片足ジャンプ不能	□	□
6：平地で杖なし歩行可能、階段昇降可能（下降時に必ず手すり必要）、片脚起立可能	□	□
8：平地では速歩可能、走ることに自信ない、階段下降はぎこちない、片足ジャンプ可能	□	□
10：正常、片足ジャンプ、歩行、階段昇降はスムーズ	□	□

II．**知覚機能**（左右独立評価，健常＝**合計 20点×2**）

A．上肢（％は患者の自己評価による正常域に対する残存知覚の範囲）　(10点×2)

	右	左
0：（ 0～10%）　知覚脱出 　　　　　　　　　しびれが強くて我慢できない	□	□
3：（20～40%）　何かに触れていることはわかるが、形状、質の識別は不可能 　　　　　　　　　睡眠を妨げるしびれ	□	□
5：（50～70%）　触れていることも形状、質とも識別可能、しかし感覚は半分ほどしか 　　　　　　　　　わからない　ときに投薬を必要とする疼痛、しびれがある	□	□
8：（80～90%）　触覚はほぼ正常であるが、軽い痛覚鈍麻あり 　　　　　　　　　軽いしびれはあるが、気にならない	□	□
10：（100%）　　正常で、しびれ・疼痛などもない	□	□

Ⅰ　第2　4　脊髄障害　　　　　　　　　　　　　　117

<table>
<tr><td>記入上のご注意</td><td colspan="2">1．該当する項目の□にチェックして下さい。
2．補足する事項等ある場合には、Ⅳ欄を利用して文章にてご記入下さい。</td></tr>
</table>

			右	左
B．下肢・体幹（％は患者の自己評価による正常域に対する残存知覚の範囲）(10点×2)				
0：（0〜10%)	知覚脱出		□	□
	しびれが強くて我慢できない			
3：（20〜40%)	何かに触れていることはわかるが、形状、質の識別は不可能		□	□
	睡眠を妨げるしびれ			
5：（50〜70%)	触れていることも形状、質とも識別可能、しかし感覚は半分ほどしか		□	□
	わからない。ときに投薬を必要とする疼痛、しびれがある。			
8：（80〜90%)	触覚はほぼ正常であるが、軽い痛覚鈍麻あり		□	□
	軽いしびれはあるが、気にならない			
10：（100%)	正常で、しびれ・疼痛などもない		□	□

Ⅲ．**膀胱機能**（健常＝ **合計10点**）

0：自排尿が不能、あるいは失禁	□
3：やっと自排尿できる、つねに残尿感があり、あるいはおむつが必要な失禁	□
5：頻尿・尿線に勢いがない　ときに失禁し、下着を汚すことがある	□
8：膀満感は正常、排尿まで時間がかかる、頻尿	□
10：膀満感、排尿ともに正常	□

Ⅳ．日常生活活動能力又は労働能力に関する医師の意見を記入してください。
　また、食事、入浴、用便、更衣等に介護が必要な場合は、具体的に記入してください。

					所　在　地		
診断日　平成	年	月	日		名　　　称 診　療　科		
発行日　平成	年	月	日		医師氏名		印

118　　　第2章　各論—類型別にみる後遺障害認定の実務

☑資料2　神経学的所見の推移について

神経学的所見の推移について(受診者名　　　　　　　　　様　　　年　　　月)

貴院における症状・所見の推移について、下表にご教示賜りますようお願いします。

		年　月　日			年　月　日		
具体的症状		・　　　　　　　　・			・　　　　　　　　・		
		・　　　　　　　　・			・　　　　　　　　・		
		・　　　　　　　　・			・　　　　　　　　・		
		・　　　　　　　　・			・　　　　　　　　・		
(膀胱直腸障害)		□ 無　□ 有(　　　　　　　　　)			□ 無　□ 有(　　　　　　　　　)		

神経学的所見	腱反射　亢進 ++／正常 +／低下 ±／消失 −	□ 正常　□ 異常 (右図にご記載下さい)　□ 未施行			□ 正常　□ 異常 (右図にご記載下さい)　□ 未施行		

病的反射

検査名	右	左	検査名	右	左
	(+・±・−)	(+・±・−)		(+・±・−)	(+・±・−)
	(+・±・−)	(+・±・−)		(+・±・−)	(+・±・−)

筋力 (MMT)　ゼロ 0／不可 1／可 2／良 3／優 4
□ 正常　□ 異常(以下にご記載下さい)　□ 未施行

筋の名称	右	左	筋の名称	右	左	筋の名称	右	左	筋の名称	右	左
	(　)	(　)		(　)	(　)		(　)	(　)		(　)	(　)
	(　)	(　)		(　)	(　)		(　)	(　)		(　)	(　)

(握力)　右(　　)kg　左(　　)kg　　　　右(　　)kg　左(　　)kg

筋萎縮　□ 無　□ 有(程度・周径を以下にご記載下さい)

	右	左		右	左
上腕	cm	cm	上腕	cm	cm
前腕	cm	cm	前腕	cm	cm
小手筋	(++・+・±・−)	(++・+・±・−)	小手筋	(++・+・±・−)	(++・+・±・−)
大腿	cm	cm	大腿	cm	cm
下腿	cm	cm	下腿	cm	cm

知覚障害　□ 正常　□ 異常(下図にご記載ください)　□ 未施行
□ 鈍麻 ／ □ 過敏 ／ □ その他(　　　)

☰ 触覚　　▨ 痛覚

その他の所見 Jackson test Spurling test SLR、FNST 10秒テスト等	検査名	右	左	検査名	右	左	検査名	右	左	検査名	右	左
	Jackson test			10秒テスト	回		Jackson test			10秒テスト	回	回
	Spurling test						Spurling test					
	SLR						SLR					
	FNST						FNST					

＜ご記入にあたって＞
1. 各種検査において、左右ともに計測している場合には、左右双方についてご記載下さい。
2. 経時的に所見の変化が認められない場合は、「左に同じ」「変化なし」等、ご記載下さい。
3. 筋電図検査・神経伝導速度測定検査の施行がありましたら、検査結果等をご提出ください。

I 第2 **4** 脊髄障害　　　　　119

日生）

年　　月　　日				年　　月　　日			
・　　　　　　　・				・　　　　　　　・			
・				・			
・				・			
・　　　　　　　・				・　　　　　　　・			
□ 無　□ 有(　　　　　　　　　)				□ 無　□ 有(　　　　　　　　　)			

□ 正常	□ 正常
□ 異常	□ 異常
（右図にご記載下さい）	（右図にご記載下さい）
□ 未施行	□ 未施行

検査名	右	左	検査名	右	左
	(＋・±・－)	(＋・±・－)		(＋・±・－)	(＋・±・－)
	(＋・±・－)	(＋・±・－)		(＋・±・－)	(＋・±・－)

□ 正常　　□ 異常(以下にご記載下さい)　□ 未施行						□ 正常　　□ 異常(以下にご記載下さい)　□ 未施行					
筋の名称	右	左	筋の名称	右	左	筋の名称	右	左	筋の名称	右	左
	(　)	(　)		(　)	(　)		(　)	(　)		(　)	(　)
	(　)	(　)		(　)	(　)		(　)	(　)		(　)	(　)
	(　)	(　)		(　)	(　)		(　)	(　)		(　)	(　)
	(　)	(　)		(　)	(　)		(　)	(　)		(　)	(　)
右(　　　)kg 左(　　　)kg						右(　　　)kg 左(　　　)kg					

□ 無　　□ 有(程度・周径を以下にご記載下さい)			□ 無　　□ 有(程度・周径を以下にご記載下さい)		
	右	左		右	左
上腕	cm	cm	上腕	cm	cm
前腕	cm	cm	前腕	cm	cm
小手筋	(＋＋＋・＋・±・－)	(＋＋＋・＋・±・－)	小手筋	(＋＋＋・＋・±・－)	(＋＋＋・＋・±・－)
大腿	cm	cm	大腿	cm	cm
下腿	cm	cm	下腿	cm	cm

□ 正常　　□ 異常(下図にご記載ください)　□ 未施行　　　　　□ 正常　　□ 異常(下図にご記載ください)　□ 未施行
↳□ 鈍麻 / □ 過敏 / □ その他(　　　)　　　↳□ 鈍麻 / □ 過敏 / □ その他(　　　)

検査名	右	左	検査名	右	左	検査名	右	左	検査名	右	左
Jackson test			10秒テスト	回	回	Jackson test			10秒テスト	回	回
Spurling test						Spurling test					
SLR						SLR					
FNST						FNST					

平成　　年　　月　　日

医療機関名

診　療　科

医　師　名　　　　　　　　　　　　　　印

120　　第2章　各論─類型別にみる後遺障害認定の実務

第3　非器質性精神障害

5　非器質性精神障害─PTSDを中心に

1　定義・概要

(1)　非器質性精神障害

ア　定　義

　非器質性精神障害とは，脳組織に器質的異常（傷や損傷）が確認できないものの，異常な精神状態が発生している状態をいう。

イ　自賠責認定基準の変更

　かつての自動車損害賠償責任保険（自賠責保険）の実務では，器質性の損傷を伴わない障害は，交通事故によるものと認められる場合であっても，外傷性神経症として後遺障害等級認定では14級が認められるにとどまっていた。それは，かつての労災保障制度における後遺障害認定基準において外傷性神経症（災害性神経症）を14級の9に認定するとされており，自賠責保険金（共済金）の支払基準における等級の認定は，原則として労働者災害補償保険法における障害の等級認定の基準に準じて行われていることによる。

　しかしながら，裁判実務では14級よりも高い等級認定をするものがあり，また平成10年6月に横浜地裁で重傷の心的外傷後ストレス障害（PTSD）を認め，後遺障害等級7級相当と認定した（裁判例①）ことを契機としてPTSD論争が始まったこと等を背景に非器質性精神障害の評価が見直されるに至った。そして，平成15年8月8日付厚生労働省労働基準局長通達☆1により，非器質性精神障害は，労災において9級，12級又は14級で評価されるようになり，それに準じて自賠責保険の実務での認定も同様に変更されて現在に至っている☆2。

　☆1　「神経系統の機能又は精神の障害に関する障害等級認定基準について」平成15年8月8日付基発第0808002号。
　☆2　本田晃裁判官「交通損害賠償訴訟におけるPTSD」㈶日弁連交通事故相談センター東京支部編『交通事故による損害賠償の諸問題Ⅲ：損害賠償に関する講演録（2000年版－2004年版）』304頁。

ウ　後遺障害認定項目

『労災補償障害認定必携』（以下「障害認定必携」という）では，以下のaのうち1つ以上の精神症状を残し，かつ，bのうち1つ以上の能力につき障害が認められることを要するとされている[3]。

　a　精神症状[4]

①抑うつ状態，②不安の状態，③意欲低下の状態，④慢性化した幻覚・妄想性の状態，⑤記憶又は知的能力の障害，⑥その他の障害

　b　能力に関する判断項目

①身辺日常生活の状況，②仕事・生活に積極性・関心を持つこと，③通勤・勤務時間の遵守，④普通に作業を持続すること，⑤他人との意思伝達，⑥対人関係・協調性，⑦身辺の安全保持，危機の回避，⑧困難・失敗への対応

エ　等級認定基準

障害認定必携では，非器質性精神障害の後遺障害につき以下の認定基準が示されている。自動車損害賠償保障法（自賠法）での等級認定基準では，以下の①が9級10号，②が12級13号，③が14級9号の認定基準に相当する。なお，労災認定基準が就労する労働者を対象とするのに対し，広く交通事故の被害者を対象とする自賠法での等級認定基準においては，幼児，学生，主婦，老人等の非就労者をも対象とするため，「労務」「就労」という基準よりも広く日常生活上の支障に着目し，非器質性精神障害のため，日常生活において著しい支障が生じる場合を9級，日常生活において頻繁に支障が生じる場合を12級，日常生活において時々支障が生じる場合を14級とする基準が用いられている。このように労災認定基準とは異なってはいるが，その該当性を判断するにつき，以下の基準は交通事故による後遺障害等級認定実務においても参考とされている。

① 「通常の労務に服することはできるが，非器質性精神障害のため，就労可能な職種が相当な程度に制限されるもの」は，9級の7の2（自賠責等級では9級10号）に該当する。

以下の(a)，(b)が該当する。

(a) 就労している者又は就労意欲のある者については，上記ウbのうち②〜⑧のいずれか1つの能力が欠けているもの又はbの4つ以上につきしばし

☆3　『労災補償障害認定必携〔第16版〕』150〜151頁。
☆4　各精神症状の具体的内容については，『労災補償障害認定必携〔第16版〕』166頁以下を参照。

ば助言・援助が必要なもの

(b)　就労意欲の低下又は欠落により就労していない者については，身辺日常生活につき時に助言・援助を必要とするもの

②　「通常の労務に服することはできるが，非器質性精神障害のため，多少の障害を残すもの」は，12級の12（自賠責等級では12級13号）に該当する。

以下の(a)，(b)が該当する。

(a)　就労している者又は就労意欲のある者については，上記**ウ**bのうち4つ以上につき時に助言・援助を必要とするもの

(b)　就労意欲の低下又は欠落により就労していない者については，身辺日常生活を適切又は概ねできるもの

③　「通常の労務に服することはできるが，非器質性精神障害のため，軽微な障害を残すもの」は，14級の9（自賠責等級では14級9号）に該当する。

上記**ウ**bの1つ以上につき時に助言・援助を必要とするものが該当する。

(2)　PTSD

PTSDとは，Post Traumatic Stress Disorderの略称である。わが国では「心的外傷後ストレス障害」又は単に「外傷後ストレス障害」と表記される。古くは，米国においてベトナム戦争での帰還兵に見られる精神障害をきっかけとして精神医学の分野で認知された精神疾患である。わが国では，1995年の阪神淡路大震災，地下鉄サリン事件を契機にこころの危機介入という観点からマスコミ報道がなされるようになった☆5。

非器質性精神障害の一種であり，その特徴を端的に表現すれば，強烈な恐怖体験（心的外傷体験）により心に大きな傷（トラウマ）を負い，①持続的再体験症状（フラッシュバック），②持続的覚醒亢進症状，③持続的回避症状，の「三大特徴」が発生し，そのため社会生活・日常生活に支障をきたすという疾患である☆6。

以下では，主としてPTSDに関し，その診断基準，主要な争点と裁判実務上の留意事項，裁判例の傾向等につき検討していくこととする。

☆5　黒木宣夫『精神医学と賠償シリーズ①PTSD診断と賠償─臨床医によるPTSD診断と賠償及び補償の留意点』（自動車保険ジャーナル，2003）24頁。

☆6　杉田雅彦「第3章PTSD問題　第2節法学からのアプローチ」日本賠償科学会編『賠償科学─医学と法学の融合〔改訂版〕』（民事法研究会，2013）221頁。

Ⅰ　第3　**5**　非器質性精神障害—PTSDを中心に　　123

2　PTSDの診断基準

　PTSDの一般的な診断基準としては，米国精神医学会のDSM−Ⅳとその2000年の改訂版であるDSM−Ⅳ−TR及び2013年の改訂版であるDSM−Ⅴがある。またもう一つの一般的な判断基準として，世界保健機構（WHO）が1990年に採択したICD−10がある。

(1)　DSM−ⅣからDSM−Ⅴへの改訂

　DSM−Ⅳの診断基準は要旨☑図表1のとおりであり，主要な診断基準は，A：自己又は他人の危うく死ぬ又は重傷を負うような出来事を体験し，又は直面し，かつ，患者の反応は強い恐怖，無力感又は戦慄に関するものであるという極度に外傷的な出来事を暴露されたこと，B：外傷的な出来事が再体験され続けていること（フラッシュバック等），C：外傷以前には存在しなかった外傷と関連した刺激の持続的回避と全般的反応性の麻痺がみられること，D：外傷以前には存在しなかった持続的な覚醒亢進症状がみられること，等である。改訂版であるDSM−Ⅴの主要な内容は旧基準とほぼ同じであるが，基準Aがより具体化されるとともに性的暴力が明記され，基準Cが2つに分けられ，基準C，Dとなり，旧基準Dが基準Eに繰り下がる改訂が行われている☆7。

(2)　ICD−10

　一方，WHOが採択したICD−10（☑図表2）においても，翻訳により若干の表現の違いはあるものの，その診断基準において，

① 　ほとんど誰にでも大きな苦悩を引き起こすような例外的に著しく脅威的，破局的な性質をもったストレスの多い出来事

② 　乱入してきた「フラッシュバック」，生々しい記憶，繰り返し見るあるいはストレス因（ストレッサー）に似た状況や関連した状況に曝されたときに体験する苦痛によって，ストレス因の苦痛がしつこくよみがえる（再体験症状）

③ 　そのストレス因（ストレッサー）と類似又は関係する状況から現実的な回避又は回避を好む。ストレス暴露前には存在しない

☆7　有冨正剛「後遺障害の諸問題4（低髄液圧症候群・RSD（CRPS）・PTSD）」『裁判実務シリーズ9』246頁。なお，DSM−ⅣとICD−10の詳しい解説としては，杉田雅彦「交通事故とPTSD（心的外傷後ストレス障害）（上）—損害賠償訴訟におけるPTSDの動向と問題点」判タ1010号72頁等がある。

第2章　各論—類型別にみる後遺障害認定の実務

☑図表1　DSM－Ⅳの診断基準

A　患者は，以下の2つがともに認められる外傷的な出来事を暴露されたことがある。
① 実際にまたは危うく死ぬ，または重傷を負うような出来事を，1度または数度，または自分または他人の身体の保全に迫る危険を，患者が体験し，または直面した。
② 患者の反応は強い恐怖，無力感または戦慄に関するものである。
注：子供の場合はむしろ，まとまりのないまたは興奮した行動によって表現されることがある。
B　外傷的な出来事が，以下の1つ（またはそれ以上）の形で再体験され続けている。
① 出来事の反復的で侵入的で苦痛な想起で，それは心像，思考，または知覚を含む。
注：小さい子供の場合，外傷の主題または側面を表現する遊びを繰り返すことがある。
② 出来事についての反復的で苦痛な夢。
注：子供の場合は，はっきりとした内容のない恐ろしい夢であることがある。
③ 外傷的な出来事が再び起こっているかのように行動したり，感じたりする（その体験を再体験する感覚，錯覚，幻覚，及び解離性フラッシュバックのエピソードを含む，また，覚醒時または中毒時におこるものを含む）。
注：小さい子供の場合，外傷特異的な再演が行われることがある。
④ 外傷的出来事の1つの側面を象徴し，または類似している内的または外的きっかけに暴露された場合に生じる，強い心理的苦痛。
⑤ 外傷的出来事の1つの側面を象徴し，または類似している内的または外的きっかけに暴露された場合の生理学的反応性。
C　以下の3つ（またはそれ以上）によって示される，（外傷以前に存在していなかった）外傷と関連した刺激の持続的回避と，全般的反応性の麻痺。
① 外傷と関連した思考，感情または会話を回避しようとする努力。
② 外傷を想起させる行動，場所または人物を避けようとする努力。
③ 外傷の重要な側面の想起不能。
④ 重要な活動への関心または参加の著しい減退。
⑤ 他の人から孤立している，または疎遠になっているという感覚。
⑥ 感情の範囲の縮小（例：愛の感情をもつことができない）。
⑦ 未来が短縮した感覚（例：仕事，結婚，子供，または正常な一生を期待しない）

Ⅰ　第3　**5**　非器質性精神障害― PTSD を中心に　　125

D　（外傷以前に存在していなかった）持続的な覚醒亢進症状で，以下の２つ（または それ以上）によって示される
①　入眠または睡眠維持の困難
②　易刺激性または怒りの爆発
③　集中困難
④　過度の警戒心
⑤　過剰な驚愕反応
E　傷害（基準B，C，およびDの症状）の持続期間が１か月以上。
F　障害は，臨床的に著しい苦痛，または社会的，職業的または他の重要な領域 における機能の障害を引き起こしている。
　　　該当すれば特定せよ：急性　症状の持続期間が３か月未満の場合
　　　　　　　　　　　　　　慢性　症状の持続期間が３か月以上の場合
　　　該当すれば特定せよ：発症遅延　症状の始まりがストレス因子から少なくと も６か月の場合

出所：判時1792号98頁。

☑図表2　ICD－10の診断基準

1．患者は，例外的に脅威的なあるいは破局的な性質をもったストレスの多い出 来事あるいは状況（短期間あるいは長期間持続するもの）にさらされたに違い ない，そして，そのような出来事や状況はほとんど誰にでも付きまとうような 抑うつ状態を引き起こす可能性がある。そして，そのような出来事の例として， 自然災害または人工災害，激しい事故，他人の変死の目撃，あるいは拷問，テ ロリズム，強姦あるいは他の犯罪の犠牲になること，などを挙げている。
2．「ストレッサー」（ストレスの原因のこと）に類似するあるいは関係する状況 にさらされた場合において，不意の「フラッシュバック」鮮明な記憶あるいは 何度も見る夢もしくは抑うつ状態を経験するとき，ストレッサーの執拗な想起 あるいは再体験が必ず存在する（再体験＝フラッシュバック。日常生活の中で 突然，その時の異常な体験の記憶が再現されること）。
3．患者は，ストレッサーに類似するあるいは関係する状況を実際に回避する， あるいは回避することを選択したがっているのが一般である。しかし，その様 子はストレッサーにさらされる以前には現れなかったものである。
4．普通，次にあげる状態のいずれかが現れる。
①　局部的にあるいは完全に，ストレッサーにさらされたときのある重要な局 面を呼び起こすことができない。
②　心理的な敏感度と覚醒が増大するという徴候が持続する（それはストレッ

サーにさらされる前は現れていなかったものである）。その徴候は次にあげるもののうちのどれか 2 つにより示される。

a　不眠もしくは睡眠障害
b　いらつきもしくは怒りの爆発
c　集中力の低下
d　過剰な覚醒
e　強い驚愕反応

5．上記の 2 , 3 , 4 のような状態は，ストレスの多い出来事，もしくはストレスのあった期間の終期から 6 か月以内にすべて現れる（ 6 か月以上遅れた発症を包含することもあり得るが，その症状を特定しなければならない）。

出所：判時1792号98頁。

④　 1 ）暴露された時期の部分的想起不能， 2 ）過敏性，過覚醒の増大（入眠・熟眠困難，焦燥又は怒り，集中困難，短慮，過度の驚愕反応）
⑤　②〜④のすべてがストレスフルな 6 か月以内又はストレス期の終わりまでに出現する

等の記載が見られる☆8。

3　主な争点と主張立証上の留意事項

(1)　PTSDの認定に関する裁判所の姿勢

ア　PTSD認容判決とその批判

最初にPTSDに基づく後遺障害を認定したのは，横浜地判平10・6・8（裁判例①）で，原告に死の恐怖感の体験があり，その後の精神症状及び異常行動は，DSM−Ⅳ及びICD−10の診断基準を満たしていると判断できるとし，後遺障害等級 7 級相当として67歳まで43年間の労働能力喪失を認定した。その後，大阪地判平11・2・25（裁判例②）が 7 級 4 号（期間10年），岐阜地判平12・12・28（自保1494号 2 頁）が12級12号（期間10年），大阪高判平13・3・17（自保1392号 1 頁）が 9 級10号（期間 7 年）をそれぞれ認めたほか，その後，松山地宇和島支判平13・7・12（裁判例③）が 7 級 4 号の逸失利益を68歳まで認め，続いて福岡地飯塚支判平14・3・27（交民37巻 1 号29頁・判時1814号132頁）がやはり 7 級 4 号の逸失利益を10年間認めている。

☆8　黒木・前掲（☆5）29頁。

これらの裁判例は，2つの診断基準の内容を念頭に置いて被害者の症状をそれにあてはめるというよりも，主治医の証言や診断書，鑑定意見を尊重して認定していると思われるものが大半である。前記大阪地判平11・2・25（裁判例②）に関するものであるが，客観的にも主観的にも「悲惨・残酷な外傷的出来事」の「体験」が必要であり，また原告がどのような例外的出来事を再体験（フラッシュバック）しているのかについても十分な検討がなされていないことや，等級認定についても，脳障害がない場合であるにもかかわらず自動車保険料率算定会（当時，現・損害保険料率算出機構）の認定した14級10号ではなくなぜに7級4号に該当するのかその具体的根拠が不明であること，労働能力喪失期間（当該判決では10年）を認定するにあたり，PTSDが比較的短期間に回復するという複数の精神科医の意見があるにもかかわらず，何ら根拠を示しておらず杜撰である等を指摘したうえ，信頼に足る鑑定システムの確立を望む意見が有力に主張されていた☆9。

イ　東京地裁平成14年判決

このような状況の中，東京地判平14・7・17（裁判例⑦）は，外傷性神経症より重度の障害を伴う後遺障害として位置づけられたPTSDの判断にあたっては，DSM−IV及びICD−10の示す①自分又は他人が死ぬ又は重傷を負うような外傷的な出来事を体験したこと（A・強烈な外傷体験），②外傷的な出来事が継続的に再体験されていること（B・再体験症状），③外傷と関連した刺激を持続的に回避すること（C・回避症状），④持続的な覚醒亢進症状（D・覚醒亢進症状）があること，という要件を厳格に適用していく必要があると判示し，主治医からPTSDとの診断書が提出されている事案において，上記4要件の存否を検討したうえPTSD発症を否定し，外傷性神経症として14級10号と認定し，10年間5％の労働能力喪失を認めた。その後，東京地裁，大阪地裁，名古屋地裁，横浜地裁で構成する四庁協議会において，基本的にこの東京地裁平成14年判決のような手法が妥当ではないかとの意見であったことが報告されている☆10。

この判決がターニングポイントとなり，民事交通事故裁判においてはPTSDについて慎重な判断を行うようになった。現在はPTSDを否定する判決がほとんどであり（裁判例⑦〜⑱），認容する判決はごく少数となっている（裁判例④〜

☆9　杉田・前掲（☆7）77〜79頁。
☆10　河邉義典裁判官講演録「民事交通訴訟の現状と課題」『赤い本〔2003年版〕』272頁。

⑥）。なお，前述した福岡地飯塚支判平14・3・27は，控訴審である福岡高判平16・2・26（裁判例⑨）で変更され，DSM－Ⅳ及びICD－10の基準を満たさないとしてPTSD発症を否定されている☆11。

(2) PTSDを否定した場合の後遺障害の認定

ア 非器質性精神障害に対する近時の考え方

前記東京地裁平成14年判決（裁判例⑦）は，PTSDを否定し外傷性神経症として14級10号と認定したものであるが，非器質性精神障害を一律に14級として評価すべきと判示したわけではない。当時の東京地裁民事27部部総括の河邉義典裁判官が，「PTSDを巡っては未解明の部分が多く，症状固定時期，労働能力喪失率，労働能力喪失期間など，多くの検討を要する問題があります。また，PTSDに該当しない外傷性神経症についても，……民事損害賠償においては，事案に応じて適切な労働能力喪失率と労働能力喪失期間が認められるべきであり，14級10号にとどまらない事案も少なくないものと思われます。」と指摘するとおりである☆12。

近時の裁判例では，PTSDを否定して後遺障害をも否定したものも少なくないが（裁判例⑰⑱），後遺障害として何らかの非器質的精神障害を認めるケースも多く，労働能力喪失期間については限定するものの，後遺障害等級につき9級や12級を認定するものもある（裁判例⑧⑨⑪⑫⑬）。また，「学説等の理論状況においては，当該被害者がPTSDであるか否かに振り回されることなく，むしろその疾患如何にかかわらず，事故と因果関係のある『心の傷』に対しては，正当な補償がなされるべきとの結論に至りつつあるように思われる。」と指摘する見解がある☆13。学説のみならず，裁判例の傾向もこのような状況になりつつあるように思われる。

イ 主張立証方法の指針

自賠責保険実務においても，非器質性精神障害は，現在，14級のみならず9級，12級でも評価され得ることは前述したとおりである。しかしながら，自賠責保険実務において非器質性精神障害が12級，9級に認定されることは容易ではなく，裁判実務においても自賠責保険の認定が尊重される傾向にある。

☆11　PTSDの裁判例については，杉田・前掲（☆6）242頁以降に詳しい一覧表が掲載されている。
☆12　河邉裁判官講演録・前掲（☆10）273頁。
☆13　黒木宣夫＝杉田雅彦編『PTSD─医の診断と法の判断』（中外医学社，2009）176頁。

PTSDを主張するにあたっては，自賠責保険での認定の段階から十分な資料を提出する必要があり，その認定基準を満たしていることを本人の具体的な症状を指摘して診断する専門医の診断書ないしは意見書が不可欠であるといえる。ただし，後遺障害等級認定の実務においては，PTSDであることの立証よりも被害者に生じた精神神経障害がどの程度深刻なものであり，それがどの程度継続するものであるかということの立証の方が後遺障害の適切な認定のためにはより重要であるといえよう。PTSDやそれに近い非器質性精神障害を主張する場合を含め，自賠責保険実務での各等級認定基準を念頭に置きつつ，各障害認定項目につき専門医師の診断書，診療録，看護記録等によりその具体的な症状を丹念に立証する必要があり，別の専門医の鑑定書や裁判上の鑑定申請により立証を補充する必要もあり得るところである。この点，横浜地判平20・2・15（裁判例⑬）が，後遺障害等級認定は，後遺障害内容と程度を，診断名を参考にしながら適正な等級を認定するものであり，必ずしも要件内容の明らかでないPTSDへのあてはめにはあまり意味があるとは思われず，症状，経過，日常の生活状況から判断することをもって足りると判示しているのは，後遺障害等級認定の実質を的確に指摘するものといえ，今後の裁判での主張立証に関し大変示唆に富むものである☆14。

ウ　後遺障害逸失利益認定の期間の限定

　PTSDに関しては比較的短期間で回復するとの医学的な見解が多く見られることは前述したとおりであり，その他の外傷性神経症についても，比較的短期間に軽快ないし治癒に至ると認定される場合が多い。そのため，これらを認める裁判例は，7級や9級を認めるものでも労働能力喪失に伴う逸失利益を就労可能年齢まで認めるものは極めて少なく（裁判例①③⑪），9級や12級の場合で10年程度，14級で3年又は5年程度という傾向が見られる。裁判実務上，被害者の精神障害が長期化する可能性が窺われる場合には，その旨の医師の意見書等を提出するなどして立証に努めるべきである。また，加害者側において，医師の意見書等を提出するなど強く争われる場合には，専門医による鑑定の申立て等による立証が必要となろう。

☆14　北河隆之『交通損害賠償法〔第2版〕』（弘文堂，2016）190頁。

（3）　素因減額
ア　心因的な素因の競合
　PTSDやその他の非器質性精神障害にみられる多岐にわたる神経症状は，多分に被害者の生活や心因反応を惹起しやすい素因が競合して発症したり，治療が長引いたりする例も多い。それゆえ，裁判例においては被害者に生じた損害につき一定割合の素因減額を行うものが少なくない（裁判例①②④，⑧〜⑪）。しかしながら，軽微な事故は別として，相当な身体傷害を負うような交通事故に遭った被害者や後遺障害に苦しむ被害者にとって，何らかの精神的な障害が生じることはむしろ正常であると解する余地もある。「心の傷」に対する適切な賠償という視点からは，安易な素因減額は行うべきではない。

イ　素因減額が認められる基準
　最判昭63・4・21（民集42巻4号243頁）は，「身体に対する加害行為と発生した損害との間に相当因果関係がある場合において，その損害がその加害行為のみによって通常発生する程度，範囲を超えるものであって，かつ，その損害の拡大について被害者の心因的要因が寄与しているときは，損害を公平に分担させるという損害賠償法の理念に照らし，裁判所は，損害賠償の額を定めるに当たり，民法722条2項の過失相殺の規定を類推適用して，その損害の拡大に寄与した被害者の右事情を斟酌することができるものと解するのが相当である。」と判示している。すなわち，この最高裁判例によれば，①当該加害行為によって「通常発生する程度，範囲を超える」損害であること，及び②その損害の拡大に被害者の心因的要因が寄与していること，という要件の下に素因減額がなされるべきことになる。これをPTSD等の非器質性精神障害についていえば，①前記東京地裁平成14年判決（裁判例⑦）の基準に立ち，真にPTSDと認められるような場合には，まさに異常な事態における心理的反応であることから，素因減額を認めるべきではなく，②PTSDとまでは認定されない精神障害については，前記最判昭63・4・21が示した基準に従い，「その損害がその加害行為のみによって通常発生する程度，範囲を超えるもの」である場合に限り素因減額が認められる，ということになろう[15][16]。

☆15　北河・前掲（☆14）190頁。
☆16　本田・前掲（☆2）320頁。

ウ　主張立証の指針

　以上の状況に鑑み，PTSDの認定可能性が低い場合で，加害者側から素因減額の主張がなされる場合には，被害者側としては，「その損害がその加害行為のみによって通常発生する程度，範囲を超えないもの」であることの主張立証が求められると解すべきである。具体的には，①上記最判昭63・4・21の示す基準を念頭に置きつつ，当該交通事故が被害者の心身に与えた衝撃が強烈なものであり，被害者の精神障害がそのような事故により発生することが通常であるといえるものであること，②当該交通事故以前は，被害者にそのような精神障害が発現したことはないこと，③本件交通事故以外に被害者の精神障害が発症するようなストレスを生じる環境変化がないこと，等の事項に関する主張立証が必要であるといえよう。

4　裁判例（PTSDに関する裁判例）

PTSD発症を認めた例
◆7級相当と認定した事例
①横浜地判平10・6・8交民31巻3号815頁・判タ1002号221頁

　交際相手が運転する乗用車の助手席に同乗してドライブ中，運転者が運転を誤り中央分離帯に接触後左壁面に衝突し，腰椎脱臼骨折等の重傷を負い，事故から約5年後に不眠，頭痛，嘔吐，錯乱行為，自傷行為等が続くようになり，精神療法を受け入退院を繰り返すようになり，脊柱障害やPTSD発症等により併合4級の後遺障害を残す旨主張したX（女・固定時24歳・高校生）につき，Xは，本件事故により死の恐怖感を体験したものと認められ，第5回入院から退院した後に示した精神症状及び異常行動は，DSM－Ⅳ及びICD－10の診断基準を満たしていると判断できるとし，Xの5年以上経過後の発症は，自我を脅かさないようにするため外傷体験である本件事故を想起することを心理的に回避していたため発症が遅延したことは十分にあり得る等として，Xの精神障害を交通事故の外傷体験による重症の心的外傷後ストレス障害であるという鑑定の結果は信用性があると認定し，その等級は7級の神経系統の機能又は精神に障害を残し軽易な労務以外の労務に服することができないものに該当するとして，併合4級を認定し，労働能力喪失率を92％とし，症状固定時から67歳まで43年間の逸失利益を認め，二次的ながら環境的要因が寄与しているとして逸失利益の1割を控除した（好意同乗による過失相殺3割を認めた）。

◆7級4号を認めた事例
②大阪地判平11・2・25交民32巻1号328頁

　夫の運転する普通乗用車に9か月の息子とともに同乗して高速道路を走行中，時

速約85kmで走行してきた普通乗用車に追突され，その衝撃で中央分離帯に衝突し，幼児が死亡し自らも左鎖骨外側端骨折，腰部打撲・捻挫，右大腿部腹部打撲，頭部打撲・挫創のほか7級12号相当のPTSDを発症したと主張するX（女・固定時31歳・事故当時主婦兼家業手伝いであったが事故の約半年後離婚）につき，自賠責保険では外傷性神経症として14級10号（ただし，平成16年政令第315号による改正前のもの）相当としているところ，主治医の後遺障害診断書には，傷病名として心的外傷後ストレス障害，他覚症状及び検査結果として，精神医学的評価において，抑うつ気分，意欲の低下，不安，刺激に対する過敏症，作業能率の低下，一過性の意識変容を認め，明らかに交通事故，息子の死亡による精神的外傷に対する重篤な後遺症があり，日常生活を送ることが困難であり，常時介護を要するとの記載があること等から，本件事故による心的外傷後ストレス障害による後遺障害としてXには軽易な労務，日常生活を辛うじて送るのが精一杯な状態が残り，7級4号に該当するとして労働能力喪失率56％で10年間の逸失利益を認め，Xの性格，心因反応を引き起こしやすい素因等が競合しているとして，損害の20％を控除した。

◆ 7級4号を認めた事例
③松山地宇和島支判平13・7・12判時1762号127頁

　夫の運転する乗用車に同乗中，大型貨物自動車に正面衝突され，外傷性血胸，出血性ショック，多発肋骨骨折等の傷害を負い約1年4か月後に症状固定となり，自賠責保険で14級10号と認定されたが強い抑うつ症状を残す心的外傷後ストレス障害に罹患した旨主張するX（女・固定時55歳・主婦兼夫の経営する土木業務の事務担当）につき，Xの治療の経過，不安感，焦燥感，抑うつ気分，意欲減退，集中困難，対人関係の回避等の精神症状は本件事故によって発生したPTSDであるとの鑑定人の鑑定結果等を総合し，Xの心的外傷後ストレス障害の後遺障害を認定し，簡易な労務以外の労務に服することができず，辛うじて日常生活を送ることのできる状態であり後遺障害等級7級4号に該当するとして，労働能力喪失率56％とし68歳までの13年間の逸失利益を認めた（素因減額はなし）。

◆ 9級10号を認めた事例
④大阪地堺支判平22・2・19自保1820号16頁

　軽四輪乗用車を運転中4t普通貨物車に追突され，約1年1か月後に外傷性頸部症候群等で自賠責後遺障害14級10号（ただし，平成16年政令第315号による改正前のもの）の認定を受け，高次脳機能障害，PTSDを発症したと主張するX（女・固定時43歳・会社員）につき，受傷当初意識障害はなく，画像資料上の所見もないこと等から，高次脳機能障害を否認し，医師の診断結果や鑑定結果等からPTSD発症を認め，同症状は事故後1年数か月から2年間までは，息子の自殺を契機とする反応性うつ症状で背後に退いていたが，事故から時間が経つに従って増悪していったとして事故とPTSDとの因果関係を認定したうえ，XのPTSDを9級10号として労働

I　第3　**5**　非器質性精神障害— PTSD を中心に　　　133

能力喪失率35％で10年間の逸失利益を認め，息子の自殺に伴う反応性うつ病又は心因的要素等の寄与度を4割と認定した。

◆**9級10号を認めた例**

⑤さいたま地判平22・9・24交民43巻5号1212頁・自保1841号27頁

　乗用車に同乗中飲酒の上運転を誤りセンターラインを越えて走行してきた普通乗用車と正面衝突し，第9・11胸椎圧迫骨折，頸椎捻挫，腰椎捻挫，右肋骨骨折，胸骨骨折，PTSDの診断を受け，入院77日の後平成18年10月まで約3年7か月通院し，自賠責において①脊柱変形（11級7号），事故のフラッシュバック，回想時の動悸などの生理的反応，感情回避と心的麻痺等の精神障害（14級10号，ただし，平成16年政令第315号による改正前のもの）併合11級と認定されているX（女・固定時31歳・看護師）につき，PTSDによる精神障害については，抑うつ状態等の精神症状があり，仕事，生活に積極性・関心をもつこと，普通に作業を持続すること，他人との意思伝達，対人関係・協調性等の項目について「しばしば助言・援助が必要」と判定されるなど能力低下がみられ，これらの事情からすると，就労可能な職種が相当な程度に制限されるといえるから，後遺障害等級9級10号に相当するものと認めるのが相当であるとし，本件事故に適用されるべき旧基準によれば，14級相当である旨の被告の主張に対しては，認定基準は，あくまで労災給付における後遺障害の等級認定の基準であり，これが自賠責保険の保険金等の支払基準として準用されているものであって，裁判所が不法行為における損害額を認定するにあたって拘束されるものではないし，旧基準から新基準に認定基準が改正されたのは，それまで非器質性精神障害については外傷性神経症に係る認定基準のみが存し，これについては14級9号に該当するものとされていた（Xについても，旧基準に依拠して後遺障害等級14級10号と認定されたものである）ところ，うつ病やPTSD等の精神障害の増加傾向に鑑み，非器質性精神障害の後遺障害一般に関して適用する基準を実態に即して整備する趣旨で，新基準においては，障害の程度に応じて9級，12級及び14級の3段階に区分して認定することとされたことが認められ，これによれば，Xの後遺障害についても，上記のとおり後遺障害等級の9級10号に相当すると認めるべきであるとして被告の主張を排斥し，非器質性の精神障害については，症状が重篤であっても大幅に症状の改善する可能性が十分にあり，PTSDについても多数の症例で回復が期待できるとされていることが認められ，Xについても今後症状が改善することが期待されるとし，12年間45％の労働能力喪失を認め，精神障害について損害の拡大に寄与した著しい性格的特徴があるとはいえないとして寄与度減額を否定した。

◆**11級相当と認定した例**

⑥京都地判平23・4・15自保1854号47頁

　原付自転車で走行中，対向車線のセンターラインを越えてきた軽四輪乗用車に衝

突され，左下腿挫創，右大腿部挫創，腰椎捻挫，交通外傷（頭部・顔面）等で62日間入院後通院を続け約２年10か月後後遺障害につき自賠責保険非該当と認定されたが，PTSDにより９級10号の後遺障害を負ったと主張するX（女・固定時32歳・就職活動中）につき，精神神経科医がXを診察し侵入（フラッシュバック），過覚醒（不眠），回避（事故現場に行けないなど）のPTSDの３主徴を確認しており，心療内科医からPTSDのトラウマを対象とする積極的な療法として代表的な専門療法であるEMDR療法を継続して施術していることや，対抗自動車と正面衝突ししかも後方から走行してきた車両とも挟まれるように衝突するなどして重傷を負った本件事故はまさに生命の危機に直面する体験であり，ICD－10やDSM－Ⅳの診断基準中のトラウマ出来事に該当し得ることや，一般的な診断基準に従って複数の医師が関与して診断されていることから，Xは本件事故を原因とするトラウマに関連するPTSDに罹患したと認定し，平成14年４月１日以降平成16年６月30日までに発生した事故に適用する後遺障害別等級表別表第２のうち，９級10号ではやや重きに失し12級12号ではやや軽すぎるとして11級相当であるとして労働能力喪失率20％とし10年間の逸失利益を認定した（素因減額はせず）。

PTSD発症を否定し非器質性精神障害（外傷性神経症）を認めた例

◆10年間５％の労働能力喪失を認めた事例

⑦東京地判平14・７・17判時1792号92頁

父の運転する普通乗用車の後部座席に同乗中，センターラインをオーバーしてきた普通乗用車に正面衝突され，頸椎捻挫等の傷害を負い約７か月入通院し，PTSDに罹患したとして９級10号の後遺障害を主張したX（女・固定時36歳・外資系銀行役員秘書）につき，DSM－ⅣもICD－10もわかりにくい表現で多義的であるうえ，いずれも医学的診断基準であり損害賠償基準ではなく，PTSDと診断されたとしても，後遺障害等級７級あるいは９級などの評価が直接導き出されるわけではないこと，労災保険の障害認定基準に準拠している自賠責保険実務上は，器質的損傷によるものとの証明ができない心因反応は，外傷性神経症に該当するとして後遺障害等級14級10号（平成16年政令第315号による改正前のもの）と認定されていること，交通事故によるストレス症状が，傷害の治癒や時の経過によっても消失せず後遺障害として残存した場合には，傷害慰謝料を超える賠償の対象となり得るところ，目に見えない後遺障害の判断を客観的に行うためには，今のところ上記基準に依拠せざるを得ないこと，外傷性神経症より重度の障害を伴う後遺障害として位置づけられたPTSDの判断にあたっては，DSM－Ⅳ及びICD－10の示す①自分又は他人が死ぬ又は重傷を負うような外傷的な出来事を体験したこと，②外傷的な出来事が継続的に再体験されていること，③外傷と関連した刺激を持続的に回避すること，④持続的な覚醒亢進症状があることという要件を厳格に適用していく必要があるとして①～③は認めがたく④につきXに睡眠障害，集中困難等があるというがそ

Ⅰ　第3　**5**　非器質性精神障害— PTSD を中心に　　135

の程度は不明であるとして，PTSD発症を否定し，Xの神経症状は本件事故に起因する外傷性神経症であるとして5％の労働能力喪失で10年間の逸失利益を認めた（素因減額はなし）。

◆10年間35％の労働能力喪失を認めた事例
⑧東京高判平15・8・28自保1515号5頁

　商店街の道路を歩行横断中に速度超過の軽貨物車に衝突され，頭部外傷等で4日入院，7日実通院の後，1年半後にPTSD（外傷後ストレス障害）に罹患したと主張するX（男・11歳・小学生）につき，PTSD罹患を否定した第1審判決（東京地裁八王子支部）を支持し，DSM−Ⅳよりも的確にPTSDであるか否かを診断できる基準があるとは認められないとし，DSM−Ⅳの診断基準に照らして検討するに，Xの受傷程度，事故態様から同基準Aが要求する「激しい交通事故」に比肩するものではなく，Xに衝突した瞬間の記憶はなく著しい恐怖を感じた記憶は残っておらず，Aの強い恐怖，無力感又は戦慄という基準にも該当せず，Xは車自体を避けることはせず自ら進んでドライブを求めたりしておりCにいう「刺激の持続的回避」は認められないとし，PTSDを発症しているとは認められないと認定し，不安やイライラ感で外出できなくなり，腹痛を訴える症状等，いわゆるひきこもりの不安障害の現在の症状と事故との間には相当因果関係があるとし，単独での外出が困難なので就業できる職種が相当に限定されるが，身体能力や知的能力の点で制限されていないことから，9級10号の後遺障害を認め，18歳から10年間35％の労働能力を喪失したと認定し，ひきこもり等で十分な治療がなされなかったことは症状に少なからず影響を与えたとして，逸失利益の40％を減額した。

◆第2審で否定し，10年間35％の労働能力喪失を認めた事例
⑨福岡高判平16・2・26交民37巻1号16頁・判時1860号74頁

　普通乗用車を運転して信号待ちで停車中，普通乗用車に追突され，頭部・頸部打撲・頸椎捻挫の傷害を負い，約1年9か月間入通院し，自賠責保険14級10号（平成16年政令第315号による改正前のもの）の認定を受けたが，PTSDに罹患して労働能力を79％喪失したと主張するX（女・事故時27歳・専業主婦）につき，DSM−Ⅳ，ICD−10が主要な要件とする，①強烈な外傷体験，②再体験症状，③回避症状，④覚醒亢進症状の存否を本件についてみるに，本件事故の態様は，追突によりX車両は約50mも押し出されて停止したもので軽からぬものではあるが，他方，Xが受けた衝撃は上記追突のみであり，車両が横転し，あるいは押し出されて他の固定物等に衝突するなどしたこともなく，事故当日に受けた診断は，頭部，腹部打撲による約2日間の安定加療を要すというものである等から，Xにとって本件事故に遭遇したことが，強烈な外傷体験であることには疑義があるとし，回避症状についても，症状固定前から頻繁にタクシーを利用し，自動車に同乗して外出していること等から回避症状があるものと認めることはできないとし，ちなみに，DSM−ⅣのC要

件は，(1)から(7)に挙げる項目のうち，3つあるいはそれ以上によって示される外傷と関連した刺激の持続的回避と全般的反応性の麻痺と規定されているところ，(4)から(7)までの重要な活動等への関心の著しい減退，孤立感，感情の範囲の減少，未来の短縮感の要件に仮に該当していたとしても，そもそも，Xには本件事故からの回避症状が認められない以上，C要件を満たすとはいえないとして，PTSDを認めた第1審判決（福岡地飯塚支判平14・3・27交民37巻1号29頁・判時1814号132頁）を変更し，Xの微熱，イライラ感，めまい，吐き気，抑うつ状態等の神経症状はPTSDではないが家事に支障をきたしている神経症状であるとし，9級10号の「神経系統の機能又は精神に障害を残し，服することができる労務が相当な程度に制限されるもの」と認定して，労働能力喪失率35％で10年間の逸失利益を認めたが，Xの不安を身体化しやすい性格傾向や人格上の問題が大きく影響しており，心因的要素が寄与しているとして損害の3割を減額した。

◆18年間5％の労働能力喪失を認めた事例
　⑩名古屋地判平16・10・22交民37巻5号1422頁

　　乗用車を運転して交差点を直進中対向車線を右折してきた乗用車に衝突し，頭部外傷，頸部捻挫，外傷性頸椎椎間板ヘルニア等の傷害を負い，頸部痛，左肩から前腕の痺れ症状のほか，PTSDによる不眠，全身倦怠感・食欲低下・フラッシュバックによる恐怖等で後遺障害等級併合14級を主張したX（女・固定時32歳・主婦兼実兄経営のマンション管理会社勤務）につき，PTSDにつき重要な要件である自動車運転に関する回避行動が見られないとしてこれを否定したが，Xの主張する不眠，全身倦怠感・食欲低下・フラッシュバックによる恐怖は本件事故に起因する心因反応であるとし，労働能力喪失率を5％として18年間の逸失利益を認めたが，治療が約2年9か月も続いたことは本件受傷の内容・程度に照らして理解しがたく，Xの心因的要因が影響しているとして損害の1割を減額した。

◆39年間14％の労働能力喪失を認めた事例
　⑪名古屋地判平19・11・21交民40巻6号1499頁・自保1728号7頁

　　平成13年9月，横断歩道を自転車を押して横断中右折してきた乗用車に衝突され，右陰嚢打撲，右手関節挫傷，右腰部・臀部挫傷等の傷害を負い，平成14年2月に症状固定となったが，PTSDを発症し3級3号の後遺障害を残したと主張したX（男・固定時26歳・専門学校生・アルバイト）につき，DSM−IV基準Aにいう「実際にまたは危うく死にそうになったり大けがをしそうになったりする出来事」がないとしてPTSD発症を否定したが，Xのうつ状態は，その治療開始まで約5か月弱の間があるものの，その間事故による治療が続いており，痛みにより眠れないことが多かったことや，事故以前にXの心因反応（不眠，食欲不振，車や横断歩道が怖い，外を歩くとき緊張する，自殺念慮，等）はなかったことなどから本件事故が契機となったとし，その症状は自賠責保険事前認定の14級相当ではなく9級10号相当

Ⅰ　第3　**5**　非器質性精神障害―PTSDを中心に　　　137

と認定し，労働能力喪失率を10年間35％，その後は改善する可能性があるとして労働能力喪失率14％で39年間の逸失利益を認めたが，Xのうつ状態は自身の素因による部分も多分にあるとして素因減額として全損害の4割を控除した。

◆10年間14％の労働能力喪失を認めた事例
　　⑫大阪地判平20・1・23交民41巻1号44頁・自保1736号6頁

　　乗用車の助手席に同乗中センターラインオーバーの対向乗用車に衝突され，腹腔内出血等で1年9か月入通院し，7級4号のPTSDを発症したと主張するX（女・事故時27歳・ホステス）につき，PTSDについては，DSM－ⅣやICD－10が示す4要件のうち，①強烈な外傷体験を満たすが，②再体験症状，③回避症状，④持続的な覚醒亢進症状については疑問があるとして厳密な意味でのPTSDに罹患したと判断することはできないが，PTSDが否定されたからといってXが精神障害に罹患していないということはできず，本件のようにPTSDの①強烈な外傷体験を充足する事例においては被害者に残存する症状に対する交通事故による寄与が大きいのでその有無及び程度については慎重に判断すべきであるとして，Xの抑うつ状態，不安の状態，意欲低下の状態，不定愁訴等は本件事故による後遺症としての非器質的精神障害であるとして，12級相当と認め，非器質性精神障害は一般に時間とともに軽快することが知られており，担当医師も治療による軽快を指摘していることなどから，労働能力喪失率14％で10年間の逸失利益を認め，素因減額については，事故前のXの性格傾向，稼働状況，健康状態に問題は見当たらず，本件のように自分又は他人が死ぬ又は重傷を負うような外傷的な出来事自体がほとんどの人にとって苦痛をもたらすことであり，Xが非器質性精神障害を発症することはやむを得ないことであるとして否定した。

◆10年間35％の労働能力喪失を認めた事例
　　⑬横浜地判平20・2・15自保1736号15頁

　　横断歩道を歩行中に乗用車に衝突され，仙骨骨折等の傷害を負い，43日の入院を含む889日間休業し，7級4号のPTSDの後遺障害を残したと主張するX（女・固定時34歳・会社員）につき，Xの精神症状（抑うつ状態，不安の状態，意欲低下の状態，慢性化した幻覚・妄想性の状態，記憶又は知的能力の障害その他の衝動性の障害，不安定愁訴など）は，非器質性の精神障害であり，難治性と認められるが，軽快してきており一生続くものとは考えがたいとして，後遺障害としては9級10号を認定したが，症状固定時から労働能力喪失率35％で10年間の逸失利益を認定し，PTSDの主張について，後遺障害等級認定は，後遺障害内容と程度につき，診断名を参考にしながら適正な等級を認定するものであり，必ずしも要件内容の明らかでないPTSDへのあてはめにはあまり意味があるとは思われず，症状，経過，日常の生活状況から判断することをもって足りるとした。

◆3年間5％の労働能力喪失を認めた事例

⑭大阪地判平21・3・10自保1819号163頁

　乗用車を運転中，普通貨物車に追突され，頸椎捻挫，PTSD発症等で2年8か月入通院（入院は183日）したと主張するX（女・固定時32歳・古書店経営）につき，既払金800万余円を控除して4501万余円を請求した事案で，診断書に外傷性ストレス障害ないしはPTSDとの記載があるが，証拠によればPTSDの発症原因となる外傷体験は，「実際に死ぬ又は危うく死ぬ，または重傷を負うような出来事」ないしは「ほとんど誰にでも大きな苦悩を引きおこすような，例外的に著しく脅威的な，あるいは破局的な性質を持ったストレスの強い出来事」とされているところ，本件交通事故の態様からすればそのような外傷体験は認められないとしてPTSD発症を否認し，Xの症状は頸椎捻挫に由来する局部に神経症状を残すものとしての後遺障害が残存するとして，14級相当とし，労働能力喪失率5％として3年間の逸失利益を認めた（素因減額はなし）。

◆5年間5％の労働能力喪失を認めた事例
⑮東京高判平26・7・3自保1930号1頁

　青信号交差点を歩行横断中，右折してきた普通貨物車に左背後から衝突され，PTSDを発症して12級相当の後遺障害を残したと主張するX（女・事故時32歳・介護職員）につき，Xの症状がPTSDの症状と矛盾しない等として12級相当と認定した原判決（横浜地判平25・11・18自保1917号80頁）を変更し，「PTSDの診断についての一般的な理解に鑑みると，米国精神医学会のDMS－Ⅳ，世界保健機構のICD－10といった診断基準が示している主要な4要件，即ち①強烈な外傷体験，②再体験症状，③回避症状及び④覚醒亢進症状が認められるか否かについての慎重な検討を踏まえることが必要である」とし，Xの外傷体験は，相当大きかったことが窺われるが，強烈な外傷体験であったとは認めがたく，「Xの外傷は頸椎，膝，肘，臀部等の捻挫や挫傷にとどまっているところ，本件事故の態様等によれば，生命の危機にさらされる恐怖を受けたと解することは困難である」し，Xの訴える神経症状は無意識の回避症状はなく，過覚醒症状の訴えもその表現は具体的ではない等として，PTSDの前記4要件を満たすかどうかを厳格に判断すべきであることからすると，これを満たすと解することは困難であるとして，PTSDの発症を否認し，「労災補償の認定基準及び自賠責保険の判断結果（14級9号）を踏まえれば，Xの症状は14級9号に該当する非器質性精神障害と認められ」るとし，労働能力喪失率5％で5年間の逸失利益を認めた（素因減額はなし）。

◆10年間5％の労働能力喪失を認めた事例
⑯横浜地判平26・12・2自保1941号63頁

　丁字路交差点を乗用車で直進中右側渋滞車両間を右折進入しようとしたY運転の乗用車に衝突され，PTSDを発症したと主張するX（女・固定時52歳・主婦）につき，広く用いられている診断基準であるDSM－Ⅳの要件の一つとして「実際に

または危うく死ぬまたは重傷を負うような出来事を，1度または数度，または自分または他人の身体の保全に迫る危険を，体験し，目撃し，または直面し」，「患者の反応は強い恐怖，無力感または戦慄に関するものである」というような外傷的な出来事に暴露されたことを要するとされているとし，事故態様はX車両とY車両が時速20kmと5km程度での衝突であり，双方の車両も大破という程度ではなく，Xの外傷も頸椎捻挫にとどまること等からすれば，本件事故は，比較的軽度ないし通常の態様の事故であり，Xが本件事故によって「恐怖，無力感または戦慄」を受けたことを認めるに足りる的確な証拠も見当たらないことを併せて考えれば，本件事故がPTSDの発症原因となり得る外傷的な出来事に当たるとみることはできず，その余の要件について判断するまでもなく本件事故によってPTSDを発症したと認めることはできない，としてPTSD発症を否定し，Xの車両に対する異常な反応等の精神症状については，本件事故後から発症したものであり，本件事故前には，精神疾患等の既往症はなく，社会生活に適応していたことを併せて考えれば，本件事故を原因として発生した非器質性精神障害であると認めることが相当であるとしつつ，前記のような比較的軽微な事故態様や外傷の程度から本件精神症状が発症する機序も明らかとはいえないところ，飼い犬の死や母親の病気・看病等に伴う精神的な負担もこれに寄与していたと認めることができることに照らすと，本件事故と相当因果関係があると認められるXの本件精神症状は14級相当の非器質性精神障害であるとして，労働能力喪失5％で10年間の逸失利益を認めた（素因減額はなし）。

PTSD発症を否定し後遺障害を認めなかった例

◆事故との因果関係を否定した事例

⑰東京地判平22・7・22交民43巻4号911頁・自保1831号49頁

自転車で道路を横断中に自動二輪車と衝突して，左肺血気胸，顔面多発骨折，顔面挫創，上下顎部骨折，8歯欠損，右大腿部骨幹部骨折の傷害を負い，その後PTSDを発症したとするX（女・事故時女子中学生・固定時19歳）につき，整形外科的症状固定の4か月後，事故から2年以上経過して発症したとされるところ，その間定時制高校のテニス部で活動し，フラッシュバックも認められないこと等から本件事故を外傷体験とするPTSD罹患を認めるのは困難であり，Xはパニック障害及び大うつ病を発症しているが，本件事故ではなく学校での人間関係や父の存在が主要なストレスとなったとして後遺障害を否定した。

◆ICD−10とDSM−Vの各要件に該当しないとした事例

⑱横浜地判平28・3・31自保1977号136頁

自動二輪車で走行中，路外から右折進入した乗用車と衝突転倒して頸椎捻挫，左膝打撲の障害を負い，PTSDを発症したとするX（男・事故時17歳・とび職）に関し，①ICD−10では「ほとんど誰にでも大きな苦悩を引き起こすような，例外的に著しく脅威を与えたり破局的な性質をもった，ストレス性の出来事」，DSM−Vで

は「実際にまたは危うく死ぬ，重傷を負う，性的暴力を受ける出来事」を直接体験等する外傷的な出来事に暴露されたことという外傷体験を要件とするところ，Xは時速約30kmで走行していた際，乗用車に気づいて急ブレーキをかけバランスを崩し，乗用車と衝突した地点から約1.1mの地点で転倒したこと，本件事故により，１週間の加療を要する見込みの他覚的所見の認められない頸椎捻挫と左膝打撲を負ったこと，本件事故で気を失っていない等のことから，本件事故によりXが生命の危険にさらされるほどの恐怖を受けたとまではいえず，受傷内容も重くはないことから，本件事故は，診断基準の要件にいう強烈な外傷体験とは認めがたいとし，②再体験症状についてはXは，本件事故の18日後に別のバイクを購入し，約２か月後に再度事故を起こすまでの間に週に４，５回の頻度で同バイクを運転していたこと等から，フラッシュバックに関するXの供述は信用できず，本件事故後，事故を想起させるフラッシュバックがあったとは認められないとし，③Xが本件事故を想起させるバイクの運転を避けていたとはいえず，回避症状は認められないとして，PTSDの発症を否認し，Xの後遺障害に関する主張を排斥した。

I　第4　**6**　RSD（CRPS）　　　　141

> # 第4　疼痛障害

6　RSD（CRPS）

1　定義・概要

（1）　カウザルギーとRSD

外傷後の特殊な疼痛として，明らかに神経損傷のあるものがカウザルギー（Causalgia 灼熱痛）と呼ばれていた。カウザルギーは，末梢神経の不完全な損傷によって生ずる灼熱痛で，血管運動性症状，発汗の異常，軟部組織の栄養状態の異常，骨の変化（ズデック萎縮[1]）などを伴う強度の疼痛である[2]。

これに対し，主要な末梢神経の損傷がないにもかかわらず，外傷が治癒した後もカウザルギーと同様な疼痛が生じることがあり，これは交感神経の異常な反射亢進に基づくとして，RSD（Reflex Sympathetic Dystrophy 反射性交感神経性ジストロフィー）と呼ばれていた。すなわち，外傷などの不完全な末梢感覚神経の損傷の後に障害神経の支配領域を超えた灼熱痛，アロディニア[3]（allodynia）を特徴とした慢性の疼痛が生じ，皮膚温低下，浮腫などの血管運動障害や，それに引き続いて筋萎縮症，皮膚，爪の退行性変化や骨粗鬆症などの栄養障害を来す病態[4]とされている[5]。

ところが，RSDは，神経損傷が明らかなカウザルギーと異なり，患者の訴えはあるものの，他覚的所見の乏しいものも多いため，その診断は困難を伴った。そのため，Lankfordの分類（1977年），Kozinらの診断基準（1981年），Gibbonsらの RSD スコア（1992年）などの診断基準が現れた。

☆1　外傷後に現れる急性反射性骨萎縮のことで，RSD（CRPSタイプ1）に伴う罹患肢の骨萎縮を指す（『南山堂医学大辞典〔第20版〕』1302頁参照）。
☆2　『労災補償障害認定必携〔第16版〕』162頁。
☆3　アロディニアは，異痛症のことで，通常は痛くない刺激で痛みが起こる状態をいう（『ステッドマン医学大辞典〔第5版〕』49頁参照）。
☆4　『南山堂医学大辞典〔第20版〕』1998頁。
☆5　RSDの発生機序や病態等については，髙取真理子裁判官の講演録「RSD（反射性交感神経性ジストロフィー）について」『赤い本(下)〔2006年版〕』53頁に詳述されている。

142　　第2章　各論─類型別にみる後遺障害認定の実務

やがて，RSDと呼ばれているものの中には神経ブロックを行っても効果がない症例があり，交感神経が関与しないものが存することも明らかとなり，RSDという呼び名に疑義が生じた。

(2)　RSDからCRPSへ

1994年に国際疼痛学会（IASP）がそれらの類似した疾患をCRPS（Complex Regional Pain Syndrome 複合性局所疼痛症候群）と呼ぶことを提唱した☆6。そして，神経損傷のない従来のRSDをCRPSのタイプ1に，神経損傷と関係するカウザルギーをCRPSのタイプ2と分類した。

CRPSの特徴とされる症状は，灼熱痛，感覚過敏・感覚低下，皮膚の色の変化（発赤，チアノーゼなど），発汗異常，皮膚温度の異常，皮膚の浮腫み・萎縮・色素沈着，骨の萎縮，筋肉の萎縮などで，その症状が多様であるだけでなく，相反する症状も含まれ，しかも症状が変化することも多く，診断も難しいとされている。

なお，わが国では，RSDの呼称が定着してきたところであるとの指摘もある。

(3)　CRPSの診断基準

その後，国際疼痛学会は，2005年に診断目的の新たな診断基準を公表した。

他方，わが国でも平成17（2005）年に厚生労働省CRPS研究班が組織され，日本独自のCRPS判定指標を発表した。これには神経損傷の有無による区別はなく，臨床用の判定指標と研究用の判定指標がある。臨床用の判定指標では2項目以上，研究用の判定指標では3項目以上満たすこと（ただし，それぞれの項目内のいずれかの症状を満たせばよい）とされている。

なお，この指標には，「但し書き2」として，「外傷歴がある患者の遷延する症状がCRPSによるものであるかを判断する状況（補償や訴訟など）で使用するべきではない。また，重症度・後遺障害の有無の判定指標ではない」と明記されている。

☆6　RSDは，萎縮に着目した病態であるのに対し，CRPSは慢性疼痛にのみ着目した定義である（藤村和夫「RSDあるいはCRPSの認定・評価について」筑波ロー・ジャーナル5号153頁）。

図表1　厚生労働省のCRPS研究班から提唱された日本版CRPS判定指標

A　病期のいずれかの時期に，以下の自覚症状の項目に該当すること。
1　皮膚・爪・毛のうちいずれかに萎縮性変化
2　関節可動域制限
3　持続性ないしは不釣り合いな痛み，しびれたような針で刺すような痛み（患者が自発的に述べる），知覚過敏
4　発汗の亢進ないしは低下
5　浮腫
B　診察時には，以下の他覚的所見の項目に該当すること。
1　皮膚・爪・毛のうちいずれかに萎縮性変化
2　関節可動域制限
3　アロディニア（触刺激ないしは熱刺激による）ないしは痛覚過敏（ピンプリック）
4　発汗の亢進ないしは低下
5　浮腫

2　等級認定基準

図表2　神経系統又は精神の障害（自賠法施行令別表2）

区　分	障害の程度	等　級
神経系統又は精神の障害	神経系統の機能又は精神に障害を残し，軽易な労務以外の労務に服することができないもの	第7級4号
	神経系統の機能又は精神に障害を残し，服することができる労務が相当な程度に制限されるもの	第9級10号
局部の神経系統の障害	局部に頑固な神経症状を残すもの	第12級13号
	局部に神経症状を残すもの	第14級9号

　通常の疼痛は，自動車損害賠償責任保険（自賠責保険）の後遺障害としては，局部の神経症状に該当する可能性がある。すなわち，「通常の労務に服することはできるが，時には強度の疼痛のため，ある程度差し支えがあるもの」は，「局部に頑固な神経症状を残すもの」（12級13号）に該当する。また，「通常の労務に服することはできるが，受傷部位にほとんど常時疼痛を残すもの」は，「局部に神経症状を残すもの」（14級9号）に該当する。これに対し，RSDやCRPSと診断

された場合には，どのように扱われるのであろうか。

　労災保険の認定基準においては，カウザルギーは，以前から特殊な性状の疼痛として規定されており，疼痛の部位，性状，疼痛発作の頻度，疼痛の強度と持続時間及び日内変動に疼痛の原因となる他覚的所見などにより，疼痛の労働能力に及ぼす影響を判断して，7級，9級又は12級に該当する。

　これに対し，RSDについては，平成15年以降，「RSDの取扱いは，従来認定基準上明確ではなかったが，一定の要件を満たすものについて，カウザルギーと同様の基準により障害等級を認定することとした」☆7とされ，「特殊な性状の疼痛」として追加された。

　そして，RSDは，カウザルギーのように神経損傷を伴わないものであることから，①関節拘縮，②骨の萎縮，③皮膚の変化（皮膚温の変化，皮膚の萎縮）という慢性期の主要な3つの症状がいずれも健側と比較して明らかに認められる場合に限り，カウザルギーと同様に認められるとした。自賠責保険の認定も労災保険と同様である。

　これにより，カウザルギーもRSDも，☑図表2のとおり，「軽易な労務以外の労働に常に差し支える程度の疼痛があるもの」は，「神経系統の機能又は精神に障害を残し，軽易な労務以外の労務に服することができないもの」（7級4号）に，「通常の労務に服することはできるが，疼痛により時には労働に従事することができなくなるため，就労可能な職種の範囲が相当な程度に制限されるもの」は，「神経系統の機能又は精神に障害を残し，服することができる労務が相当な程度に制限されるもの」（9級10号）に，「通常の労務に服することはできるが，時には労働に差し支える程度の疼痛が起こるもの」は，「局部に頑固な神経症状を残すもの」（12級13号）に，それぞれ該当する。

3　主な争点と主張立証上の留意事項

(1)　RSDの診断基準と等級認定基準の違い

　RSD（CRPSタイプ1）については，前述の日本版の判定指標では，骨の萎縮は，要件とされていないのに対し，自賠責保険の等級認定基準では要件とされている。このように自賠責保険が医学的に求められていない骨萎縮を含めた3

☆7　「神経系統の機能又は精神の障害に関する障害等級認定基準について」平成15年8月8日付基発第08088002号。

要件が明らかである場合に限定することについては,「後遺症の原因を特定して将来の不確実な事実を予測するという目的にかなう一つの合理的な手法」[8]とされている。すなわち,自賠責保険の等級認定基準は,後遺障害に基づき得べかりし利益(逸失利益)という将来の不確実な事実を予測するものであって,これから治療を開始するか否かを判断する場合とはおのずから局面が異なり,より客観的事実をもって判断すべきであるとの考えに基づくものである。したがって,日本版判定指標と自賠責保険の等級認定基準との間にはズレがあるため,日本版判定指標に基づくRSDの確定診断を受けたとしても,自賠責保険では,必ずしもRSDと認定されるとは限らないこととなる。

　したがって,自賠責保険の3要件を満たしていることが明らかである場合は,自賠責保険において,RSD(CRPSタイプ1)と認定されることが多いであろうが,3要件を満たすか否かに疑義がある場合や3要件を満たしていないことが明らかな場合には,自賠責保険ではRSD(CRPSタイプ1)であることが否定され,その認定をめぐって訴訟で争うことになる。

(2) 裁判例の傾向

ア RSD(CRPS)の発症否定例

　自賠責保険の等級認定と同様に,3要件を満たすことを厳格に要求する立場[9]からは,3要件を欠くものはRSD(CRPS)の発症が否定される。近時のものとしては,東京地判平24・3・27(裁判例③),京都地判平26・5・20(裁判例⑥),東京地判平26・11・17(裁判例⑧),名古屋地判平27・3・4(裁判例⑨),京都地判平27・11・4(裁判例⑩)などがあり,近時は否定例が多い。

イ RSD(CRPS)の発症肯定例

　RSDの発症を肯定した裁判例については,(i)上記3要件のすべてが認められることを前提としているものや重視しているものと,(ii)骨の萎縮等が認められない場合であってもRSDの発症を肯定するものの2つの流れがある[10]。

☆8　有冨正剛裁判官の講演録「CRPS(RSD)の後遺症による損害の額の算定について」『赤い本(下)〔2013年版〕』31頁。

☆9　厳格説(損害算定上,診断基準を厳格,厳密に適用したうえ法的判断を行う立場)と緩和説(診断が緩やかになされることを前提に,合理的に賠償範囲を画する立場)に分けて,論ずるものもある(古笛恵子「第16章　複合性局所疼痛症候群(CRPS)　第2節　法学からのアプローチ」日本賠償科学会編『賠償科学〔改訂版〕—医学と法学の融合』(民事法研究会,2013)644頁)。

☆10　有冨裁判官の講演録・前掲(☆8)25頁。

このうち，(i)としては，左下肢痛等について，自賠責保険ではRSDの発症が否定されていたが，持続的疼痛あるいは痛覚異常，皮膚萎縮という変化，皮膚温の低下，骨萎縮，交感神経ブロックに一定の効果があること，頸椎に神経損傷がなく機能異常が他の機序で説明できないことから，いずれの診断基準からもRSDの発症が認められるとして，9級10号に該当するとした（素因減額2割肯定）東京高判平23・10・26（裁判例②），関節拘縮，著明な骨萎縮，筋萎縮，皮膚温低下があるとしてRSDの発症を認め，左下肢の後遺障害は7級相当と認定した（素因減額は否定）名古屋地判平26・1・28（裁判例⑤），自賠責保険では，右肩関節機能障害につきRSDの確定診断があること，右肩関節を中心に事故の程度に比して不均衡で説明困難な持続性疼痛があること，右肩関節に拘縮，右上腕骨に軽度な骨萎縮，右上肢に浮腫，皮膚色変化，爪の萎縮があると認められるなど，自賠責保険の3要件を含め，CRPSタイプ1（RSD）の発症を基礎づける所見があるとして，右上肢の9級相当の後遺障害を認定した大阪地判平26・7・25（裁判例⑦）などがある。

(ii)は，自賠責保険の実務と離れてRSDによる後遺障害を認めるものである。左上肢のRSDの診断を受けたが，自賠責保険では非該当であったものの，しびれ，RSDスコアが陽性で5点であるから，RSDの可能性が高いとして，その発症を認め12級12号（後遺障害による損害は素因減額5割）とした名古屋地判平18・9・29（裁判例①）がある。

ウ　その他

以上のほか，CRPSであるか否かということそれ自体を検討，判断することに積極的意義はないとして，CRPSに該当するか否かについて明言せず，就労年限の全期間（12年間）につき労働能力喪失率14％で逸失利益を認めた大阪地判平25・7・11（裁判例④）がある。

エ　素因減額との関係

RSD（CRPS）が認められる場合には，特殊な性状の疼痛であり，発症に患者の要因が影響しているとの見解があったことや受傷内容に見合わない激しい疼痛の訴えがあること等から，素因減額が問題とされることがある。

以前は，RSD（CRPS）が認められたとしても，ほとんどの裁判例において，何らかの素因減額がされている旨が指摘されていた[11]。これについては，RSD

---

[11]　高取裁判官の講演録・前掲（[5]）65頁。

という診断名すら一般に知られていない時期に被害者の症状を捉えて上位等級を認定したうえで素因減額や労働能力喪失期間の認定で調整したのではないかとの指摘がある☆12。

しかし，近年は，RSDの発症を否定する裁判例が多くなっている。そして，RSDの発症を肯定する裁判例が以前より少なくなったこととの関係と思われるが，素因減額を肯定する裁判例もかなり少なくなっており，東京高判平23・10・26（裁判例②）以外には，ほとんどない。むしろ，名古屋地判平26・1・28（裁判例⑤）は，RSDの発症に身体的，心因的素因が影響しているから20％ないし30％の素因減額をすべきとの主張について，交感神経の機能が活発であることが身体的要素といえるのかが疑問であるうえ，心因的要因については，疼痛や不安などの関与がRSDの発現や病態の悪化に一切影響していないとはいえないとしても，具体的にどのように影響したか等，素因減額の個別的客観的根拠について，何ら主張立証していない，として排斥した。

(3)　主張立証上の留意事項

自賠責保険の3要件を満たすか否かはRSD発症を認めるか否かについて，重要な点である。3要件を欠くとして，自賠責保険で認定されなかった事案については，様々な医証を駆使して3要件を満たしていることを主張立証すべきであり，自賠責保険と裁判は別物であると安易に考えるべきではない。確かに，3要件を満たしていないにもかかわらず，RSDの発症を認めた裁判例やRSDか否かの検討は意義がないとの裁判例もあるが，やや古いものであったり，裁判例の多くの考え方とは異なるものである。したがって，3要件の主張立証が難しい場合には，特異な性状の疼痛であって，それが強烈であるためにいかに日常生活や就労に影響を及ぼしているかを具体的かつ詳細に主張立証する必要がある。また，3要件を満たしていなくとも，他の診断・判定基準は満たしていることも主張立証していく必要がある。

4　裁判例

◆骨萎縮の認定はないままにRSDを認めた事例
　①名古屋地判平18・9・29交民39巻5号1378頁

☆12　交通事故賠償研究会編『交通事故診療と損害賠償実務の交錯』（創耕舎，2016）144頁〔松居英二〕。

交差点の出合い頭衝突事故（平成12年）により頭部打撲と頸椎捻挫の傷害を負った人材派遣会社代表者（男・固定時52歳）が左上肢RSDの診断を受けたものの，自賠責保険では後遺障害は非該当となり，RSDによる5級の後遺障害を主張して提訴した。裁判所は，左上肢のしびれ，RSDスコア（アロディニア，痛覚過敏，灼熱痛，浮腫，皮膚色調，体毛変化，温度変化）につき陽性・5点でRSDの可能性が高い等からRSDの発症を認め12級12号とした（労働能力喪失率14%で15年間の逸失利益を認めたが，後遺障害による損害につき素因減額5割，その他の損害につき素因減額3割）。

◆いずれの診断基準からもRSDの発症が認められるとして9級10号に該当するとした事例　②東京高判平23・10・26自保1863号30頁

　自転車運転中に交差点のタクシーとの出合い頭事故で転倒した会社員（女・29歳）が右上肢及び左下肢のRSDとして5級2号を主張して提訴した（自賠責保険はRSDを否定し12級12号を認めた）。本判決は，右上肢のRSDは否定したが，左下肢痛等について，持続的疼痛あるいは痛覚異常，皮膚萎縮という変化，皮膚温の低下，骨萎縮，交感神経ブロックに一定の効果があること，頸椎に神経損傷がなく機能異常が他の機序で説明できないことから，いずれの診断基準からもRSDの発症が認められるとして9級10号に該当するとした原審の判断を是認した。そのうえで，患者自身の素因がRSD発症の条件であることは確立された医学的知見であり，本件被害者に関与した医師も心的要因の関与を疑い，存在を肯定する見解を示していること，20を超える病院へ通院していることも通常の患者に見られない行動であるとして2割の素因減額を認めた。

◆骨萎縮が認められないとしてCRPSの発症を否定した事例　③東京地判平24・3・27交民45巻2号405頁・自保1873号54頁

　T字路交差点を乗用車で直進中，対向右折のタクシーと衝突し，頸椎捻挫，右肩打撲，頭部・胸部打撲の傷害を負い，外傷性頸部椎間板ヘルニア，右肩腱板損傷の傷病名と臨床像がCRPS（RSD）に一致する旨の後遺障害診断書を提出した大学非常勤講師（男・固定時51歳）につき，自賠責保険が併合14級と認定したのに対し，右肩関節の著しい機能障害は10級10号，右肩痛，右上肢痛，右手しびれ・ふるえ及び頸部痛は12級12号に該当するとして提訴した。裁判所は，厚生労働省CRPS研究班の判定指標によれば臨床用の判定指標に合致するものの，同判定指標は交通外傷による診断やその後遺障害の有無又は程度の判定に用いるのは適切でないこと，労災保険の認定基準における骨の萎縮は認められないことから，実際にCRPSが発症した結果，それによる後遺障害が残存したとまでは認定することができないとして，右肩を中心とする右上肢の疼痛，しびれを右肩腱板損傷に由来する12級12号，頸部痛は14級9号に相当するとして併合12級とした（過失相殺10%）。

◆CRPSであるか否かの検討，判断に積極的意義はないとした事例

④大阪地判平25・7・11交民46巻4号895頁・自保1912号38頁

　自動二輪車を運転中対向車と衝突し，鎖骨骨折，肋骨骨折等の傷害を負い左肩の難治性疼痛について12級と認定された解体業者（男・51歳）が日本版判定指標等によればRSDに該当するので上肢の用を廃し5級相当に該当するとして提訴し，これに対し，加害者は骨萎縮がないからRSDに該当しないと反論した。裁判所は，CRPSについては，発生機序や病態について確立した見解がなく，判断基準について絶対的なものがないとなると，CRPSであるか否かということそれ自体を検討，判断することに積極的意義はないとして，CRPSに該当するか否かについて明言せず，骨萎縮などの物理的な廃用性を伴っていない点で器質的な上位等級の各障害と比較し制限の程度，永続の蓋然性に一定の差があるものと考えざるを得ないとして，症状固定時の労働能力喪失は12級13号の事案よりも高く評価されるが，就労年限時には14％を下回り得ることを勘案して就労年限の全期間（12年間）労働能力喪失率14％で逸失利益を算定した。

◆自賠責保険の認定と同じ7級相当のRSD発症を認め，素因減額を否定した事例
⑤名古屋地判平26・1・28交民47巻1号140頁

　第1事故と第2事故により受傷し，その症状固定前に乗車中のタクシーの座席からずり落ちる第3事故にあった会社員（男・最終事故時39歳）は，第1事故による恥坐骨骨折，左坐骨神経損傷，左下肢カウザルギー等の症状について，自賠責保険ではカウザルギーによるものとして，7級4号に該当するとされたが，左下肢については全廃である（5級）と主張し，他の損害とともに3件の事故について提訴した。裁判所は，第1事故により左下肢にRSDが生じたことには当事者間に争いはないとしたうえ，関節拘縮，著明な骨萎縮，筋萎縮，皮膚温低下があり，5級の労災認定はあるが，第2事故による右上肢の神経症状出現までは室内の松葉杖歩行とAT車の運転が可能であったこと，車椅子での就労が可能な環境が整えば事務職としての就労が可能であったこと，機能障害として用を廃したとはいえないことから，自賠責保険の認定同様7級相当と認定した。また，RSDの発症に身体的，心因的素因が影響しているから20％ないし30％の素因減額をすべきとの被告の主張については，交感神経の機能が活発であることが身体的要素といえるのかが疑問であるうえ，心因的要因については，疼痛や不安などの関与がRSDの発現や病態の悪化に一切影響していないとはいえないとしても，具体的にどのように影響したか等，素因減額の個別的客観的根拠について，何ら主張立証していない，として排斥した（第1事故について5％の過失相殺）。

◆自賠法施行令上のRSDと認められないが，12級13号の後遺障害とした事例
⑥京都地判平26・5・20交民47巻3号636頁・自保1928号31頁

　幹線道路を普通自動二輪車で走行中，路外駐車場から出て来た普通乗用車と衝突した調理師（男・固定時39歳）の右膝等の疼痛につき，RSDの3要件すべてを満た

さないから客観的かつ厳格な要件が設定されている自賠法施行令上の後遺障害であるCRPSとは認められないが，本件直後から一貫して強く訴えていた症状であり，日本版CRPS判定指標は満たす旨の専門的知見，術後痛・慢性疼痛とも診断されたことを考慮すれば，「局部に頑固な神経症状を残すもの」（12級13号）に該当する後遺障害と認めるとした（他の12級13号の後遺障害もあることから労働能力喪失率20％で28年間認定。5％の過失相殺）。

◆自賠責保険の3要件を満たすとしてCRPSタイプ1（RSD）の発症を認めた事例
⑦大阪地判平26・7・25交民47巻4号946頁・自保1931号15頁

　前方にいた車両が突然後退し自車前部に衝突したため，外傷性頸部症候群，外傷性肩関節拘縮等の傷害を負い，自賠責保険で右肩関節機能障害（10級10号）及び頸部痛（14級9号）で併合10級とされた土木事業者（男・固定時46歳）が右上肢痛はCRPSタイプ1で7級であるとして提訴した。裁判所は，外傷性頸部症候群のほか，右肩関節を中心に事故の程度に比して不均衡で説明困難な持続性疼痛の訴えがあるほか，右肩関節拘縮，右手指関節の可動域制限，軽度な右上腕骨の骨萎縮，右上肢浮腫，右上肢に皮膚色変化や爪の萎縮が認められるので，自賠責保険の3要件を含め，CRPSタイプ1（RSD）の発症を基礎づける所見があるとして，右上肢のCRPSタイプ1（RSD）の発症を認め，9級に相当し，頸部痛の14級と併合して併合9級（21年間35％の労働能力喪失）と認定した。なお，肩関節機能障害は右上肢痛の派生として併合は否定した。

◆骨萎縮がない等としてCRPSの発症を否定した事例
⑧東京地判平26・11・17交民47巻6号1403頁・自保1940号104頁

　横断歩行中に左折してきた乗用車と衝突した会計事務所勤務兼主婦（女・固定時56歳）が左足関節，左脛骨内側プラトー骨折等の傷害を負い，約2年2月通院治療したが，左足関節が可動域制限により用廃となり8級7号相当であり，左足趾はRSD等による可動域制限があるため12級12号相当であるから，併合7級相当の後遺障害があるとして提訴した。裁判所は，労災保険の障害等級認定基準に定められた関節拘縮と皮膚温の変化は認められるが骨萎縮が認められないとして，RSDによって改善が見込めない関節拘縮が生じ，可動域制限が残存したと認めることはできず，左足関節から足背にかけての痛みと左下肢遠位部のしびれ等で12級13号に該当するとした。

◆主要な3つの症状が認められないとしてCRPSの発症を否定した事例
⑨名古屋地判平27・3・4交民48巻2号295頁・自保1949号31頁

　自転車で歩道走行中に路外の駐車場に入ろうと左折した乗用車と衝突した歯科助手（女・固定時34歳）が自賠責保険の事前認定において非該当となり，左膝についてCRPSであり7級に該当するとして自賠責保険・共済紛争処理機構に紛争処理申請したが否定されて提訴した。裁判所は，下肢について，関節拘縮，骨の萎縮，

皮膚の変化というCRPSの慢性期の主要な3つの症状がいずれも認められず，腫脹といった他の特徴的な症状も認められないので，いずれの診断基準も腫脹，皮膚変化及び発汗異常，関節拘縮及び骨萎縮等の萎縮性変化を必要的又は選択的要件とするところ，萎縮性変化が認められないとしてCRPSの発症を否定した。そのうえで，転倒により左膝に強い衝撃が加わったと考えられること，一貫して左膝の痛みを訴え，関節可動域の制限があること，疼痛，アロディニアが残り杖に頼る歩行をしていること，本邦版判定指標のうち自覚症状及び他覚症状の2項目を充足してることを考慮すると，左下肢の症状が事故と無関係と評価することはできず，客観的かつ厳格な自賠責基準は満たさないが「局部に頑固な神経症状を残すもの」として12級13号に該当するとした。

◆骨萎縮がない等としてCRPSの発症を否定した事例
⑩京都地判平27・11・4交民48巻6号1345頁・自保1965号72頁

追突事故により左上肢のRSDの診断を受けた歯科助手パート勤務（女・固定時49歳）が12級相当の後遺障害があると主張したが，裁判所は，骨萎縮がないこと，関節拘縮の程度も骨萎縮に至るような強度のものでないことがうかがえること，主張する皮膚の変色も後遺障害認定基準においてRSDとして取り扱われている病態と異なるか，それに至らないものと解されるとして，器質的原因による神経症状と認められないとして，14級9号に該当する（5年間労働能力喪失率5％）とした。また，以前にPTSDによる入院治療歴等があることから症状の遷延化には被害者の心因的要素（脆弱性）が影響しているとして，症状固定までの損害について，20％の素因減額を認めた。

第4　疼痛障害

7　線維筋痛症

1　定義・概要

(1)　線維筋痛症とは

線維筋痛症（Fibromyalgia：FM）とは，線維筋痛症候群ともいわれ，原因不明の慢性かつ広範な軟部組織の痛みを主症状とする非炎症性疾患である。随伴症状としては，疲労感，異常感覚，過敏性腸症候群，片頭痛，注意力欠如，記憶障害などが知られている[☆1]。また，「線維筋痛症（fibromyalgia：FM）は身体の広範な部位の筋骨格系における慢性の疼痛とこわばりを主症状とし，解剖学的に明確な部位に圧痛を認める以外，他覚的ならびに一般的臨床検査所見に異常がなく，治療抵抗性であり，疲労感，睡眠障害や抑うつ気分など多彩な身体および精神・神経症状を伴い，中年以降の女性に好発する原因不明のリウマチ性疾患である」[☆2]。

様々な症状や経過があることについて，「線維筋痛症の患者の場合，さまざまな既往歴があるが，なかには心療内科的，あるいは精神科的問題を持っている患者も少なくはない。内科的な問題は影響が少ないようであるが皆無とはいえず，また，心理的な問題が解決したから即座に症状が改善するというものでもない。症状の推移は多様であり，全快する症例もある半面，ほとんど症状は変わりない症例もある。人間関係の多くのトラブルは心理的，精神的な要素が多く，早期解決は困難であることが多い。専門外の医師にとってはいたずらに時間がかかるという問題も生じてくる。」[☆3]ともいわれている。

線維筋痛症は，1970年代半ばに欧米でその存在が確認され，わが国では1980年代に「全身に耐えがたい疼痛がある疾患」として知られるようになった[☆4]。

☆1　『南山堂医学大辞典〔第20版〕』1399頁。
☆2　『ガイドライン2017』10頁。
☆3　『関節外科　基礎と臨床』Vol.32，No.12（2013）12頁。
☆4　大瀬戸清茂監修『ペインクリニック診断・治療ガイド—痛みからの解放とその応用〔第5

また，2004年の厚生労働省研究班の住民調査では，人口（12歳以上）の約1.7％，約200万人，2011年インターネット調査（20歳以上）では，約2.1％，約212万人が有病者数と推計されている☆5。平成25年には，線維筋痛症研究会を前身とする一般社団法人日本線維筋痛症学会も設立された。

(2) 発症要因等

線維筋痛症の発症の引き金には，外因性のものと内因性のものが指摘されている。

『線維筋痛症診療ガイドライン2013』では，外因性のものには，外傷，手術，ウイルス感染などが，内因性のものとしては，離婚，死別，別居，解雇，経済的困窮などの生活環境のストレスが挙げられており，遺伝的素因も指摘されているとされていた☆6。また，『線維筋痛症診療ガイドライン2017』では，「線維筋痛症の発症の契機として，現在まで様々な報告があるが，これらのエビデンスは限定的であり確定的なものはない。」としたうえではあるが，線維筋痛症の発症の契機として，「外傷，特に交通外傷による頸椎損傷が強い発症要因とする報告が多数ある。」☆7としている。

しかし，「頸椎捻挫と線維筋痛症の関係については，Tishlerらが153例の頸椎外傷後，14.5年の経過観察において線維筋痛症の発症は0.6％で，コントロール群と有意差がなく，頸椎外傷が線維筋痛症の発症要因とはならない」との研究報告もある☆8。

結局，線維筋痛症の契機となるといまだ不明な点が多く，その解明は今後の研究を待つしかない。

(3) 診断基準等

線維筋痛症は，血液検査，レントゲン，筋電図，CT，MRI等の検査では異常が認められない点が診断を難しくしている。

ア アメリカリウマチ学会の分類基準

1990年にアメリカリウマチ学会（American College of Rheumatology：ACR）が分類基準を公表した。これは，第1の基準として，広範囲（右半身と左半身，上半身

版）』（日本医事医新報社，2013）201頁。
☆5 『ガイドライン2017』86頁。
☆6 『ガイドライン2013』3頁。
☆7 『ガイドライン2017』101頁。
☆8 日本賠償科学会編『賠償科学〔改訂版〕―医学と法学の融合』（民事法研究会，2013）608頁。

と下半身,体軸部〔頸椎,前胸部,胸椎,腰椎〕)にわたる疼痛の病歴があること,第2の基準として,指を用いた触診により,18か所の圧痛点(両側後頭部,頸椎下方部,僧帽筋上縁部,棘上筋,第2肋骨,肘外側上顆,臀部,大転子部,膝関節部)のうち11か所以上に疼痛を認めることとしている(☑図1参照)。また,圧痛点の触診については,指を用い,4 kg/cm^2の圧力(術者の爪が白くなる程度)で実施し,圧痛点の判定は疼痛の自覚ではなく,疼痛に対する言葉,態度による訴えを認めることとしている。

　線維筋痛症か否かの判定は,広範囲な疼痛が3か月以上持続し,第1と第2の両基準を満たす場合で,第2の疾患が存在してもよいとされる。

　この分類基準は,「あくまでも,線維筋痛症症例を用いた臨床研究や基礎的研究に際して線維筋痛症症例の質の担保を保証するものであり,診断基準ではない。診療の場では分類基準を満たさない症例が存在し,分類基準を満たさない症例を線維筋痛症から除外するための基準でもない。」としている。しかし,この分類基準が「ひろく国際的に診断基準的（ママ）として用いられているのが実情である。」☆9と指摘している。

☑図1　米国リウマチ学会(ACR)1990年　線維筋痛症分類基準の圧痛点(Wolfeら)

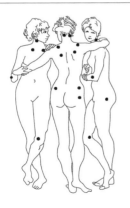

出所：『ガイドライン2017』14頁。

イ　アメリカリウマチ学会の診断予備基準

　1990年に分類基準が公表された後,アメリカリウマチ学会は,2010年,新た

☆9　『ガイドライン2013』23頁。

I 第4 7 線維筋痛症 155

☑図2 米国リウマチ学会（ACR）線維筋痛症診断予備基準（2010）

WPI：19箇所 過去1週間の疼痛範囲数

頸	右	左
肩	右	左
上腕	右	左
前腕	右	左
胸部		
腹部		
大腿	右	左
下腿	右	左
頸部		
背部	上	下
臀部	右	左
WPI合計：	点	

以下の3項目を満たすものを線維筋痛症と診断する
WPI7以上＋SS5以上またはWPI3〜6＋SS9以上
少なくとも3カ月症候が続く
他の疼痛を示す疾患ではない

SS症候	問題なし	軽度	中等度	重度
疲労感	0	1	2	3
起床時不快感	0	1	2	3
認知症状（思考・記銘力障害）	0	1	2	3
合計： 点				

SS一般的な身体症候	0：なし	1：少数	2：中等度	3：多数		
筋肉痛	過敏性腸症候群	疲労感・疲れ	思考・記憶障害	筋力低下	頭痛
腹痛・腹部痙攣	しびれ・刺痛	めまい	睡眠障害	うつ症状	便秘
上腹部痛	嘔気	神経質	胸痛	視力障害	発熱
下痢	ドライマウス	かゆみ	喘鳴	レイノー現象	蕁麻疹
耳鳴り	嘔吐	胸やけ	口腔内潰瘍	味覚障害	痙攣
ドライアイ	息切れ	食欲低下	発疹	光線過敏	難聴
あざができやすい	抜け毛	頻尿	排尿痛	膀胱痙攣	

合計： 症候 点 ＋ 身体症候 点＝ 点
※：本邦では身体症状：1：少数（1〜5）、2：中等度（6〜20）、3：多数（21〜41）とする

出所：『ガイドライン2017』14頁。

な診断予備基準を公表した（☑図2参照）。

　この基準は，圧痛点ではなく，①疼痛拡大指数（widespread pain index：WPI）により慢性疼痛の広がりが一定以上あることが認められるとともに，徴候重症度（symptom severity：SS）のスコアが一定以上あること，②臨床徴候が診断時と同じレベルで3か月間持続すること，③慢性疼痛を説明できる他の疾患がないことの3項目を満たせば，線維筋痛症と診断できるとしている☆10。

　ウ　わが国での取組み

　2003年，厚生労働省のリウマチ研究班の分科会として初めて研究班が設けられ，2008年に線維筋痛症の単独班が組織された。

　『線維筋痛症診療ガイドライン2013』では，「線維筋痛症の診断に際して最も大切なことはその複雑な病態をACR2010の診断予備基準にそって十分に把握し，さらにACRの18か所の圧痛点も参考にし，的確な診断を下すことにある。」☆11とされていた。

　これに対して，『線維筋痛症診療ガイドライン2017』では，「2010年基準ある

☆10　『ガイドライン2017』15頁。
☆11　『ガイドライン2013』10頁。

いは2011年基準が簡便さから適応しやすいが，整形外科的疾患や精神疾患が鑑別診断に挙がる場合は1990年基準で確認する必要がある。」☆12とされた。すなわち，頸椎捻挫等を伴う交通外傷事案では，1990年基準による18か所の圧痛点についての診断が必要となった。

2 認定基準

　自動車損害賠償責任保険（自賠責保険）においては，線維筋痛症について特段の認定基準は設けられていない。

　この点は，脳脊髄液減少症と同様であって，「特殊な性状の疼痛」として規定されているRSD（反射性交感神経ジストロフィー）とは異なる点である。したがって，線維筋痛症の確定診断を受けたからといって，自賠責保険が線維筋痛症そのものを後遺障害として認定することはない。もっとも，多数の疼痛の一部が頸椎捻挫等他の原因によるものとして，局部の神経症状である12級「局部に頑固な神経症状を残すもの」又は14級「局部に神経症状を残すもの」として認定されることが考えられる。

　しかしながら，線維筋痛症は，前述のとおり血液検査，レントゲン，筋電図，CT，MRI等の検査では異常が認められないため，現在のところ，線維筋痛症についての画像所見を提出することは困難であり，14級はともかく医学的証明を求められる12級の後遺障害を認定することも困難である。

　なお，「線維筋痛症による主症状である多種多彩な症状が，医学的一般に認められた治療方法をもってしても消退することなく残存する場合であっても，そのすべてを後遺障害として評価し，『後遺障害による損害』を認定することは難しいが，自動車事故による受傷が線維筋痛症の主症状である疼痛の発症要因のひとつと考えられることから，症例によっては，自賠責保険の支払基準に規定されている『受傷と死亡又は後遺障害との間の因果関係の有無の判断が困難な場合の減額』の規定を適用する余地はあるものの，対象となる症例は限定されるであろう。」との示唆もある☆13。

3 主な争点と主張立証上の留意事項

☆12　『ガイドライン2017』106頁。
☆13　交通事故賠償研究会編『交通事故診療と損害賠償実務の交錯』（創耕舎，2016）242頁〔黒田清綱〕。

（1）　線維筋痛症の発症

　線維筋痛症の診断がなされていても，必ずしも，裁判所において線維筋痛症の発症が認められるとは限らない。これはあらゆる後遺症に共通することであるが，線維筋痛症は，医学的にも未解明な点が多いうえに，通常の検査では判定できないことからこの点が特に問題となる。

　■1(3)ア・イの診断基準等においても，全身18か所の圧痛点を押し，11か所以上の疼痛の訴えがあることや患者の訴えを中心としてポイントを判断せざるを得ないことからも，被害者の訴えや治療経過に不合理な点がないことが前提となる。

　この点について，名古屋地判平26・4・22（裁判例④）は，アメリカリウマチ学会の分類基準及び予備診断基準はいずれも医師の触診で患者が痛いと言うかどうかで診断されることから患者の主訴が重要な要素となるにもかかわらず，被害者の訴えに数々の不合理な点があるため線維筋痛症であるかが明らかでないとして，その発症を否定した。

　また，さいたま地判平26・5・28（裁判例⑤）は，事故後7年近く経過して作成された医師の意見書だけでは，線維筋痛症と認めることができないとした。

（2）　発症と事故との因果関係

　線維筋痛症は，その原因が外傷に限られないので，交通事故と線維筋痛症の発症との間の因果関係が問題となる。

　この点については，東京高判平27・1・21（裁判例⑥）は，特定の事実が特定の結果発生を招来した関係を是認し得る高度の蓋然性を証明する必要があるとしたうえで，線維筋痛症自体の発生の原因が未特定で，疼痛発症の要因に限っても外的要因でなく，種々の事情による心因的要因が含まれていることから，事故が線維筋痛症を発症させたとの関係を是認し得る高度の蓋然性を認めることは困難であるとした。

　神戸地判平28・2・24（裁判例⑦）も，線維筋痛症は原因が不明であること，交通外傷と線維筋痛症との関連性についてはいまだ不分明な点が残るうえ，交通外傷が引き金となっているとの可能性は否定できないものの確定はできないとの医師報告書があることに加え，症状経過に不合理な点があるとして，事故との因果関係を否定した。

　そして，線維筋痛症の発症や診断が事故から長期間経過した後である場合に

は，因果関係の認定がより困難になる。

　左半身については事故直後から訴えていたが，右半身については事故後2年4か月経過後に両足が痛み，痛みが全身に広がったとした例（神戸地判平20・8・26〔裁判例①〕），事故から約2年7か月後に症状が悪化し，約4年半経過後に線維筋痛症の診断を受けた例（東京地判平24・9・13〔裁判例②〕），事故後5年以上経過してから症状が出現した例（名古屋地判平26・3・25〔裁判例③〕）では，いずれも事故と線維筋痛症の発症についての因果関係が否定されている。

(3)　他の疾患を認めた例

　横浜地判平24・2・28（裁判例⑧）は，アメリカリウマチ学会の診断基準を満たさないとして線維筋痛症を否定しながら，その不完全型あるいは軽症の状態である慢性広範痛症であるとして，7級4号の後遺障害を認めた。この裁判例は一般的なものとは思われないが，線維筋痛症の診断基準等を満たさないおそれのあるときは，線維筋痛症以外の疾患についても主張立証を検討することを示唆する一例ではある。

(4)　線維筋痛症を認めた例

　京都地判平22・12・2（裁判例⑨）は，事故後約3年後に線維筋痛症と診断されたものであるが，アメリカリウマチ学会の診断基準である18か所の圧痛点中11か所以上が医師の関与の下に認められ，事故前は概ね健康人であり，本件事故による骨盤骨折等のストレスが線維筋痛症の発症に作用している蓋然性があるとして，事故との因果関係を認め，自賠責保険7級相当の後遺障害を認めた。ここからいえることは，少なくとも，医師が診断基準等に基づき明確に線維筋痛症を認めていることと，事故前には問題がなかったが，事故後は一転して重い障害が残ったということを主張立証すべきことである。しかし，それらを主張立証したからといって，必ずしもこのような重い等級の後遺障害が認められるわけではなく，線維筋痛症の発症によるこのように重い等級の後遺障害を認めた裁判例は，ほかには見当たらない。

　岡山地判平24・1・31（裁判例⑩）は，線維筋痛症の発症とその原因が交通事故であることを認めたものの，医学的に証明できる他覚的所見がなく12級とは認められないが，14級は局部の神経症状で線維筋痛症のように身体の広範囲にわたり痛みが生じ，日常生活に多大な支障が生じる疾患を含むと評価できないとしたうえ，労働能力喪失率は12級の14％と同視できるが，事故の線維筋痛症

Ⅰ 第4 **7** 線維筋痛症　　　　159

への寄与は50％であるとして，7 ％の喪失率で逸失利益を算定した。

(5) 結　語

　線維筋痛症は，いまだ医学的に未解明な点が多いことから，これによる後遺症を認める裁判例は，多くはない。事故から長期間が経過する前に，医師（できれば複数）によるアメリカリウマチ学会の1990年分類基準，2010年診断予備基準，2011年と2016年改訂診断基準等に基づく確定的な診断を得たうえで，事故前には日常生活に支障がなかったこと，どのような症状がどの程度生じているか，激しい疼痛によりどのような行為ができず，日常生活においていかに支障が生じているかをできる限り詳細に主張立証することが必要である。

4 　裁 判 例

否　定　例
◆原因が不明で長期間経過後に診断されたことから否定した事例 　①神戸地判平20・8 ・26交民41巻 4 号1044頁・自保1794号 2 頁
乗用車を運転中，交差点で乗用車と出合い頭衝突した生保外務員（女・39歳）は，頸椎捻挫等の傷害を負い，事故から約 3 年後に線維筋痛症，約 3 年 4 か月後に脳脊髄液減少症と診断されたが，自賠責保険では非該当とされ，4000万円弱を求めて提訴した。裁判所は，上半身，腰を含む下半身，左半身，右半身，体幹部すべてに 3 か月以上持続する疼痛があり，アメリカリウマチ協会の診断基準が定める圧痛点18か所中12か所に圧痛があったとされることから，同基準によれば線維筋痛症に罹患していたということができるかもしれないが，左半身については，事故直後から痛みを訴えているものの，右半身については，事故後 2 年 4 か月以上も経過してから両足が痛み，痛みが全身に広がったと訴えたものであり，線維筋痛症の原因がそもそも不明であり，外傷だけが原因でないことに照らすと，本件事故後相当長期間が経過してから痛みが発生する機序も明らかにされていない以上，本件事故と線維筋痛症との間に相当因果関係があるということはできないとした。また，脳脊髄液減少症についても否定し，左下肢の脱力感，疼痛について14級の後遺障害のみを認めた（ 3 割の過失相殺）。
◆線維筋痛症による12級以上の神経症状の発生を否定した事例 　②東京地判平24・9 ・13自保1885号25頁
乗用車を運転し信号待ち中に普通貨物自動車に追突され，先行車に玉突き衝突し，頸椎捻挫等で自賠責保険12級の認定を受けた主婦（女・36歳）が低髄液圧症候群，線維筋痛症等を発症し別表第 1 の 1 級 1 号の後遺障害が残存したとして， 2 億7500万円余を求めて提訴した。裁判所は，事故から約 4 年半経過後に線維筋痛症の

診断を受けたものであるところ，線維筋痛症については，不定愁訴が症状の中心で，中年女性に多く，病因が定かでなく，外傷により生じるものかは必ずしも明らかでないこと，事故から約2年7か月後に悪化した後の症状については，相手方，保険会社，医療機関に対する感情等が症状の悪化に影響を与えているとも考えられるといった事情に照らすと，本件事故と相当因果関係のあるものとして14級相当の頸部中心の神経症状，14級相当の腰部中心の神経症状及び12級相当のめまい等以上の神経症状等が生じたと認められないとして否定し，自賠責保険同様併合12級と認定した（67歳まで28年間14％労働能力喪失）。

◆**事故後5年以上経過して全身の疼痛が出現しても因果関係がないとして線維筋痛症が否定された事例　③名古屋地判平26・3・25自保1923号28頁**

　　信号待ち停止中に普通乗用車に追突された4t普通貨物車の助手席に同乗していた者（男・50歳）が頸部挫傷，腰部挫傷の傷害を負い，約1年半通院し，その後精神科で神経症うつ病，高次脳機能障害，線維筋痛症の診断を受けたが，14級の既存障害もあり，自賠責保険では非該当とされた。頭痛，頸部痛，全身の痛み，耳鳴り，記憶力の低下，左側無視等の症状があり，事実上就労不可能であり，高次脳機能障害の3級と線維筋痛症も3級に相当するので，併合2級に該当するとして，1億円余を請求し提訴した。裁判所は，高次脳機能障害を否定するとともに，アメリカリウマチ学会の1990年の分類基準も2010年の診断予備基準のいずれも，患者の訴えに依拠する内容であるところ，事故直後訴えていたのは，項頸部痛，腰痛であり，症状固定時の自覚症状にも全身の疼痛はなく，他の病院でも全身の疼痛を訴えた様子は窺えず，本件事故から5年以上も経過した後に全身に疼痛の症状が出現しても，本件事故との因果関係を認めることはできないとし，他の後遺障害も否定し請求を棄却した。

◆**愁訴に不自然，不合理な点が多いとして線維筋痛症が否定された事例　④名古屋地判平26・4・22自保1926号95頁**

　　交差点を自転車で横断中，信号無視の乗用車に衝突され，第2腰椎圧迫骨折等の傷害を負い，脊柱に変形を残すものとして自賠責保険で11級7号の認定を受けた主婦（女・54歳）が線維筋痛症，PTSD等により両上肢及び両下肢機能全廃，不眠，視力低下等で1級の後遺障害が残ったとして，既払金を除く1億8000万円余を求めて提訴した。裁判所は，アメリカリウマチ学会の分類基準及び診断予備基準はいずれも医師の触診で患者が痛いと言うかどうかで診断されることから患者の主訴が重要な要素となるところ，事故当初は主として腰痛や股関節痛を訴え，両下肢のしびれや全身の疼痛を訴え始めたのは本件事故による治療の打切りを打診され，手厚い治療費，家政婦代や生活費等の支払がなされない可能性が具体化した以降であり，各種検査で意図的に力を入れない等の状況，検査結果の不合理な変遷，被害者の訴える症状と検査結果の不整合等が複数の医師から指摘されていることなどか

ら，愁訴に不自然，不合理な点が多く，その信用性は十分なものとはいえず，愁訴が重要な判断基準となっている線維筋痛症に罹患しているかどうかは明らかでないとして，否定した。

◆医師の意見書のみで線維筋痛症の発症を認めることはできないとした例
⑤さいたま地判平26・5・28自保1941号11頁

交差点で右折しようとしていた乗用車の左前部とその左方から交差点を直進しようとしていた乗用車の右前部との衝突事故で直進車を運転していた者（女・事故時36歳，固定時47歳）が軽度外傷性脳損傷，低髄液圧症候群，線維筋痛症，胸郭出口症候群を発症し，11年後に症状固定したが，運動麻痺，手足の痛み・しびれ・痙攣，感覚異常，高次脳機能障害，排尿障害が残存し，後遺障害3級3号に該当するとして，1億3000万円余を求めて提訴した。裁判所は，すべての圧痛点が陽性で事故当日から持続する全身の疼痛を自覚しているから，事故を契機に線維筋痛症を発症したとの医師の意見書があり，事故後間もなくして，頭・頸・背・肩・両上肢の痛みを訴えていたものの，線維筋痛症は，本人の申告する痛みのほかに客観的な検査方法がないことから発症したかについては慎重な判断を要すること，外傷以外に心因性を含む様々な発症要因があると考えられていること，意見書作成の医師の診察は事故から7年近く経過していたこと，事故直後より症状が悪化していたこと等から，意見書のみで発症を認めることはできないとして否定した（軽度外傷性脳損傷，低髄液圧症候群，胸郭出口症候群も否定し，14級9号のみ肯定）。

◆発症につき高度の蓋然性を認めることが困難として否定した例
⑥東京高判平27・1・21自保1941号5頁（⑤の控訴審）

裁判所は，被害女性からの控訴について，次のとおり判断した。訴訟上の因果関係の立証は，経験則に照らして全証拠を総合検討し，特定の事実が特定の結果発生を招来した関係を是認し得る高度の蓋然性を証明することである。その判定は，通常人が疑いを差し挟まない程度に真実性の確信を持ち得るものであることを必要とし，かつ，それで足りるものであるところ，線維筋痛症自体の発生の原因はいまだ特定されず，疼痛の発症の要因に限ってみても，必ずしも外傷等の外的要因だけでなく，種々の事情による心因性の要因が含まれていることからすれば，控訴人において発症しているとされる線維筋痛症の原因もいまだ特定されていないものといわざるを得ない。本件事故によってその身体に受けた衝撃の程度が比較的軽いものであったと推測されることからすれば，本件事故が線維筋痛症による疼痛の発症の要因の中で強いものであったとは考えがたいところであるし，発症の要因に本件事故のほかにも種々のものが考えられるから，訴訟上の因果関係の立証の問題として見る限り，本件事故が線維筋痛症を発症させたとの関係を是認し得る高度の蓋然性を認めることは困難であるとして否定し（14級9号以外の他の後遺障害も否定），控訴を棄却した。

162 第2章 各論―類型別にみる後遺障害認定の実務

◆発症原因も不明であるうえ症状経過が判然としないとして否定した事例
⑦神戸地判平28・2・24自保1981号134頁

　普通貨物自動車を運転中，右方から一時停止せずに時速30km程度で変形交差点に進入してきた乗用車に衝突され，車両が路外に転落したため骨盤骨折，頸椎捻挫等の傷害を負い，10か月半入院し，5か月半通院したケアマネージャー（女・46歳）が自賠責保険において骨盤骨の変形（12級5号），下肢全体の疼痛としびれ（14級9号），頭痛めまい等（14級9号）の併合12級と認定されたが，線維筋痛症，四肢不全麻痺，全身の疼痛のため，3級3号の後遺障害が残ったとして提訴した。裁判所は，米国リウマチ学会の1990年診断基準，2010年の診断予備基準に照らし線維筋痛症の診断が可能とした診断書はあるが，線維筋痛症の原因は不明とされており，交通外傷と線維筋痛症との関連性についてはいまだ不分明な点が残るうえ，交通外傷が引き金となっているとの可能性は否定できないものの確定はできないとの医師報告書があること，退院の話が徐々に具体化してきた段階での症状の増悪の指摘，リハビリに際し反応に矛盾する点が多いとされていることなど症状経過に判然としない点が存在し，当該線維筋痛症の発症原因が不明であり，本件事故と当該線維筋痛症との相当因果関係を認めることは困難とし，四肢不全麻痺との相当因果関係も否定し，自賠責保険と同様の後遺障害を認定した（素因減額否定。過失相殺5％）。

否定し他の疾患を認めた例

◆線維筋痛症を否定しながら慢性広範痛症であるとして7級4号の後遺障害を認めた事例　⑧横浜地判平24・2・28自保1872号10頁

　乗用車で右折待機中に追突された印刷物データ作成の自営業者（男・固定時51歳）が頸椎捻挫，腰椎捻挫等の傷害で約2年半通院し，線維筋痛症の診断を受け，3級3号「神経系統の機能又は精神に著しい障害を残し，終身労務に服することができないもの」に該当するとして提訴した。裁判所は，アメリカリウマチ学会の定めた診断基準の圧痛点の確認がされていない診断や3か月以上の疼痛と4か所の圧痛点を認めた診断があることから，線維筋痛症であることは否定したものの，線維筋痛症の不完全型あるいは軽症の状態である慢性広範痛症に罹患していると診断されていること，本件事故以外には慢性広範痛症の要因となり得る事情はないとして，7級4号に該当し，労働能力喪失割合56％で2400万円弱の後遺障害逸失利益と後遺障害慰謝料1000万円を認めた。なお，事故後パソコンのマウスが持てず廃業したこと，ひげ剃りができないこと，椅子に座れないこと，皿洗いができないこと，睡眠薬と10種類以上の鎮静作用のある薬を処方され服用していることなども認定されている。

肯　定　例

◆7級4号の後遺障害を認めた事例　⑨京都地判平22・12・2自保1844号21頁
　原動機付自転車に搭乗中，交差点で優先道路へ左折進入後普通貨物自動車に接触

Ⅰ　第4　**7**　線維筋痛症　　　　　163

され転倒した主婦（女・60歳）は，骨盤骨折等（自賠責保険は併合12級）から線維筋痛症を発症した（事故後約3年後に診断）として併合4級の後遺障害を主張し提訴した。裁判所は，アメリカリウマチ学会の診断基準である18か所の圧痛点のうち11か所以上の圧痛が複数の医師の関与下で認められ，事故前に不定愁訴での日常生活に支障があった形跡のない概ね健康人であり，線維筋痛症の発症に本件事故によって負った骨盤骨折等の重傷による肉体的精神的ストレスが作用している蓋然性が優にあると認められるとして，本件事故との因果関係も認め，その後遺障害は自賠責保険の7級4号「神経系統の機能又は精神に障害を残し，軽易な労務以外の労務に服することができないもの」に相当するとした（喪失率56％，7割過失相殺）。

◆線維筋痛症を認め労働能力喪失率を7％とした事例
　⑩岡山地判平24・1・31交民45巻1号138頁

　優先道路を乗用車で直進中に交差点左側から進入してきた乗用車に衝突された医院勤務の心理職（女・事故時22歳，固定時29歳）は，全身打撲，頸椎捻挫等の傷害を負い，自賠責保険では局部の神経症状として14級と認定されたが，椎間板ヘルニア，外傷性脳脊髄液減少症，線維筋痛症により12級の後遺障害があるとして提訴した。裁判所は，脳脊髄液減少症の発症と椎間板ヘルニアが事故に起因して生じ神経症状を惹起していたことをいずれも否定したが，線維筋痛症については，事故前には事故後のような神経症状が窺われず，本件事故による身体への打撃が大きく，広範囲にわたる痛みが硬膜外血液パッチ施行前から継続して存在することからすれば，その関与は仮に存在しても事故に比し小さいと評価できるとして，線維筋痛症の発症と発症原因が本件事故であると認めた。そのうえで，線維筋痛症は必ずしも他覚的所見を伴わない病態であり，本件でも，鑑定結果からも医学的に証明できる他覚的所見と評価できないとしているので，12級に定める症例に該当するとは認めがたいが，14級は「局部」に神経症状を残すもので線維筋痛症のように身体の広範囲にわたり痛みが生じ，日常生活に多大な支障が生じる疾患を含むものと評価できないとし，労働能力喪失率について，12級における14％と同視できる程度であるが，発症原因は不明であり，様々な要因が考えられることから，本件事故が線維筋痛症に寄与したのは50％を下らないとして，労働能力喪失率7％（0.14×0.5）で38年間の喪失を認めた（後遺障害慰謝料は150万円）。

第5　局部の神経症状（むち打ち症を中心に）

8　局部の神経症状（むち打ち症を中心に）

1　定義・概要

(1) 局部の神経症状

「局部の神経症状」は，身体局部の疼痛やめまい等の神経症状の後遺障害である。局部の神経症状については，自動車損害賠償保障法施行令（自賠法施行令）別表第2において，後述のとおり，「局部に頑固な神経症状を残すもの」（第12級13号）及び「局部に神経症状を残すもの」（第14級9号）の2段階の等級が定められている。

神経☆1は，外的及び内的刺激を受容し，情報の処理・統合を経て効果器を介して反応する一連の流れを担っており，中枢神経系と抹消神経系とに分かれる。中枢神経系は，情報処理の中枢であり，脳と脊髄からなる。抹消神経系は，脳や脊髄と

☑図1　全身の神経系統

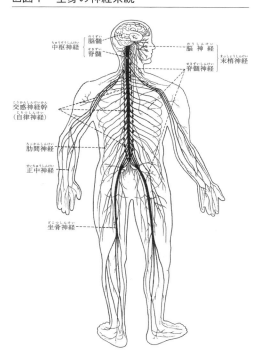

出所：『新入門解剖図譜』38頁・図101。

☆1　『南山堂医学大辞典〔第20版〕』1201頁。なお，「神経」の用語は多義的に用いられており，上述のような機能系としての「神経系」を意味する場合と，末梢に分布する「神経線維」を意味する場合がある。

I　第5　8　局部の神経症状（むち打ち症を中心に）　165

全身の各部との情報の授受を行っており，脳と連結する脳神経，脊髄と連結する脊髄神経からなる。また，抹消神経系のうち，内臓，血管，心筋などを支配するものを自律神経という。

　外傷により抹消神経が障害され，頸部，手指，腰部等の身体の一部分に疼痛や感覚障害（蟻走感，感覚脱失等）の神経症状を残す場合がある。これらの身体の一部分に残った比較的軽度な神経の機能の異常は，局部の神経症状として取り扱われる☆2。また，頭痛，失調，めまい及び平衡機能障害についても，その程度が比較的軽度のものは局部の神経症状として取り扱われる☆3。

(2)　むち打ち症

ア　むち打ち症とは

　局部の神経症状の後遺障害への認定が争いになる典型例として，いわゆる「むち打ち症」がある。むち打ち症とは，停車中の追突事故等によって，頸椎部がむちのようにしなって，頭頸部の過伸展と過屈曲（むち打ち運動）が生じ，その結果，頸部の筋肉，靱帯，椎間板，血管，神経等の組織が損傷されて生じる症状の総称であり，骨折や脱臼は含まれない☆4。診断名というよりは受傷の態様を示す用語であり，臨床上は，頸椎捻挫，頸部捻挫，外傷性頸部症候群などの診断名がつけられることが多い。むち打ち症の被害者の多くは，自覚症状として頸部痛，頭痛，上肢や手指のしびれ，めまい等を訴えるが，これらに限られるものではなく，その症状は様々である。

イ　むち打ち症の原因，症状

　まず，頸部の構造☆5であるが，頸部に位置する頸椎は7個の椎骨からなり，その周りを筋肉や靱帯などの軟部組織が取り巻いて頸部の形態を安定させている。頸椎骨は，上から順に，第1頸椎（C1）から第7頸椎（C7）と呼ばれている。なお，頸椎（C1〜7）は，胸椎（T1〜12），腰椎（L1〜5）及び仙骨（S1）とともに脊柱を構成している。椎骨と椎骨は，軟骨組織である椎間板によって連結されており，椎間板は，骨同士の円滑な動きを確保するとともに，衝撃や圧迫を吸収する緩衝材として機能している。

　☆2　『労災補償障害認定必携〔第16版〕』161頁。
　☆3　『労災補償障害認定必携〔第16版〕』159頁，160頁。
　☆4　『南山堂医学大辞典〔第18版〕』271頁，戸山芳昭＝大谷俊郎監修／千葉一裕＝松本守雄編『整形外科専門医になるための診療スタンダード1　脊椎・脊髄』（羊土社，2008）71頁。
　☆5　『標準整形外科学〔第13版〕』499頁以下，越智隆弘総編集／戸山芳昭専門編集『最新整形外科学大系11　頸椎・胸椎』（中山書店，2007）2頁以下。

☑図2　脊柱　外側面

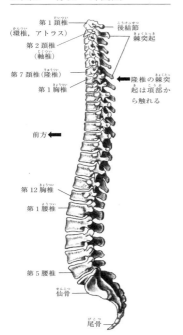

出所：『新入門解剖図譜』4頁・図5。

☑図3　中下位頚椎の解剖

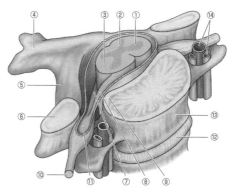

① 脊髄前角（灰白質）anterior horn（gray matter）
② 脊髄後角（灰白質）posterior horn（gray matter）
③ 脊髄白質 white matter
④ 棘突起 spinous process
⑤ 椎弓 lamina
⑥ 椎間関節 apophyseal joint（facet joint）
⑦ 後根 posterior root
⑧ 前根 anterior root
⑨ 鉤状突起 uncinate process
⑩ 脊髄神経 spinal nerve
⑪ 後根神経節 dorsal root ganglion
⑫ 椎間板 intervertebral disc
⑬ 椎体 vertebral body
⑭ 椎骨動静脈 vertebral artery and vein

出所：永島英樹「脊柱の機能解剖B脊柱と脊髄および神経根」中村利孝＝松野丈夫監修『標準整形外科学〔第13版〕』（医学書院, 2017）503頁・図30-4。

　第3頸椎から第7頸椎までの頸椎骨は、楕円状の形状をした骨であり、中央部分に椎孔と呼ばれる空間が空いている。第1頸椎と第2頸椎の椎骨は、他と異なった形状をしており、それぞれ環椎、軸椎と呼ばれている。

　頸椎骨が重なることで椎孔は管状の脊柱管を構成し、その脊柱管の中に脊髄が通っている。頸椎部分では、脊髄から左右8本の神経根（脊髄神経の根元の部分）が分岐しており、神経根内には運動神経及び知覚神経が併走している。何らかの理由で神経根が圧迫や刺激を受けると、その神経根の支配領域の身体部位に痛みやしびれ等の神経症状が現れる。

　むち打ち症は、椎骨の骨折を伴う骨傷ではなく、大半は単純な頸部軟部組織の捻挫であり、それほど重篤なものとは把握されていない。

Ⅰ 第5 **8** 局部の神経症状（むち打ち症を中心に）　　167

　その症状の経過☆6は，一般に，受傷直後は，疼痛はないか軽度であり，翌日から頚背部の痛み，頚部の伸展運動による痛みの増強，頭痛等の症状が現れる。それらの症状は，通常は数週間で軽減し，その後は次第に無症状になるが，自律神経症状を慢性に訴えるケースもみられる。また，椎間板変性のみられる中高年では過伸展により椎間板ヘルニア☆7を生じたり，骨棘☆8により神経根や脊髄の損傷をきたすことがあるとされるが，その例は少ないといわれている。

　むち打ち症の治療期間については，軽傷例（頚椎捻挫症状）であれば，大部分は1か月以内に症状軽快し，一般には全治2〜3週間といわれている。また，重症例（頚椎運動制限あり）であっても，その大部分は3か月以内に症状軽快し，残りも1年以内にほとんど症状が消失するといわれている☆9。

　裁判例の中には，外傷性頭頚部症候群につき，「その症状は，身体的原因によって起こるばかりでなく，外傷を受けたという体験によりさまざまな精神症状を示し，患者の性格，家庭的，社会的，経済的条件，医師の言動等によつても影響を受け，ことに交通事故や労働災害事故等の責任が他人にあり損害賠償の請求をする場合には，加害者に対する不満等が心因となって症状をますます複雑化し，治癒を遷延させる例も多い。衝撃の程度が軽度で損傷が頚部軟部組織（筋肉，靱帯，自律神経など）にとどまつている場合には，入院安静を要するとしても長期間にわたる必要はなく〔数日以内長くとも10日位〕，その後は多少の自覚症状があつても日常生活に復帰させたうえ適切な治療を施せば，ほとんど1か月以内，長くとも2，3か月以内に通常の生活に戻ることができるのが一般である」と述べるものがある☆10。

　むち打ち症の原因や機序については，遷延化，難治化の原因を含め，いまだ十分に解明されていない。

　なお，近時，従来むち打ち症とされていた症状の原因について，低髄液圧症

☆6　『南山堂医学大辞典〔第18版〕』271頁，272頁。
☆7　椎間板が正常の位置から膨隆ないし脱出し，膨隆等した椎間板が頚髄や神経根を圧迫する等して神経症状を引き起こす。
☆8　骨に何らかの刺激が加わって骨増殖が起きて，その結果生じた骨の棘のような突起。突起部分が頚髄や神経根を圧迫する等して神経症状を引き起こす。
☆9　日本賠償科学会編『賠償科学〔改訂版〕─医学と法学の融合』（民事法研究会，2013）122頁。
☆10　東京高判昭58・9・29民集42巻4号259頁。裁判例⑭（最判昭63・4・21）の原審判決であり，最高裁判所は原審の上述の認定を適法に確定した事実関係であるとして是認している。

168　　　第 2 章　各論―類型別にみる後遺障害認定の実務

候群（脳脊髄液減少症，脳脊髄液漏出症）あるいは軽度外傷性脳損傷（MTBI）などによるものであると被害者が主張するケースがみられる。

ウ　むち打ち症の分類

むち打ち症に関する分類は種々されているが，代表的な「土屋の分類 (1968)」[11]によれば，症状により以下の 5 類型に分けられている[12]。

⑺　頚椎捻挫型

頚部，項部筋繊維の過度の伸長ないし部分的断裂から，前後縦靭帯，椎間関節包，椎弓間靱帯，棘間靱帯などの過度の伸長，断裂などまでを含む段階のもので，新鮮例（受傷後 1 週間以内に来院したもの）については，その74.7％を占めている。陳旧例（受傷後 1 週間以上経て来院したもの）については，その43.6％と頻度が低くなる。

頚部筋，項部筋，肩甲部筋などの圧痛，頚椎運動制限及び運動痛などを主症状とし，胸鎖乳突筋などは圧痛のみでなく腫脹を認めることもある。神経症状は認められないか，認められても一過性であり部分的である。

頚椎捻挫型は，むち打ち症の中で最も予後のよい型であり，大方は1.5ないし 3 か月以内に治癒する。しかし，バレ・リュー型又は根症状型へと移行するものもある。

⑻　根症状型

頚神経の神経根の症状が明らかなものである。根症状型では，頚椎捻挫型の症状に加えて，抹消神経分布に一致した知覚障害及び放散痛，反射の異常，筋力低下，神経根症状誘発テストで陽性の症状を示す。

根症状型の出現の機序としては，外傷による椎間孔内出血，浮腫，瘢痕形成などが根を刺激し又は麻痺させること，椎間板損傷によって二次的に椎間板が突出して根を圧迫すること，受傷前から存する変形性頚椎症の骨棘が受傷を契機として神経根を刺激すること，椎間関節の亜脱臼による椎間孔の狭小化やルシュカ関節[13]の骨棘形成又は小骨折によって神経根が圧迫刺激されることな

---

[11]　土屋弘吉ほか「いわゆる鞭打ち損傷の症状」臨床整形外科 3 巻 4 号10頁。
[12]　『交通事故におけるむち打ち損傷問題〔第 2 版〕』27頁，『後遺障害等級認定と裁判実務〔改訂版〕』303頁，遠藤健司編著『むち打ち損傷ハンドブック〔第 2 版〕』（シュプリンガー・ジャパン，2008） 8 頁。
[13]　第 3 ～ 7 頚椎の椎体の上面において，その後外側縁が上方に突出しており，この突起が上位椎体と接していることから，これをルシュカ関節と称している（『南山堂医学大辞典〔第20版〕』2583頁）。

どが挙げられる。

㈦ バレ・リュー症状型

頸椎症にみられる頭痛，めまい，耳鳴り，目の疲労などの不定症状を呈するものをバレ症状又はバレ・リュー症状と呼ぶ。バレ・リュー症状は，他覚的所見に乏しく，自覚的，主観的愁訴が主となっているうえに，長期間持続して慢性化の傾向をたどりやすい。また，バレ・リュー症状を示す患者では，神経症が加重してくることもまれではない。バレ・リュー症状の本態に関しては，後頸部交感神経の刺激症状であると推定されているが，いかなる経路を経てこのような症状を呈するに至るかについては推定の域を出ないとされている。

㈢ 根症状＋バレ・リュー症状混合型

根症状型の症状に加えて，バレ・リュー症型の症状を呈するものである。

㈣ 脊髄症状型

深部腱反射の亢進，病的反射の出現などの脊髄症状を呈するものである。ただし，現在では，むち打ち症ではなく，非骨傷性の脊髄損傷とされている☆14。

2 等級認定基準

(1) 自賠責等級における取扱い

ア 等級認定区分

自賠法施行令別表第1及び同第2において，神経系統の機能又は障害の後遺障害は，より等級の重い「神経系統の機能又は精神に」「障害」を残すものと表現されるものと，等級の軽い「局部に」「神経症状」を残すものと表現されるものとに分かれる。障害の程度に応じて，前者については別表第1の1級，2級，別表第2の3級，5級，7級，9級の6段階に，後者については別表第2の12級及び14級の2段階に等級が定められている。

「局部の神経症状」に関する後遺障害等級表の定めは，次のとおりである。

☑表1　局部の神経系統の障害の後遺障害等級表

| 第12級13号 | 局部に頑固な神経症状を残すもの |
| 第14級9号 | 局部に神経症状を残すもの |

☆14　『交通事故におけるむち打ち損傷問題〔第2版〕』29頁

イ　等級認定の基準

12級又は14級に位置づけられる局部の神経系統の障害の認定基準については，次のとおり説明されている。

「第12級は『通常の労務に服することはでき，職種制限も認められないが，時には労務に支障が生じる場合があるもの』」「第14級は第12級よりも軽度のものが該当する」☆15。

なお，認定基準がもともと労働災害を前提としたものであることから，「労務」への支障の有無や程度が認定基準の中心をなしているが，自賠責の等級認定の対象となる被害者には労働者以外の様々な属性の者が存在していることから，ここでいう「労務」には家事や就学といった賃金を得る目的以外のものも含まれる。

また，神経系統の機能又は障害は，その態様によって，①脳の障害，②脊髄の障害，③抹消神経障害，④その他特徴的障害（「外傷性てんかん」「頭痛」「失調，めまい及び平衡機能障害」「疼痛等感覚障害」），⑤「その他」に分類されており，これらの障害の態様ごとに細分化した基準が設けられている☆16。

自賠責の実務においては，12級は「障害の存在が他覚的に証明できるもの」であり，14級は「障害の存在が医学的に説明可能なもの」とする考え方が採用されているといわれている☆17☆18。

「他覚的に証明できる」「医学的に説明可能」については，以下のように説明される☆19。

「他覚的に証明されるか否かは，種々の検査結果をもとに判断する」「注意すべきは，他覚的な証明とは，事故により身体の異常が生じ，医学的見地から，その異常により現在の障害が発生しているということが，他覚的所見をもとに判断できることである。すなわち，症状の原因が何であるかが証明される場合

☆15　『労災補償障害認定必携〔第16版〕』141頁。
☆16　『労災補償障害認定必携〔第16版〕』141頁以下。
☆17　『青本〔26訂版〕』347頁。
☆18　平成15年改正以前の認定基準では，「第12級は『他覚的に神経系統の障害が証明されるもの』及び第14級は第12級よりも軽度のものが該当する」という記載が存在していた（例えば，『労災補償障害認定必携〔第7版〕』131頁）。
☆19　「他覚的証明」「医学的説明」に関する解説として，本文に引用したもののほか，『後遺障害等級認定と裁判実務〔改訂版〕』287頁，『交通事故におけるむち打ち損傷問題〔第2版〕』186頁，『注解交通損害賠償算定基準(上)〔3訂版〕』222頁，羽成守「むちうち損傷被害者相談における留意点」『赤い本〔2002年版〕』240頁，北河隆之ほか『詳説後遺障害―等級認定と逸失利益算定の実務』（創耕舎，2014）30頁等。

である。」☆20。

「医学的に説明可能とは，現在存在する症状が，事故により身体に生じた異常によって発生していると説明可能なものということになる。それゆえ，被害者に存在する異常所見と残存している症状との整合性が必要となる。従って，被害者の訴え（自覚症状）のみでは，被害者の身体の異常との整合性がないとして等級非該当とされることが多い。」☆21。

(2)　むち打ち症の等級認定と検査方法

ア　等級認定

むち打ち症については，14級9号の「局部に神経症状を残すもの」，又は12級13号「局部に頑固な神経症状を残すもの」への等級認定が問題となる。

むち打ち症の被害者は，その自覚症状として頸部痛，上肢や手指のしびれ等の残存を訴えることがあるが，前述のとおり，このような被害者の自覚症状があるだけでは，被害者の身体の異常との整合性がないとして等級非該当とされることが多い。

むち打ち症の後遺障害認定の根拠となる主な資料は，画像所見と神経学的検査所見である。検査の具体例には，次のものが挙げられる☆22。

イ　画像検査

㈦　レントゲン検査

レントゲン検査は，X線による撮像により，骨傷の有無，脊柱管のずれ・頸椎骨の並びや曲がり方，骨棘等による神経根の圧迫の有無や程度等を診断しようとするものである。

㈣　MRI検査

MRI検査は，磁気と電波によって，任意の方向の断層像を得ることのできる画像診断であり，特に，脊髄，靱帯，椎間板，神経根などの頸椎を支持する軟部組織の描出に有効であるとされる。神経組織の圧迫や椎間板ヘルニアの有無等の確認に有用であるといわれている。

☆20　『青本〔26訂版〕』347頁。
☆21　『青本〔26訂版〕』347頁。
☆22　上に挙げたもののほか，CTや脳血管撮影などの画像診断，脳波検査，筋電図検査，神経伝道速度検査，筋萎縮検査等がある（『青本〔26訂版〕』347頁）。

ウ　神経学的検査

㋐　深部腱反射検査

腱を打診することによって生じる反射を確認する検査である。腱反射は，抹消神経障害により減弱，消失することから，腱反射の異常を見ることにより抹消神経の障害の有無等を確認しようとするものである。

㋑　徒手筋力テスト（MMT）

徒手運動による筋力テストであり，筋力の低下の有無や度合いを確認する検査である。神経が障害された部位がある場合，神経の障害部位に応じて筋力の低下がみられる部位が異なることから，筋力の低下の部分や度合いを検査することにより，抹消神経の障害の有無や部位等を確認しようとするものである。

㋒　感覚検査

皮膚の触覚や痛覚の検査である。神経の障害部位に応じて，皮膚の感覚鈍麻や感覚消失のみられる部位が異なることから，皮膚の感覚障害を検査することにより神経の障害の有無や部位等を確認しようとするものである。

㋓　スパーリングテスト・ジャクソンテスト

頭部を患側に傾斜させ（ジャクソンテスト），あるいは後屈させて（スパーリングテスト），頭部を圧迫して軸圧を加える検査である。圧迫を加えることによって椎間孔が狭められるため，そこを通る神経根に障害が存在する場合には，その神経根の支配領域に疼痛，しびれ感が放散する。神経根症状を誘発して，神経根障害の有無等を確認しようとするものである。

3　主な争点と主張立証上の留意事項

(1)　後遺障害の存在

訴訟においても，局部の神経症状の後遺障害等級の認定にあたっては，基本的には上述の自賠責における取扱いの基準に準じて，12級は「障害の存在が他覚的に証明できるもの」，14級は「障害の存在が医学的に説明可能なもの」として認定される例が多いといわれている☆23。判決においてこれらと同様の表現が用いられることも少なくない（裁判例①⑫等）。したがって，局部の神経症状の後

☆23　『注解交通損害賠償算定基準(上)〔3訂版〕』222頁，『交通事故におけるむち打ち損傷問題〔第2版〕』185頁。ただし，12級の基準となっている「他覚的所見」の存在をどのように捉えるかについては，自賠責実務と裁判実務との間で認識の違いがある旨の指摘がある（『注解交通損害賠償算定基準(上)〔3訂版〕』222頁，『青本〔17訂版〕』183頁～189頁）。

遺障害を主張する場合，まずは，被害者の訴える自覚症状と整合し，これを裏づける，画像検査，神経学的検査の異常所見をもって後遺障害の存在が証明されること，あるいは医学的説明が可能であることの立証を行うことを検討することになる。

また，各種の検査や所見については，その種類によって客観性に差異があり，重みづけされることにも留意する必要がある。すなわち，各種の検査法には，被検査者の意思とまったく無関係に結果の得られる検査法と被検査者の応答と協力が不可欠な検査法とがあり，前者の検査による他覚的所見の方が後者のそれよりも価値が高いと評価することができる。レントゲン撮像やMRI等の画像所見は客観性が高く診断価値が高いとされる一方で，神経根症状誘発テスト（ジャクソンテスト，スパーリングテスト）や徒手筋力テスト等では被検査者の応答と協力が不可欠であり，被検査者の意思に左右され得ることからそれらの客観性は低いといわれている☆24。

画像所見により神経圧迫の存在がみられ，それと整合する神経学的異常所見がみられる場合には，医学的証明があったものとして12級と認定されやすいといえる（裁判例⑫）。また，画像所見上明らかな神経圧迫の存在は認められないもののそれを示唆する所見があり，神経学的検査所見において神経症状を示す異常所見が得られている場合には医学的な説明が可能なものとして14級に認定されやすいことになるものと考えられる。

むち打ち症の場合，自覚症状のみで他覚的所見に乏しく，後遺障害の存在や原因の立証が難しいケースが少なくない。しかしながら，画像所見や神経学的所見からの立証が難しい場合であっても，受傷時の状態や治療の経過などから症状に連続性，一貫性が認められるような場合には14級が認定される場合があるなど，画像所見や神経学的検査結果以外の事情に基づいた認定がされることもある（裁判例①⑪）。画像所見などの他覚的所見に乏しい場合であっても，主訴の内容，治療の経過，事故態様，主治医の意見等に基づいて，事案に応じた具体的かつ説得的な立証の工夫と努力が必要である☆25。

☆24　平林冽「後遺障害等級認定にかかわる医学的基礎知識」『赤い本〔2003年版〕』248頁以下。

☆25　「（東京地方裁判所）民事27部では，被害者の主訴の内容，治療の経過，事故態様，主治医の意見等をも総合的に考慮して，後遺障害の存否・程度，治療の必要性・相当性などを認定するという手法を採っています。」とされている（河邉義典裁判官「交通事故賠償の実務と展望」東京三弁護士会交通事故処理委員会編『新しい交通賠償論の胎動―創立40周年記念講演を中心として』（ぎょうせい，2002）3頁以下）。

なお，局部の神経症状の後遺障害が認定されて一定期間経過した後，別の事故によって神経症状が生じたというケースでは，後の事故による症状を後遺障害と認定することができるか否か争いになることがある☆26☆27（裁判例⑦⑧）。

(2) 事故との因果関係

後遺障害等級の認定基準を満たすと認められる局部の神経症状の存在が認められた場合であったとしても，次に，当該症状が事故を原因とするものかどうか，すなわち因果関係が問題となる。基本的には，事故態様，事故後の急性期の症状の態様，その後の治療経過等から，事故と当該症状との因果関係が判断されているといわれている☆28。

一般に，外傷による症状は，受傷48時間をピークとして以後それらは次第に軽快するという経過をたどるとされる☆29。

被害者の訴える症状が受傷数日以内に発症し，症状固定の時期まで一貫して持続し，それに対する治療が継続されていれば，当該症状が事故による外傷を原因とするものであることは比較的明らかである。他方，事故後数週間が経過してから症状が現れた場合や，治療中にいったん軽快した後に症状が再び増悪するというような経過をたどった場合には，事故と当該症状との因果関係の認定が難しくなる。もっとも，頸椎捻挫については，症状の出現の仕方に個人差が生じることはまれなことではないと指摘する裁判例もあり（裁判例③），典型的な症状経過をたどらないからといって因果関係が否定されるとは限らない。

また，事故後に椎間板ヘルニアや骨棘による神経圧迫がみられる場合には，被害者の症状は，事故ではなく，加齢による変性や既存障害によるものではないかというかたちで争いになることがある（裁判例⑬）。事故や受傷の程度がごく軽微な場合にあっては，症状の出現や増悪は被害者の心因的要因によるものであるとして，事故との因果関係が問題となるケースも少なくない。

☆26 自賠責においては，自賠法施行令2条2項の規定との関係で，同一の部位の後遺障害については，以前の事故により認定された後遺障害の程度を加重したものでなければ，後の事故により生じた障害は後遺障害には該当しないものと扱われる。また，訴訟においては，後の事故による後遺障害の内容と程度が以前の事故による後遺障害とその内容及び程度を異にしない場合には後の事故によって後遺障害が残存したとは認められないなどとして，後遺障害の存在が争われることがある。

☆27 加重障害の問題については，浅岡千香子裁判官「加重障害と損害額の算定」『赤い本(下)〔2006年〕』129頁以下参照。

☆28 『交通事故におけるむち打ち損傷問題〔第2版〕』184頁。

☆29 平林例「後遺障害等級認定にかかわる医学的基礎知識」『赤い本〔2003年版〕』248頁。

Ⅰ　第5　**8**　局部の神経症状（むち打ち症を中心に）　　175

(3)　労働能力喪失率及び労働能力喪失期間

　訴訟においては，局部の神経症状の後遺障害による労働能力喪失率は，むち打ち症の場合を含め，概ね労働能力喪失率表に従って認定されており，12級認定事案では14％，14級認定事案では5％が認められることがほとんどである。

　一方，労働能力喪失期間については，特にむち打ち症の場合，他の後遺障害とは異なり，労働能力喪失期間を一定期間に限定する運用が行われている[30][31]。むち打ち症の労働能力喪失期間については，各種の損害賠償額算定基準において，次のとおり説明されている。

　「むち打症の場合は，12級で10年程度，14級で5年程度に制限する例が多く見られるが，後遺障害の具体的症状に応じて適宜判断すべきである。」[32]「神経機能の障害として頻発する頸部損傷によるむち打ち症については，自覚症状を主体とするため喪失期間の決定に困難が伴い，以前から短期間の喪失期間が認定される扱いがされていた。最近では，後遺障害等級12級（他覚的に神経障害が証明されるもの）該当については5年ないし10年の，14級該当については5年以下の労働能力喪失期間を認めた例が多い。ただし，これと異なる長期短期の喪失期間を認めた例もあるので，留意を要する。」[33]。

(4)　素因減額[34]

ア　体質的素因

　判例は，被害者に存する体質的な素因が症状の発生や拡大に寄与している場合に，それが疾患といえるときには，素因減額できる場合のあることを認めている（裁判例⑯）。むち打ち症の事案では，被害者に後縦靱帯骨化症，脊柱管狭窄，椎間板ヘルニア等の既往症や既存障害があるときにそのような体質的素因による減額が問題となることが多い（裁判例①⑧⑫⑬⑯）。

　他方，判例は，被害者の首が長いなどといった単なる「身体的特徴」にとどまる事由を理由とする減額は否定している（裁判例⑮）。また，被害者に年齢相

---

[30]　河邉裁判官・前掲（[25]）22頁。
[31]　むち打ち症以外の神経症状の労働能力喪失期間については，小林邦夫裁判官「むち打ち症以外の原因による後遺障害等級12級又は14級に該当する神経症状と労働能力喪失期間」『赤い本(下)〔2007年版〕』75頁に詳しい。労働能力喪失期間を制限するかどうかはケースバイケースである（裁判例⑤⑩）。
[32]　『赤い本(上)〔2018年版〕』89頁。
[33]　『青本〔26訂版〕』125頁。
[34]　むち打ち損傷における体質的素因・心因的要因による素因減額に関する裁判例の分析は『交通事故におけるむち打ち損傷問題〔第2版〕』244頁以下に詳しい。

応の程度の変性が存在していたことを理由とする減額についても否定されることが多い（裁判例②④）。

イ　心因的要因

被害者の心因的要因が損害の発生や拡大に寄与している場合，素因減額がされることがある（裁判例⑥⑭。裁判例⑨は否定した事例）。どのような事情が心因的要因として考慮されるのか，あるいはどのような場合にその心因的要因を理由として素因減額をすることができるのかについては，議論の多いところである☆35。むち打ち症の事案では，事故を原因としてうつ病などの精神障害の症状を生じたような場合，症状の誇張がされたり医学的に説明のつかない症状が生じているような場合，治療期間が数年以上の長期にわたるような場合等で，心因的要因を理由とする素因減額が問題となることがある。

裁　判　例（◆：むち打ち症事例，◇：その他）

第14級認定に関する事例
◆第14級認定の判断基準に言及している事例
①東京地判平15・1・28交民36巻1号152頁
「等級表14級10号（現14級9号）の『局部に神経症状を残すもの』とは，『労働には通常は差し支えないが，医学的に可能な神経系又は精神の障害に係る所見があると認められるもの』をいうのであり，この場合，CT，MRIなどの検査によって精神，神経障害が医学的に証明しえるとは認められなくとも，受傷時の状態や治療の経過などから，その訴えが医学上説明のつくものであり，疼痛などの自覚症状が単なる故意の誇張ではないと医学的に推定される場合には，同14級10号を認定できる」と述べたうえで，被害車両に同乗中に追突事故により頸椎捻挫等の傷害を負った被害者（女・固定時59歳・兼業主婦）の上肢のしびれ感，脱力感等の症状（自賠責は非該当判断）について，CT，MRIなどの検査によって精神，神経障害が医学的に証明し得るものとは認められないが，被害者は受傷後から一貫して疼痛を訴えていること，主治医作成の後遺障害診断書があること，及び受傷時の状態や治療の経過などを総合すると，被害者の訴える症状は医学上説明のつくものであり，故意に誇張された訴えではないとして14級に該当するものと認め，労働能力喪失率5％，5年間の逸失利益を認定した。事故前から被害者には変形性脊椎症や頸椎椎間板ヘルニア及び黄靭帯肥厚症の疾患が存在したこと等から，損害全体から20％の素

☆35　『LP交通損害関係訴訟〔補訂版〕』209頁，山﨑克人裁判官「心因的要因を理由とする減額」『赤い本（下）〔2017年版〕』65頁。

Ⅰ　第5　**8**　局部の神経症状（むち打ち症を中心に）　　　177

因減額をした。

◆**画像上の異常所見と神経学的所見とが一致しない頸部痛等の症状につき労働能**
力喪失率8％，労働能力喪失期間10年を認定した事例
　②京都地判平25・2・5交民46巻1号212頁

　追突事故により頸椎捻挫・腰椎捻挫の傷害を負った被害者（男・年齢不明・土木
建築業。腰椎椎間板ヘルニアの既存障害の認定あり）の右頸部痛，両手のしびれ，
腰痛等の症状につき（自賠責は右頸部痛，両手の痺れ等の症状について14級9号認
定），被害者に存した椎間板ヘルニアが事故によりそれまでになかった症状を発現
することがあり得るが，被害者の症状については，MRIで確認された頸椎及び腰椎
の異常と整合する頸髄圧迫症状又は神経根圧迫症状並びに神経学的異常所見が認
められず（例えば，両手しびれは，C4／5の椎間板ヘルニアにより障害されるC5
神経根の支配領域の知覚障害ではない），このように明らかな画像所見がありなが
ら神経学的所見及び症状との一致がないことから，明らかな他覚的裏づけがあると
いうのはなお躊躇されるとして，症状固定時から10年間，労働能力喪失率8％の限
度で逸失利益を認定した。また，椎間板ヘルニアによって被害者の症状が発生した
と断定することはできず，椎間板ヘルニアにつき疾患というべき退行変性が存在し
ていたとも認められないとして，素因減額を否定した。

◆**事故後しばらくして生じた症状の増悪や新たな症状の出現が問題となった事例**
　③東京地判平25・8・6交民46巻4号1031頁

　首都高速道路上の自動車同士の接触事故により後部座席に同乗していた被害者
（男・固定時50歳・銀行支社長）が，頸椎捻挫，左下腿打撲の障害を負い（治療期
間約7か月），事故から約10日経過した後に頸部痛の増悪と左上肢のしびれの出現
を訴え，また，事故から3週間以上が経過した後に腰痛の出現と増悪を訴えるに至
った事案につき，被害者の受傷内容が頸椎捻挫であることから，これによる症状の
出現の仕方に個人差が生じることはまれなことではないとしたうえで，被害者は受
傷の頃金融庁の検査を受けその準備に追われる状況にあったから，頸部痛を抱え，
頸部又はその周囲の筋肉が緊張している状況の中，業務に従事し続けることによ
り，頸部痛の増悪，左上肢のしびれや腰痛が出現するに至ることも了解可能である
として，被害者の各症状が事故に起因するものであると認め，労働能力喪失率5
％，5年間の逸失利益を認定した。素因減額はされていない。

◆**既存の椎間板腔の狭小化，椎間板膨隆及び骨棘の素因減額を否定した事例**
　④福井地判平26・5・2交民47巻3号589頁

　追突事故により頸椎捻挫・右肩捻挫の傷害（通院期間10か月）を負った被害者
（女・固定時55歳・保険外交員）の頸部痛，肩こり，両手のしびれ等の症状につき
自賠責認定のとおり14級と認めたうえで，事故前から被害者に存した第5頸椎と第
6頸椎との間の椎間板腔の狭小化，椎間板の膨隆及び骨棘について，それらはいず

178 第2章 各論―類型別にみる後遺障害認定の実務

れも加齢によって生じたものであり，かつ，いずれも被害者の年齢に相応する程度
のものであり，疾患といえるような状態ではなかったとして，素因減額を否定した。

◆むち打ち症による頸部痛及び骨折後の神経症状の後遺障害につき21年間の労働
　能力喪失期間を認定した事例　⑤神戸地判平26・6・20交民47巻3号760頁

　　正面衝突事故により左尺骨神経損傷，左尺骨肘頭骨折，頸椎捻挫等の傷害（入院
5日，通院期間439日）を負った被害者（男・固定時46歳・会社員）の訴える左肘
の痛み・しびれ等の症状につき，左尺骨肘頭骨折が生じ，その後左尺骨神経の圧
痕・充血等があって尺骨神経癒着剥離術が施行されたことなどからすれば，客観的
な他覚所見に乏しいとしてもこれらの症状が本件事故によるものであることを否
定できないとして14級9号に該当すると認め，また，頸椎捻挫による頸部痛の症状
についても14級と認めて併合14級に該当すると判断したうえで，被害者の後遺障害
は神経症状であるが，左尺骨肘頭骨折の後遺障害は将来的に軽快すると認めるに足
りる証拠はないとして，21年間，労働能力喪失率5％の逸失利益を認定した。素因
減額はされていない。

◆うつ病等の既往症により10％素因減額した事例
　⑥神戸地判平26・8・20交民47巻4号981頁

　　交差点を徒歩横断中に相手自動車に衝突された事故により胸椎捻挫，頸椎捻挫の
傷害を負い，約22か月間通院した被害者（男・固定時57歳・陸運技術専門官）の頸
部の痛みしびれの症状（自賠責14級9号認定）につき，他覚的所見を欠く神経症状
であること等に照らし，5年間，労働能力喪失率5％の逸失利益を認めたうえで，
被害者は事故の5年前から不眠，頭痛，首筋の痛み，肩こり，めまい等の症状を訴
えてクリニックに受診してうつ病と診断されていたこと，受傷の程度が必ずしも重
篤なものではないこと，事故前から椎間板膨隆や骨棘形成など頸椎の変性が生じて
いたことなどから，胸椎捻挫，頸椎捻挫の治療が約6か月もの長期間に及んだこと
には既往症を原因とする心的要素等が少なからず影響したとして10％の素因減額
を認めた。

◆別件事故による後遺障害の残存を否定したうえで，本件事故による後遺障害を認
　定した事例（自賠責は非該当判断）　⑦横浜地判平26・8・28交民47巻4号1060頁

　　本件事故の7年前と2年10か月前に発生した各別件事故によって生じた腰痛や
頸椎捻挫後の右上肢しびれの後遺障害につきいずれも自賠責14級9号認定を受け
ていた被害者（男・年齢，職業不明）が，本件事故により，頸椎捻挫，頸部神経根
症，腰椎捻挫，右坐骨神経痛及び右第8，9肋骨骨折の傷害を負い，右上肢痛・し
びれ及び腰部痛の症状が残存した事案につき，自賠責は，既存の後遺障害を加重し
たものとはいえないとして非該当と判断した。本判決においては，別件事故から相
当期間が経過していること，被害者は事故当時には積極的にスポーツをしており，
通院もしていなかったことなどから，別件事故による後遺障害は本件事故当時は残

存していたと認められないと述べて（「このように解することは，一般に，後遺障害等級表の第14級第9号の神経症状についての後遺障害に係る労働能力喪失期間が3から5年程度に制限されていることとも整合的である。」と述べている。），本件事故による被害者の症状を14級9号に相当するものと認め，労働能力喪失率5％，5年間の逸失利益を認定した。素因減額はされていない。

◆前回事故と同一の受傷部位の後遺障害の認定事例（自賠責は非該当判断），既存障害による3割の素因減額を認めた事例

⑧東京地判平26・11・18交民47巻6号1415頁

本件事故の10年以上前に生じた前回事故により頸部痛等の後遺障害（自賠責は14級9号認定）の認定を受けた被害者（男・固定時48歳・会社員）が，本件追突事故によって頸椎捻挫の傷害を負い，頭痛，頸部痛，両肩甲部痛，背部痛，めまい等の症状を訴えた事案につき，自賠責は，前回事故による既存の障害を加重したものとは捉えられないこと等を理由として，非該当と判断とした。本判決においては，前回事故による後遺障害が軽微な神経症状であったこと等から，本件事故時には前回事故による後遺障害はかなり軽減しており，本件事故により症状が再発又は悪化したとして，14級9号に相当するものと認め，労働能力喪失率5％，5年間の逸失利益を認定した。また，本件事故による傷害，後遺障害の発症又は悪化には前回後遺障害の影響が認められるとして，損害全体から30％の素因減額を認めた。

◆鑑定を実施したうえで，頸肩痛，右上肢のしびれ等，続発性の転換性障害の後遺障害を認定，心因的要因による素因減額を否定した事例

⑨横浜地判平27・8・26交民48巻4号997頁

追突事故により頸椎捻挫の傷害を負った被害者（男・事故時25歳・自動車整備士）が時間の経過（通院期間2年317日）とともに生じた多彩・広範な症状（自賠責は14級9号認定）につき，①頸肩痛は，事故直後から存在し，事故による頸椎捻挫に起因するものであるが，他覚的所見を伴わない神経症状であるから14級9号に，②右上肢のしびれ・頭痛・頸椎可動域制限等は頸椎捻挫後にしばしばみられる外傷性頸部症候群として説明可能であるからこれに当たり14級9号に，③右下肢のしびれ・右上下肢の筋力低下・握力低下・跛行・性機能消失・眩暈・不眠は転換性障害に起因するものと認めたうえで，鑑定書がその症状を14級としていることなどを考慮して14級に，それぞれ相当するものと認め，労働能力喪失率5％，5年間の逸失利益を認定した。また，心因的要因による素因減額について，「一般的にその損害がその加害行為のみによって通常発生する程度，範囲を超えるものであり，かつ，その損害の拡大について被害者の心因的要素等が寄与している場合には，素因減額が可能になる」と述べつつ，本件の被害者について鑑定書は心因性等の可能性（疑い）を指摘するにすぎないこと，事故が被害者に与えた衝撃の程度が軽微とは認めがたいこと等から，心因的要因による素因減額を認めなかった。

◇**左足関節捻挫による左関節痛の後遺障害の労働能力喪失期間を5年間に制限した事例　⑩名古屋地判平27・11・27交民48巻6号1443頁**

　自転車を運転中に加害者が運転する自動車に衝突された事故により両足関節捻挫，左肘打撲傷，頸部挫傷等の傷害を負った被害者（女・固定時24歳・大学1年生の留学生）の右足関節痛の症状につき（自賠責非該当），後遺障害診断書に「右足関節外側側副靱帯周辺に軽度の腫脹と圧痛あり。X－P距骨傾斜角ストレス撮影にて約5度」と記載されていること，被害者は症状固定診断後2年を経た尋問においても安静時痛はないものの夕方になると痛みが出現し，長時間歩行後やヒールのある靴による歩行時には痛みが強くなると供述していることなどから，14級9号に該当すると認め，労働能力喪失率5％，5年間の逸失利益を認定した。素因減額はされていない。

◆**画像上又は神経学上の所見のない頸椎捻挫後の頸部痛等の後遺障害の認定事例　⑪東京地判平28・3・16交民49巻2号349頁**

　追突事故により頸椎捻挫・腰椎捻挫を負った被害者（男・年齢不明・ライフプランナー）の頸部痛及び腰痛の症状につき，自賠責は，症状の存在を裏付ける他覚的所見は認めがたく，他覚的に神経系統の障害が証明されるものと捉えることは困難であるとしつつも，治療状況（鍼灸整骨院通院期間22か月間・実通院日数349日，整形外科通院期間22カ月・実通院日数127日，クリニック通院期間6か月・実通院日数2日）なども勘案し，将来においても回復が困難と見込まれる障害であると捉えられると認め，14級9号を認定した。本判決においては，被害者のこれらの症状について（医療記録上本件事故に起因すると思われる画像上又は神経学上の所見は見当たらず）専ら自覚症状に基づくものであるということや，自賠責の上述の認定の事実などに照らして，労働能力喪失率5％，5年間の逸失利益を認定した。素因減額はされていない。

第12級認定に関する事例

◆**事故と頸椎椎間板ヘルニアとの因果関係を肯定し自賠責より重い等級認定した事例　⑫横浜地判平26・7・17交民47巻4号904頁**

　追突事故の被害者（男・固定時46歳・路線バス運転手）に生じた頸椎椎間板ヘルニアが事故により生じたものか争われた事案（自賠責は頸部痛を14級9号認定）につき，事故から約2か月後に受けたMRI検査の結果第5・6頸椎間板には膨隆が認められ頸椎椎間板ヘルニアと診断されていること，第6神経根の支配領域である左手の親指から前腕にかけて知覚異常（鈍麻）が認められ，椎間板ヘルニアと知覚異常（鈍麻）との間に整合性が認められること，事故前は頸部痛や上肢のしびれ等の症状によって業務に支障が生じた形跡はなく，本件事故後に頸椎椎間板ヘルニアに伴う顕著な症状が認められていることから，被害者の頸椎椎間板ヘルニアは事故によって生じたものと推認できるとし，これらの症状は他覚的に証明されているとし

Ⅰ　第5　**8**　局部の神経症状（むち打ち症を中心に）　　181

て12級13号該当と認め，労働能力喪失率14％，10年間の逸失利益を認定した。また，事故前から被害者に頸椎椎間板ヘルニアが存在したとは認められないとして，素因減額を否定した。

◆**自賠責が非該当とした右上肢抹消神経障害につき事故による後遺障害と認定したうえで，後縦靱帯骨化症の既往症による20％の素因減額をした事例**
　⑬名古屋地判平28・2・26交民49巻1号288頁

　　自車左側面に衝突を受けて頸部・左膝挫傷，左肩・両肘・背部痛の障害等を負った被害者（男・固定時40歳・歯科医師）の右上肢抹消神経障害（右握力低下，右上肢しびれ，巧緻障害等。自賠責は非該当判断）につき，被害者が既往症として有していた無症状の後縦靱帯骨化症による脊柱管狭窄が事故という外傷の寄与により発症したものであり，被害者の症状は事故による後遺障害であると認めたうえで，被害者が歯科医師という手先の細かい作業により患者に侵襲度の高い医療行為を行う職業であることなどに鑑みて，労働能力喪失率15％，7年間の逸失利益を認定した。また，事故前から存在した後縦靱帯骨化症は，単なる加齢的変性の程度を超えた疾患に当たるとして，損害額全体から20％の素因減額を認めた。

素因減額に関する最高裁判所の判例

◆**心因的要因による素因減額を肯定した事例**
　⑭最判昭63・4・21民集42巻4号243頁

　　軽微な追突事故により頭頸部軟部組織に損傷を受けて外傷性頸部症候群の症状を発した被害者（女・事故時52歳・兼業主婦）が事故後10年以上入通院を継続した事案につき，被害者に生じた損害のうち事故後3年間に生じたものに限って事故との相当因果関係を認め，そして，「身体に対する加害行為と発生した損害との間に相当因果関係がある場合において，その損害がその加害行為のみによつて通常発生する程度，範囲を超えるものであつて，かつ，その損害の拡大について被害者の心因的要因が寄与しているときは，損害を公平に分担させるという損害賠償法の理念に照らし，裁判所は，損害賠償の額を定めるに当たり，民法722条2項の過失相殺の規定を類推適用して，その損害の拡大に寄与した被害者の右事情を斟酌することができるものと解するのが相当である」と述べたうえで，本件の被害者の特異な性格，被害者の言動に誘発された初診医の常識外れの診断とこれに対する過剰な反応，被害者の回復への自発的意欲の欠如等があいまって適切さを欠く治療を継続させた結果，症状の悪化と固定化を招いたと考えられることから，損害賠償の額を定めるに当たり損害の拡大に寄与した被害者の上記事情を斟酌することができるとして，事故後3年間に生じた損害（治療費，休業損害，入通院慰謝料）の4割を減額した原審の判断を是認した。

◆**疾患に当たらない体質的素因による素因減額を否定した事例**
　⑮最判平8・10・29民集50巻9号2474頁

追突事故により頸椎捻挫の傷害を負った被害者（女・固定時30歳・兼業主婦）が事故後に頸部，後頭部疼痛等の症状や矯正視力低下の症状を残した事案において，「平均的な体格ないし通常の体質と異なる身体的特徴を有していたとしても，それが疾患に当たらない場合には，特段の事情の存しない限り，被害者の右身体的特徴を損害賠償の額を定めるに当たり斟酌することはできない」として，被害者の身体的特徴として首が長くこれに伴う多少の頸椎不安定症があったとしても，当該事情を損害賠償額を定めるにあたり斟酌するのは相当ではないと判断した。

◆後縦靱帯骨化症による素因減額をするにあたり考慮すべきでない事由を判示した事例　⑯最判平 8 ・10・29交民29巻 5 号1272頁

　タクシーを運転中に受けた追突事故により頸椎捻挫，腰椎捻挫の傷害（入院151日，通院期間 1 年 5 か月，実通院日数418日）を負った被害者（男・固定時61歳・タクシー乗務員）の頸部運動制限及び頸部痛等の症状につき，最判平成 4 年 6 月25日判決（民集46巻 4 号400頁）を引用して，「被害者に対する加害行為と加害行為前から存在した被害者の疾患とが共に原因となって損害が発生した場合において，当該疾患の態様，程度などに照らし，加害者に損害の全部を賠償させるのが公平を失するときは，裁判所は，損害賠償の額を定めるに当たり，民法722条 2 項の規定を類推適用して，被害者の疾患を斟酌することができる」としたうえで，「このことは，加害行為前に疾患に伴う症状が発現していたかどうか，疾患が難病であるかどうか，疾患に罹患するにつき被害者の責めに帰すべき事由があるかどうか，加害行為により被害者が被った衝撃の強弱，損害拡大の素因を有しながら社会生活を営んでいる者の多寡等の事情によって左右されるものではない」と判示した。そして，被害者に事故前から存した本件疾患は頸椎後縦靱帯骨化症であるところ，「本件において被上告人（被害者〔筆者注〕）の罹患していた疾患が被上告人の治療の長期化や後遺障害の程度に大きく寄与していることが明白であるというのであるから，たとい本件交通事故前に右疾患に伴う症状が発現しておらず，右疾患が難病であり，右疾患に罹患するにつき被上告人の責めに帰すべき事由がなく，本件交通事故により被上告人が被った衝撃の程度が強く，損害拡大の素因を有しながら社会生活を営んでいる者が多いとしても，これらの事実により直ちに上告人らに損害の全部を賠償させるのが公平を失するときに当たらないとはいえず，損害の額を定めるに当たり右疾患を斟酌すべきものではないということはできない」と判断し，被害者の上記疾患を損害賠償額の算定に当たり斟酌することを否定した原判決を破棄して差し戻した。

Ⅱ **9** 醜状障害

Ⅱ 醜状障害

9 醜状障害

1 定義・概要

(1) 醜状障害

醜状障害とは，身体に醜いありさまを残した後遺障害をいう。自動車損害賠償保障法施行令（自賠法施行令）別表第２では，外貌については「醜状」と表現し，上肢及び下肢の露出部については「醜いあと」という表現を使用している。

(2) 外貌の醜状障害

外貌の醜状障害については，後述するとおり３段階の等級が定められており，上肢及び下肢の醜状障害については１等級のみが定められている。

「外貌」とは，頭部，顔面部，頸部のように，上肢及び下肢以外で日常露出する体の部分をいう。

2 等級認定基準

(1) 等級の種類

醜状障害に関しては，自賠法施行令別表第２において，次のとおり外貌醜状につき３段階，上肢及び下肢の露出面の醜状につき各１種類の等級が定められている。

☑図表１　醜状障害の後遺障害等級（自賠法施行令別表第２）

区　分	等　級	障害の程度
外　貌	第７級12号	外貌に著しい醜状を残すもの
	第９級16号	外貌に相当程度の醜状を残すもの
	第12級14号	外貌に醜状を残すもの
上　肢	第14級４号	上肢の露出面にてのひらの大きさの醜いあとを残すもの
下　肢	第14級５号	下肢の露出面にてのひらの大きさの醜いあとを残すもの

184　　第2章　各論─類型別にみる後遺障害認定の実務

　従前は外貌醜状の等級に男女差があり，「著しい醜状」を残す場合，女性は7級12号，男性は12級14号，「醜状」を残す場合，女性は12級15号，男性は14級10号とされていた。しかしながら，京都地方裁判所において，労働者災害補償保険（労災保険）の給付基準を定める労働基準法施行規則別表第2に関し，著しい外貌の醜状障害につき5級もの男女差を設けることは違憲である旨の判決があり☆1，これを機に同表につき男女差を解消する改正が行われた。自賠法施行令別表第2もこれに連動して改正され，前記のとおりとなったものである。なお，これらの改正別表は，京都地裁判決の確定日である平成22年6月10日以降に発生した事故に適用されている。

(2)　等級の認定基準

　外貌醜状障害とその他の露出面の醜状障害につき，労災保険給付に関する等級認定基準は以下のとおりであり☆2，自賠法施行令別表第2の等級認定もこれにほぼ準拠して行われている。

ア　外貌の醜状障害

　㋐　外貌における「著しい醜状を残すもの」とは，原則として，次のいずれかに該当する場合で，人目につく程度のものをいう。

　①　頭部にあっては，てのひら大（指の部分は含まない。以下同じ）以上の瘢痕又は頭蓋骨のてのひら大以上の欠損

　②　顔面部にあっては，鶏卵大以上の瘢痕又は10円銅貨大以上の組織陥没

　③　頸部にあっては，てのひら大以上の瘢痕

　㋑　外貌における「相当程度の醜状」とは，原則として長さ5cm以上の線状痕で，人目につく程度以上のものをいう。

　㋒　外貌における単なる「醜状」とは，原則として，次のいずれかに該当する場合で，人目につく程度のものをいう。

　①　頭部にあっては，鶏卵大面以上の瘢痕又は頭蓋骨の鶏卵大面以上の欠損

　②　顔面部にあっては，10円銅貨大以上の瘢痕又は長さ3cm以上の線状痕

　③　頸部にあっては，鶏卵大面以上の瘢痕

　㋓　障害補償の対象となる外貌の醜状とは人目につく程度以上のものでなければならないから，瘢痕，線状痕及び組織陥没であって眉毛，頭髪等に隠れる

　☆1　京都地判平22・5・27自保1826号1頁・労判1010号11頁・判タ1331号107頁。
　☆2　『労災補償障害認定必携〔第16版〕』183頁以下。

部分については，醜状として取り扱わないこととなる。

* 以上の「瘢痕」とは，火傷や外傷・潰瘍などの治ったあとにできる傷あ
とや，組織の欠損部に増殖した肉芽組織が古くなって繊維化したものをい
うとされる☆3。

イ 露出面の醜状障害☆4

(ｱ) 上肢・下肢の「露出面」とは，上肢にあっては肘関節以下（手部を含
む），下肢にあっては膝関節以下（足背部を含む）をいう。

(ｲ) 「2個以上の瘢痕又は線状痕」及び「火傷治癒後の黒褐色変色又は色素
脱失による白斑等」に係る取扱いについては，外貌における場合と同様に取り
扱うこととなるが，その範囲はてのひら大の醜いあとを残すものが該当する。

(ｳ) 両上肢又は両下肢にあっては，自賠法施行令が準拠する労働者災害補
償法施行規則14条4項「別表第1に掲げるもの以外の身体障害については，そ
の障害の程度に応じ，同表に掲げる身体障害に準じてその障害等級を定める。」
との定めにより，露出面の2分の1程度に醜状を残すものは，12級を準用する
こととなる。

(3) 外貌及び露出面以外の醜状障害☆5

これについては障害等級の定めがないが，その内容・程度によっては等級が
認定される場合があり，自賠法施行令が準拠する労働者災害補償保険法施行規
則14条4項により以下のとおり認定されることとなる。

① 両上腕又は両大腿にあってはほとんど全域，胸部又は腹部にあっては
各々の全域，背部及び臀部にあっては，その全面積の2分の1程度をこえ
るものは，12級を準用する。

② 上腕又は大腿にあってはほとんど全域，胸部又は腹部にあってはそれぞ
れ各部の2分の1程度，背部及び臀部にあってはその全面積の4分の1程
度をこえるものは，14級を準用する。

3 主な争点と主張立証上の留意事項

(1) 逸失利益の認定

☆3 『大辞林〔第4版〕』。
☆4 『労災補償障害認定必携〔第16版〕』189～190頁。
☆5 『労災補償障害認定必携〔第16版〕』190～191頁。

後遺症に関する主要な損害は，逸失利益と慰謝料である。醜状障害は，自動車損害賠償保障法上7級，9級，12級，14級の各等級が定められており，各等級には労働能力の喪失につき，7級56％，9級35％，12級14％，14級5％の労働能力喪失が想定されている。また，慰謝料につき，赤い本においては7級1000万円，9級690万円，12級290万円，14級110万円という基準が明示されている☆6。

醜状障害の損害につき争いになるのは，多くの場合後遺症逸失利益に関してである。不法行為による損害の実質については，伝統的な考え方として，加害行為がなかった場合に想定される利益状態と加害行為がなされた場合の利益状態の差であるとする差額説，及び生命・身体侵害によってその能力の全部又は一部が失われた場合にはその喪失自体が財産的損害であるとする労働能力喪失説がある☆7。この点，醜状障害は，それ自体が身体の機能や能力を損なうものではないため，伝統的な差額説や労働能力喪失説を貫く限り，いずれの立場からも，醜状障害による逸失利益は否定されるとの結論が導かれ得る。それゆえ，過去の裁判例でもこれを否定するケースも多い。

確かに，特殊な職業を除き，醜状障害は身体機能や能力の喪失をもたらすものではなく，直ちに減収をもたらすことの蓋然性を認めがたい。しかしながら，醜状障害とりわけ外貌醜状が，その人の就労に影響を及ぼすことも否定しがたい事実である。平成14年に当時の東京地裁民事第27部の河邉義典部総括判事は，外貌醜状の裁判実務上の取扱いにつき，被害者の性別，年齢，職業等を考慮したうえで，①醜状痕の存在のために配置転換されたり，職業選択の幅が狭められるなどの形で労働能力に直接的な影響を及ぼすおそれのある場合には，一定割合の労働能力の喪失を肯定し逸失利益を認める，②労働能力への直接的な影響は認めがたいが，対人関係や対外的な活動に消極的になるなどの形で，間接的に労働能力に影響を及ぼすおそれが認められる場合には，後遺障害慰謝料の加算事由として考慮し，原則として100万円〜200万円の幅で後遺障害慰謝料を増額する，③直接的にも間接的にも労働能力に影響を与えないと考えられる場合には，慰謝料も標準どおりとして増額しない，ということになる旨の意

☆6　『赤い本(上)〔2018年版〕』178頁。
☆7　損害の捉え方に関する解説につき，鷺岡康雄「後遺障害と逸失利益」吉田秀文＝塩崎勤編『裁判実務大系(8)民事交通・労働災害訴訟法』(青林書院，1985) 167頁，北河隆之『交通事故損害賠償法』(弘文堂，2011) 86頁等を参照。

見を述べている☆8。

この意見は，その後の醜状障害の逸失利益認定に関する裁判実務に相当大きな影響を及ぼし，一定の指針としての役割を果たしているといえる。

(2) 検討対象となる要素

近時の裁判例で，労働能力喪失の認定において検討されるべき要素を整理すれば，以下のとおりとなる。

ア 醜状の内容及び程度

最も重要な要素として検討されるべき事項は，醜状障害の内容と程度であり，それが「著しい」と認められる場合には，男女や職業を問わず一定の逸失利益が肯定される傾向にある。

近時の東京地裁民事第27部の裁判官講演では，醜状障害につき，「肉体的・機械的な労働能力の喪失をもたらすものではない。しかしながら，無人島で就労するような場合は別として，通常の就労者は，ホワイトカラーであれブルーカラーであれ，他者との直接的接触・交流の中で就労しているのであり，職業によりその頻度，重要性は相当程度異なるものの，外貌がその者の印象を大きく左右する要素の一つである以上，このような接触・交流にあたり，醜状障害が円満な対人関係を構築し，円滑な意思疎通を実現する上での阻害要因になることは容易に理解されるところであり，この点こそ醜状障害によって喪失する労働能力の実質である。醜状障害は，生活上の不利益にとどまらず，このような対人関係円滑化に関する労働能力の喪失をもたらすものであり，醜状が『著しい』程度に達していれば，このような労働能力の喪失は顕著なものとなる。」旨の指摘がなされている☆9。

このような指摘は，醜状障害が就労上の阻害要因となることの実質を的確に捉え，また示唆に富むものであり，今後，同様の認識を示して労働能力の喪失を認める裁判例が増加するように思われる（裁判例④⑪）。このような見地に立てば，醜状の内容・程度が大きいほど「円滑な意思疎通」や「対人関係の円滑化を」損ない，「円満な対人関係の構築」を阻害する程度が大きく，それに対応して逸失利益も大きいものとなるとの指摘が妥当するものと思われる。

☆8 河邉義典裁判官講演録「交通事故賠償の実務と展望」東京三弁護士会交通事故処理委員会編『新しい交通賠償論の胎動―創立40周年記念講演を中心として』（ぎょうせい，2002）9頁。

☆9 鈴木尚久裁判官講演録「外貌の醜状障害による逸失利益に関する近時の裁判実務上の取扱いについて」『赤い本(下)〔2011年版〕』44頁。

イ　被害者の職業

従前から，俳優，モデル，ホステス，ホスト等，外貌が重要な要素を占める職業については，それ自体が就労上の支障となり，収入の減少に結びつくことから，一定の労働能力の喪失による損害が認められている。ただ，近時の裁判例においては，接客が業務の中心又は重要な部分を占める業種である生命保険外交員，百貨店勤務，飲食店経営（裁判例①），バーテンダー（いずれも女性），父親経営の理容店アルバイト，フィットネスジムインストラクター（いずれも男性）につき逸失利益を認めた裁判例がある。また，近時，必ずしも接客が大きなウエイトを占めない職業である海上自衛官，作業療法士，主婦，交通誘導警備員，貨物自動車運転手，介護従事者（いずれも女性）についても，一定の逸失利益を認められたケースが紹介されてる[10]。

なお，女性歯科衛生士に関しては，接客業務がその業務の主要な部分を占めるものではないとしてその外貌醜状につき逸失利益を否定し，慰謝料の増額で考慮した裁判例がある（裁判例⑦）。

ウ　被害者の性別

著しい醜状，単なる醜状を問わず，女性の事例では広く逸失利益が肯定される傾向にあり，男性の場合には否定されがちな傾向にある。男女における現在の職種，職務内容等の差異，社会一般の評価に照らし，そのような傾向は肯定されざるを得ないであろう。なお，前述した醜状障害を労働能力阻害事由と捉える見解によれば，醜状障害による対人関係円滑化に関する労働能力の喪失には男女差があり，この場面では女性の方が客観的なダメージが大きいと理解されているため，醜状障害の内容及び程度が同一で職業が同種の男女の被害者がいたとしても，逸失利益の肯否の結論が異なることはあり得る，との指摘がなされている[11]。

エ　将来の就職・転職，昇進・昇格・昇給への影響，対人関係や対外的関係への支障

未就労の若年者に関しては，醜状が将来の就職への支障となる可能性が高いとみなされれば，逸失利益が認められる場合がある（裁判例②）。また，若年者

---

[10]　横井弘明「外貌醜状」交通事故紛争処理センター編『交通事故紛争処理の法理―（公財）交通事故紛争処理センター創立40周年記念論文集』（ぎょうせい，2014）325頁。

[11]　鈴木裁判官講演録・前掲（[9]）46頁。

に限らず中高年者であっても将来の転職や再就職が予定されており，醜状がその転職に支障となる場合もあり得るところである（裁判例④⑤⑨）。

また，平成19年度の日弁連交通事故相談センター東京支部での裁判官講演では，「人は，他人との接触をせずに生活することは当然無理であり，醜状痕により，人と会うことに消極的か，極端な場合はそれが嫌になり，何事にも積極的になれず，それがボディーブローのように効いてきて，次第に仕事の能率や意欲に影響を与え，昇給や昇進に影響を与えることは十分考えられる。」旨の指摘がなされているところであり☆12，醜状が昇進・昇格・昇給に支障を及ぼす蓋然性がある場合には，逸失利益が認められる可能性がある（裁判例④）。また，醜状障害が精神的な負担となり対人関係に消極的となるなど，対人関係や対外的関係に支障を生じていることも，労働能力喪失事由として認定される場合がある（裁判例②）。ただし，この要素を労働能力喪失事由としてではなく，慰謝料の増額事由として考慮する場合もある（裁判例⑦⑧）。

なお，必ずしも対人関係や対外関係が主要な業務とはなっていないと思われる貨物の搬出，搬入，運送等に従事する男性運転手の9級16号の醜状障害につき，初対面に近い顧客との折衝に消極的となっており，社内の評判が落ちて将来の昇進や転職に影響する可能性があるとして，35％の労働能力喪失を認めた事例がある（裁判例⑩）。

(3) 主張立証上の留意事項

ア 外貌醜状障害について

通常，逸失利益は，基礎収入に当該労働能力喪失率を乗じることにより算定されている。外貌醜状障害で最も留意すべき事項は，自賠責保険で一定の後遺障害等級認定を受けたとしても，裁判上は，その等級に対応する労働能力喪失率が認定されるわけではないということである。すべての後遺障害の逸失利益に関する労働能力の喪失率は，程度の差はあるものの被害者側の主張立証に委ねられている。ただ，こと醜状障害に関しては，従来の損害論において，それ自体が人の身体機能や能力の喪失をもたらすものではないため，逸失利益は発生しないと認識されていたことから，後遺障害等級表の労働能力喪失率はほと

☆12　山﨑秀尚裁判官講演録「醜状痕を理由とする後遺障害慰謝料額及び醜状痕が残った男性被害者の後遺障害の評価」日弁連交通事故相談センター東京支部編『交通事故による損害賠償の諸問題Ⅲ：損害賠償に関する講演録（2000年版―2004年版）』58頁。

んど意味をなさず，いわばゼロから労働能力の喪失率を立証する必要があるといえる。

近時の裁判例で検討対象となっている要素は，醜状の内容・程度，被害者の職業，被害者の性別，将来の就職・転職，昇進・昇格への影響，対人関係や対外的関係への支障等である。また，醜状障害が「円滑な意思疎通」や「対人関係の円滑化を」損ない「円満な対人関係の構築」を阻害するという意味において労働能力喪失事由であると捉える見解が台頭し，これに同調する裁判例が近時増加傾向にあることは既に指摘したところである。

醜状障害の主張立証においては，以上の事項を念頭に置き，外貌醜状の場合であれば，その醜状の内容及び程度，また，それが普段隠すことが難しいもので本人にとって精神的苦痛が極めて大きく，対人関係に消極的になるなど現在及び将来において円満な対人関係の構築に顕著な影響を与えるものであること，被害者の職業において当該醜状が業務の遂行に支障をきたしている状況，現在及び将来にわたり実際の収入の減少や昇給・昇進・昇格への障害に繋がっていること，等の事実を具体的なエピソードを指摘しつつ詳細に主張し，立証する必要がある。

イ　上肢・下肢の醜状瘢痕について

醜状障害のうち上肢・下肢の露出部の醜状瘢痕は，外貌醜状と異なり自賠責保険の実務上後遺障害等級として14級が認められるにとどまり，裁判上においても，慰謝料は認められる場合があるものの，逸失利益による損害が認められることは極めて少ない（裁判例⑥⑧）。しかしながら，俳優・モデル等被害者の職業によってはその瘢痕により上肢・下肢を露出する業務に支障をきたすことが明白な場合がある。また，そのような特殊な職業でなくても，夏期の就労時や職場の福利厚生活動等において上肢・下肢を露出することができず，職場の同僚や上司らから奇異な目で見られるなどにより，円満な対人関係の構築に支障をきたしている事例は十分あり得るところである。

なお，醜状瘢痕には痛みや皮膚感覚の麻痺等の神経症状が伴う場合があり，職業によってはそれ自体が労働能力の阻害要因となっている場合がある。これらの神経症状が14級9号（裁判例③），あるいは12級13号の後遺障害等級認定の対象となることもあり得るところである。代理人においては，被害者のこのような神経症状に関する訴えを聞き流すことなく，医学的見地から何らかの説明

が可能であるならば，そのような観点からの主張立証を試みるべきである。

4　裁　判　例

◆飲食店経営者の接客業務への支障等を考慮して逸失利益を認めた事例
　①大阪地判平22・3・15交民43巻2号332頁

　ラウンジ風飲食店，鍋料理専門店の経営者（女・固定時52歳）が，平成14年6月，交差点で道路を横断中に普通乗用車に衝突されて頭部・顔面打撲，眼窩骨折，歯牙折損，右鎖骨・左上腕骨・腰椎横突起，骨盤骨折，膀胱破裂等の傷害を負い，同16年2月に症状固定し，外貌醜状（7級），神経症状（14級），眼科12級と14級の併合6級と認定された事案で，外貌醜状の程度は著しく，原告は飲食店を経営する接客業であり業務の遂行に与える影響も大きいとして，平均余命の2分の1である17年間，60％の労働能力喪失を認め，全年齢女子平均賃金を基礎収入として逸失利益2367万円余を認めた。後遺症慰謝料については，加害者が車検を受けず自賠責保険にも加入していない車両を運転していたこと等を考慮し1300万円（赤い本基準では1180万円）を認めた。

◆若年男性の顔面醜状につき将来の業務への支障を考慮して48年間5％の労働能力喪失を認めた事例（後遺障害等級の変更は参考資料にとどまるとした事例）
　②横浜地判平24・3・29交民45巻2号447頁・自保1877号97頁

　平成20年12月に事故に遭った高校生（男・固定時19歳・会社員）の右下腿部前面醜状（14級5号），右眼下部10円銅貨大以上瘢痕（14級10号，併合14級）につき，1000人程度の従業員を抱える企業の正社員であり，必要な指示を与える対人折衝が必要な業務に従事しており，顔面に傷があることを気に病み，業務に集中できず，仕事の能率や意欲を低下させることは十分に考えられるほか，将来的には営業部門等にも配属される可能性もあり，労働能力喪失の期間を制限すべき合理的根拠は見出しがたいとして，賃金センサス男性学歴計全年齢賃金を基礎に48年間5％の労働能力喪失を認め，後遺障害慰謝料については，若年の原告にとって顔面に瘢痕が残り続けることにより，将来の私生活や就労に対する大きな不安が生じたり，積極性を失う可能性があり，原告自身も，顔面の醜状により何事にも自信がもてなくなったと述べていることなどから，180万円（赤い本基準では110万円）を認めた。

　なお，原告側が訴訟中に男性外貌醜状の等級に関し違憲判決が出たことを踏まえて12級14号の主張をしたことに対して，本件は，交通事故による損害の賠償を求めたものであるところ，損害賠償制度は，被害者に生じた現実の損害を塡補することを目的とするものであり，被害者にいかなる損害が生じたかは，裁判所が訴訟に現れた全証拠から自由な心証に基づいて認定するものである（民訴247条）。したがって，後遺障害等級認定は，損害賠償請求訴訟においては，あくまでも参考資料にと

どまるものであり，逸失利益の額や後遺障害慰謝料の額は，これを参考としたうえ，被害者の年齢，職業，後遺障害の部位・程度，事故前後の稼働状況等の諸般の事情を総合して認定判断されるべきものである，と判示した。

◆右膝外傷性瘢痕ケロイド・ケロイド部の痛み（14級9号）につき，37年間5％の労働能力喪失を認めた事例
③神戸地判平25・10・10判時2234号75頁・自保1922号91頁

平成22年3月，自動二輪車に同乗中，タクシーが客を乗せるため開けたドアに衝突・転倒し，右膝打撲・挫創等の傷害を負い，右膝外傷性瘢痕ケロイド・ケロイド部の痛み（14級9号）の後遺障害を残し，退職を余儀なくされた女性（固定時30歳・総合病院勤務）につき，原告は右膝の痛み等のために立ち仕事や階段の上り下りが困難などの状況にある中，痛みに耐えながら業務に従事し，自らの努力で収入を維持している。67歳までの37年間5％の労働能力喪失を認め，賃金センサス学歴計女子労働者全年齢平均を基礎として173万円余を認め，後遺症慰謝料として110万円（赤い本基準では110万円）を認めた。

◆45歳女性介護職員の12級14号醜状障害等につき，転職や昇給・昇格等に影響するとして10％の労働能力喪失を認めた事例
④横浜地判平26・1・30交民47巻1号195頁

平成24年3月，普通乗用車を運転中交差点内で普通乗用車と衝突し，顔面打撲，顔面挫創，頸椎捻挫等の障害を負い，眉間の部分に人目につく3cm以上の線状痕（12級14号），頸項部痛，胸背部痛及び腰痛（14級9号）併合12級を残した特別養護老人ホームで介護の仕事に従事する45歳女性につき，現に従事する仕事は日常的に他人と接し，介護というサービスを提供する職業であって，円満な人間関係の形成と円滑な意思疎通が必要とされること，今後転職する可能性も否定できず，転職や今後の昇給・昇格等に影響を及ぼす可能性があること，頸部痛や腰痛等で介助に支障を生じていることなどから，10％の労働能力喪失を認め67歳までの22年間合計466万円余を認め，後遺症慰謝料として290万円（赤い本基準では290万円）を認めた。

◆将来営業職に異動する可能性がり，外貌の変化が昇進・昇格や転職の影響を及ぼすことを考慮して逸失利益を認めた事例
⑤大阪地判平26・6・27交民47巻3号809頁

平成22年7月発生の事故により男性（38歳・会社員）が，顔面挫滅創による手術痕（7級12号），左橈骨骨折による関節障害（12級13号）併合6級の後遺障害を残した事例で，労働能力の喪失を本人の努力で補っており，関節痛による労働能力喪失は10年程度で漸減し消滅するが，将来営業職に異動する可能性があり，期間が経過するにつれて外貌の変化が昇進昇給や転職の可能性に影響を及ぼす度合いが大きくなるとして，労働能力の喪失を14％とし，67歳までの29年間合計1262万円余の

逸失利益を認め，後遺症慰謝料として1200万円（争いなし，赤い本基準では1180万円）を認めた。

◆右上肢の色素沈着による労働能力喪失を否定し，非該当の右肩可動域制限につき５％の労働能力喪失を認めた事例
　⑥神戸地判平26・7・18交民47巻4号915頁・自保1933号87頁

　平成21年7月，自動二輪車を運転中対抗車線を右折してきた普通貨物自動車を回避するため転倒し，当該乗用車に衝突し，頭部打撲，全身打撲擦過傷，右肩腱板断裂等の障害を負い，右上肢の色素沈着（14級4号）の後遺障害を残し，右肩関節の機能障害は非該当とされた男性（46歳・運送会社代表者）につき，右上肢の色素沈着は労働能力の喪失をもたらすものとは認められないとし，右肩については等級認定基準には至らないものの軽度の可動域制限が残存しており，パソコン操作や運転操作に支障が出ていること等から５％の労働能力喪失を認め，後遺症慰謝料として110万円（赤い本基準では110万円）を認めた。

◆女性歯科衛生士の7級12級醜状障害につき，労働能力に影響しないとして逸失利益を否定し慰謝料で考慮した事例
　⑦横浜地判平26・9・12交民47巻5号1152頁・自保1936号40頁

　平成21年11月，自転車で交差点を走行中普通乗用車と出会い頭衝突し，右足関節捻挫，顔面挫創，顔面瘢痕拘縮，顔挫滅創，右顔面外傷後瘢痕等の障害を負い，右頬部には人目につく5cm以上の線状痕，眉間部分には3cm以上の線状痕（7級12号）を残した歯科衛生士（女・固定時43歳）につき，格別の事情（俳優，モデル等容姿が重視される職業）のない限り，店の客足が減るとか，給与が減額になることはないから，労働能力の喪失につながるとはいえない，なお，原告は口が左右対称に開かなくなったと主張するが，会話が困難になる等格別の事情のない限り，歯科衛生士として仕事が行えなくなるとはいえず歯科保健指導ができなくなるとまでは認めがたいとして逸失利益を否定し，後遺症慰謝料につき，外貌醜状等は7級12号に該当するところ，逸失利益としては斟酌できないとしても，女性として周囲の視線が気になる場面も生じ，対人関係や対外的活動に消極的になる可能性も否定できず，間接的とはいえ労働に影響を及ぼすおそれのあることを考慮し，1200万円（赤い本基準では1000万円）を認めた。

◆6歳男子の下肢瘢痕（14級5号）による逸失利益を否定し，慰謝料で考慮した事例　⑧東京高判平26・12・24自保1942号30頁

　平成23年9月，自転車で走行し交差点で大型自動車と出会い頭に衝突し，左足背部の植皮術後の瘢痕の後遺障害（14級5号）を残したX（男・事故時6歳）につき，18歳から67歳まで５％の労働能力を認め総額295万円余を認定した原判決を破棄し，瘢痕の部位は通常は靴下や靴を履けば隠れる部分であり，労働するときに露出する部分ではなく，その部位や大きさを考慮すると瘢痕のために配置転換させられたり

職業選択の幅が狭められるなど労働能力に直接的な影響を及ぼすとは思われないとし，また，Xが希望していたアイドルなど肢体の美観が就労に影響する職業に従事する余地が奪われたとの主張に対しては，現在芸能活動等に従事していたりタレントスクール，劇団や芸能事務所に所属するなどの「肢体の美観が就労に影響する職業」に就職する可能性や蓋然性を窺わせる主張も立証もないとして後遺症による逸失利益を否定し，Xの母が教員からXがプールの授業で足を出すのをためらったと伝えられたことなどから，労働能力に影響がないにしても瘢痕による精神的苦痛による影響が成長過程にあるXにとって小さくないとして，後遺症慰謝料として180万円（赤い本基準では110万円）を認めた。

◆**外回り営業での支障や昇級に関する不利益の顕在化等を考慮して逸失利益を認めた事例　⑨東京地判平27・2・13交民48巻1号230頁・自保1944号72頁**

平成24年3月発生の事故により，顔面線状痕（9級16号），右手関節機能障害（12級6号），左膝関節痛等（12級13号）併合8級の後遺障害を残したX（男・固定時40歳・営業職会社員）につき，復職後収入は増加しており，事故による減収は認められないが，外回り時や内勤でのキーボードやマウス操作に支障が生じていること，線状痕は顔面の目立つ位置にあり，外回りの営業職の業務に相当程度影響していること，これらの影響により，人事評定が低下し，昇級上の不利益が顕在化しており，Xが解雇の危険を感じていることには相応の理由があるとして，労働能力喪失率を20％とし，逸失利益として67歳までの27年間1663万円余を認め，後遺症慰謝料830万円（赤い本基準は830万円）を認めた。

◆**貨物の搬出・搬入・運送等に従事する男性運転手の9級16号の醜状障害につき，35％の労働能力喪失を認めた事例　⑩さいたま地判平27・4・16自保1950号84頁**

平成23年5月に，普通貨物自動車を運転し，一時停止道路から進出してきた普通乗用車に衝突され，その衝撃で電柱に衝突し，顔面挫創，上下口唇切創等の障害を負い，口唇部挫創後瘢痕（5cm以上の線状痕で人目につく程度のもので9級16号）等を残した男性・運送会社運転手（固定時41歳）につき，線状痕は人目につき，貨物の搬出・搬入・運送という職業柄，初対面に近い顧客との折衝に消極的となっており，社内の評判が落ちて将来の昇進や転職に影響する可能性があるとし，男性においても外貌醜状を後遺障害とする制度が確立された以上，職業のいかんを問わず，原則として当該後遺障害等級の定める労働能力の喪失があるというのが相当であるとして35％の労働能力喪失を認め，67歳までの27年間合計1823万円余を認め，後遺症慰謝料として690万円（赤い本基準では690万円）を認めた。

◆**54歳女性歳女子介護職員につき，円満な関係を構築し円滑な意思疎通を実現するうえで支障が生じるとして逸失利益を認めた事例　⑪東京地判平28・1・25自保1969号54頁**

平成23年3月の交通事故により，頭部外傷，顔面及び頭部挫創等の傷害を負い，前額部左に15cm×2mmの瘢痕と同部分に知覚違和感の後遺障害（7級12号）を残した女性・介護職員（固定時54歳）につき，障害者やその家族等と接する機会が多いのに，上記の瘢痕が残っており，円満な関係を構築し円滑な意思疎通を実現するうえで支障が生じるというべきであるが，特に減収がなく，化粧や髪型等によって瘢痕はある程度目立たなくすることができることに照らし，業務における上記支障は限定的であり，知覚違和感があることを考慮しても，労働能力喪失率は10％が相当であるとし，逸失利益として67歳までの13年間で592万円余を認め，後遺障害慰謝料として1000万円（赤い本基準では1000万円）を認めた。

III 眼の障害

10 眼の障害

1 定義・概要

眼は，視覚を受け持つ主部の眼（眼球・視神経）と，眼球の運動と保護をする付属器である副眼器（眼瞼・結膜・涙器・眼筋など）とに分けられる。眼球と主な副眼器は眼窩という骨に囲まれた空間に納められている。

（1）眼球の構造

眼球は，直径約24㎜，重さ約6〜8ｇの球状で眼窩中に位置し，前に透明な角膜があり光を通す。外から入った光は，角膜，眼房水，水晶体，硝子体を経て網膜に達し視細胞に感受され，後方で視神経に連なり脳と連絡する☆1。

眼球は，外側から外膜，中膜，内膜と3層の被膜で包まれている。

外膜は角膜と強膜からなり，角膜は前方約6分の1を占め，角膜反射や涙分

☑図1　眼球　矢状断

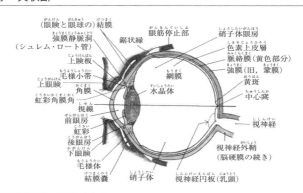

出所：『新入門解剖図譜』46頁・図128。

☆1　『南山堂医学大辞典〔第20版〕』428頁。

☑図2　眼　筋

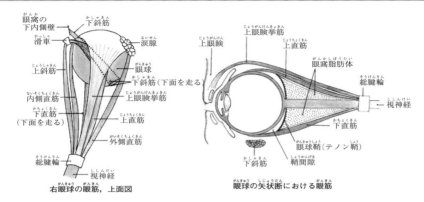

右眼球の眼筋，上面図　　　眼球の矢状断における眼筋

出所：『新入門解剖図譜』47頁・図131。

泌反射を起こして目を保護する。強膜は，後方約6分の5を占め，いわゆる白眼に当たる。

　中膜（眼球血管膜ともいう）は，脈絡膜，毛様体，虹彩から構成される。

　脈絡膜は，強膜の内側にあり外部からの光線を吸収・遮断するなどの役割をし，毛様体は，水晶体の厚さを調節する役割をもつ。虹彩は，毛様体の前端にある水晶体の前面を取り囲む膜で，瞳孔の縮小・拡大により，入射光線量を調節する役割をもつ。

　内膜は網膜と色素上皮層からなる。網膜は，光の受容器である視細胞と視神経を含む最重要部であり，大変柔らかく剥離しやすい膜である。

　眼房水は，リンパ液の一種で水晶体と角膜の間の眼房を満たしている。

　水晶体は，瞳孔のすぐ後ろにある無色透明の両凸レンズで，ピント合わせの働きをする。

　硝子体は，水晶体と網膜の間を満たしている無色透明のゼリー状の組織である。

(2)　副眼器の構造

　眼瞼（まぶた）とは，眼球の前を覆う可動性の襞であり，眼球を保護するとともに，眼球表面の角膜を常に涙で潤った状態に保つことができる。

　結膜とは，強膜の表面と眼瞼の内側を覆っている薄い粘膜で，涙や粘液により眼瞼の動きを円滑にする。

涙器とは，涙をつくる器官であり，涙をつくり出す涙腺と，その涙を流し出す涙道に分けられる。

眼筋とは，眼球の運動に関与する筋肉であり，4個の直筋（上直筋，下直筋，内直筋，外直筋），2個の斜筋（上斜筋，下斜筋），上眼瞼挙筋，眼窩筋がある。

(3) 視覚伝導路

それぞれの眼から入った視覚の情報は，右半分の視野は両眼の網膜の左半分に投影され，左半分の視野は両眼の網膜の右半分に投影され，視神経及びその他の神経線維に沿って伝わり，脳の後方で視覚として感知される。

2 等級認定基準

(1) 自賠責等級における取扱い

ア 等級認定区分

眼の障害については，大きく眼球の障害とまぶたの障害に区分され，眼球の障害には，視力障害，調節機能障害，運動障害，複視，視野障害があり，まぶたの障害には欠損障害と運動障害がある。これらの障害の等級区分と認定基準の詳細は，☑表1のとおりで，自動車損害賠償保障法施行令（自賠法施行令）別表第2で定めている☆2。

(ア) 視力障害

（i）視 力 障害等級表にいう視力とは矯正視力☆3をいう（自賠令別表第2備考1号）。また，視力の測定方法は，原則として万国式試視力表（ランドルト環☑図3を用いたもの）による（自賠令別表第2備考1号）。

（ii）障害等級の認定 角膜の不正乱視が認められず，かつ，眼鏡による完全矯正を行っても不等像視☆4を生じない者については，眼鏡により矯正した視力を測定して等級認定する。

上記以外の者は，医学的に装用が可能であり，かつ，良好な視界が得られる場合には，コンタクトレンズにより矯正した視力を測定して等級認定する☆5。

☆2 『労災補償障害認定必携〔第16版〕』96～97頁。

☆3 矯正視力には，眼鏡，コンタクトレンズ等によって得られた視力が含まれる（『労災補償障害認定必携〔第16版〕』98頁）。

☆4 不等像視とは，左右両眼の屈折状態等が異なるため，左眼と右眼の網膜に映ずる像の大きさ，形が異なるものをいう（『労災補償障害認定必携〔第16版〕』98頁）。

☆5 コンタクトレンズの装用の可否及び視力の測定は，医師の管理下で3か月間試行的に装用し，その後に行う。装用が可能と認められるのは，1日8時間以上の連続装用が可能な場合とす

☑表 1　眼の障害の後遺障害等級（自賠法施行令別表第 2）

（眼球の障害）

視力障害	両眼が失明したもの	第 1 級 1 号
	1 眼が失明し，他眼の視力が0.02以下になったもの	第 2 級 1 号
	両眼の視力が0.02以下になったもの	第 2 級 2 号
	1 眼が失明し，他眼の視力が0.06以下になったもの	第 3 級 1 号
	両眼の視力が0.06以下になったもの	第 4 級 1 号
	1 眼が失明し，他眼の視力が0.1以下になったもの	第 5 級 1 号
	両眼の視力が0.1以下になったもの	第 6 級 1 号
	1 眼が失明し，他眼の視力が0.6以下になったもの	第 7 級 1 号
	1 眼が失明し，又は 1 眼の視力が0.02以下になったもの	第 8 級 1 号
	両眼の視力が0.6以下になったもの	第 9 級 1 号
	1 眼の視力が0.06以下になったもの	第 9 級 2 号
	1 眼の視力が0.1以下になったもの	第10級 1 号
	1 眼の視力が0.6以下になったもの	第13級 1 号
調節機能障害	両眼の眼球に著しい調節機能障害を残すもの	第11級 1 号
	1 眼の眼球に著しい調節機能障害を残すもの	第12級 1 号
運動障害	正面を見た場合に複視の症状を残すもの	第10級 2 号
	両眼の眼球に著しい運動障害を残すもの	第11級 1 号
	1 眼の眼球に著しい運動障害を残すもの	第12級 1 号
	正面以外を見た場合に複視の症状を残すもの	第13級 2 号
視野障害	両眼に半盲症，視野狭窄又は視野変状を残すもの	第 9 級 3 号
	1 眼に半盲症，視野狭窄又は視野変状を残すもの	第13級 2 号

（まぶたの障害）

欠損障害	両眼のまぶたに著しい欠損を残すもの	第 9 級 4 号
	1 眼のまぶたに著しい欠損を残すもの	第11級 3 号
	両眼のまぶたの一部に欠損を残し又はまつげはげを残すもの	第13級 4 号
	1 眼のまぶたの一部に欠損を残し又はまつげはげを残すもの	第14級 1 号
運動障害	両眼のまぶたに著しい運動障害を残すもの	第11級 2 号
	一眼のまぶたに著しい運動障害を残すもの	第12級 2 号

　眼鏡による完全矯正を行えば，不等像視を生ずる場合であって，コンタクトレンズの装用が可能な場合には，眼鏡矯正の程度を調整して不等像視の出現を回避し得る視力により等級を認定する。

　㈢　失　　明　　失明とは，眼球を亡失（摘出）したもの，明暗を弁じ得ないもの及びようやく明暗を弁ずることができる程度のものをいい，光覚弁（明

───────
る（『労災補償障害認定必携〔第16版〕』99頁）。

☑図3　ランドルト環（5m用視力1.0の視標）

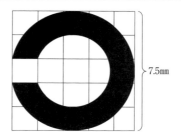

暗弁）又は手動弁☆6を含む。

　(ⅳ)　両眼の視力障害　　両眼の視力障害については，障害等級表に掲載されている両眼の視力障害の該当する等級をもって認定することとし，1眼ごとの等級を定め，併合繰上げの方法を用いて準用等級を定める取扱いは行わない。

　ただし，両眼の該当する等級よりも，いずれか1眼の該当する等級が上位である場合は，その1眼のみに障害が存するものとみなして等級認定する。

　(イ)　**調節機能障害**

　(ⅰ)　眼球には，見たい物体の距離に応じてピントを合わせる調節機能が備わっている。物体にピントが合って見えているとは，眼球から入った物体の光線について，毛様体筋の作用により水晶体を膨らませることによりその屈折力を適切に変化させ，網膜上に焦点を合わせてある状態をいう。

　(ⅱ)　障害等級表にいう「眼球に著しい調節機能障害を残すもの」とは，調節力が2分の1以下に減じたものをいう。調節力とは，明視できる遠点から近点までの距離的な範囲（調節域）をレンズに換算した値であり，単位はジオプトリー（D）で表し，年齢と密接な関係がある（☑表2☆7）。

　2分の1以下か否かは，被災した眼が1眼のみであって，被災していない眼の調節力に異常がない場合は，当該他眼との比較により判断する。なお，この場合，被災していない眼の調節力が1.5D以下である場合は実質的な調節機能は失われていると認められるので障害の対象としない。

　両眼が被災した場合及び被災した眼が1眼のみであるが被災していない眼の

☆6　光覚弁（明暗弁）とは，暗室にて被検者の眼前で証明を点滅させ，明暗が弁別できる視力をいう。手動弁とは，検者の手掌を被検者の眼前で上下左右に動かし，動きの方向を弁別できる能力をいう（『労災補償障害認定必携〔第16版〕』99頁）。
☆7　『労災補償障害認定必携〔第16版〕』100頁。

202 第2章 各論―類型別にみる後遺障害認定の実務

☑表2　歳ごと年齢の調節力

年　齢	15	20	25	30	35	40	45	50	55	60	65
調節力（D）	9.7	9.0	7.6	6.3	5.3	4.4	3.1	2.2	1.5	1.35	1.3

調節力に異常が認められる場合は，年齢別の調節力を☑表2の表で調節力値との比較により判断する。なお，この場合，55歳以上であるときは，被災していない眼の調節力が1.5D以下なので，前述のとおり障害の対象とならない。

(ウ)　眼球の運動障害・複視

(ⅰ)　眼球の運動障害　　眼球の運動は，各眼3対，すなわち，6つの外眼筋の作用によって行われる。この6つの筋は，一定の緊張を保っていて，眼球を正常の位置に保たせるものであるから，もし，眼筋の1個あるいは数個が麻痺した場合には，眼球はその筋の働く方向に偏位し（麻痺性斜視），麻痺した筋の働くべき方向において，眼球の運動が制限されることとなる。

障害等級表にいう「眼球に著しい運動障害を残すもの」とは，眼球の注視野☆8の広さが2分の1以下に減じたものをいう。

(ⅱ)　複　　視　　複視とは，右眼と左眼の網膜の対応点に外界の像が結像せずにずれているために，ものが二重に見える状態である。麻痺した眼筋によって複視が生ずる方向が異なる☆9。

障害等級表にいう「複視を残すもの」とは，次のいずれにも該当するものをいう。

①　本人が複視のあることを自覚していること

②　眼筋の麻痺等複視を残す明らかな原因が認められること

③　ヘススクリーンテスト（後述(2)ウ参照）により患者の像が水平方向又は垂直方向の目盛りで5度以上離れた位置にあることが確認されること

上記複視に該当するうち，「正面視で複視を残すもの」とは，ヘススクリーンテストにより正面視で複視が中心の位置にあることが確認されたものをいい，「正面視以外で複視を残すもの」とは，それ以外のものをいう。

☆8　注視野とは，頭部を固定し，眼球を運動させて直視することのできる範囲をいい，その広さは相当の個人差があるが，多数人の平均では単眼視では各方面約50度，両眼視では各方面45度である（『労災補償障害認定必携〔第16版〕』102頁）。

☆9　『労災補償障害認定必携〔第16版〕』103頁。なお，複視にはこれら両眼性のほかに，水晶体亜脱臼，眼内レンズ偏位等により生じる単眼性複視があるが，これらも視力障害として評価する（『労災補償障害認定必携〔第16版〕』104頁）。

複視を残す場合，併せて頭痛等の神経症状を残すことが多いが，これらは複視によって派生的に生じているもので，複視とは別途独立して評価する必要のない程度のものである。

㈢　視野障害☆10

視野とは，眼前の一点を見つめていて，同時に見える外界の広さをいう。視野の測定は，ゴールドマン型視野計による（後述⑵㈢参照）。

眼で見た情報は，網膜から視神経を通じて後頭葉の視中枢に伝達されるが，かかる伝達経路に何らかの損傷を受けると視野障害をきたすことになる。

障害等級表による視野障害の種類には，「半盲症」，「視野狭窄」及び「視野変状」がある☆11。これらの各障害は，8方向☑表3の視野角度の合計が，正常視野角度の合計である560度の60％以下（336度以下）になったものをいう。

☑表3　日本人の視野の平均値

方　　向	上	上外	外	外下	下	下内	内	内上
視野角度	60	75	95	80	70	60	60	60

（ⅰ）　半盲症　　半盲症とは，視神経繊維が，視神経交叉又はそれにより後方において侵されるときに生じるものであって，注視点を境界として，両眼の視野の右半部又は左半部が欠損するものをいう。両眼同側の欠損するものは同側半盲，両眼の反対側の欠損するものは異名半盲という。

（ⅱ）　視野狭窄　　視野狭窄とは，視野周辺の狭窄であって，これには，同心性狭窄と不規則狭窄がある。高度の同心性狭窄は，たとえ視力が良好であっても，著しく視機能を阻げ，周囲の状況を窺い知ることができないため，歩行その他諸動作が困難となる。また，不規則狭窄には，上方に起こるものや内方に起こるもの等がある。

（ⅲ）　視野変状　　視野変状には，半盲症，視野の欠損，視野狭窄及び暗点☆12が含まれるが，半盲症及び視野狭窄については，障害等級表に明示されているので，ここにいう視野変状は，暗点と視野欠損をいう。

☆10　『労災補償障害認定必携〔第16版〕』104〜105頁。
☆11　『労災補償障害認定必携〔第16版〕』104頁。
☆12　暗点とは，生理的視野欠損（盲点）以外の病的欠損を生じたものをいい，中心性漿液性脈絡網膜炎，網膜の出血等にみられる（『労災補償障害認定必携〔第16版〕』105頁）。この場合の暗点は，強い光でもまったく感知できない絶対暗点を指し，ぼんやりと見える比較暗点は採用しない。

(オ) まぶたの障害☆13

(i) 欠損障害　障害等級表にいう「まぶたに著しい欠損を残すもの」とは，閉瞼時に角膜を完全に覆い得ない程度のものをいう。

障害等級表にいう「まぶたの一部に欠損を残すもの」とは，閉瞼時に角膜を完全に覆うことができるが，球結膜（しろめ）が露出している程度のものをいう。

障害等級表にいう「まつげはげを残すもの」とは，まつげ縁（まつげのはえている周縁）の2分の1以上にわたってまつげのはげを残すものをいう。

まぶた等の欠損は，外貌醜状障害として捉えることも可能である。かかる場合は，両障害のいずれか上位等級を認定することになる。

(ii) まぶたの運動障害　障害等級表にいう「まぶたに著しい運動障害を残すもの」とは，開瞼時に瞳孔領を完全に覆うもの又は閉瞼時に角膜を完全に覆い得ないものをいう。

イ　自賠責等級表以外の障害と等級認定

眼の障害に関して認定されている後遺障害等級は以上のとおりであるが，自賠責等級表以外の眼の障害についても☑表4の基準で相当等級が認定されている。

☑表4　自賠責等級表以外の相当等級

外傷性散瞳	両眼の瞳孔の対光反射が著しく障害され，著明な羞明を訴え労働に著しく支障をきたすもの	第11級相当
	1眼の瞳孔の対光反射が著しく障害され，著明な羞明を訴え労働に著しく支障をきたすもの	第12級相当
	両眼の瞳孔の対光反射はあるが不十分であり，羞明を訴え労働に支障をきたすもの	第13級相当
	1眼の瞳孔の対光反射はあるが不十分であり，羞明を訴え労働に支障をきたすもの	第14級相当
流　涙	両眼に常時流涙を残すもの	第12級相当
	1眼に常時流涙を残すもの	第14級相当

(ア) 外傷性散瞳

散瞳（病的）とは，瞳孔の直径が開大して対光反応が消失又は減弱するものをいい，羞明とは，俗にいう「まぶしい」ことをいう☆14。外傷性散瞳については，

☆13　『労災補償障害認定必携〔第16版〕』106頁。
☆14　『労災補償障害認定必携〔第16版〕』107頁。

労働者災害補償保険法施行規則14条４項により，障害等級表に準じて相当等級を定めており，☑表４のように取り扱うこととされている。

なお，外傷性散瞳と視力障害又は調節機能障害が存する場合は，併合の方法を用いて準用等級を定める。

(イ) 流　涙

流涙とは，眼表面の涙液量が，過剰に増加した状態をいう☆15。涙液が涙腺から分泌され，涙点，涙小管，涙嚢を通り，鼻腔内に排出される涙道が，外傷により狭窄，閉塞，断裂等した場合にみられる涙液の排出障害が原因の一つである。

流涙の等級認定については，☑表４記載のとおり認定されているようである☆16。涙小管断裂により５，６分おきに頻繁に拭き取らなければならない流涙について，障害等級14級相当を認めた事例がある☆17。

(2) 眼の障害の検査方法☆18

ア　視力障害に関する検査

視力障害の原因として，外傷による眼球損傷，視神経の損傷などが挙げられる。前者の検査には，細隙灯顕微鏡検査，直像鏡による検査及び網膜電位図検査（ERG検査）などがあり，後者の検査には，視覚誘発電位検査（VEP検査）などがある。

(ア) 細隙灯顕微鏡検査（スリットランプ検査）

細隙灯顕微鏡検査とは，卓上に置く双眼型の顕微鏡で，検者が細隙灯というスリットランプから細い光を眼球に照らし，眼球を拡大して，結膜，角膜，前房水，虹彩，瞳孔，水晶体，網膜の状態など眼の各組織を直接観察する検査方法である。同検査は，眼の検査の中でも非常に重要な検査で，診察の都度行われる。

(イ) 直像鏡眼底検査

被検者の眼底部を，検者が直像鏡という装置を用いて直接観察する検査方法

☆15　『南山堂医学大辞典〔第20版〕』2560頁。
☆16　『後遺障害等級認定と裁判実務〔改訂版〕』406頁。
☆17　東京地判平２・５・18労民41巻３号466頁・労判563号20頁。
☆18　眼の障害の検査方法については，①飯田和弘ほか編『眼科検査ガイド〔第２版〕』（文光堂，2016），②湖崎克監修／滋慶学園グループ視能訓練士養成校担当教員編著『図解眼科検査法〔第１版〕』（つちや書店，2017），③丸尾敏夫ほか編『眼科検査法ハンドブック〔第３版〕』（医学書院，1999）を参照した。

である。

（ウ） 網膜電位図検査（ERG検査）

上記各検査によっても異常を発見できない場合などに行う検査である。被検者が暗室で点眼麻酔をし，電極を埋め込んだ特殊なコンタクトレンズを装着して眼球内の網膜に光を照射する。すると網膜と角膜の間にある電位に変化が生じるので，この電位変化を記録して細かく分析することにより，網膜機能の状態を把握しようとするものである。

（エ） 視覚誘発電位検査（VEP検査）

視神経損傷により視力障害が生じていると考えられる場合に行い，網膜から後頭葉に至る視覚伝導路に異常があるかどうかを検査する。暗室で被検者に対し，脳波計測用に作られた視覚刺激発生装置などにより視覚刺激[19]を与え，これにより誘発される電位の変化を測定して異常の有無を確認する。

イ　調節機能障害に関する検査

眼の調節異常が疑われたときは，調節近点と調節遠点を測定することにより，調節力を測定する。かかる調節力を測定するために石原式近点計を用いる。さらに，調節緊張や弛緩の状態などを詳しく知るためには，アコモドポリレコーダーによる検査を行う[20]。

ウ　運動障害に関する検査

眼球運動障害や複視が残る場合に，ヘススクリーンテストにより，外眼筋の運動制限や過動の有無を明らかにする。

ヘススクリーンテストとは，視標を赤緑ガラスで見たときの片眼の赤像，他眼の緑像から両眼の位置ずれを評価する検査方法である。例えば，右外転神経麻痺の場合，右眼に赤ガラスを通して固視させると，左眼に緑ガラスを通して見た固視点は右方へ大きくずれるが，左眼に赤ガラスを通じて固視させると右眼に緑ガラスを通して見た固視点は交叉性に小さくずれる[21]。

エ　視野障害に関する検査

視野障害の等級認定において，視野の測定は，ゴールドマン型視野計によ

☆19　主な刺激として，パターン刺激とフラッシュ刺激がある。パターン刺激には，反転刺激とonset/offset刺激があるが，通常は前者が使われている（飯田ほか編・前掲（☆18）632頁）。
☆20　湖崎監修／滋慶学園グループ視能訓練士養成校担当教員編著・前掲（☆18）70頁。
☆21　『労災補償障害認定必携〔第16版〕』103～104頁。

る☆22。同視野計は，動的視野検査の標準検査機器として用いられ，動的視野検査の目標は，視覚伝導路の障害部位に応じた視野異常の形状を検出することである。検査法の詳細は，『眼科検査ガイド〔第２版〕』(250頁以下) を参照されたい。

3 主な争点と主張立証上の留意事項

(1) 後遺障害の存在とその程度

自賠法施行令別表第２及び『障害認定必携』によれば，眼に関する後遺障害等級の認定基準は相当明確に規定されている。裁判においても，かかる認定基準に従い，厳格にあてはめをして判断されている。眼に関する後遺障害を主張する場合，まずはこれらに定める後遺障害等級に該当することを立証する必要がある。

なお，眼の障害の場合には，交通事故により，視力障害，調節機能障害，運動障害等が単独で生じることは少なく，頭部外傷，脳損傷，又はむち打ち損傷 (外傷性頸部症候群) に伴って主張される場合が多いという特徴がある。

ア　視力障害

例えば，視力障害については，万国式試視表により視力を測定しても，それだけで等級該当の立証にはならない。外傷に起因する他覚所見を特定し立証しなければならない。具体的には，前述した細隙灯顕微鏡検査，直像鏡検査，網膜電位図検査，視覚誘発電位検査などにより，眼球や視神経の異常を検査して立証することになる。

上記各検査の結果・所見については，医師に診断書等の書類を作成してもらう必要がある。そして，☑表５の自動車損害賠償責任保険後遺障害診断書 (自賠調18号様式) ③「眼球・眼瞼の障害」欄を記載してもらうとともに，これらの書類を添付して提出することとなる☆23。

イ　むち打ち損傷 (外傷性頸部症候群)

むち打ち損傷に起因して，視力障害，調節機能障害を訴えるケースがある。この場合，頸部の損傷により自律神経 (頸部交感神経) への関与が疑われるバレ・

☆22　『労災補償障害認定必携〔第16版〕』104頁。
☆23　眼の障害専用の後遺障害診断書様式はなく，自賠調18号様式③を使用し，これに個別の検査結果を明記した診断書等を添付するのが一般的な取扱いのようである。

☑表5　自動車損害賠償責任保険後遺障害診断書

③眼球・眼瞼の障害		視　　力		調　節　機　能		視　　野	眼瞼の障害
		裸　眼	矯　正	近点距離・遠点距離	調節力	イ. 半盲(¼半盲を含む) ロ. 視野狭窄 ハ. 暗　点 ニ. 視野欠損	イ. まぶたの欠損 ロ. まつげはげ ハ. 開瞼・閉瞼障害
	右			cm　　　cm	(　　)D		
	左			cm　　　cm	(　　)D		
	眼球運動	注視野障害 （全方向½以上の障害）	右 左	複視	イ. 正面視 ロ. 左右上下視	(視野表を添付してください)	
		眼症状の原因となる前眼部・中間透光体・眼底などの他覚的所見を①の欄に記入してください					(図示してください)

＊　自賠調18号様式，③「眼球・眼瞼の障害」欄。

リュー症候群を伴い，視力障害等の主張がされることが多い。

　しかしながら，バレ・リュー症候群の発生メカニズムはいまだ不明な点が多く，心因性の影響も指摘されるところであり，因果関係が否定される場合が多く，眼の障害として等級認定される例は少ないようである。多くは頸部神経症状として等級認定の獲得を目指すことになる。

　もっとも，バレ・リュー症候群に伴う事例であっても他覚的所見を認め，因果関係を肯定して眼の障害等級（併合12級）を認めた事例☆24，他覚的所見が不明でも調整機能障害の等級（11級）を認めた事例がある（裁判例①）。

(2)　事故との因果関係

　眼の障害の程度が後遺障害等級認定基準を満たすものであったとしても，それが当該交通事故を原因とするものであることが立証されなければならない。眼の障害については，障害の存否よりもむしろ因果関係が争われるケースの方が多い。

　事故後一定期間経過後に発症した場合には，当該交通事故との因果関係は認定されにくくなる。事故後4か月を経過して視力障害等を訴えた事案で，視力視野異常に見合う細隙灯所見，眼底所見が得られないこと，事故を原因とする視力低下は，視路において何らかの原因で障害が生じ，情報が伝達できなくなるために発生するものであるから，事故直後に発生するはずであり，事故後4か月経ってから視力低下等が起きることは不自然などの理由から事故との相当因果関係を否定した事例がある☆25。これに対して，事故後1か月以上経過してから発症した両眼の調節機能障害と事故との間に相当因果関係を肯定した事例

☆24　東京地判平11・10・27交民32巻5号1650頁。
☆25　東京地判平17・3・24交民38巻2号400頁・判時1915号49頁。

もある（裁判例①）。

　また，後遺障害の発症原因について因果関係が争われるケースがある。視力低下の原因とされた外傷性白内障，黄斑部変性，外傷性視神経症の各症状が本件事故によったものとは認められないとして，事故と視力低下との間に相当因果関係を否定した事例（裁判例②），反対に，事故と被害者の網膜中心静脈閉塞症の発症及びその後の失明との間に相当因果関係を肯定した事例がある（裁判例③）。

　さらに，視力障害等の後遺障害は，各種検査から器質的病変が認められる場合に認定される。そのため，器質的病変によらずとも心因性による視力障害等が認定されるかしばしば争われることがある。この点に関し，右目の視力障害が本件事故による器質的病変ではなく心因性により生じたものであったとしても，事故との間に相当因果関係を肯定した事例（裁判例④），視力障害がもっぱら心因性によるもので因果関係は認められないとの加害者の主張に対して，外傷による視神経の障害を基礎に被害者の心因的要素も関与して因果関係を認めた事例などがある（裁判例⑤）。

(3)　逸失利益の立証

　眼の障害については，被害者の従事している職種，就労状況や日常生活に及ぼしている具体的な事情等を丹念に立証することにより，当該障害が後遺障害等級認定基準を満たさなくても，あるいは，満たしたとしても当該等級表上の労働能力喪失割合以上の高い労働能力喪失率を獲得できる場合がある。

　例えば，事故で負った深視力（立体視能力）が眼の後遺障害等級に該当しないとしても，被害者が事故当時消防士であったことを考慮して，労働能力喪失率15％を認めた事例がある（裁判例⑥）。消防士としての労働能力喪失にいかなる影響があったかを丁寧に主張立証したものであろう。ほかにも，等級基準を満たさなくても高い労働能力喪失率を認めたものとして，自賠責で併合12級と認定された複視等の後遺障害について，就労や日常生活に支障が生じ，事故後の給与が半額程度とされたことを考慮して，労働能力喪失率を11級相当の20％と認めた事例（裁判例⑦），症状固定後に認定基準（複視13級2号）を下回ったとしても，現在の諸症状から労働能力喪失率9％として逸失利益を算出した事例などがある（裁判例⑧）。

　また，等級表上の労働能力喪失率以上の割合が認定されたものとして，事故

で負った両眼滑車神経麻痺による複視（10級）について，被害者が従事していた職種（看護師）等を考慮して，40％の労働能力喪失率を認めた事例がある（裁判例⑨）。これも眼の障害が被害者の職種に及ぼす影響について，丹念に主張立証した結果であると思われる。

4　裁　判　例

◆事故後１か月以上経過してから発症した両眼の調節機能障害と本件事故との間に相当因果関係を認めた事例　①大阪地判平13・3・23交民34巻2号428頁

　被害者（女・固定時16歳・中学生）が加害車両（普通乗用自動車）の助手席に同乗中，加害者（運転手）の運転操作の誤りでガードレールに衝突し，被害者はフロントガラスに頭を打ち，衝突の衝撃で後部に振られシートで体を打った事故。自賠責では頸部痛の神経症状14級10号が認定されたものの，両眼の調節機能障害は非該当であった。判決では，医学的に頸椎捻挫により眼の調節障害が起こることがあるとされていること，本件事故以外に被害者の両眼の調節障害を引き起こす直接の原因は見あたらないこと，さらに，医学的に調節障害は事故後数週間以上経過してから発症することも多いとされており，被害者には光をまぶしく感じたりピントが合わない症状が認められることなどから，本件事故と被害者の両眼の著しい調節機能障害との間に相当因果関係を認め，11級相当の後遺障害を認定した。

◆視力低下の原因とされた各症状が本件事故によったものとは認められないとして，本件事故と視力低下との間に相当因果関係を認めなかった事例　②東京地判平11・11・26交民32巻6号1867頁

　被害者（男・固定時36歳・会社員）が自転車に乗って信号機のない交差点を横断していたところ，加害車両（普通乗用自動車）と衝突し，自転車が転倒した事故。自賠責では神経症による平衡機能障害12級12号が認定されたものの，視力障害は非該当であった。判決では，被害者には視力低下が認められ，その原因として，①外傷性白内障，②黄斑部変性，③外傷性視神経症との診断が問題とされたが，①につき眼球壁の打撲や外傷性瞳孔散大が認められないこと，②につき眼底写真から黄斑部に変性所見は認められないこと，③につき現れるはずの視神経萎縮所見が認められないことなどから，本件事故と視力低下の因果関係を否定した。

◆被害者の網膜中心静脈閉塞症の発症及びその後の失明との間に相当因果関係を認めたものの，既往症の寄与を考慮し素因減額を認めた事例　③岡山地判平22・3・30交民43巻2号497頁

　被害者（男・固定時73歳・会社代表者）が同乗していた車両（普通乗用自動車）が三叉路交差点で右折しようとしたところ，左方から直進してきた加害車両（普通乗用自動車）が衝突し，被害者が頭部を強打するなどした事故。自賠責では本件事

故との相当因果関係を裏づける客観的医学的所見に乏しいとして対象外とされた。判決では，被害者は事故前より視力低下が認められたものの，本件事故によりそれなりの衝撃があったと推認し得ること，本件事故の翌日に目の異変を感じて診察を受け眼底出血が認められていることなどからすれば，網膜中心静脈閉塞症の発症及びその後の失明は本件事故と相当因果関係を認めることができるとし，他方で，事故による衝撃は軽微だったこと，被害者には糖尿病や高血圧症等の網膜中心静脈閉塞症を発症しやすい既往症があったとして，損害全体の40％の減額を認めた。なお，逸失利益については，後遺障害等級10級相当として労働能力喪失率を28％と認めて算定し，後遺障害慰謝料については，本件事故前の両眼の症状等を考慮して，500万円を認めた。

◆**右目の視力障害が本件事故による器質的病変ではなく心因性により生じたものであったとしても，本件事故との間に相当因果関係を認めた事例**
　④東京地判平21・12・10交民42巻6号1600頁・判タ1328号181頁

　被害者（男・固定時43歳・旧公団勤務）が，加害車両（事業用普通乗用自動車）に乗客として同乗中，加害車両が進路上に停車していた事業用大型貨物自動車の後部に時速70kmで追突した事故。自賠責では，左眼の障害等で併合7級が認められたが，右眼の障害については非該当とされた。判決では，被害者の視力障害は本件事故による器質的な病変によるものでも，高次脳機能障害が残存したためでもなく，心因性によるものにすぎないが，本件事故を原因とする多数の傷害（左眼摘出等）によってはなはだしい衝撃，苦痛（度重なる手術，仕事復帰まで1年半を要したなど）を受けかつ継続していることが明らかとして，本件事故と視力低下との間に相当因果関係を認めた（自賠責等級併合6級相当と判断した）。もっとも，右の視力低下には，職場におけるストレスや本人の性格など本件事故以外の要因も寄与していると推認され，逸失利益及び慰謝料の算定に考慮するが，さらに素因減額はしないとした。

◆**被害者の視力障害は外傷による視神経の障害が原因であると認められるが，心因性の関与も否定できないとして減額を認めた事例**
　⑤大阪地判平9・7・18交民30巻4号998頁

　被害者（男・固定時31歳・アルバイト）が普通乗用自動車を運転中，交差点において大型貨物自動車と衝突し，被害者が頭部を強打するなどした事故。自賠責では，目の障害は他覚的所見が欠けるもので，心因性のものと考えられ後遺障害を認めなかったが，労災では併合3級（視力障害4級1号，視野狭窄9級3号）が認められた。判決では，被害者の頭部に受けた外圧が相当大きかったこと，視神経は外圧により機能損傷を受ける性質を有していること，各種検査から障害が他覚的にも認識可能として，本件事故と因果関係を認め，併合3級相当と判断した。もっとも，医学的知見と被害者の症状から心因的要素の関与も認め，損害全体の3割の減

額を相当とした。

◆**本件事故で負った深視力（立体視能力）が眼の後遺障害等級に該当しないとしても，被害者が事故当時消防士であったことを考慮して，労働能力喪失率15%を認めた事例　⑥大阪地判平18・6・13・自保1665号16頁**

　被害者（男・固定時54歳・消防士）が原付自転車で交差点を直進中，加害車両（普通乗用自動車）が左折進入して衝突し，被害者が転倒した事故。自賠責では，歯牙障害12級3号，既存障害14級2号のみが認められ，眼の障害は認められていない。判決では，歯牙障害には具体的な労働喪失は認められないが，本件事故による頭部外傷に起因すると認められる深視力（立体視能力）の喪失について，自賠責における後遺障害等級に該当する類型がなく等級認定はされないが，長靴に履き替えられない，片足で静止できない，大型免許の取消しなど被害者の消防士としての労働能力に多大なる影響を与えたとして，他の後遺障害による影響と併せて15%の労働能力喪失率を認めた。また，後遺障害慰謝料として300万円を認めた。

◆**自賠責により併合12級（複視14級相当，左足関節機能障害）12級7号と認定された後遺障害について，就労や日常生活に支障が生じ，事故後の給与が半額程度とされていることなどを考慮して，労働能力喪失率を11級相当の20%が相当と認めた事例　⑦名古屋地判平19・9・21交民40巻5号1205頁**

　被害者（女・固定時31歳・会社員）が，被害車両（普通乗用自動車）に同乗し，交差点を直進中，右折しようとした加害車両（普通乗用自動二輪車）が衝突し，被害車両がガードレールに衝突した事故。判決では，後遺障害の程度と逸失利益について，左足の後遺障害により，階段の昇降，しゃがみづらい等の種々の支障が生じ，左眼窩内側壁骨折による複視と左眼周辺の痛み，流涙等により，パソコン操作等の事務処理上の業務がしづらく，また自動車の運転がしづらい等の種々の支障が生じているとし，これらの後遺障害により，労働能力が相当程度低下し，事故後の就労時間が制限され，給与も事故前に比して半額程度とされている状況にあること等を考慮して，労働能力可能年齢である67歳に至るまで，労働能力を20%喪失したものとして算定するのが相当とした。また，上記後遺障害により，就労上，日常生活上，多大な苦痛を被っているとして，将来の保険金の受取り等を総合考慮し，後遺障害慰謝料として420万円を認めた。

◆**症状固定の約1年半後に認定基準（複視13級2号）を下回ったとしても，現在の諸症状から労働能力喪失率9%，労働喪失期間17年として逸失利益を算出した事例　⑧さいたま地判平24・5・11交民45巻3号602頁・自保1879号93頁**

　被害者（男・固定時50歳・会社経営・団体職員）が，自転車に乗って道路を横断したところ，右方から進行してきた加害車両（自家用普通自動二輪車）と衝突し，被害者が路上に転倒した事故。判決では，症状固定の約1年半後の時点では，ヘススクリーンテストにおいて複視の後遺障害認定基準を満たしてはいなかったが，現

Ⅲ **10** 眼の障害　　213

に複視の症状を有していること，複視によりパソコンの画面を30分以上集中して見ることができず作業効率が大幅に低下していること，視神経に過度な負担がかかり重度の肩こりに悩まされていることを認め，後遺障害は改善しておらず，労働能力喪失率9％，労働喪失期間17年として逸失利益を算出するのが相当とした。同判決では，逸失利益の基礎年収について，特段の事情のない限り，具体的事情をある程度捨象して事故時の収入を基礎にすべきとして，本件被害者が本件事故後に収入減となっている点について特段の事情は認められないとして，事故時の収入を採用している。また，本件事故により複視（13級2号）の後遺障害が残存し，日常生活に支障を生ぜしめているとして，180万円の後遺障害慰謝料を認めた。

◆本件事故で負った両眼滑車神経麻痺による複視（10級）について，被害者が従事していた職種等を考慮して，自賠責の労働能力喪失率表以上の40％の労働能力喪失率を認めた事例　⑨東京地判平18・12・25自保1714号2頁

　被害者（女・固定時50歳・看護師）が自転車で交差点を直進中，左方道路から進入してきた加害車両（普通乗用自動車）に衝突され，被害者が転倒した事故。自賠責では併合12級（左肩疼痛14級10号等）が認定されている。判決では，自賠責の労働能力喪失率表は，被害者が従事する職種等を考慮しない一般的なものであり，個々の具体的なケースにおいては，同表に定めた喪失率が増減する場合もあり得るとし，本件被害者の看護師という職業に鑑みると，眼の異常がその業務遂行に及ぼす影響が多大であるといえ，実際に退職も余儀なくされたこと，現実に生命保険のパート外交員，コンビニのアルバイトでの収入を得るにとどまっていること等を考慮し，本件事故の後遺障害によって，労働能力を40％喪失したことを認めた。また，眼の障害が日常生活に及ぼす様々な支障を考慮して，後遺障害慰謝料として800万円を認めた。

Ⅳ 耳の障害

11 耳の障害

1 定義・概要

　耳は，外耳，中耳，内耳に区分される（☑図）。音は，耳介（耳殻，耳たぶ）で集められ，外耳道を通って鼓膜を振動させる。この振動は，中耳にある3つの耳小骨（ツチ骨，キヌタ骨，アブミ骨）を伝わり，内耳の蝸牛に伝達される。蝸牛は，カタツムリの貝殻に似た形状をしたリンパ液で満たされている器官であり，耳小骨の振動でそのリンパ液が揺れ，その揺れを感覚細胞が捉えて電気信号に変換し，聴神経に伝える。その電気信号は大脳に伝えられ，大脳皮質の聴覚をつかさどる部位において音を認知・識別する。外耳と中耳にある振動により音を伝達する器官を伝音器，内耳で振動を電気信号に変換して脳に伝える感覚細胞と聴神経を感覚器という。

　また，内耳には，音を伝達する器官のほか，身体の平衡感覚をつかさどる器官である三半規管と前庭がある。これらの器官は，身体の回転運動，直線運動

☑図　耳の構造と機能（平衡・聴覚器）

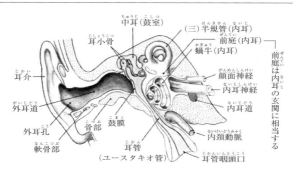

出所：『新入門解剖図譜』46頁・図130。

216　　第2章　各論―類型別にみる後遺障害認定の実務

を感じる器官であり，身体の運動や頭の位置を正常に保つ働きをしている。

2　耳の障害の態様

(1)　難　　聴

前述した伝音経路のうち1か所にでも異常が発生すると，聴力障害が生じる。その原因は様々であり，発生原因により，騒音性難聴（職業性難聴），中毒性難聴（薬剤性難聴），遺伝性難聴，心因性難聴（機能性難聴），気圧性難聴などに分類される[1]。また，聴力障害を生じる部位により，次のように分類される。

ア　伝音難聴[2]

伝音難聴（伝音性難聴）とは，外耳及び中耳の障害により空気振動が十分に伝わらないために生じる難聴である。耳垢栓塞，外力や中耳の炎症等による鼓膜の損傷，耳小骨の損傷や耳硬化症などで生じる。特徴としては，低い音や小さな音が聞こえにくいという状態であるが，言葉の明瞭さにはあまり影響は与えない。多くの場合，外科的手術で回復可能とされている。

イ　感音難聴[3]

感音難聴（感音性難聴）とは，内耳，聴神経，脳の障害による難聴であり，音が聞こえにくいだけでなく，音が歪んだり響いたり，言葉がはっきり聞こえない状態である。突発性難聴，メニエール病，騒音性難聴，老人性難聴，聴神経腫瘍などがこれに含まれる。これらの難聴の多くは，治療による回復が困難とされている。

ウ　混合難聴

混合難聴（混合性難聴）とは，伝音難聴と，感音難聴の両方の原因をもつ難聴をいう。

(2)　耳鳴り（耳鳴）[4]

耳鳴り（耳鳴）とは，身体内部以外に音源がないにもかかわらず，音の感覚として認識されるものをいう。内容に意味をもつ幻聴とは区別される無意味な音の感覚である。耳鳴りは外耳から聴覚中枢に至るまでの聴覚伝導路及びその周

---

[1]　『南山堂医学大辞典〔第20版〕』1818頁。
[2]　『南山堂医学大辞典〔第20版〕』1703頁，日本聴覚医学会編／原晃監修『聴覚検査の実際〔改訂第4版〕』（南山堂，2017）13頁。
[3]　『南山堂医学大辞典〔第20版〕』420頁，日本聴覚医学会編／原監修前掲（[2]）17頁。
[4]　『南山堂医学大辞典〔第20版〕』2038頁，山岨達也ほか編『耳鼻咽喉科・頭頸部外科研修ノート〔改訂第2版〕』（診断と治療社，2016）98頁。

囲に何らかの障害があって生じるものと考えられている。耳鳴り発生の原因となった部位により，末梢性（中耳，内耳性）耳鳴りと中枢性（後迷路性）耳鳴りに分類される。指摘される原因は様々で，内耳の炎症や損傷，腫れやリンパ液の滞留，頸椎の歪みやむち打ち，頸椎の圧力，頸部や肩のこりを原因とするものや，脳動脈硬化や動脈瘤によっても耳鳴りが起きるといわれている。

耳鳴りは難聴を伴うものと伴わないものがあり，感音難聴には耳鳴りを伴う場合が多いとされる。伝音難聴で耳鳴りを伴うものは，急性中耳炎，慢性中耳炎あるいは耳硬化症であるとされ，急性中耳炎は炎症の衰退とともに軽快し，慢性中耳炎や耳硬化症によるものは，手術により軽快することがあるとされる。しかしながら，耳鳴りの原因が解明できないことも少なくなく，また治療を行っても内耳障害や後迷路障害に伴う耳鳴りの場合には必ずしも治癒が期待できないとされ，慢性化する場合も多い。

(3) 耳 漏 ☆5

いわゆるみみだれであり，外耳道から分泌されるすべてのものをいう。外耳，内耳の炎症，腫瘍，外傷等を原因とし，水様性，漿液性，粘性，膿性，血性など様々なものがある。

3 等級認定基準

(1) 等級認定区分

耳の障害については，両耳，片耳の聴力障害と耳介の欠損障害に関して，自動車損害賠償保障法施行令（自賠法施行令）別表第2で後遺障害等級を定めている。その等級区分と認定基準の詳細は，次頁の☑表のとおりである。

なお，次頁の☑表のカッコ内の記載は，純音（pure tone）による聴力レベル（以下「純音聴力レベル」という）及び語音（speech sound）による聴力検査結果（以下「明瞭度」という）を基礎とした認定基準である☆6。

(2) 難聴以外の障害に関する等級認定

耳の障害に関して認定されている後遺障害等級は以上のとおりであるが，『労災補償障害認定必携』（以下「障害認定必携」という）によれば，その他の耳の障害についても等級認定がなされるべき場合を定めており，その内容は要旨以下の

☆5 『南山堂医学大辞典〔第20版〕』1187頁。
☆6 『労災補償障害認定必携〔第16版〕』111頁以下。

☑表2　耳の障害の後遺障害等級（自賠法施行令別表第2）

（両耳の聴力障害）

障害の程度	等　級
両耳の聴力を全く失ったもの （両耳の平均純音聴力レベルが90dB以上のもの又は両耳の平均純音聴力レベルが80dB以上であり，かつ，最高明瞭度が30％以下のもの）	第4級3号
両耳の聴力が耳に接しなければ大声を解することができない程度になったもの （両耳の平均純音聴力レベルが80dB以上のもの又は両耳の平均純音聴力レベルが50dB以上80dB未満であり，かつ，最高明瞭度が30％以下のもの）	第6級3号
1耳の聴力を全く失い，他耳の聴力が40cm以上の距離では普通の話声を解することができない程度になったもの （1耳の平均純音聴力レベルが90dB以上であり，かつ，他耳の平均純音聴力レベルが70dB以上のもの）	第6級4号
両耳の聴力が40cm以上の距離では普通の話声を解することができない程度になったもの （両耳の平均純音聴力レベルが70dB以上のもの又は両耳の平均純音聴力レベルが50dB以上であり，かつ，最高明瞭度が50％以下のもの）	第7級2号
1耳の聴力を全く失い，他耳の聴力が1m以上の距離では普通の話声を解することができない程度になったもの （1耳の平均純音聴力レベルが90dB以上であり，かつ，他耳の平均純音聴力レベルが60dB以上のもの）	第7級3号
両耳の聴力が1m以上の距離では普通の話声を解することができない程度になったもの （両耳の平均純音聴力レベルが60dB以上のもの又は両耳の平均純音聴力レベルが50dB以上であり，かつ，最高明瞭度が70％以下のもの）	第9級7号
1耳の聴力が耳に接しなければ大声を解することができない程度になり，他耳の聴力が1m以上の距離では普通の話声を解することが困難である程度になったもの （1耳の平均純音聴力レベルが80dB以上であり，かつ，他耳の平均純音聴力レベルが50dB以上のもの）	第9級8号
両耳の聴力が1m以上の距離では普通の話声を解することが困難である程度になったもの （両耳の平均純音聴力レベルが50dB以上のもの又は両耳の平均純音聴力レベルが40dB以上であり，かつ，最高明瞭度が70％以下のもの）	第10級5号
両耳の聴力が1m以上の距離では小声を解することができない程度になったもの （両耳の平均純音聴力レベルが40dB以上のもの）	第11級5号

Ⅳ **11** 耳の障害 219

（1耳の難聴）

障害の程度	等　級
1耳の聴力を全く失ったもの （1耳の平均純音聴力レベルが90dB以上のもの）	第9級9号
1耳の聴力が耳に接しなければ大声を解することができない程度になったもの （1耳の平均純音聴力レベルが80dB以上90dB未満のもの）	第10級6号
1耳の聴力が40cm以上の距離では普通の話声を解することができない程度になったもの （1耳の平均純音聴力レベルが70dB以上80dB未満のもの又は1耳の平均純音聴力レベルが50dB以上であり，かつ，最高明瞭度が50％以下のもの）	第11級6号
1耳の聴力が1m以上の距離では小声を解することができない程度になったもの （1耳の平均純音聴力レベルが40dB以上70dB未満のもの）	第14級3号

（耳殻の欠損）

障害の程度	等　級
1耳の耳殻の大部分を欠損したもの （大部分を欠損したとは，耳の軟骨部の2分の1以上を欠損したものをいう）	第12級4号

とおりである☆7。

ア　耳鳴り

　耳鳴りの等級は，「耳鳴りに係る検査によって難聴に伴い著しい耳鳴りが常時あると評価できるもの」については12級を，また，「難聴に伴い常時耳鳴りのあることが合理的に説明できるもの」については14級を，それぞれ準用するとされている。

　この「難聴に伴い」の難聴とは，平均純音聴力レベルは40dB未満（聴力障害の基準を満たさないレベル）であっても，耳鳴りが存在するであろう周波数純音聴力レベルが他の周波数純音聴力レベルと比較して低下しているものをいう。また耳鳴りに係る検査とは，ピッチ・マッチ検査（後述），ラウドネス・バランス検査（後述）をいい，これらの検査により耳鳴りが存在すると医学的に評価できる場合には，12級相当として取り扱う。

イ　耳　　漏

☆7　『労災補償障害認定必携〔第16版〕』118頁以下。

鼓膜の外傷性穿孔による耳漏について，手術的処置を施した場合，聴力障害が後遺障害等級に該当しない程度であっても，常時，耳漏があるものについては12級相当，その他のものについては，14級相当とする。また，外傷による高度の外耳道狭窄で耳漏を伴わないものについては，14級相当とする。

ウ　平衡機能障害

内耳の損傷による平衡機能障害については，神経系統の機能障害の一部として評価できるので，神経系統の機能の障害について定められている認定基準により等級を認定することとなる。また，平衡感覚障害のみでなく，聴力障害も現存する場合には，併合の方法を用いて準用等級を定めることとなる。

エ　耳介の欠損障害[8]

耳介の大部分を欠損したとは，耳介軟骨部の2分の1以上を欠損したものをいうが，耳介は左右で系列が異なるので，両耳の耳介を欠損した場合には，1耳ごとに等級を定め，これを併合する。

また，耳介の大部分を欠損したものは「耳介の欠損障害」と捉えた場合の等級と「外貌の著しい醜状障害」として捉えた場合の等級のうち，いずれか上位の等級を認定することとなる。「外貌の著しい醜状障害」は7級12号であるから，この等級の適用が可能となる。この場合は，併合の取扱いとはならない。

なお，耳介軟骨部の欠損が2分の1以上に達しない場合であっても，これが「外貌の単なる醜状」の程度に達する場合には，醜状障害として12級14号に認定することとなる。

4　聴力障害の検査方法

(1)　聴覚の検査法

障害認定必携によれば，聴力障害の等級は，純音による聴力レベル及び語音による聴力検査の結果を基礎として認定される[9]。

ア　純音聴力検査[10]

障害認定必携において，難聴の聴力検査として指定されている検査である。検査音として単一周波数からなる純音を用い，周波数，強さ，ときには長さを

---

[8]　『労災補償障害認定必携〔第16版〕』118頁。
[9]　『労災補償障害認定必携〔第16版〕』111頁。
[10]　『労災補償障害認定必携〔第16版〕』115頁～117頁・317頁～348頁，日本聴覚医学会編／原監修・前掲（[2]）48頁。

変えて聞こえ方を分析的に検査する。これには，純音気導聴力検査（気導純音聴力（閾値）レベル測定法による）と，純音骨導聴力検査（骨導純音聴力（閾値）レベル測定法による）があり，この２つの検査により障害の程度や障害の原因となった部位を判断することができるようになる。聴力の程度はdBで表される。

　検査は，オージオメータを用いて行い，結果はオージオグラムに記載される。日を変えて３回実施され，障害等級の認定は，２回目と３回目の測定値の平均純音聴力レベルの平均により行う。後遺障害等級認定の指標となる平均純音聴力レベルは，この聴力検査で測定された周波数500Hz，1000Hz，2000Hz及び4000Hzの音に対する聴力レベルをそれぞれA〜Dとし，（A＋2B＋2C＋D）×1／6により求める（6分式）。

イ　語音聴力検査☆11

　情報伝達に日常使用する語音を検査音として用い，その聴こえ方を検査するものである。純音閾値よりも20dBほど大きい音圧から順に音圧を下げながら数字を聞かせて応答させその正答率を見る語音聴取域値検査，一音節語音を使った語音聴力検査で，音圧とは無関係に最高正答率（最高明瞭度）を求める語音弁別検査（言語の受聴能力を判定するもの）の２種類の検査方法がある。障害認定必携では，日本オージオロジー学会制定「標準聴力検査法II　語音による聴力検査」により行うものとされ，結果は％で表示される。検査結果が適正と判断できる場合には，検査は１回で差し支えないとされている。

(2)　その他の検査法☆12

ア　ピッチ・マッチ検査

　耳鳴りが11周波数の純音，ハンドノイズあるいはホワイトノイズのどれに最も似ているかを調べる検査法である。使用機器は，オージオメータ，耳鳴検査装置である。

イ　ラウドネス・バランス検査

　使用機器は，オージオメータ，耳鳴り検査装置などで，ピッチ・マッチ検査で得られた周波数音を用い，耳鳴り音の大きさと検査音の大きさとが等しくなる値を求める検査である。耳鳴り検査では最も重要な検査であるとされる。

　☆11　『労災補償障害認定必携〔第16版〕』115頁・349頁〜352頁，日本聴覚医学会編／原監修・前掲（☆2）77頁。
　☆12　山岨ほか編・前掲（☆4）166頁。

第2章　各論─類型別にみる後遺障害認定の実務

ウ　画像検査☆13

耳のレントゲン検査，コンピュータ断層撮影 (CT) 検査，磁気共鳴画像 (MRI) 等による検査であり，聴覚障害の原因が，中耳・内耳における振動伝達器官や組織の損傷による場合には，これらの検査を行う必要があろう。

5　主な争点と主張立証上の注意事項

(1)　後遺障害の存在と程度

前述したとおり，自賠法施行令別表第2及び障害認定必携によれば，耳に関する後遺障害等級の認定基準は相当明確に定められている。耳の後遺障害を主張する場合，まずはこれらに定める後遺障害等級に該当することを立証しなければならない。

耳殻 (耳介) の欠損障害は，認定基準を満たさない場合でも，外貌醜状障害の認定もあり得るところである。

しかしながら，聴力の障害については，認定基準が明確であるため専門医師による認定基準に準拠した検査方法による検査を受け，その検査結果を記載した診断書等を作成してもらう必要がある。後遺障害診断書には聴力障害につき難聴の種類 (伝音難聴，感音難聴，混合難聴)，純音聴力検査結果，語音聴力検査結果の記載欄があり，医師にオージオグラムを添付したうえで，その検査結果を記載してもらう必要がある。また，その他後遺障害等級認定にあたり斟酌してもらいたい症状がある場合には，医師に別途診断書ないしは意見書として具体的に記載するようにしてもらうべきである。

耳鳴りに関しては，難聴ほど明確に基準が定められてはおらず，後遺障害診断書にも「右・左」の記載欄があるのみである。しかしながら，やはり障害認定必携に検査方法が指定されているので，それに則った専門医による検査を受けたうえで，その検査結果等具体的な症状・程度がわかる書面を添付することは必要である。

裁判例では，両耳鳴りと両耳感音性難聴の後遺障害を主張するも神経学的な他覚的所見がないとして一度は自賠法後遺障害非該当との認定を受けたが，異議申立ての後外傷性頸部症候群による耳鳴り，難聴として14級相当と認定されていることから，裁判所もそのとおり認定したもの (裁判例①) や，同様に左耳

☆13　『NEW耳鼻咽喉科・頭頸部外科学〔改訂第2版〕』26頁。

の感音性難聴につき自賠責保険の調査事務所が14級3号を認定していることを前提とし，その原因は左耳管狭窄症と考えられ，（事故の）外傷との因果関係も多少は認められるとして14級相当としたもの（裁判例②），両耳の聴力障害については純音聴力レベルが基準を満たさないとして後遺障害非該当としたが，左右の耳鳴りについては，左側頭骨骨折，頭蓋底骨折等の受傷態様などから14級相当と認定したもの（裁判例④）などがある。

(2) 事故との因果関係

　次に，難聴の程度が後遺障害等級認定基準を満たすものであったとしても，それが当該交通事故を原因とするものであることが立証されなければならない。診療録等で事故当初から難聴や耳鳴りを訴えていることが立証できる場合には，事故との因果関係は認められる可能性は高いといえる。しかしながら，事故後一定期間経過して発症した場合には，当該交通事故との因果関係は認定されにくくなる。被害者に先天性聴覚障害があれば，加害者側からはそれが主たる原因であることが主張され得るし，被害者の年齢によっては，加齢による老人性聴覚障害が悪化した可能性の主張もあり得るところである。

　加えて，ある日突然聴音障害を発症する突発性難聴という疾病がある[14]。まったく健康であった耳に，突発的に高度の感音難聴が起こる疾患で，耳鳴りやめまい，吐き気を伴うこともある[15]。その原因は，ストレスや疲労，内耳の循環不全やウイルス等であるとする説があるが判然とせず，治療法も確立されていない。突発性難聴は増加傾向にあり，1990年代に旧厚生省研究班が行った全国疫学調査からは，日本国内で年間2万人以上が発症していると推定されている。発症の男女比はほぼ1：1で，50歳代後半〜60歳代前半での発症が多い[16]。このような状況の下，たとえ被害者が被った傷害が，難聴や耳鳴りを発症することがあることを証明できたとしても，突発性難聴の疑いを払拭できなければ，十分な立証とはいえない場合がある。また，突発性難聴の治療歴がある場合には，そのことゆえに因果関係が否定されたり，素因減額の理由とされることもあり得るところである。裁判例では，被害者に高度の難聴を認めつつ，

---

[14] 『南山堂医学大辞典〔第20版〕』1506頁，『新耳鼻咽喉科学〔改訂11版〕』（南山堂，2013）193頁。

[15] 1975年に旧厚生省研究班が公表した診断基準による。

[16] 森山寛ほか編『今日の耳鼻咽喉科・頭頸部外科治療指針〔第3版〕』（医学書院，2008）195頁，『新耳鼻咽喉科学〔改訂11版〕』193頁。

難聴を訴え始めたのが事故の約7か月後であることなどから，突発性難聴の可能性も否定できないとして事故との因果関係を否定したもの（裁判例③），右耳の難聴と耳鳴りは耳小骨離断によるものであり，純音聴力検査結果は後遺障害等級11級4号相当に近いが，左耳の難聴は事故後9年経過後であることから，本件事故と相当因果関係にある後遺障害は14級相当の右耳の難聴と耳鳴りであるとしたもの（裁判例⑤），事故とパニック障害，耳鳴りとの因果関係を認め後遺障害を14級相当としたものの，耳鳴りは少なくとも6年前から症状があり突発性難聴の治療歴もあるうえ，そもそも耳鳴りの原因としては心因的な要因が大きいとして，4割の素因減額を行ったもの（裁判例⑥）などがある。

（3）　逸失利益の立証

　耳の障害の場合には，その障害が後遺障害等級認定基準を満たしていても，その等級表に記載されている労働能力喪失割合どおりの認定がなされにくいことにも留意するべきである。被害者の聴力障害が後遺障害等級10級，11級相当であると認定された場合でも，直ちに後遺障害逸失利益がそれまでの収入の35％減少したとか27％減少したという認定になるわけではない。その被害者の職業の遂行や日常生活に関して，当該聴力障害がいかに影響を及ぼしているか，実際にどの程度の収入の減少を生じているか等について具体的な主張立証を行わなければ，労働能力喪失表に記載されたとおりの労働能力喪失が認められる可能性は少ない。そのことは，聴力障害のみならず，一耳の耳殻の大部分を欠損したときとされる耳殻の損傷（12級4号）の場合も同様である。この障害は外貌醜状の一種であり，特に男性の場合，直ちに12級の後遺障害の場合の14％の労働能力喪失が認定されない場合が少なくない。同様に，耳殻の欠損が被害者の職業や日常生活においてどの程度の不利益を及ぼしているかを具体的に主張立証する必要がある。

　なお，裁判例には症状固定時59歳の男性タクシー運転手につき，耳鳴りや難聴自体は14級相当としつつ，本件事故による後遺障害のため勤務先での通常勤務に戻れず退社を余儀なくされ，その後他社でアルバイト運転手として稼働していることに加え，原告の後遺障害の内容，程度，年齢，職種，その後の転職や勤務支障の状況等を考慮するとして，8年間14％の労働能力喪失を認定したものがある（裁判例①）。原告側の丹念な主張立証の成果ではないかと思われる。

Ⅳ **11** 耳の障害   225

6 裁 判 例

◆他覚的所見がない難聴，耳鳴りにつき，14級相当の後遺障害を認めた事例
　①岡山地判平５・４・23交民26巻２号521頁

　　普通乗用車で交差点を走行中，左側から進行してきた普通貨物自動車に左後方部
に衝突され，車両前部が左に振られるような形になり左前方の電柱に衝突して停止
した事故で，頭部を強打したタクシー運転手（男・固定時59歳）が，外傷性頸部症
候群，両耳鳴り，両感音性難聴，外傷後神経症等の症状で治療を受け，自賠責保険
後遺障害非該当の認定を受け，異議申立て後，神経学的な他覚所見は認められない
ものの，自覚症状としての外傷性頸部症候群による左耳鳴り，難聴が14級該当と認
定された事案で，原告は本件事故による後遺障害のため通常勤務に戻れず退社を余
儀なくされ，その後他社のアルバイト運転手として稼働していることに加え，原告
の後遺障害の内容，程度，年齢，職種，その後の転職や勤務支障の状況等を考慮
し，事故前３か月間の平均月収を基礎として８年間14％の逸失利益合計464万円余
を認め，後遺障害慰謝料190万円を認めた。

◆自賠責保険調査事務所の判断どおり14級相当の難聴を認め，耳鳴りを否定した事
　例　②横浜地判平８・４・25交民29巻２号628頁

　　交差点での普通乗用車同士の出合い頭衝突により，頸椎捻挫，左膝挫傷の傷害を
負った原告（男・固定時45歳・職業不詳）が，約６か月の通院加療後，左耳鳴り，
左感音性難聴，左耳管狭窄症で自賠責保険13級相当の後遺障害を残したと主張する
事案で，自賠責保険の調査事務所が，左耳難聴につき14級３号の「１メートル以上
の距離では小声を解することができない」に該当すると判断し，感音性難聴の原因
程度は，耳閉塞感が受傷後から生じており，通気加療により改善がみられたため左
耳管狭窄症が考えられ，外傷との因果関係も多少は認められるとして後遺障害等級
を14級相当とし，耳鳴りは自覚的なものにすぎず他覚的に証明し得ないと判断した
ことを前提として，19年間労働能力喪失率５％として事故前年度の年収1220万円余
を基礎として合計737万円余の逸失利益を認め，慰謝料100万円を認めた。

◆高度の難聴は突発性難聴の可能性があるとし，事故との因果関係を否定した事例
　③大阪地判平８・１・29交民29巻１号144頁

　　自動二輪車で道路をUターンした際後方から走行してきた普通貨物自動車に衝突
されて転倒し，左上腕骨骨折，左上腕神経叢引き抜き損傷等の障害を負ったタクシ
ー運転手（男・固定時50歳）が，左肩関節の著しい機能障害（10級相当），左肘関
節の機能障害（12級相当）のほか，右耳の聴力の完全喪失（９級９号）で後遺障害
で併合８級に該当する旨主張した事案で，原告に事故後他覚的検査に裏づけられた
高度の右後迷路性難聴が認められ医師が外傷との関連を否定できないとしている

こと，本件事故は頭部外傷を伴っており脳震盪が起こった可能性があり，骨折の伴わない脳震盪による後迷路性難聴もあり得ることを認めつつ，原告が明確に難聴を訴え出したのは事故の約7か月後であること，突発性難聴の可能性も否定できないことも考慮に入れると，当該難聴が本件事故によるとの蓋然性の立証はないとして後遺障害を否定し，その余の後遺障害で併合9級と認定した。

◆聴力障害につき非該当とし，受傷態様などから左右の耳鳴りを14級相当とした事例　④東京地判平17・12・21交民38巻6号1731頁

　自転車で交差点の横断歩道上を横断中右折進行してきた大型貨物自動車に衝突され，左側頭骨骨折，頭蓋底骨折，急性硬膜外血腫，外傷性両感音性難聴等の傷害を負った主婦（固定時46歳）につき，聴力障害については，日を変えて測定した両耳の純音聴力レベルは，いずれも20dB未満であることから後遺障害非該当としたが，左右の耳鳴りについては受傷態様などから14級相当と認めた。
（このほか，神経系統の障害9級10号，外貌醜状12級14号，言語機能障害10級2号，1眼の瞼の機能障害12級2号を認め，併合8級相当の後遺障害と認定した。）

◆右耳の11級4号の聴力障害を否定し，耳鳴りと併せて14級相当と認めた事例　⑤東京地判平25・1・16交民46巻1号49頁・自保1894号103頁

　普通乗用車の後部座席に乗車中，車両が雪のためにスピンし坂道を下り電柱に右後部を衝突し，頭部や右肩を強打し，右側頭骨骨折，右鎖骨骨折等の傷害を負った事務職会社員（男・固定時36歳）が，右耳鳴り，右難聴，右耳閉塞を訴え，聴力検査で高度難聴が，側頭部CTで右耳小骨離断が認められ右難聴，右耳鳴りで症状固定とする自賠責後遺障害診断書が作成されたが，その後左難聴も訴えたため，「傷病名」を右耳小骨離断，内耳挫傷，左混合難聴，内耳挫傷，「自覚症状」を両側難聴，耳鳴りで症状固定とする自賠責後遺障害診断書が作成されたが，自賠責保険では14級3号該当の認定を受けた事案で，聴力障害の等級及び障害の程度について「一耳の平均純音聴力レベルが70dB以上80dB未満のもの」は11級の4に該当すると定められているところ，症状固定後の純音聴力検査結果（6分式）のうち右耳の平均値は69.095dBであること，事故後9年経過後左難聴を訴え出し，純音聴力検査上左耳にも異常を示すようになったとし，このような症状経過に照らすと左難聴等左耳の異常に由来する症状については本件事故との相当因果関係を認めることはできないとして，本件事故と相当因果関係が認められる後遺障害は14級相当の右耳小骨離断に伴う右難聴，耳鳴りであると認定し，31年間労働能力喪失5％として事故前年の年収を基礎に逸失利益合計364万円余を認め，後遺障害慰謝料110万円を認めた。

◆耳鳴り・パニック障害と事故とに因果関係を認めたが，突発性難聴の治療歴や心因的な影響を考慮し4割の素因減額をした事例　⑥横浜地判平26・11・13自保1939号73頁

原付自転車を運転中一時停止中に後退してきた普通貨物車に衝突されて転倒し，頸椎捻挫，左耳鳴り等で14級相当の後遺障害を負った（自賠責保険非該当）と主張する，パニック障害，高血圧症，耳鳴り等の受診歴のある原告（家事従事者の女性・事故時60歳）につき，本件事故の態様は，パニック障害を有する原告にとっては大きな精神的動揺を与えるものといえ，実際に本件事故によりパニック障害の悪化や血圧の上昇等の体調悪化があったことからすれば，本件事故前は不定期に軽い耳鳴りがある程度であった症状が，本件事故のため常時耳鳴りがある状態にまで悪化したと認めるのが相当であるとし，事故とパニック障害，耳鳴りとの因果関係を認めて後遺障害逸失利益48万円余，後遺障害慰謝料110万円を認定したが，耳鳴りは少なくとも6年前から症状があり突発性難聴の治療歴もあるうえ，そもそも耳鳴りの原因としては心因的な要因が大きいとして，4割の素因減額を行った。

V 鼻の障害

12 鼻の障害

1 定義・概要

(1) 鼻の構造と機能[1][2]

ア 鼻の構造

鼻は，外鼻(がいび)，鼻腔(びくう)，副鼻腔(ふくびくう)に区分される。

外鼻とは，顔面中央にほぼ三角形のピラミッド型に突出し，骨と軟骨を枠として，わずかの皮下組織と外鼻孔(がいびこう)を動かす小さな筋を含んだ皮膚に覆われた部分である。

☑図1　頭部　正中断面

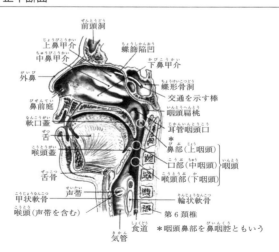

出所：『新入門解剖図譜』30頁・図77。

[1] 『新耳鼻咽喉科学〔改訂11版〕』237頁以下。
[2] 『NEW 耳鼻咽喉科・頭頸部外科学〔改訂第2版〕』95頁以下。

☑図2　嗅覚器（鼻腔）

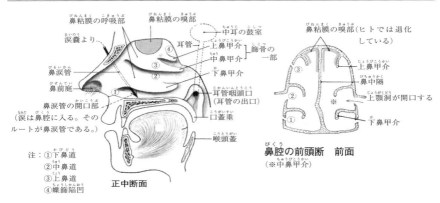

出所：『新入門解剖図譜』48頁・図138。

☑図3　副鼻腔

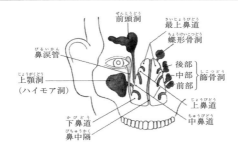

出所：『新入門解剖図譜』31頁・図82。

　鼻腔とは，眼窩と口腔との間にある，骨と軟骨の壁で形成され粘膜で覆われた広い空間（腔）である。鼻中隔を中央に挟んで対をなす構造になっており，前方は鼻前庭及び外鼻孔を通じて外界に開口し，後方は後鼻孔によって咽頭腔に通じ，上方（天蓋）は極めて薄い篩板を挟んで大脳（前頭葉）と接し，下方は口蓋板を挟んで口腔と接している（☑図1）。側壁の構造は複雑であり，鼻腔へ突出する屋根状の鼻甲介（上鼻甲介，中鼻甲介，下鼻甲介）によって，それぞれ鼻道（上鼻道，中鼻道，下鼻道）に分けられるが（☑図2），その形状は個人差も大きいところである。

　副鼻腔とは，鼻腔に隣接する顔面骨内部の含気空洞であり，前頭洞，上顎洞，

前・後篩骨洞及び蝶形骨洞によって構成される（☑図3）。

イ　鼻（鼻腔）の機能

鼻腔の主な機能は，嗅覚作用，気道としての作用，共鳴作用である[☆3]。

嗅覚は，味覚と同様に外界の化学刺激を知覚する感覚であり，物理刺激を知覚する他の感覚（視覚，聴覚，触覚）とは異なっている。嗅覚作用の仕組みについて簡単に述べると，次のとおりである。

① 吸気中のにおい物質（嗅素）は，外鼻孔から鼻腔に入り，嗅上皮[☆4]の粘膜に到達すると，そこに存在する嗅腺（ボーマン腺）より分泌される粘液に溶け込み，嗅細胞まで到達する。

② これを受けた嗅細胞の軸索にあたる嗅神経が，篩骨篩板（しこつしばん）の小孔を貫いて，嗅糸（きゅうし）と呼ばれる束状の構造を保ちつつ，脳の一部である嗅球（きゅうきゅう）（第一次嗅中枢）に到達する。

③ 嗅球にてシナプスを交換し，ここから梨状皮質，扁桃核，視床下部，大脳皮質嗅覚野（眼窩前頭皮質）など嗅覚の中枢まで伝わり，最終的ににおいとして認識される。

次に，気道としての作用とは，気道の起始部をなすとともに，肺胞での円滑なガス交換のため加温，加湿，除塵などの空調作用を行う役割である。

最後に，共鳴作用とは，音声及び語音の発生の際に共鳴腔として働き，軟口蓋の運動と相俟って音質の変化を果たす役割である。日本語の中では，「な行」と「ま行」と「ん」の発音時に，鼻腔内を共鳴しながら音が伝わる。

(2)　鼻の障害[☆5]

ア　鼻疾患の一般症状

一般症状としては，鼻閉（鼻呼吸が妨げられていると自覚している状態），鼻漏（鼻腔粘膜を覆う粘液の量が過剰になり性状が変わる状態），鼻出血，嗅覚障害，共鳴障害（鼻声），頬部腫脹，眼症状などが代表的な例として挙げられる。

以下では，鼻に関する後遺障害のうち，嗅覚障害について述べる。

☆3　『新耳鼻咽喉科学〔改訂11版〕』256頁。

☆4　嗅上皮とは，嗅裂（上鼻甲介の内側から向かい合う鼻中隔部にかけて，☑図2の「嗅部」参照）に分布しており，感覚細胞としての嗅細胞と支持細胞，基底細胞が存在する部位である。

☆5　『新耳鼻咽喉科学〔改訂11版〕』263頁，『NEW 耳鼻咽喉科・頭頸部外科学〔改訂第2版〕』103頁。

イ　嗅覚障害[6][7]

嗅覚障害は，においがわからない自覚症状の程度によって，次の5種類に分類される。

① 嗅覚脱失：まったくにおいを嗅ぐことができない
② 嗅覚減退：においを嗅ぐ力が正常者に比べて弱い
③ 嗅覚過敏：においが異常に刺激的に感じられる
④ 嗅覚錯誤：通常とは違ったにおいとして感じられる
⑤ 嗅覚幻覚：実際には存在しないにおいがするように感じられる

また，原因部位によって，次のとおり呼吸性嗅覚障害と神経性嗅覚障害に大きく分類される。両者の鑑別には，静脈性嗅覚検査（アリナミンテスト，後記 2 (2) イ参照）が有用である。

(ア)　呼吸性嗅覚障害

鼻腔の物理的閉塞等によってにおい物質が嗅裂へ到達できない嗅覚異常で，代表的には鼻茸（鼻腔粘膜の腫瘤）を伴う慢性副鼻腔炎などの疾患がある。一般には，(イ)の神経性のものより障害が軽度であり，原因の除去による嗅覚の回復も期待できる。(イ)の末梢神経性嗅覚障害との合併症例も多く，混合性嗅覚障害[8]と呼ばれることがある。

(イ)　神経性嗅覚障害

頭部外傷やむち打ち損傷などにより頭部に受けた強い衝撃が原因で嗅神経が断裂し嗅覚機能低下に至る末梢神経性嗅覚障害と，頭部外傷，脳挫傷，脳腫瘍，開頭手術，パーキンソン病や神経疾患などが原因で嗅球から中枢側での障害が生じる中枢神経性嗅覚障害がある。

(3)　外傷性嗅覚障害の発生機序

交通事故等による外傷性の嗅覚障害としては，一般に，骨折等による呼吸性嗅覚障害，脳挫傷や脳出血による中枢神経性嗅覚障害，急激な衝撃に起因する嗅覚神経枝の断裂や損傷などによる抹消神経性嗅覚障害が考えられる。また，これらの要因が複数混ざった混合性も少なからず存在している[9]。

☆6　片岡武「労働能力喪失率の認定について」『赤い本〔2004年版〕』436頁。
☆7　『新耳鼻咽喉科学〔改訂11版〕』264頁，『NEW 耳鼻咽喉科・頭頸部外科学〔改訂第2版〕』103頁。
☆8　三輪高喜「嗅覚障害」医学と薬学72巻12号1973頁は，呼吸性嗅覚障害と嗅粘膜性嗅覚障害が合併した場合を混合性嗅覚障害と呼んでいる。
☆9　前掲（☆8）参照。

鼻骨骨折等の場合は骨折の整復により嗅覚が回復する例も多いが，嗅糸の断裂の場合はほとんどが嗅覚脱失状態となって回復は期待できない。

外傷受傷後すぐに嗅覚障害に気づくことはほとんどなく，外傷による他の合併症がある程度落ち着く数週間から数か月後に嗅覚が低下していることに気づいて医療機関を受診することが多い[10]。嗅覚検査にて頭部外傷後に嗅覚機能低下を認めた患者のうち，40％の患者では嗅覚低下の自覚がなかったという報告もある[11]。

片岡武裁判官の論文では，「嗅覚・味覚に関する神経は糸屑のように細い神経ですから，微細な顕微鏡レベルでの神経の断裂や損傷自体はCTやMRIなどでは抽出されず，血液検査，副鼻腔レントゲン検査，内視鏡検査で異常がなくても，嗅覚・味覚に関する神経の微細な損傷はありえる」という医師の指摘，及び，昭和大学耳鼻咽喉科における平成11年4月から平成13年3月までの間の初診患者672名のうち，頭部外傷による嗅覚障害と考えられたのは37名（5.5％）であり，そのうち嗅覚障害を来す原因と考えられる器質的な損傷がCTやMRIなどでは抽出されない症例も多く見られた旨の臨床例報告が引用されている[12]。

なお，後に紹介する裁判例からもわかるとおり，嗅覚障害には味覚障害を伴うことも少なくない。

2 等級認定基準

(1) 自賠責等級における取扱い

ア 等級認定区分[13]

鼻の障害については，鼻の欠損に関して，自動車損害賠償保障法施行令（自賠法施行令）別表第2で後遺障害等級を定めている。その等級区分と認定基準の詳細は，下表のとおりである。

☑表1 鼻の障害の後遺障害等級

等　　級	障害の程度
第9級5号	鼻を欠損し，その機能に著しい障害を残すもの

☆10　小林正佳「外傷性嗅覚障害の予後改善のための研究」日本味と匂学会誌16巻1号31頁。
☆11　石橋卓弥＝平川勝洋＝立川隆治「嗅覚障害の病態と治療の実際（特集 嗅覚障害臨床の最近の進歩）」Progress in Medicine 35巻4号66頁。
☆12　片岡・前掲（☆6）440頁。
☆13　『労災補償障害認定必携〔第16版〕』125頁。

234 第2章 各論─類型別にみる後遺障害認定の実務

「鼻の欠損」とは，鼻軟骨部の全部又は大部分の欠損をいう。鼻の「機能に著しい障害を残すもの」とは，鼻呼吸困難又は嗅覚脱失をいう。

鼻の欠損は，その程度により，外貌醜状（「外貌に著しい醜状を残すもの」〔7級12号〕，「外貌に相当程度の醜状を残すもの」〔9級16号〕，及び，「外貌に醜状を残すもの」〔12級14号〕）として認定されることがある。鼻の欠損と外貌醜状とは，それぞれの等級を併合することなく，いずれか上位の等級によることとなる。

また，鼻の欠損を外貌醜状としてとらえる場合であって，鼻以外の顔面にも瘢痕等を残す場合は，鼻の欠損と当該瘢痕等を併せて，醜状の程度を判断することになる。

イ　鼻を欠損しないで鼻の機能障害のみを残すもの☆14

鼻を欠損しないで鼻の機能障害のみを残すものについては，後遺障害等級表上は特段の定めはない。そのため，「各等級の後遺障害に該当しない後遺障害であって，各等級の後遺障害に相当するもの」として扱い，その程度に応じて，当該等級表に規定された後遺障害に準じて等級が決定されることになる（自賠令別表第2備考6）。

例えば，嗅覚の脱失・減退については，神経障害ではないものの，全体として神経障害に近い障害とみなし，脱失であれば一般の神経障害の等級として規定されている「局部に頑固な神経症状を残すもの」（12級13号）を準用して12級相当の障害として，減退であれば「局部に神経症状を残すもの」（14級9号）を準用して14級相当の障害として，それぞれ取り扱うこととされている☆15。

☑表2　鼻の欠損を伴わない鼻の機能障害の等級

等　級	障害の程度
第12級相当	局部に頑固な神経症状を残すもの（嗅覚の脱失又は鼻呼吸困難）
第14級相当	局部に神経症状を残すもの（嗅覚の減退）

嗅覚の脱失と減退の区別については，後記(2)アのT&Tオルファクトメーターによる基準嗅力検査の認知域値の平均嗅力損失値により，次のように区分されている☆16。

☆14　全体について，『労災補償障害認定必携〔第16版〕』126頁参照。
☆15　湯川浩昭「味覚・嗅覚及び性的能力の喪失・減退など生活能力の喪失・減退をもたらす後遺障害の財産的損害としての評価」『赤い本〔1994年版〕』134頁。
☆16　『労災補償障害認定必携〔第16版〕』127頁。

☑表3　平均嗅力損失値と嗅覚機能障害の区分

平均嗅力損失値	区　　分
5.6以上	嗅覚脱失
2.6以上5.5以下	嗅覚の減退

　なお，嗅覚脱失については，アリナミン静脈注射（「アリナミンF☆17」を除く。）を用いた静脈性嗅覚検査による検査所見のみによって確認しても差し支えない。

(2)　嗅覚障害の検査方法[18][19][20]

ア　基準嗅力検査（T&Tオルファクトメーター）

　5種類の臭素（花の香り，焦げたにおい，腐敗臭，果物，糞臭）のそれぞれについて，検知域値（何かわからないが，においを感じる），認知域値（何のにおいかわかる）を測定する検査法である。T&Tの名称は開発者の豊田氏・高木氏両名の頭文字に由来する。

　各嗅素ビンには，10倍単位で8段階の濃度を作成して5（最高濃度）から−2（最低濃度）までの番号を付し，いずれも嗅覚正常者が検知できる濃度を0番とする。規定の幅7mm×長さ15cmの細長い紙の先端1cmに臭素液をつけ，被験者に2〜3呼吸かがせて判定し，何かにおいがしたときを検知域値，さらに濃度を上げて何のにおいか表現できる場合を認知域値として，オルファクトグラムに記入する。嗅力検査としてわが国では一般的だが，被検者が虚偽の申告をした場合には判定ができない等の難点も指摘されている[21]。

　嗅覚障害の程度は，T&T平均認知域値から5段階（正常：〜1.0以下，軽症：1.1〜2.5，中等症：2.6〜4.0，重症：4.1〜5.5，脱失：5.6〜）に分類される。当該分類による「中等症」及び「重傷」が「嗅覚の減退」に，「脱失」が「嗅覚脱失」にそれぞれ対応することは，☑表3のとおりである。

☆17　アリナミンF注射液（一般名：フルスルチアミン）は，においを弱めた製品であり，本検査用注射液には適していない。

☆18　『新耳鼻咽喉科学〔改訂11版〕』269頁，『NEW 耳鼻咽喉科・頭頸部外科学〔改訂第2版〕』107頁。

☆19　片岡・前掲（☆6）437頁。

☆20　最近の論文では，Progress in Medicine 35巻4号に特集「嗅覚障害臨床の最近の進歩」が掲載されており，例えば同誌37頁以下の古田厚子「嗅覚検査法の評価——欧米も含めて」には本稿ア・イを含む種々の検査法が解説されている。

☆21　詐病の疑いがある場合は，目隠しをした状態で不快な強いにおいを提示し，被験者の反応を観察するとよいと指摘されている（三輪高喜「IV. 鼻・副鼻腔の検査　1. 嗅覚検査」『耳鼻咽喉科・頭頸部外科〔増刊号〕』82巻5号157頁）。

イ　静脈性嗅覚検査（アリナミンテスト）

アリナミン注射液（一般名：プロスルチアミン，10mg/2mL）を20秒間かけてゆっくりと静脈内に注射し，開始から被験者がアリナミン臭（特有のにんにく臭）をはじめて感じ取るまでの時間を潜伏時間（におい始め：正常7〜10秒）とし，また嗅感が起こってから消失するまでを持続時間（におい終わり：正常60〜80秒）としてこれを測定する検査法。嗅覚障害者では，潜伏時間は延長し，持続時間は短縮する。

この検査は，血液中のプロスルチアミンが肺胞内で呼気中に拡散し，上咽頭・後鼻孔を経由して嗅上皮に到達してにおいが感じられるという現象を利用したものである。この検査でにおいが感じられれば嗅細胞は残存し機能しているものと解釈でき，嗅覚障害が呼吸性のものか神経性のものかを鑑別することができる。

ウ　他覚的検査

直接，嗅覚障害の有無を確認するための検査ではないが，交通事故によって頭部外傷を負った場合などでは，前記ア・イの検査と併せて，嗅裂や脳の該当箇所の損傷確認のためにCTやMRIによる検査が行われることが多い。例えば，CTの所見から嗅裂部の変形が確認される場合には，より客観的に嗅覚障害の存在を裏づけることが可能である。

ほかには，嗅上皮の誘発電位を記録する嗅電図，コンピュータで頭皮上の誘発電位を加算するcerebral evoked potential法，においスティックOSIT－Jなどがあるが，自賠責による後遺障害認定においてはあまり一般的でない。

3　主な争点と主張立証上の留意事項

(1)　後遺障害の存在

裁判例では，既に嗅覚障害について自賠責による後遺障害等級が認定されている事例について，単に原告が当該認定を受けていることを指摘するのみであるか，あるいは，後遺障害の存否が争われることなく，自賠責どおりの等級認定がなされているというケースが多い。例えば，裁判例③④⑨⑩では，自賠責における後遺障害等級認定を指摘したうえで，当該後遺障害を前提に原告に生じた損害を議論している（ただし，後記(3)にて述べるとおり，当該等級に応じた労働能力喪失率を認めるか否かは別論である）。

また，自賠責において後遺障害等級認定がなされていない場合でも，静脈性嗅覚検査（アリナミンテスト）等の検査結果から後遺障害を認めたケースもある。裁判例⑤では，アリナミン静脈注射検査をした結果として嗅覚脱失と診断されたという事実から，後遺障害を認定している。裁判例⑥では，アリナミンテスト陽性で反応があり，基準嗅覚検査では軽度ないし中等度の嗅覚障害（嗅覚の減退）がみられたという事実から，14級相当の後遺障害を認定している。

　以上のことから，後遺障害の存在を立証するためには，まずは自賠責における後遺障害等級認定において，被害者の負っている後遺障害の実態が十分に反映されるよう資料の入手，調整・提出等に尽力する必要がある。そして，当該等級認定を受けていない，又は，これが認められなかった場合でも，専門医の下でT&Tオルファクトメーターやアリナミンテストなどの検査が実施され（いずれも保険適用が認められている），嗅覚の減退又は脱失の診断がなされているのであれば，後遺障害が認定される余地は十分にあるといえる。なお，T&Tオルファクトメーターは，十分な換気が可能な設備が必要となるなどの制約から，大学病院などの大型病院でないと扱っていないこともあるので注意が必要である。

(2)　事故との因果関係

　嗅覚障害による後遺障害が認められたとしても，それが当該交通事故を原因とするものであること，すなわち因果関係の立証が必要である。

　一般論としては，事故後当初から嗅覚の異常を訴えており，診療録等からこれが確認できる場合には因果関係は認められやすく，他方で，事故後相当期間が経過した後に発症した場合には因果関係は認められにくいといえる。ただし，事故態様や他の傷害の程度，治療状況などによっては，嗅覚の減退や脱失について認識する時期が遅れたり，発生自体が遅れたりする例もある。日常生活を送る中で，食品の腐敗に気づかない，ガス漏れに気づかない，食事や調理に支障が出るといった状況に接してはじめて嗅覚障害を知覚した場合などは，当該障害が遅れて発現した理由を医師に確認するなどして，事故との因果関係について説明できるよう準備しておくことが望ましい。裁判例⑬は，事故後約7か月経過後に嗅覚障害を訴えた事例において事故との相当因果関係を否定している。その一方で，裁判例⑧では，被害者が事故後1年あまり経過した頃から嗅覚が徐々に減退し，神経性嗅覚障害の疑いがあるとされ，嗅覚脱失症との診断を受けたという事例において，嗅覚脱失の事実を認定している（もっとも，当該

裁判例では，嗅覚脱失を心的外傷後ストレス障害による後遺障害（7級4号）の中で考慮されているとして，これと独立した後遺障害としては認めていない点に注意が必要である）。

また，鼻腔の形状は複雑で個人差も多く，事故前の外傷（事故のみでなく，スポーツなどを原因とするものも考えられる）で既に変形が認められる場合もあるので，過去に外傷を負うなどして何らかの検査や治療を受けたことのある場合は，その内容を確認して評価をすることがより適切である。

(3) 逸失利益の立証

前記(1)のとおり，嗅覚の減退・脱失による後遺障害自体は，医師による検査及び嗅覚障害の診断があれば，さほど大きな困難はなく認定される傾向にあるといえる。しかしながら，かかる認定がなされても，そのことのみをもって労働能力の喪失が認められるか，認められるとしてその割合は後遺障害等級表に記載されている労働能力喪失率どおりとなるか，喪失期間は何年とされるかといった点は別の問題である。

湯川浩昭裁判官は，原則として，嗅覚の喪失・減退による逸失利益を認めることは困難であるが，具体的事案によっては，当該後遺障害の具体的な内容・程度，被害者の性別・年齢・職業，事故前後の稼働状況，被害者が従事する職業の性質からみた当該後遺障害による収入減少ないしそのおそれの有無・程度，将来の昇給・昇任・転職等における不利益な取扱いのおそれの有無等の具体的事情を総合的に勘案し，逸失利益を認めることができる場合もある旨述べている。そして，後遺障害による逸失利益が否定される場合には，後遺障害慰謝料が認められるにとどまらざるを得ないが，慰謝料額の算定において，後遺障害等級に対応した一定の金額を参考にしながらも，後遺障害の内容・程度だけではなく，被害者が当該後遺障害の内容・程度等からみて被り，又は将来被るであろうと認められる具体的な日常生活上の様々な不利益・不都合等の事情をもできる限り斟酌し，柔軟に判断する必要があると述べている☆22。ここで挙げられている要素は，逸失利益及び慰謝料主張立証の際に参考になるものである。

例えば，裁判例①②③では，具体的な労働能力の喪失率について，後遺障害等級表に記載されている喪失率に比して相当程度低い率を用いて逸失利益額を計算している。また，裁判例⑤（会社員）⑨（大学生）では，嗅覚脱失の後遺障害

☆22　湯川・前掲（☆15）136頁以下。

を認めながら，それによる労働能力の喪失が認められないとの判断がなされている（ただし，裁判例⑨では，嗅覚脱失による逸失利益が認められないことを後遺症害慰謝料において勘案しているようである）。

その一方で，裁判例④（幼稚園教諭）⑦（美装業者勤務）⑪（上場会社技術職会社員）⑫（焼き鳥店勤務）では，後遺障害等級表の記載と同程度の労働能力喪失率を認めており，裁判例⑩（調理師兼料理店経営者）では，後遺障害等級表の記載以上の労働能力喪失率を認めている。裁判例⑦⑩⑫では，被害者の職業とその性質及び嗅覚脱失がその業務に与えた具体的影響を認定して後遺障害等級表と同等以上の労働能力喪失率を認めた点に着目すべきである。裁判例⑦では，美装業者に勤務する原告が，嗅覚がなくなって溶剤の区別ができなくなったこと等により退職し無職となったことを認定しており，裁判例⑫では，嗅覚脱失により焼き鳥店への勤務及び夢である和食飲食店の開店を断念せざるを得なくなったことを認定している。裁判例⑩では，嗅覚は，調理師である原告にとって素材の良否や完成した料理の風味いかんを見極める等，その技術を発揮するうえで極めて重要な感覚の一つであり，これを失ったことは料理人として致命傷に近い状態と評価すべきとされている。

以上のことから，嗅覚障害による逸失利益・労働能力の喪失が認められるためには，特に当該被害者の職業とその性質，嗅覚脱失が当該業務に与えた具体的影響，再就職や転職が困難である事実及び収入の減少状況等を主張立証することが肝要である。また，業務に与える影響以外でも，嗅覚脱失がその人の人生，明日へ活力，日常生活やクオリティ・オブ・ライフに与える影響（腐敗，ガス漏れ，煙に気づかないといった生活上の危険に曝されるリスクの発生のみならず，新緑や夏の夕立，沈丁花や金木犀の花，燃える焚き木などのにおいが知らせる季節や天候，それから人間〔親や祖父母，子，恋人など〕のにおいから感じる情緒などを喪失することになる）を丁寧に主張立証することは，慰謝料のみならず，逸失利益の認定にも影響し得るものと思われる。

4 裁 判 例

◆嗅覚喪失につき自賠責の認定どおり併合7級相当と認め，労働能力喪失率を35％とした事例　①横浜地判昭55・3・27交民13巻2号394頁

　　原告（女・固定時35歳・主婦）が，普通乗用自動車で進行中，カーブを曲がりき

れずセンターラインを越えて対向車線から進入してきた普通貨物自動車に衝突され、頭部外傷、頭蓋骨骨折、脳挫傷、外傷性くも膜下出血、外傷性気胸の傷害を負い、外貌醜状、嗅覚喪失等の後遺障害を残した事案につき、嗅覚喪失の後遺障害については、自賠責の認定どおりその他の外貌醜状、味覚障害、視力低下、視野狭窄、記憶障害、集中力低下、頭痛、頭重感及び胸背部痛などと併合して7級該当を認めたが、逸失利益については、「原告が自賠法施行令別表の後遺障害等級の7級に該当する後遺障害を受けた事実は前記のとおりであつて右別表によれば労働能力喪失率が56パーセントであることが明らかである。しかし、原告の後遺障害の部位、内容、程度と原告が従事する労働が家事労働であることからすれば右喪失率をそのまま原告に適用するのは不相当であり、原告の年齢、家族構成その他諸般の事情を考慮して労働能力喪失率を35パーセントとするのが相当」とした。

◆**嗅覚脱失を自賠責の認定どおり12級相当と認め（併合11級），労働能力喪失率を10％とした事例　②大阪地判昭57・8・31交民15巻4号1084頁**

原告（女・固定時45歳・税理士事務所事務員）が、原動機付自転車で交差点を進行中、突如交差点内に後退進行してきた普通貨物自動車に衝突され、後頭部、頭蓋底骨折、頭部頸部腰背部打撲挫傷の傷害を負い、嗅覚脱失、味覚脱失（各12級）、頭痛頭重感（14級）の後遺障害を残した事案につき、嗅覚脱失の後遺障害については、自賠責の認定どおり12級該当を認めたが、逸失利益については、「原告は……税理士事務所に勤務するほか、当時他に勤めに出ていた長女と高校生の二女と生活をともにし、家庭の主婦として家事労働にもたずさわつていたが、頭痛等により勤め先を結局退職したうえ、嗅覚味覚の脱失により料理等の家事労働の重要な部分に重大な支障を生じている」としながら、「労働能力の喪失割合については、障害等級の認定基準では嗅覚脱失及び頭部外傷等によつて生じた味覚脱失はいずれも12級を準用し、……本件事故による後遺障害等級は嗅覚脱失12級と味覚脱失12級との併合11級と認めることができ、……労働能力喪失割合は20パーセントというべきであるが、右後遺障害は通常の労働よりもむしろ家事労働部分に影響が大きいことや前記計算の基礎とするべきセンサスの平均賃金のうち家事労働分……の占める割合等を考慮し、さらに原告の前記頭痛や頭重感は前記症状に照らし少くとも後遺障害等級14級には該当するものと認定し得ることをもあわせ鑑みると、原告の労働能力喪失率は10パーセント程度と認めるのが相当」とした。

◆**嗅覚脱失を自賠責の認定どおり12級相当と認め（併合11級），労働能力喪失率を10％とした事例　③東京地判昭62・10・29判時1273号78頁・交民20巻5号1369頁**

原告（男・固定時31歳・調理師）が、普通乗用自動車で交差点に進入したところ、交差点内に信号を無視して進入してきた普通乗用自動車に衝突され、頭蓋骨骨折、脳挫傷、頭蓋内血腫、気脳圧、左耳部挫創傷、右肩鎖関節脱臼骨折の傷害を負い、自賠責で嗅覚脱失（12級相当）、脳挫傷による頭頸部の頑固な神経症状（12級

12号），右鎖関節部痛等（14級10号），併合11級の後遺障害を残した事案につき，嗅覚脱失の後遺障害については，自賠責の認定どおりその他の味覚障害，痙性頭頸部痛，右鎖関節部痛などと併合して11級該当を前提としながら，逸失利益については，原告が「本件事故当時，R共済会で調理師として勤務し，年額金385万2400円……の収入を得られるものであったところ，前記後遺症（特に嗅覚脱失及び味覚障害）のため調理師の仕事に従事することができなくなり，現在はR共済会の食堂関係の雑務に従事していること，原告の給与所得は……現実には所得の減少は生じていないこと，以上の事実を認めることができる。そして，右事実に前認定の後遺症の内容及び程度を併せて考えると，現在のところ原告に現実には所得の減少は生じていないものの，原告は，R共済会には事務職として就職したものではなく，復職後，調理の仕事ができないことから，やむを得ず食堂関係の雑用に従事しているもので，調理師の資格を有しながら，将来に亙って調理師の仕事に従事することができるようになる見込みはなく，このため将来の昇給・昇任については同僚と比べて相対的に不利益な取扱いを受ける虞れが予想されるうえ，転職等の場合には右資格を活用することができないのであって，前記後遺症が著しい障害となることが推測される」として，「その労働能力の10パーセントを喪失し」たと認めた。

◆嗅覚脱失を12級相当と認め（併合11級），労働能力喪失率を20％とした事例
　④大阪地判平５・１・14交民26巻１号32頁

　原告（女・固定時43歳・幼稚園教諭）が，自転車で交差点に進入し，軽四輪貨物自動車と出合い頭衝突し，頭部外傷，頭蓋骨骨折，頭蓋内血腫，外傷性脳内出血，右耳出血の傷害を負い，自賠責で嗅覚脱失（12級相当），頭部神経障害（12級12号），併合11級の後遺障害を残した事案につき，嗅覚脱失の後遺障害については，「前記後遺障害のうち……嗅覚脱失は，女性であり，幼稚園教諭である原告にとって，通常の職についている女性と比較し，一層の支障を来していることは容易に推察が可能であり，労働能力に相応の制限を生じさせているものと認められるが，嗅覚は，視覚や聴覚と比較すると労働能力に影響を及ぼす度合いがより少ないとみざるを得ず，これらの知覚を喪失した場合よりは労働能力喪失の程度が低いと解さざるを得ない。」とし，他の後遺障害と併せた労働能力喪失率を20％程度であると認定した。

◆原告（自賠責の事前認定を受けていない）に嗅覚脱失を認定したがそれ自体による労働能力喪失はないとした事例　⑤東京地判平６・８・30交民27巻４号1129頁

　原告（女・30歳・会社員）が，道路を小走りで横断中に速度オーバーで進行してきた普通乗用自動車に衝突され，頭蓋骨陥没骨折，脳挫傷，骨盤骨折，顎骨折等の傷害を負い，嗅覚脱失について自賠責の認定を受けずに12級相当の後遺障害を主張した事案において，アリナミン静脈注射検査の結果で嗅覚脱失と診断された事実から嗅覚脱失を認めたが，「前記のとおり就業中の収入を基礎として逸失利益を算定

242　　　第2章　各論—類型別にみる後遺障害認定の実務

しているのであるから，労働能力喪失率についても，生活上の不便の基準ではなく，労働能力に影響を及ぼすかどうかという観点から判断するのが相当であり，嗅覚脱失は労働能力に影響を及ぼすものではないから，頑固な神経症状の労働能力喪失率を超えた労働能力喪失率を認めることはできない。」とした。

◆嗅覚の減退を14級相当と認定し，労働能力喪失率を５％（３年間）とした事例
　⑥東京地判平８・１・９交民29巻１号１頁

　　原告（女・36歳・夫の経営する串焼屋での調理業務兼主婦）が，自転車で交差点を通過しようとした際に直進してきた普通乗用自動車に衝突され，頭部外傷，頭蓋骨骨折，頚椎捻挫，全身打撲の傷害を負い，視野障害，頭痛・肩凝り等の神経症状，嗅覚障害の後遺障害を残したとされる事案につき，嗅上皮性嗅覚障害により約10か月間耳鼻咽喉科に通院したところ，アリナミンテスト陽性で反応があり，基準嗅覚検査では軽度ないし中等度の嗅覚障害がみられたが，保存的点鼻，内服等の治療を受けて軽快し，数種又は日によって軽度の嗅覚減退がある程度で安定化し症状固定となった旨の事実を認定し，「嗅覚障害については，鼻の欠損を伴わないが，原告には，基準嗅覚検査により軽度の嗅覚減退が認められ，自覚症状としても，日常的にガスの臭いがわからないことからすると，14級に相当する後遺障害が残存する」とし（認定した後遺障害は嗅覚障害のみ），その労働能力喪失率について「今後３年間にわたり，５パーセント」とした。

◆嗅覚脱失を12級相当と認定し，労働能力喪失率を14％とした事例
　⑦大阪地判平９・８・28交民30巻４号1215頁

　　原告（男・固定時45歳・会社員）が，自動車専用道路上で他車のパンク修理を手伝っていたところ，後方から進行してきた普通乗用自動車に衝突され，頭部顔面打撲裂創，頭蓋骨骨折，脳挫傷，外傷性くも膜下出血，胸腹部打撲，右第５，左第７，第８肋骨骨折，両側血気胸，汎発性胸膜炎，腸管破裂，腸管膜損傷，肝破裂，外傷性膵炎，急性循環不全等の傷害を負い，嗅覚麻痺，味覚麻痺，頭痛，目眩，背部痛，手足の痺れ，肩凝り，右大後頭神経痛の後遺障害を残したとされる事案につき，嗅覚脱失の後遺障害については，「神経症状ではないがこれに準じるものとして，障害別等級表12級相当の後遺障害であると認める」とし，逸失利益については，「本件事故当時K美装に勤務し，平成５年には477万2600円の収入があったこと，前記後遺障害により嗅覚がなくなって溶剤の区別ができなくなり，目眩いのため高所で作業ができなくなる等したこともあって，K美装を平成８年８月31日に退職し，現在は無職であることが認められる。右の諸事情に照らせば，原告の嗅覚障害が原告の労働能力に少なからず影響を及ぼしていることは明らかであり，他に原告に目眩，頭痛，背中や肩の凝り，手足の痺れ等の症状もあることに照らすと，原告は……その労働能力の14パーセントを喪失したもの」と認めた。

◆嗅覚脱失（事故から１年あまり経過後に発症）を認めたが，これは心的外傷後ス

V **12** 鼻の障害 243

トレス障害による７級判断の中で考慮されており独立した後遺障害としては評価しないとされた事例　⑧大阪地判平11・２・25交民32巻１号328頁

原告（女・30歳・主婦兼家業手伝い）が，高速道路を普通乗用自動車に同乗して走行中，普通乗用自動車に追突され，車両が中央分離帯に衝突した事故により，左鎖骨外側端骨折，腰部打撲・捻挫，右大腿部腹部打撲，頭部打撲・挫創，PTSD（抱いていた９か月の息子が事故による傷害のため死亡したこと等による）の傷害を負い，PTSDによる後遺障害を残したとされる事案につき，原告が事故から１年あまり経過してから発症した嗅覚脱失について12級相当の損害を主張したところ，基準臭力検査につき全脱失，静脈性臭力検査につき無向交という結果で，嗅覚脱失症と診断され，医師が「神経症状のひとつとして嗅覚脱失はありうるし，器質的な原因がない場合，神経症状の嗅覚脱失の可能性は高く，原告の場合は，心的外傷後ストレス障害の症状が悪化することを防ぐため関連の神経症状としての嗅覚脱失であると判断している」ことから嗅覚脱失を認定したが，「右症状は，心的外傷後ストレス障害の症状が悪化することを防ぐため関連の神経症状として発現したものであり，根は同じものと推測できること，原告の前記認定の軽易な労務，日常生活が辛うじて送るのが精一杯な状態中には右嗅覚脱失も考慮されているといえることから，前記認定の原告の後遺障害と独立した後遺障害として嗅覚脱失を認めるのは相当ではない」とした。

◆嗅覚脱失を自賠責の認定どおり12級相当と認めながら，後遺障害による逸失利益を認めなかった事例　⑨東京地判平11・５・25交民32巻３号804頁

原告（男・事故時31歳・哲学教師志望の大学生）が，交差点での衝突事故により，前額部挫創，左眼窩骨折，頸椎捻挫，頭部打撲，嗅覚全脱失の傷害を負い，嗅覚障害（12級相当），顔面醜状（14級11号），併合12級の後遺障害を残したとされる事案につき，嗅覚脱失の逸失利益について，「嗅覚の職業生活上の役割は視覚・聴覚とはおのずと異なり，嗅覚の脱失それ自体が逸失利益すなわち労働能力の喪失に一般的に結びつくものであることまで認めることはできない。嗅覚の脱失による労働能力の喪失を認めるためには被害者の職業との関連性が必要とされるものと考える。そして，原告は哲学の教師を志望していてこれに関連する職業に就く可能性が極めて高いと認められるが，……哲学の教師としての活動に嗅覚の脱失が具体的な影響を及ぼすものと認定することはできない。……原告が嗅覚の脱失によって労働能力を喪失したものと認めることはできない」とした（なお，嗅覚を全脱失したことによる生活上の種々の不利益・影響等を考慮して後遺障害慰謝料600万円を認めた）。

◆嗅覚脱失を自賠責の認定どおり12級相当と認め，労働能力喪失率を後遺障害別等級表の対応喪失率以上の20％とした事例
⑩東京地判平13・２・28交民34巻１号319頁

原告（男・固定時57歳・調理師兼料理店経営者）が，自転車で交差点に進入し，普通貨物自動車と出合い頭衝突した事故により，左側頭骨骨折，外傷性くも膜下出血，硬膜下血腫の傷害を負い，自賠責で嗅覚脱失（12級）の後遺障害を残した事案につき，嗅覚脱失の逸失利益について，「原告は前示のとおり嗅覚脱失の後遺障害について12級の等級認定を受けているが，原告の職業が調理師であること，嗅覚は，素材の良否や完成した料理の風味いかんを見極める等，料理人の技術を発揮する上で極めて重要な感覚の一つであり，……これを失ったことは料理人として致命傷に近い状態と評価すべきであって，右等級に相当する14パーセントを労働能力喪失率として当てはめるのは実態に適合」しないとし，原告が料理店経営者としての側面を有し，周囲のスタッフの協力を得ながらもなお料理人としての技術を発揮しようとしていること等の事情を考慮してもなお原告の労働能力喪失率を20％として評価するのが相当であるとした。

◆減収のない電池製造業務に従事する会社員の嗅覚脱失につき，67歳まで労働能力喪失率14％の逸失利益を認めた事例　⑪名古屋地判平21・1・16自保1795号21頁

　　原告（男・固定時38歳・上場会社技術職会社員）が，横断歩道歩行横断中に普通貨物自動車と衝突した事故により，脳挫傷等の傷害を負ってほぼ1年入通院した後に，脳挫傷痕や頸部痛等のほか嗅覚脱失の後遺障害を残したとされるものの，事故後も事故前と同様の電池製造業務を担当している事案につき，嗅覚脱失の逸失利益について，「職務を遂行する上では，製造過程において種々の化学物質が用いられていることから，製品の品質を適切に管理する上でも，また，作業上の安全を確保する上でも，嗅覚に頼るべき状況が少なからずある。しかし，原告は，本件事故によって嗅覚を失ってしまったことから，現在，職場において，嗅覚を補うための補助者を用いるなどして，その職務を遂行している」と認定し，現在のところ収入や降格といった不利益は生じていないが，上記の職務内容や勤務先会社の業務内容等を考慮すれば，嗅覚脱失という障害が原告の労働能力に相当の影響を与えることは明らかであり，症状固定時の年齢が38歳であることにも鑑みると，将来嗅覚脱失の障害による経済的不利益が生じるおそれが高く，また原告は，今後とも，嗅覚脱失の障害を補うため，特別な努力や対策の継続を余儀なくされる旨認定し，労働能力喪失率を14％とするのが相当であるとした。

◆嗅覚脱失（12級相当）につき，労働能力喪失率14％を認めた事例　⑫東京地判平25・11・13交民46巻6号1437頁・自保1915号700頁

　　原告（男・固定時29歳・焼き鳥店勤務）が，普通自動二輪車で交差点に進入し，対向直進進行する普通乗用自動車と衝突した事故により，顔面骨多発骨折（頭蓋底・上顎骨・鼻骨・頬骨・蝶形骨骨折），歯牙損傷，脳挫傷（味覚・嗅覚麻痺），右下腿内顆骨折，右結膜下出血の傷害を負い，自賠責で嗅覚脱失（12級相当），歯牙障害（5歯の喪失・欠損，13級5号），顔面部の醜状障害（14級10号），併合11級の

後遺障害を残した事案につき，嗅覚脱失の逸失利益について，「原告は，和食の飲食店を自ら開店する夢を持ち，妻の理解も得て，Ｇ店の店主の了解を得た上，それを前提として同店で勤務をしていたものと認められる。そうすると，原告は，同店での勤務や，将来の和食の飲食店の開店に不可欠ともいえる嗅覚脱失に陥ったということができ，これにより同店での勤務や将来の和食の飲食店開店を断念せざるを得なかった」として，同後遺障害による労働能力喪失率は14％に及ぶものとするのが相当であるとした。

◆事故から約７か月経過後に訴えた嗅覚障害につき，事故との因果関係を否定した事例　⑬横浜地裁川崎支判平25・12・20自保1926号78頁

　　原告（女・事故時50歳・会社役員）が，タクシーに同乗停止中，後方に停止していた被告車両に追突された事故により，頭部打撲，頸椎捻挫，全身打撲等の障害を負い，高次脳機能障害等の後遺障害（14級９号）を残したと主張する事案につき，「嗅覚障害……については，本件事故後約７ヶ月を経過してから症状を訴えるようになったものであり，これ以前に上記各症状があったことを認めるに足りる証拠はないこと，上記各症状は，右上下肢の異常を訴えるようになったのと同時期に訴えが始まっていることをあわせ考えると，本件事故と相当因果関係のある症状であるとは認められない」とした。

◆鼻部圧痛により眼鏡をかけられなくなった原告（自賠責では非該当）に，５年間にわたり労働能力喪失率５％の逸失利益を認めた事例　⑭神戸地判平27・9・8交民48巻6号1608頁

　　原告（男・事故時63歳・会社員）が，被告の運転するタクシーに乗車中，ガードレールに衝突するなどした事故により，顔面打撲傷，頭部打撲傷の傷害を負い，鼻骨骨折，頸椎捻挫等の後遺障害の診断を受けたものの自賠責では非該当と判断された事案につき，鼻部の後遺障害について，原告が本件事故により鼻骨骨折の傷害を負ったと認められるうえ継続一貫して鼻部の圧痛を訴えていたこと，医師が左鼻部に圧痛が残存したと診断していること，本件事故で前部座席に顔面を強打した際の衝撃力は相当程度大きかったと推認できること，自賠責の認定手続で非該当とされた主たる理由として鼻骨骨折の存在を前提とした判断がされていないことが窺われることを総合考慮すると，原告には本件事故により鼻部に圧痛の症状が残存したということができ，14級９号に該当する後遺障害が残ったものと認められるし，原告の裸眼視力は0.1以下でコンタクトレンズを装着することができず，本件事故以前に常用していたメガネがかけられないのであるから，労働能力の一部（５年間にわたって５％）を喪失したということができるとした。

Ⅵ 口の障害

13 口の障害

1 定義・概要

(1) 口の構造と機能[1][2]

口（口腔）は，口唇から口峡までの間を示し，上顎骨，下顎骨，口蓋骨で枠組みされている。

口腔の機能としては，摂取した食物を粉砕し，唾液と混合させて嚥下・消化しやすくする咀嚼機能，口腔内において食物の保持，咀嚼，食塊形成，咽頭への送込みを行う嚥下機能，鼻孔，口唇から喉頭までの共鳴腔の形態を変化させることで，声帯の振動によって生じた音を調整する構音機能，舌表面，軟口蓋，

☑図1　口腔の機能

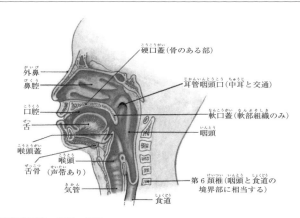

出所：『新入門解剖図譜』28頁・図71。

[1] 日本口腔・咽頭科学会監修／吉原俊雄ほか総集編／内川秀之ほか編『口腔咽頭の臨床〔第3版〕』（医学書院，2015）2頁。
[2] 中山書店＝小学館編『最新医学全書3』（小学館，1990）182頁。

咽頭後壁，喉頭蓋に分布する味蕾が水溶性化学物質によって刺激されて受容する感覚である味覚機能がある。

歯は，成人の場合，上下顎とも前方から，左右の中切歯，側切歯，犬歯，第1・第2小臼歯，第1・第2・第3大臼歯の32本から成り，このうち第3大臼歯，第2小臼歯，側切歯は，先天的に欠けていることがある。

歯の構造は，歯冠部と歯根部から成り，歯冠部の表面は極めて固いエナメル質（ほうろう質）で覆われ，通常は口腔内に露出している。これに対して歯根部は，骨とよく似たセメント質（白亜質）で覆われており，通常は歯肉の中に隠れている。エナメル質及びセメント質の内側は象牙質で，さらにその内側の空洞は，歯髄組織（俗に「しんけい」と呼ばれる）という軟組織で満たされている。歯髄内には，歯根の先端の小孔（根尖孔）から細い血管が入り，歯髄や象牙質に栄養を送る。また，知覚神経線維も入り，歯髄内に分布するとともに，象牙質の象牙細管内にも入り込んでいる。

☑図2　歯の配列　永久歯（右）

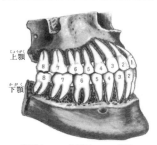

1.（中切歯）2.（側切歯）3.（犬歯）4.（第1小臼歯）5.（第2小臼歯）6.（第1大臼歯）7.（第2小臼歯，12歳臼歯）8.（第3大臼歯，智歯，親知らず）
成人の永久歯は32本，乳歯では6，7，8を欠如し，上下顎総計20個のみ

出所：『新入門解剖図譜』27頁・図69。

☑図3　歯の構造

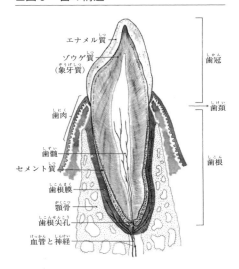

出所：『新入門解剖図譜』27頁・図70。

(2) 口の障害の種類

ア 咀嚼機能障害[3]

咀嚼機能障害は，食物を摂取し，これを食塊にして嚥下するまでの口腔，咽頭中で行われる生理的機能が正常に行うことができない状態である。咀嚼機能障害の原因は，咬合関係に起因する顎関節構造の変化，咀嚼筋筋活動の異常亢進，咬合問題による神経筋機構のアンバランス，精神的緊張やストレスに起因する筋スパスム（痙攣），あるいは心理的問題，全身的問題，職業的口腔悪習癖，特異な顔の形態，ブラキシズム（歯ぎしり）及びこれらの複合因子などである。

イ 言語機能障害[4][5]

言語機能障害のうち，口腔に関わる障害には，音声障害と構音障害がある。音声障害は，声帯自体の異常や聴覚の異常等により，声自体が異常を生じた状態をいう。

構音障害の原因としては，構音器官の器質的ないし形態的障害によるもの（器質的構音障害），誤った癖，ないし構音器官の使い方の誤りによるもの（機能性構音障害），及び構音運動に関与する筋や神経の障害に基づくもの（麻痺性ないし運動障害性構音障害）がある。

また，語音が一定の順序に連結され，2つ以上の単音が互いに結合してできた言語音を綴音という。言語は肺からの呼気が喉頭を通る際，声帯を震動させて生じる有声言語と，声を伴わずに呼息音のみを用いる無声言語がある。

語音は，母音と子音に区別される。母音は，声帯の振動を伴う有声音であり，単独に持続して発せられるのに対し，子音は，舌，歯，唇又は声門での息の通り道を完全に又は部分的に，かつ瞬間的に閉鎖して発音し，母音と合わせて初めて発せられるものである。

① 口唇音（ま行音，ぱ行音，ば行音，わ行音，ふ）
② 歯舌音（な行音，た行音，だ行音，ら行音，さ行音，しゅ，し，ざ行音，じゅ）
③ 口蓋音（か行音，が行音，や行音，ひ，にゅ，ぎゅ，ん）
④ 喉頭音（は行音）

---

[3] 『南山堂医学大辞典〔第20版〕』1482頁。
[4] 『南山堂医学大辞典〔第20版〕』745頁。
[5] 『労災補償障害認定必携〔第16版〕』131頁。

ウ　歯牙障害

歯牙障害とは，歯を喪失した場合 (抜歯も含む) や著しく欠損した場合をいう。

エ　味覚障害[6]

味覚障害には，味覚減退，味覚脱失，自発性異常味覚，異味症，解離性味覚障害などがあり，舌痛症，口腔乾燥症などの随伴もみられる。味覚受容器の舌の味蕾の障害が主である。

味覚障害の原因は特発性，亜鉛欠乏症 (70μg/dL未満)，薬剤性が3大原因であり，他に感冒罹患後，全身疾患によるもの，鉄欠乏症，耳手術後，心因性などが挙げられる。

味覚脱失は，濾紙ディスク法における最高濃度液による検査により，基本4味質 (甘味，塩味，酸味，苦味) すべてが認知できないものをいい，味覚減退は同検査により，基本4味質のうち1味質以上を認知できないものをいう。

オ　嚥下機能障害[7]

摂取した固形物や液状物を口腔内から咽頭，食道を経て胃内まで送り込む一連の運動を嚥下運動といい，口腔期 (口腔から咽頭まで)，咽頭期 (咽頭から食道まで)，食道期 (食道から胃まで) に分けられる。この一連の運動が妨げられることによって起こる症状を嚥下障害という。原因としては炎症や腫瘍，異物，他臓器圧迫などによる器質的原因，脳血管障害や神経疾患，加齢などによる機能的原因，ヒステリーや神経性食思不振症などによる精神的原因に分けられる。薬剤の副作用や義歯の問題でも生じることがある。

2　等級認定基準

(1)　咀嚼・言語機能障害の認定基準

咀嚼・言語機能障害については，自動車損害賠償保障法施行令 (自賠法施行令) 別表第2で後遺障害等級を定めている。

ア　咀嚼機能障害[8]

「咀嚼機能に障害を残すもの」において，医学的に確認できる場合とは，不正咬合，咀嚼関与筋群の異常，顎関節の障害，開口障害，歯牙損傷 (補綴ができな

---

[6]　『南山堂医学大辞典〔第20版〕』2374頁。
[7]　『南山堂医学大辞典〔第20版〕』263頁。
[8]　『労災補償障害認定必携〔第16版〕』130頁以下。

Ⅵ **13** 口の障害　　　　251

☑表1　咀嚼・言語機能障害の等級

障害の程度	等　級
咀嚼及び言語の機能を廃したもの （「咀嚼機能を廃したもの」とは，流動食以外は摂取できないものをいう。「言語機能を廃したもの」とは，4種の語音のうち，3種以上の発音不能のものをいう）	第1級2号
咀嚼又は言語の機能を廃したもの	第3級2号
咀嚼及び言語の機能に著しい障害を残すもの （「咀嚼機能に著しい障害を残すもの」とは，粥食又はこれに準ずる程度の飲食物以外は摂取できないものをいう。「言語の機能に著しい障害を残すもの」とは，4種の語音のうち2種の発音不能のもの又は綴音機能に障害があるため，言語のみを用いては意思を疎通することができないものをいう）	第4級2号
咀嚼又は言語の機能に著しい障害を残すもの	第6級2号
咀嚼及び言語の機能に障害を残すもの （「咀嚼機能に障害を残すもの」とは，固形食物の中に咀嚼できないものがあること又は咀嚼が十分にできないものがあり，そのことが医学的に確認できる場合をいう。「言語の機能に障害を残すもの」とは，4種の語音のうち，1種の発音不能のものをいう）	第9級6号
咀嚼又は言語の機能に障害を残すもの	第10級3号

い場合）等咀嚼ができないものがあること又は咀嚼が十分にできないものがあることの原因が医学的に確認できることをいう。

　固形食物の中に咀嚼できないものがあること又は咀嚼が十分にできないものの例としては，ごはん，煮魚，ハム等は咀嚼できるが，たくあん，らっきょう，ピーナッツ等の一定の固さの食物中に咀嚼ができないものがあること又は咀嚼が十分にできないものがあるなどの場合をいう。

イ　言語機能障害

　上記☑表1記載の基準のとおりである。

　言語機能障害の認定にあたっては，医師だけではなく，言語聴覚士による検査も有用である。

ウ　準　　用☆9

　㋐　障害等級表上組合わせのない咀嚼及び言語機能障害については，各障害の該当する等級により併合の方法を用いて準用等級を定める。

☆9　『労災補償障害認定必携〔第16版〕』134頁以下。

252　　第2章　各論─類型別にみる後遺障害認定の実務

　例1：咀嚼機能の著しい障害（6級）と言語機能の障害（10級）が存する場合
　　　　は，5級とする。

　例2：咀嚼機能の用を廃し（3級），言語機能の著しい障害（6級）が存する場
　　　　合は，併合すると1級となるが，そうすると咀嚼及び言語を共に廃し
　　　　た場合と同等になり，障害の程度の序列を乱すことになるので，2級
　　　　とする。

　　(イ)　声帯麻痺による著しいかすれ声については，12級を準用する。

　　(ウ)　開口障害等を原因として咀嚼に相当時間を要する場合は，12級を準用
する。

　「開口障害等を原因として」とは，開口障害，不正咬合，咀嚼関与筋群の脆弱
化等を原因として，咀嚼に相当時間を要することが医学的に確認できることを
いう。

　「咀嚼に相当時間を要する場合」とは，日常の食事において食物の咀嚼はでき
るものの，食物によっては咀嚼に相当時間を要することがあることをいう。

　開口障害等の原因から，咀嚼に相当時間を要することが合理的に推測できれ
ば，「相当時間を要する」に該当するものとして取り扱って差し支えない。

(2)　歯牙障害

☑表2　歯牙障害の等級

障害の程度	等　級
14歯以上に対し歯科補綴を加えたもの	第10級4号
10歯以上に対し歯科補綴を加えたもの	第11級4号
7歯以上に対し歯科補綴を加えたもの	第12級3号
5歯以上に対し歯科補綴を加えたもの	第13級5号
3歯以上に対し歯科補綴を加えたもの	第14級2号

ア　歯科補綴☆10☆11

　「歯科補綴を加えたもの」とは，現実に喪失（抜歯を含む）又は著しく欠損した
歯牙（歯冠部の体積4分の3以上を欠損）に対する補綴，及び歯科技工上，残存歯冠
部の一部を切除したために歯冠部の大部分を欠損したものと同等な状態になっ
たものに対して補綴したものをいう。補綴とは，喪失または欠損した部分につ

☆10　『後遺障害等級認定と裁判実務〔改訂版〕』479頁。
☆11　『労災補償障害認定必携〔第16版〕』132頁。

いて，人工物により補うことである。具体的には，抜歯後の入歯や架橋義歯（ブリッジ），欠損部分を合金やレジン等で補完する方法がある。

入歯やブリッジを補綴した場合における支台冠又は鉤の装着歯やポスト・インレー☆12を行うにとどまった歯牙は，補綴歯数に算入しない。また，第3大臼歯（親不知）も認定の対象とはならない☆13。

喪失した歯牙が大きいか又は歯間に隙間があったため，喪失した歯数と義歯の歯数が異なる場合は，喪失した歯数により等級を認定する。

事故時において既に補綴を加えた歯があった場合，既存障害として扱い，事故後に歯科補綴を加えた歯を加重する。

イ　併合・加重☆14

歯牙障害について，事故時において既に歯科補綴を加えた歯が存在していた場合，事故により生じた障害歯の本数に既存障害歯の本数を加えた結果，上位等級に該当するに至った時は，後遺障害等級において加重として取り扱う。重い虫歯（C4レベル）については，既存障害として認定する。

例えば，事故前から既存障害5歯が存在し，事故により4歯に補綴を加えた場合，合計9歯が現実に喪失又は著しく欠損したものと捉えられることから12級3号に該当するが，既存障害として13級5号を控除する。

また，咀嚼又は言語機能障害と歯牙障害が存する場合であって，咀嚼又は言語機能障害が歯牙障害以外の原因（例えば，顎骨骨折や下顎関節の開閉運動制限等による不正咬合）に基づく場合は，併合して等級を認定する。ただし，歯科補綴を行った後に，なお，歯牙損傷に基づく咀嚼又は言語機能障害が残った場合は，各障害に係る等級のうち，上位の等級をもって認定する。

(3)　味覚障害の認定基準

ア　等級認定基準の準用☆15

味覚障害については，自賠法施行令別表第1・第2に定められていないため，別表第2備考6を適用し，頭部外傷その他顎周囲組織の損傷及び舌の損傷によって生じた味覚脱失については12級を準用し，頭部外傷その他の顎周囲組織の

☆12　土台と被せ物・詰め物が一体型の補綴物。
☆13　また，歯冠に問題がなくとも，歯根が著しく形成不全で，咀嚼機能が害されているもので，将来補綴が必要不可欠な歯についても，同様に「補綴があった」に相当すると判断されている（裁判例②）。
☆14　『労災補償障害認定必携〔第16版〕』134頁以下。
☆15　『労災補償障害認定必携〔第16版〕』134頁。

損傷及び舌の損傷によって生じた味覚減退については14級を準用する。

　味覚障害は，時間の経過によって症状が漸次回復する場合が多いことから，事故後直ちに認定するのではなく，原則として療養を終了してから6か月を経過した後に等級を認定する。

イ　検査方法[16][17]

　味覚検査の方法としては，電気味覚検査及び濾紙ディスク検査が用いられている。

　濾紙ディスク検査は，甘味，塩味，酸味，苦味の呈味溶液を用いた検査方法であり，味質ごとに評価を行うことができる。味溶液（ショ糖，食塩，酒石酸，塩酸キニーネ）は5段階の濃度系列となっており，直径5mmの濾紙ディスクを浸して舌に置き検査する。若年者の中央値は2で正常値上限は3以下とされているが，60歳以上では濃度系列4が正常上限となる。

　電気味覚検査は，直径5mmの電極を陽極として，直流電流で鼓索神経，舌咽神経，大錐体神経の3領域を両側刺激するもので，神経障害の評価に適している。正常値は鼓索神経領域が0±8dB，舌咽神経領域4±14dB，大錐体神経領域が10±22dBである。左右差は6dB以内が正常範囲である。

　なお，心因が疑われる場合は心理テストも必要とされる。

(4)　嚥下機能障害の認定基準

ア　等級認定基準の準用[18]

　舌の異常，咽喉支配神経の麻痺等によって生ずる嚥下障害については，その障害の程度に応じて，咀嚼機能障害に係る等級を準用する。

イ　検査方法[19]

　嚥下機能検査には，簡易検査（反復唾液飲みテスト（RSST），水飲みテスト）等の簡易検査のほかに嚥下内視鏡検査，嚥下造影検査，嚥下圧検査がある。

　嚥下内視鏡検査は，嚥下器官である咽頭及び喉頭を軟性内視鏡で観察することで，器質的疾患の有無やそれらの機能をみる検査であり，嚥下障害においては必須の検査である。

　嚥下造影検査は，造影剤を嚥下させて，口腔・咽頭・食道などの形態及び機

---

[16]　『南山堂医学大辞典〔第20版〕』2373頁。
[17]　日本口腔・咽頭科学会監修・前掲（☆1）14頁。
[18]　『労災補償障害認定必携〔第16版〕』134頁。
[19]　日本口腔・咽頭科学会監修・前掲（☆1）12頁。

能をX線透視により観察する。口腔準備期から食道期までのすべての期の嚥下運動を評価することができる。このため，嚥下機能検査としては最も信頼性が高い。

　嚥下圧検査は，嚥下時の咽頭や食道の内圧を経時的に計測するため，咽頭や食道の機能を定量的に評価することができる。特に咽頭収縮や食道入口部の開大性の評価など，嚥下障害の病態評価法としての有用性は高い。

3　主な争点と主張立証上の留意事項

（1）　後遺障害の存在とその程度

　口の後遺障害は，自賠法施行令別表第2や『労災補償障害認定必携』で定められている認定基準に該当することの立証が重要である。

　咀嚼機能障害では，歯牙の上下咬合や配列状態，下顎の開閉運動などを総合的に評価し，摂取可能な飲食物の制限を余儀なくされるかにより診断され，その原因となる外傷等の客観的所見，生活状況等を総合的に考慮して判断される。また，言語機能障害においては，口唇の開閉状況等も考慮し，4種の語音のうち，発音不能のものがあるか否かを判断する。

　左開口障害に伴う咀嚼障害について，その原因となる顔面部に骨折・脱臼等の器質的変化が認められないことから，後遺障害には該当しないと判断された事例[20]があるように，後遺障害の認定にあたっては，障害の原因となる器質的変化についての客観的所見が重要となる。そのため，まずは障害の原因となる器質的変化に関する証拠，すなわち，X線写真等の画像，診断内容を詳細に記載した診断書が重要である。

　また，下口唇外傷後知覚鈍麻，左顔面神経下顎縁枝麻痺等の傷害を負い，咀嚼時に水分等が左口角から流れ出たり，唇にしびれがありうまくしゃべれないといった症状はあるが，固形食物の摂取に制限があり，咀嚼が十分できないといった事情や，4種の語音のうち，1種の発音不能という事情を認めるに足る証拠はないことから，咀嚼機能障害及び言語機能障害を否定した事例[21]，左側頭骨骨折，左完全顔面神経麻痺の傷害を負い，写真からも顔面のゆがみが認められ，食物や飲料水の摂取時に口からこぼれることから，口唇の開閉が阻害さ

☆20　東京地判平25・12・26自保1917号124頁。
☆21　岡山地判平12・1・17交民33巻1号52頁。

れ，1種の発音が困難であるとして「言語に障害を残すもの」として10級2号（改正前の等級〔改正後は10級3号〕）に該当するとされたものの，咀嚼障害については，歯牙の上下咬合や配列状態，下顎の開閉運動などを総合的に評価し，「口からものがこぼれる」というにすぎず，特に摂取できる飲食物に制限があるとまでは至っているものではないことから否定された事例☆22がある。

このように，器質的変化の客観的所見と併せて，実際の咀嚼状況等についての主張がポイントとなる。

ただし，そうした客観的所見が得られない場合でも，被害者本人の症状の申告として陳述書や医師作成の咀嚼状況報告表，飲食状況を録画したビデオ等で実際の咀嚼状況等を主張することは有用である。

味覚障害・嚥下障害については，前述の各種検査方法による結果に基づき診断される。裁判例では，歯牙障害に基づく味覚障害が主張された事案について，歯と味覚との関係についての医学的・科学的メカニズムは何ら明らかでないとして，味覚障害について否定した事例（裁判例①）がある。

歯牙障害については，歯科医師が補綴の有無について診断するため，後遺障害の存在について争われることは少ない。後遺障害の認定にあたっては，歯科用の後遺障害診断書を用いる。

(2) 事故との因果関係

味覚障害については，原則として療養終了から6か月を経過した後に後遺障害該当性を診断するが，事故と治療開始の時間的間隔が争われることがある。

裁判例において，事故直後1か月半あまりは味覚の脱失ないしは低下を医師に訴えた旨の記載も見られないところ，その後，味覚障害を訴え，電気味覚計により測定した結果，味覚障害が認められた事案について，本件事故以前には被害者は神経機能障害も味覚障害もみられなかったことから，一応事故との因果関係を推認できるとして味覚障害を認定した事例☆23，事故後，1年以上経過して味覚がないことを訴えて医師により高度の味覚障害が認められたが，事故より相当期間経過していること，また，味覚障害の発生をもたらすような傷害を被ったことも明らかではないことから，味覚障害と事故との間の相当因果関

☆22　東京地判平17・12・21交民38巻6号1731頁。
☆23　東京地判平6・12・27交民27巻6号1892頁。

係が否定された事例☆24，医師の診断書によれば，被害者に嗅覚重度低下ないし消失，味覚消失が認められるが，そのような診断を受けたのが事故から7年以上を経過した後であり，被害者は事故後に入通院した各病院において，嗅覚や味覚の異常について訴えていた形跡は窺えないという場合について，味覚障害や嗅覚障害の事故との因果関係を否定した事例☆25がある。

　このように，味覚障害と事故との因果関係が認められるためには，事故直後において上述の検査をし，経過を観察することが重要である。もっとも，味覚障害の症状は遅れて発症することもあることから，事故直後において症状を訴えていなかった場合には，症状を訴えたことが遅れた事情について合理的説明をすべきである。

　また，歯牙障害については，事故により18歯に補綴を加え，10級に認定された原告について，事故直後は，口腔内に傷害が発生したが，歯科のない病院に入院中は治療ができず，退院後，事故から1か月半経過して，歯科治療を受けた事例について，本件事故による顔面打撲により，歯科的症状を惹起され，その結果，次々と歯科的不具合を惹起したとして，事故と歯科治療の因果関係を認めている☆26。

(3)　逸失利益の立証

ア　逸失利益の認定

　口の障害においては，咀嚼機能，言語機能，味覚，嚥下機能の各障害については，直接的に労働能力に影響を及ぼすことは，他の障害と比較して少ないと考えられ，逸失利益が否定される傾向にある。

　また，歯牙障害については，歯科補綴を加えた場合，歯の機能が回復されると考えられることから，労働能力に影響はなく逸失利益が否定されることが多い。

　もっとも，各障害が直接的又は間接的に労働能力に影響を与える場合もあり，逸失利益の有無を判断するにあたっては，被害者が現在従事している職業や将来の職業選択の可能性，その他日常家事に与える影響等が考慮される。そして，逸失利益を認めた場合でも，労働能力喪失率や労働能力喪失期間は，その症状

☆24　神戸地判平21・11・11交民42巻6号1469頁・自保1841号37頁。
☆25　東京地判平22・5・13交民43巻3号591頁・自保1832号139頁。
☆26　横浜地判平22・1・27自保1825号15頁。

により制限されることがある。

　職業や日常生活への影響を考慮した裁判例としては，左顎部の神経症状（14級9号）及び咀嚼障害（10級2号）の労災併合10級に認定されたエステティシャンである有職主婦について，労働能力喪失率を自賠責基準10級相当の27％とした事例（裁判例⑪）があるが，顎運動に伴う咀嚼障害（12級相当），歯牙障害（13級5号），顔面線状痕の症状（14級10号）の併合11級を残した線路補修業の男性について，被害者男性の従事する作業には重量のある物の手おろしもあり，顎運動障害が支障となること，同障害のため咀嚼困難な食物が増え，飲食に影響し体重が激減していることから，現在減収が生じていないとしても，転職・配置転換の際に支障が現実化する可能性が高いとして労働能力喪失率を14％とした事例（裁判例⑩），外貌醜状（12級13号〔改定前の等級。改正後は12級14号〕），歯牙障害（11級4号）の併合10級に認定された作業療法士の男性について，インプラントを入れているとはいえ，作業療法士の職務には，補助やリハビリテーション等，肉体労働としての側面が含まれており，歯を食いしばって力を入れる場面は多いと認められるところ，歯科補綴により被害者には実際負担が生じていること等を考慮し，外貌醜状もあわせて労働能力喪失率を15％とした事例☆27等のように自賠責基準について制限をして認定したものがある。

　また，将来の就業の可能性を考慮し逸失利益を認定した裁判例としては，歯牙障害（12級3号），外貌醜状（12級13号）の併合11級に認定された男性（職業不明）について，歯牙障害により嚥下機能，咀嚼機能，発声機能に特段の障害が生じているとは認めがたいとしながら，歯を食いしばって力を入れるような仕事には不都合をもたらす可能性があることが推認され，そのことが被害者の就労の機会や就労可能な職種を狭めたり，労働の能率や意欲を低下させる影響を与えるものであることが十分に推認されるがその程度は大きいものとは認められないとし，その他外貌醜状による影響も併せて労働能力喪失率5％とされた事例（裁判例⑤），外貌醜状12級13号，歯牙障害12級3号の併合11級に認定された男児について，これらの障害は労働能力の喪失に結びつきにくいとしつつも，将来の職業選択，収入を減じたりする可能性もあること，構音障害がある程度残存することも斟酌して，労働能力喪失率を10％とした事例（裁判例②），歯牙障害（12級3号），咀嚼機能障害，開口障害（12級相当）の併合11級とされた女子高校生

☆27　横浜地判平24・1・26自保1876号65頁。

について，咀嚼に相当時間を要しており，これが労働時間に影響することが考えられるがその程度はそれほど大きくないとして，労働能力喪失率を５％とした事例（裁判例⑧）がある。

また，咀嚼障害と歯牙障害を分けて考えたものとしては，３歯以上に対し歯科補綴を加えたとして歯牙欠損及び骨植不良（14級２号），咀嚼障害及び開口障害（10級３号），左口角，・左鼻翼から頸部までの感覚消失・アロデニア（12級13号）の併合９級とされた男性について，歯牙障害と咀嚼障害を分け，前者については逸失利益を認めず，後者について認めた裁判例（裁判例⑭）がある。

その他，労働能力喪失期間を制限したものとして，外貌醜状（12級14号），歯牙障害（12級３号）の併合11級に認定された女性について，外貌醜状による就労への悪影響，開口運動障害，入れ歯による頭痛や対人関係の障害が生じているとして，労働能力喪失率20％とされたが，こうした症状は年齢を経ること，更には馴れ等により軽減するものと考えられることから，労働能力喪失期間が50歳までの21年間とされた事例（裁判例③）がある。

イ　後遺障害慰謝料として考慮される場合

逸失利益が否定された場合でも，諸般の事情を考慮し，後遺障害慰謝料として考慮されることがある。

裁判例においても，歯牙障害11級４号に認定されたそば店経営者について，歯牙障害が味覚に何らかの影響を及ぼすとしても，歯牙障害のゆえにその労働能力の一部を喪失したとまで認めず逸失利益については否定したが，後遺症慰謝料の算定において斟酌した事例（裁判例①），歯牙障害（12級３号，外貌醜状12級13号との併合11級）により，義歯による不快感や種々の不便が生じるとしても，咀嚼機能や発声機能に特段の障害はなく，労働能力の喪失は認められないが，後遺障害慰謝料の増額事由に当たるとして，650万円の慰謝料を認めた事例（裁判例④），歯牙障害及び顔面醜状により，対人関係に消極になる等労働意欲に影響を与えたとして慰謝料増額を認めた事例（裁判例⑥），腰椎椎体変形（11級相当），左肘痛（14級相当），歯牙障害（11級）に認定された会社員（男・固定時45歳）につき，歯牙障害について逸失利益が認められないことを考慮して後遺障害分700万円を認めた事例☆28がある。

☆28　東京地判平16・８・25自保1603号９頁。

(4) 将来の治療費

歯牙障害について，一定の場合，将来の治療費が認められる。

また，補綴とは，喪失した歯に代えて義歯を入れたり，著しく欠損した歯牙を修復するものであるから，矯正等により治療完了までに期間を要する場合や，義歯等について耐用年数がある程度予想されるものについては，事故との相当因果関係が認められるため，将来の治療費を認める場合がある。

裁判例では，幼児（事故時5歳）について成長の終了時点である20歳前後まで継続的な矯正を要するとして将来の治療費を認めたもの（裁判例②），被害者が歯牙障害に関してメタルボンドブリッジの処置を受け，その耐用年数については，概ね10年程度であるとして，将来のブリッジ製作に要する費用を認めたものがある（裁判例④）。

なお，将来の治療費等については，ライプニッツ係数を用いて損害額を算定する。

(5) インプラント費用

事故により，歯牙障害が生じた場合，義歯等による補綴ではなく，インプラント治療が行われることがある。かつては，インプラント治療は，健康保険の対象ではなく，義歯等により補綴が可能であれば，インプラント治療費は認められない傾向にあった[29]。

しかしながら，近時は，インプラント治療の技術も進化し，医師によってインプラント治療が最善の方法であると診断された場合，インプラント治療にかかる費用について将来分も含めて認める事例も少なくない。また，インプラント治療費のほかに，将来のインプラント更新費やインプラントメンテナンス費についても認めた裁判例も増えている（裁判例⑨）。

4 裁判例

◆味覚障害・歯牙障害について逸失利益を否定し，将来の歯科補綴費用について認めた事例 ①横浜地判平5・12・16交民26巻6号1520頁

原付自転車に普通乗用自動車が側面衝突した事故において，顔面・口腔内挫創，門歯折損，鼻骨骨折，頭部挫傷挫創，意識障害等の障害を負い，歯牙障害の後遺障害（11級4号）を残したそば店経営者（男・固定時49歳）につき，歯と味覚との関

---

[29] 横浜地判平22・6・15自保1830号116頁等。

係についての医学的・科学的メカニズムが明らかでない以上，歯牙障害が味覚に何らかの影響を及ぼすことがあり得るとしても，また被害者がそば屋を業としており通常人以上に味覚に敏感でなければならないとしても，右後遺障害により労働能力の一部を喪失したと認めるのは無理であるとして逸失利益については否定したが，右事情は後遺障害慰謝料の算定において斟酌するとして後遺障害慰謝料400万円を認めた（既存障害14級相当）。

また，被害者の歯科補綴は一般的には6～7年もつ程度のものであり，再治療の費用は今回の費用を下らず，今後少なくとも2回は歯科補綴治療を受ける必要があること等を考慮して，将来の歯科補綴費用として69万3490円を認めた。

◆**将来の職業選択の可能性を考慮して顔面醜状・歯牙・構音障害について逸失利益を認めた事例　②大阪地判平6・4・25交民27巻2号514頁**

幼児（男・事故時5歳）が道路に飛び出し，普通乗用自動車と衝突した事故で，外貌醜状12級13号，歯牙障害12級3号の併合11級に認定されたが，これらの障害は労働能力の喪失に結びつきにくいものであるが，将来の職業選択，収入を減じたりする可能性もあること，構音障害がある程度残存することも斟酌して，18歳から67歳まで平均して10％の労働能力の喪失を認めた（等級基準では20％）。歯牙障害について，歯冠に問題がなくとも，歯根が著しく形成不全で，咀嚼機能が害されているもので，将来補綴が必要不可欠な歯についても，同様に「補綴があつた」に相当すると判断し後遺障害を認め，将来の歯牙の矯正・補綴費用については将来抜歯，補綴処理を行う可能性が極めて大きいことから，これを認めた。他方，将来の顔面形成手術の費用については，顔面形成手術を経れば，現在認められる後遺障害よりも症状が緩和されるものであるから，後遺障害を前提とした請求と形成手術の費用の両方を認めると障害を二重に考慮することになるとして否定した。また，咀嚼機能の障害については，歯牙の障害によるものであって，顎骨骨折や下顎骨折の開閉運動制限等の他の原因によるものではないから，歯牙障害において評価すれば足りるとして否定した。後遺障害慰謝料については，被害者が20歳になる頃までの7年余，矯正及び補綴のために歯科への通院を継続しなければならないこと等を考慮して400万円を認めた。

◆**事務職の女性について外貌醜状及び歯牙障害による労働能力喪失を肯定した事例　③東京地判平13・8・7交民34巻4号1010頁**

信号機のある交差点において，信号機赤色の表示を無視して同交差点に進入した加害者車両と出合い頭に衝突した事故により，外貌醜状（12級14号），歯牙障害（12級3号）の併合11級に認定された会社員（女・固定時29歳）につき，外貌醜状による就労への悪影響，開口運動障害，入れ歯による頭痛や対人関係の障害が生じているとして，労働能力喪失率20％（等級基準20％）としたが，こうした症状は年齢を経ること，さらには慣れ等により軽減するものと考えられることから，労働能力喪

失期間を50歳までの21年間とした。また，後遺障害慰謝料については，被害者が未婚女性として本件後遺障害により多大な苦痛や困難を受けることを考慮して，裁判当時の後遺障害等級併合11級の基準慰謝料390万円を約3割増額した500万円を認めた。

◆歯牙障害について慰謝料の増額が認められ，将来の義歯製作費が認められた事例
　④東京地判平14・1・15交民35巻1号1頁

　　直進した原告運転の原動機付自転車と右折しようとした対向車線の普通貨物自動車とが出合い頭に衝突した事故において，外傷性くも膜下出血，顔面骨折，歯牙障害等の傷害を負った男性（固定時23歳・職業不明）につき，歯牙障害12級，外貌醜状12級の併合11級と認定したが，平均余命期間における自由診療による義歯製作費として127万7056円を認め，逸失利益は否定したものの，後遺障害慰謝料として裁判時の通常の11級後遺障害390万円にその3分の2を増額し650万円を認めた。
　　なお，将来の治療費については将来にわたり概ね10年ごとに，少なくとも110万円の80％に当たる88万円の支出を要する蓋然性が強いものと認め，被害者の歯科治療が終了した時点の年齢（22歳）から平均余命を算出し（55.94年），ライプニッツ方式により中間利息を控除し，将来の義歯製作費を127万7056円とした。
　　＊本判例の控訴審は⑤

◆歯牙障害について逸失利益を認めた事例（④の控訴審）
　⑤東京高判平14・6・18交民35巻3号631頁

　　裁判例④の控訴審において，被害者の歯牙障害について嚥下機能，咀嚼機能，発声機能に特段の障害が生じているとは認めがたいとしながら，歯を食いしばって力を入れるような仕事には不都合をもたらす可能性があることが推認され，そのことが被害者の就労の機会や就労可能な職種を狭めたり，労働の能率や意欲を低下させる影響を与えるものであることが十分に推認されるが，その程度は大きいものとは認められないとして，その他外貌醜状による影響も併せて労働能力喪失率5％とした（等級基準では20％）。もっとも，後遺障害慰謝料については等級に従い390万円とした。

◆歯牙障害・顔面醜状について，逸失利益については否定したものの，後遺障害慰謝料の増額を認めた事例　⑥東京地判平17・12・21自保1637号9頁

　　進路を反対方向に変更（Uターン）しようとした加害者車両と直進車が衝突した事故において，歯牙障害（12級），顔面醜状（12級）の併合11級とされた男性（固定時24歳・オペレータ）につき，歯科治療により下唇周辺の神経が麻痺し，スープなどの液状のものが口からこぼれ落ちてしまう点について，咬合を主とした機能面は，上顎骨の骨折治療で付けられていた金属プレートが除去された時点で撮影されたパノラマエックス線写真から大きな咬合の不調和が認められないことから，この時点でほとんど回復したと思われるとし，日常生活において不便を感じ，精神的な

苦痛を被っているということはできるものの，それ以上に労働能力への直接的な影響を受けているとまではいいがたく，後遺障害が原告の労働能力に直接的な影響を与えていることを認めるに足りる証拠はないとして逸失利益の存在は否定したが，後遺障害により対人関係に消極的となっており，労働意欲その他労働能力に影響を及ぼしていることなど諸般の事情を考慮し，後遺障害慰謝料630万円を認めた。また，将来の治療費について，インプラントの耐用年数は，一般的には10年程度であるものの，本件の場合は，広範囲な欠損及び上顎骨骨折を考慮すると，10年に達しない可能性があること，固定式ブリッジの耐用年数は，一般的に10年であるとして，平均余命を基準とした5回分の治療費として217万7144円と認めた。

◆歯牙障害について逸失利益については否定したが，後遺障害慰謝料で考慮した事例　⑦横浜地判平22・2・8自保1836号94頁

　信号機のない交差点における衝突事故において，歯牙障害（13級）とされた男性（事故時20歳・アルバイト）につき，通常，歯の状態が職業に影響を与えることはなく，歯の後遺障害により，客と食事をする際，食べ終わるのが最後になる等食事に時間がかかること等の不都合があったしても，男性は，現在，不動産会社で勤務していることからすると，上記のような不都合が労働能力に影響を与えるということはできないとして逸失利益については否定したが，そのような不都合が生じていることについて後遺障害慰謝料200万円を認めた。

◆咀嚼機能障害について，逸失利益が認められ，歯牙障害について将来のインプラント治療費が認められた事例
　⑧東京地判平22・7・22交民43巻4号911頁・自保1831号49頁

　女性（事故時15歳・固定時18歳）が自転車を運転し，渋滞で停止していた車列の間を抜けて横断しようとしたところ，追越しのために反対車線を時速40ないし50kmで走行してきた大型自動二輪車と衝突した事故で，左肺血気胸，顔面多発骨折，顔面挫創，上下顎骨骨折，8歯欠損，右大腿骨骨幹部骨折の傷害を負い，歯牙障害（12級3号），咀嚼機能障害，開口障害（12級相当）の併合11級を認定したが，咀嚼機能障害，開口障害について，咀嚼に相当時間を要しており，これが労働時間に影響することが考えられるがその程度はそれほど大きくないとして，労働能力喪失率を5％（等級基準では20％），症状固定時の賃金センサス女子学歴計全年齢平均賃金を基礎とし，19歳で定時制高校を卒業してから67歳までの48年間につき後遺障害逸失利益を算定した。

　また，女性は交通事故により8歯欠損したが，20歳頃にインプラント治療をするのが相当であるが，被害者が22歳となった現時点においてもインプラント治療を行っていないことから，現時点では治療費が値上がっているものの，それは症状固定後におけることであるから，症状固定時の治療費により，かつ，症状固定日から4年経過しているためその間の中間利息を控除するのが相当であるとして，将来のイ

ンプラント治療費460万4254円（円未満切捨て）を認めた。

◆**インプラント関連費用について，原告側の請求が大幅に認められた事例**
　⑨仙台地判平24・2・28自保1870号28頁

　歩道のない道路を歩行中，前方から直進してきた自動車に接触し，顔面多発裂傷，顔面骨多発骨折，歯牙（3歯）欠損の傷害を負った男性（事故時13歳）について，治療方法としてインプラント治療が適切であると判断し，①インプラント治療費106万3804円，②インプラント治療を実施するための矯正治療費98万7000円，③インプラントの耐用年数を20年とし，今後2回のインプラントの更新が必要であるとして，将来のインプラント更新費として62万2055円，④インプラントを所期の年数もたせるには定期的なメンテナンスが必要であるとして，将来のインプラントメンテナンス費用43万1273円を認めた。なお将来の矯正メンテナンス費用については将来のインプラントメンテナンス費用と別に認める必要はないとして否定した。

◆**咀嚼障害について，被害者の従事する作業の性質上，減収が生じていなくても逸失利益について認めた事例**　⑩横浜地判平25・2・28自保1896号144頁

　信号機のない交差点において，自動二輪車を運転中，普通乗用自動車と出合い頭に衝突した交通事故によって，下顎骨骨折，顔面挫傷等の傷害を負い，顎運動に伴う咀嚼障害（12級相当），歯牙障害（13級5号），顔面線状痕の症状（14級10号）の併合11級を残した男性（固定時23歳・会社員〔線路補修業〕）の逸失利益につき，男性の従事する作業には重量のある物の手おろしもあり，顎運動障害が支障となること，同障害のため咀嚼困難な食物が増え，飲食に影響し体重が激減していること，今後も力仕事を必要とする職種につくことができず，従事する仕事内容も狭まってしまったことから，現在減収が生じていないとしても，転職・配置転換の際に支障が現実化する可能性が高く，基礎収入を事故前年の収入とし，定年までの44年間につき，14％（咀嚼障害の12級に相当）の労働能力喪失を認定した。

◆**咀嚼機能障害等（労災併合10級）につき，自賠責10級相当の逸失利益を認定した事例**　⑪東京地判平25・11・25自保1917号114頁

　信号機のない交差点において，被害者運転の自転車と加害者車両が出合い頭に衝突した事故において，左顎部の神経症状（労災14級9号）及び咀嚼障害（労災10級2号）の労災併合10級と認定された女性（固定時41歳，有職主婦〔エステティシャン〕）につき，子と2人暮らしで家事に従事するかたわら，エステティシャンとして週2日程度フェイスマッサージ，リンパマッサージの仕事をしているところ，67歳まで27％の労働能力喪失を認めた。

◆**症状固定後の治療費について否定した事例**
　⑫名古屋地判平26・8・21交民47巻4号990頁・自保1932号1頁

　高速道路において渋滞中に，乗車していた車両が後続車に追突された男性（事故時66歳・不動産賃貸業）について，後遺障害等級10級相当の嚥下障害が残存した

が，不動産賃貸業の実質は，会社が不動産を所有しているだけで，実際の賃貸の仲介は不動産業者に任せており，男性が賃借人と直接交渉をすることはほとんどないという業態であることから，本件後遺障害が減収をもたらすかは不明であり，労働能力が喪失したとはいえず，逸失利益を認めなかった。

逸失利益は否定したものの，日常生活に不便を強いられていること等から後遺障害慰謝料600万円を認めた。また，症状固定後の治療費については，今後その症状が悪化する可能性は加齢によるものであり，事故と因果関係のある悪化ではないから，それを遅らせるためにリハビリの継続が必要であるとしても，事故との因果関係はないとした。

◆歯牙障害について既存障害を考慮し，治療費の一部を認めた事例
　⑬神戸地判平27・1・29交民48巻1号206頁

ガードレールに接触して対向車線からはみ出してきた普通乗用自動車と正面衝突した事故において，頭痛等につき12級，頚部痛等について14級の併合12級に認定された男性（固定時59歳・交通相談員）について，既存障害として後遺障害の認定を受けていない歯牙障害について，歯牙治療が長期化し，事故による損傷の程度に照らすと過剰といえる，より根本的な治療を受けることになったのは，事故以前からの歯牙の損傷状況が相当程度影響しているとして，歯科治療費について80％，インプラント治療及びブリッジ部補綴処置の治療費については40％の限度で認めた。

◆飲食業に従事する男性について咀嚼障害について労働能力喪失を認めたが，歯牙障害については否定した事例　⑭大阪地判平27・10・1自保1964号51頁

交差点において直進中，右折しようとした対向車両と衝突した事故において，歯牙欠損及び骨植不良14級，咀嚼障害及び開口障害10級3号，左口角・左鼻翼から頚部までの感覚消失・アロデニア12級13号の併合9級とされた男性（固定時35歳・飲食業会社員）について，①咀嚼障害については，飲食業に従事する男性にとって，食材や酒類の調達で重い物を持ち上げる際に，噛み合わせが悪いことによって支障が生じると考えられるうえ，調理にも支障を及ぼし得るものといえ，男性が，将来的にも飲食業への従事を続ける意向を示していることからすると，生活の適応により労働能力喪失率の逓減があると思われるとはいえ，労働能力への影響は小さいとはいえないとし，②歯牙欠損は，一般的には労働能力へ与える影響は少ないと考えられるうえ，男性が矯正と補綴の治療を受けていることなども考慮すると，労働能力に直接大きい影響を及ぼすものとまでは認めがたいとし，加えて③飲食店接客業においては，顔面等の感覚消失や流涎も些細な障害とはいいがたいことなども踏まえ，労働能力喪失率を，当初の5年間は35％，それ以降67歳までの27年間は20％とした（等級基準では35％）。

266　第 2 章　各論─類型別にみる後遺障害認定の実務

自動車損害賠償責任保険　後遺障害診断書（歯科用）

フリガナ	‥‥‥‥‥‥‥‥‥‥‥‥‥‥‥‥‥‥‥	男・女	受 傷 日	年　　　月　　　日		
氏　　名			治 ゆ 日	年　　　月　　　日		
			通院期間	自　年　　月　　日	実治療日数	
生年月日	明治・大正・昭和・平成　　年　月　日（　　才）			至　年　　月　　日（　　日）		
住　　所		職　業				

傷病名	

事故前

① 今回の事故前に、喪失または歯冠部の大部分（歯冠部体積の 4 分の 3 以上）を欠損していた歯
（補綴済みの歯、C_4 の状態の歯については右頁の II - 2 参照）

```
7 6 5 4 3 2 1 | 1 2 3 4 5 6 7
7 6 5 4 3 2 1 | 1 2 3 4 5 6 7
```

該当歯 計　　歯

事故後

補綴前

② 今回の事故により、喪失または歯冠部の大部分（歯冠部体積の 4 分の 3 以上）を欠損した歯
（乳歯の欠損については、右頁の II - 4 参照）

```
        E D C B A   A B C D E
7 6 5 4 3 2 1 | 1 2 3 4 5 6 7
7 6 5 4 3 2 1 | 1 2 3 4 5 6 7
        E D C B A   A B C D E
```

該当歯 計　　歯

補綴後

③ 今回の事故による歯の治療の必要上、抜歯または歯冠部の大部分（歯冠部体積の 4 分の 3 以上）を切除し、
歯科補綴を施した歯　　　　　　　　　　　　　　　抜歯・切除の理由

```
7 6 5 4 3 2 1 | 1 2 3 4 5 6 7
7 6 5 4 3 2 1 | 1 2 3 4 5 6 7
```

該当歯 計　　歯

備考	

上記のとおり診断いたします。　　　　　　　　　所 在 地
　　　　　　　　　　　　　　　　　　　　　　医療機関名

診 断 日　平成　　年　　月　　日
診断書発行日　平成　　年　　月　　日　　　医 師 氏 名　　　　　　　　印

（自賠調19号様式）15.3. 50×3000 芝

VI **13** 口の障害　　　　　　　　　　　　　267

診断書作成の前に必ずお読みください

Ⅰ．本診断書の目的

　　本診断書は、自動車損害賠償責任保険（自賠責保険）における後遺障害に該当するか否かを判断するために使用します。自動車事故（以下「事故」という）による歯の損傷の状態を記入してください。

　　本診断書は、治療費を請求するためのものではありませんので、各欄の記入対象歯以外は記入されないようにご注意ください。

Ⅱ．記入上のご注意

　1．各欄においてそれぞれ該当する歯を○で囲み、総数も記入してください。

　　なお、該当する歯がない場合には、該当歯　計0歯と記入してください。

　　また、同一の歯が複数の欄に記入されることはありません（後記Ⅲ．設例をご参照ください）。

　2．①欄に該当する歯には、今回の事故前に、抜歯または歯冠部の大部分を欠損し、既に補綴されていたものも含みます。

　　また、事故前からC_4の状態であった歯も歯冠部の大部分を欠損していた歯に該当します。

　3．③欄に該当する歯がある場合には、同欄の右余白に抜歯・切除の理由を記入してください。

　4．第三大臼歯は後遺障害の対象としておりませんので記入の必要はありません。

　　また、乳歯の損傷は原則として後遺障害の対象としておりませんので、記入の必要はありません。

　　ただし、事故により、乳歯を欠損し永久歯の萌出が見込めない歯は、②欄に記入し、萌出が見込めない理由を同欄の右余白に記入してください。

　5．その他参考意見がございましたら、備考欄にご記入ください。

Ⅲ．設　例

　　下記の設例（1．受傷内容　2．治療内容）の場合は、記入例（3．）に従い診断書を作成してください。

　1．受傷内容

　　　4|は、歯冠部体積の約2分の1を欠損し、歯髄が露出、5|は、歯冠部の大部分を欠損した。

　2．治療内容

　　　4|は、抜髄後歯冠部の大部分を切除し、メタルコア支台築造の上、Br冠支台とし、5|は、保存不能のため抜歯した。さらに、6|は、生活歯歯冠形成を行い、Br冠支台としたが、歯冠部の大部分を切除するには至らなかった。

　3．記入例

　　　4|は、治療の必要上、歯冠部の大部分を切除しているので、③欄に記入する。

　　　5|は、歯冠部の大部分を欠損し、保存不能のため抜歯したので、②欄に記入する（③欄には記入しない）。

　　　6|は、歯冠補綴したが、歯冠部の大部分の切除には至らないところから、いずれの欄にも記入しない。

Ⅶ 上肢・下肢・指の傷害

14 上肢・下肢の障害

1 定義・概要

　後遺障害等級認定基準では，上肢及び下肢は，それぞれ上肢と手指，下肢と足指に区分され，左右が別の部位とされている（以下「上肢」及び「下肢」は，手指及び足指をそれぞれ含まない趣旨で用いる）。

　上肢・下肢の骨格及び関節は☑図 1 のとおりである。

　上肢・下肢の後遺障害には，切断，骨折，脱臼，神経麻痺等に伴って発生する，欠損障害，機能障害，変形障害がある。また，下肢の後遺障害には，これらに加え，短縮障害がある。

（1） 欠損障害・下肢の短縮障害

　上肢・下肢の欠損障害とは，上肢・下肢の全部又は一部を失った場合をいい，下肢の短縮障害とは，上前腸骨棘と下腿内果下端間の長さが健側の下肢に比して短縮した場合をいう。

（2） 機能障害

　機能障害とは，3 大関節（上肢における肩関節，肘関節，手関節，下肢における股関節，膝関節，足関節）の動作の障害をいう。

（3） 変形障害

　変形障害は，認定基準では，「偽関節を残すもの」又は「長管骨に変形を残すもの」とされている。偽関節とは，骨折部の骨や軟部組織の欠損，骨片間の過大な離開や不安定，軟部組織の介在・血行不良，あるいは感染の存在などによって骨癒合が妨げられているうちに，ついに骨癒合機転が完全に停止してしまった状態をいい，異常可動性が認められることが多い☆1。また，長管骨とは，長い棒状の骨のことであり，上肢では上腕骨，橈骨，尺骨，下肢では大腿骨，

☆1　伊藤正男ほか総編集『医学書院医学大辞典〔第 2 版〕』（医学書院，2009）。

☑図1　上肢・下肢，長管骨の構造模式図

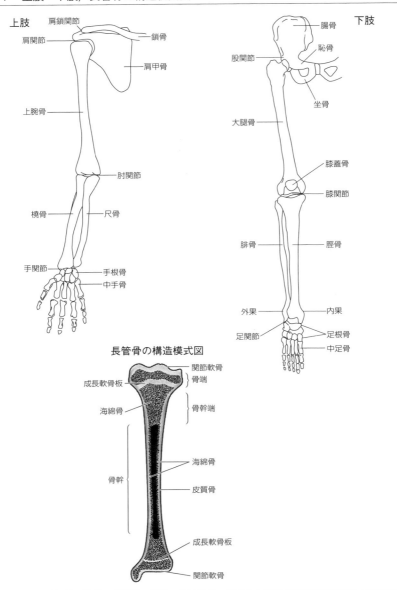

出所：田中栄「A骨の構造2長管骨の構造」中村利孝＝松野丈夫監修『標準整形外科学〔第13版〕』（医学書院，2017）8頁・図1-1。

VII　**14**　上肢・下肢の障害　　　　271

脛骨，腓骨を指す。

2　等級認定基準

(1)　欠損障害・下肢の短縮障害

　欠損障害及び下肢の短縮障害については，障害の部位及び障害が生じたのが両上肢・両下肢か又は一方の上肢・下肢にとどまるかによって認定される等級が異なる。等級区分と認定基準の詳細は，☑表１のとおりである。

　また，下肢の過成長の場合は，短縮障害に準じて等級が認定されたり，評価がなされることがある☆2。

(2)　機能障害

ア　等級認定

　機能障害については，障害の程度及び障害が生じたのが両上肢・両下肢か又は一方の上肢・下肢にとどまるかによって認定される等級が異なる。また，上肢の３大関節ではなく，前腕の回内・回外運動に可動域制限が生じている場合も，関節の機能障害に準じて取り扱われる。上肢・下肢の機能障害の等級区分と認定基準の詳細は，☑表２のとおりである。

　さらに，動揺関節についても機能障害として取り扱われる。動揺関節とは，関節の安定性が損なわれ，正常では存在しない異常な関節運動が生じている関節をいう☆3。動揺関節は，その原因により，神経性，靱帯性，骨性に分類され，特に靱帯損傷や骨の形態異常が原因で異常な関節運動が生じている場合は関節不安定症と呼ばれる☆4。

　動揺関節が存在する場合，それが他動的なものであるか自動的なものであるかにかかわらず，☑表３のとおり，各機能障害の後遺障害等級が準用される☆5。

イ　可動域の測定方法

　可動域の測定は，日本整形外科学会及び日本リハビリテーション医学会により決定された「関節可動域表示ならびに測定法」に準拠して定められた「関節可動域の測定要領」に従って行われる。具体的な測定にあたっては，特に以下

☆2　神戸地判平14・1・31（平成13年（ワ）247号）裁判所HP，東京地判昭55・3・4交民13巻
　　2号345頁。
☆3　『標準整形外科学〔第13版〕』121頁。
☆4　『標準整形外科学〔第13版〕』121頁。
☆5　『労災補償障害認定必携〔第16版〕』260頁，279頁。

272 第2章 各論—類型別にみる後遺障害認定の実務

☑表1 欠損障害・下肢の短縮障害の後遺障害等級

（上肢の欠損障害）

障害の程度	等　級
両上肢をひじ関節以上で失ったもの （「上肢をひじ関節以上で失ったもの」とは，①肩関節において，肩甲骨と上腕骨を離断したもの，②肩関節とひじ関節との間において上肢を切断したもの，③ひじ関節において，上腕骨と橈骨及び尺骨とを離断したもののいずれかに該当するものをいう）	第1級3号
両上肢を手関節以上で失ったもの （「上肢を手関節以上で失ったもの」とは，①ひじ関節と手関節の間において上肢を切断したもの，②手関節において，橈骨及び尺骨と手根骨とを離断したもののいずれかに該当するものをいう）	第2級3号
1上肢をひじ関節以上で失ったもの	第4級4号
1上肢を手関節以上で失ったもの	第5級4号

（下肢の欠損障害）

障害の程度	等　級
両下肢をひざ関節以上で失ったもの （「下肢をひざ関節以上で失ったもの」とは，①股関節において，寛骨と大腿骨を離断したもの，②股関節とひざ関節との間において切断したもの，③ひざ関節において，大腿骨と脛骨及び腓骨とを離断したもののいずれかに該当するものをいう）	第1級5号
両下肢を足関節以上で失ったもの （「下肢を足関節以上で失ったもの」とは，①ひざ関節と足関節の間において切断したもの，②足関節において，脛骨及び腓骨と距骨とを離断したもののいずれかに該当するものをいう）	第2級4号
1下肢をひざ関節以上で失ったもの	第4級5号
両足をリスフラン関節以上で失ったもの （「リスフラン関節以上で失ったもの」とは，①足根骨（踵骨，距骨，舟状骨，立方骨及び3個の楔状骨からなる）において切断したもの，②リスフラン関節において中足骨と足根骨とを離断したもののいずれかに該当するものをいう）	第4級7号
1下肢を足関節以上で失ったもの	第5級5号
1足をリスフラン関節以上で失ったもの	第7級8号

（下肢の短縮障害）

障害の程度	等　級
1下肢を5cm以上短縮したもの	第8級5号
1下肢を3cm以上短縮したもの	第10級8号
1下肢を1cm以上短縮したもの	第13級8号

Ⅶ **14** 上肢・下肢の障害　273

☑表2　機能障害の後遺障害等級

（上肢の機能障害）

障害の程度	等　級
両上肢の用を全廃したもの （「上肢の用を廃したもの」とは，①上肢の3大関節のすべてが強直し，かつ，手指の全部の用を廃したものをいい，上腕神経叢の完全麻痺もこれに含まれる）	第1級4号
1上肢の用を全廃したもの	第5級6号
1上肢の3大関節中の2関節の用を廃したもの （「関節の用を廃したもの」とは，①関節が強直したもの，②関節の完全弛緩性麻痺又はこれに近い状態にあるもの，③人工関節・人工骨頭を挿入置換した関節のうち，その可動域が健側の可動域角度の2分の1以下に制限されているもののいずれかに該当するものをいう）	第6級6号
1上肢の3大関節中の1関節の用を廃したもの	第8級6号
1上肢の3大関節中の1関節の機能に著しい障害を残すもの （「関節の機能に著しい障害を残すもの」とは，①関節の可動域が健側の可動域角度の2分の1以下に制限されているもの，②人工関節，人工骨頭を挿入置換した関節のうち，「関節の用を廃したもの」の③以外のもののいずれかに該当するものをいう）	第10級10号
1上肢の3大関節中の1関節の機能に障害を残すもの （「関節の機能に障害を残すもの」とは，関節の可動域が健側の可動域角度の4分の3以下に制限されているものをいう）	第12級6号

（下肢の機能障害）

障害の程度	等　級
両下肢の用を全廃したもの （「下肢の用を全廃したもの」とは，①下肢の3大関節のすべてが強直したものをいい，3大関節が強直したことに加え，足指全部が強直したものも含まれる）	第1級6号
1下肢の用を全廃したもの	第5級7号
1下肢の3大関節中の2関節の用を廃したもの （「関節の用を廃したもの」とは，①関節が強直したもの，②関節の完全弛緩性麻痺又はこれに近い状態にあるもの，③人工関節・人工骨頭をそう入置換した関節のうち，その可動域が健側の可動域角度の1／2以下に制限されているもののいずれかに該当するものをいう）	第6級7号
1下肢の3大関節中の1関節の用を廃したもの	第8級7号
1下肢の3大関節中の1関節の機能に著しい障害を残すもの （「関節の機能に著しい障害を残すもの」とは，①関節の可動域が健側の可動域角度の2分の1以下に制限されているもの，②人工関節，人工骨頭を挿入置換した関節のうち，「関節の用を廃したもの」の③以外のもののいずれかに該当するものをいう）	第10級11号
1下肢の3大関節中の1関節の機能に障害を残すもの （「関節の機能に障害を残すもの」とは，関節の可動域が健側の可動域角度の4分の3以下に制限されているものをいう）	第12級7号

☑表3　動揺関節の後遺障害等級

（上肢の動揺関節）

常に硬性補装具を必要とするもの	第10級（「著しい機能障害」）準用
時々硬性補装具を必要とするもの	第12級（「機能障害」）準用
習慣性脱臼	第12級（「機能障害」）準用

（下肢の動揺関節）

常に硬性補装具を必要とするもの	第8級（「用を廃したもの」）準用
時々硬性補装具を必要とするもの	第10級（「著しい機能障害」）準用
重激な労働等の際以外には硬性補装具を必要としないもの	第12級（「機能障害」）準用
習慣性脱臼，又は弾発膝	第12級（「機能障害」）準用

の3点が重要となる。

㋐　参考可動域角度

可動域制限の程度は，障害を残す関節の可動域を測定して，原則としてこれと健側の可動域角度とを比較することにより評価される。ただし，健側となるべき関節にも障害を残す場合には，「関節の機能障害の評価方法及び関節可動域の測定要領」に定める参考可動域角度との比較により関節可動域制限の程度を評価する。

㋑　主要運動と参考運動

関節の運動は単一の場合と複数の場合があり，複数の場合には各運動の重要性に差異が認められることから，それらの運動は，主要運動，参考運動及びその他の運動に区別される。関節の機能障害は，原則として主要運動（各関節における日常動作にとって最も重要なもの）の可動域制限の程度によって判断する。ただし，上肢・下肢の3大関節の主要運動の測定値が「わずかに」2分の1又は4分の3を上回る場合（原則として5度。肩関節，手関節及び股関節の主要運動について判断する場合は例外的に10度）には，参考運動の可動域が2分の1又は4分の3以下に制限されていれば，「関節の著しい機能障害」又は「関節の機能障害」と評価される。

㋒　自動運動と他動運動

関節の機能障害は，原則として，他動運動（医師の手や機械により動かすことができる可動域）による測定値によって認定される。ただし，末梢神経損傷を原因と

して関節を可動させる筋が弛緩性の麻痺となり，他動では関節が可動するが，自動では可動できない場合や，関節を可動させると，我慢できない程度の痛みが生じるために自動では可動できないと医学的に判断される場合等，他動運動による測定値を採用することが適切でない場合には，自動運動（被害者自身で動かすことができる可動域）による測定値を参考にして，障害の認定を行う。

（3）　変形障害

変形障害とは，前述したとおり，「偽関節を残すもの」又は「長管骨に変形を残すもの」であるが，ゆ合不全が生じた部位と硬性補装具を用いる必要性の程度によって，認定される等級が異なる。等級区分と認定基準の詳細は，☑表4のとおりである。

（4）　複数の後遺障害の残存

系列が異なる複数の後遺障害が残存した場合は，原則として後遺障害等級の併合を行い，重い方の等級を採用するか，又はその重い方の等級を1等級ないし3等級繰り上げて，最終的に1つの等級を定める。

しかし，併合した結果，後遺障害の序列を乱すこととなる場合には，直近上位又は直近下位の等級で認定する。例えば，1上肢を手関節以上で失い（5級4号），他方の上肢をひじ関節以上で失った場合（4級4号）は，併合すると1級となるが，1級3号の「両上肢をひじ関節以上で失ったもの」には達しないため，併合2級となる。

また，下肢に偽関節が残り，同側の足が1cm以上短縮し，知覚異常や疼痛が生じた場合のように，通常派生する関係にある障害は併合せず，その派生関係にある後遺障害の上位等級によることとなる。

3　主な争点と主張立証上の留意事項

（1）　欠損障害・短縮障害と労働能力喪失率

上肢・下肢の欠損障害，下肢の短縮障害は，認定基準が客観的かつ明確に定められており，また，目視や画像検査によって欠損部位や短縮された長さが明らかな場合が多く，後遺障害の存在及び等級自体が争われることは少ない。また，他の後遺障害認定において問題となりやすい事故との因果関係についても，事故による外傷が明らかであることが多く，争われることは少ない。

ただ，上肢・下肢の欠損障害の中でも，重い後遺障害が認定される場合は，

276　第 2 章　各論—類型別にみる後遺障害認定の実務

☑表 4　変形障害の後遺障害等級

（上肢の変形障害）

障害の程度	等　級
1 上肢に偽関節を残し，著しい運動障害を残すもの （「偽関節を残し，著しい運動障害を残すもの」とは，①上腕骨の骨幹部又は骨幹端部（以下「骨幹部等」という。）にゆ合不全を残すもの，②橈骨及び尺骨の両方の骨幹部等にゆ合不全を残すもののいずれかに該当し，常に硬性補装具を必要とするものをいう）	第 7 級 9 号
1 上肢に偽関節を残すもの （「偽関節を残すもの」とは，①上腕骨の骨幹部等にゆ合不全を残すもので，上記第 7 級 9 号の①以外のもの，②橈骨及び尺骨の両方の骨幹部等にゆ合不全を残すもので，上記第 7 級 9 号の②以外のもの，③橈骨又は尺骨のいずれか一方の骨幹部等にゆ合不全を残すもので，時々硬性補装具を必要とするもののいずれかに該当するもの）	第 8 級 8 号
長管骨に変形を残すもの （「長管骨に変形を残すもの」とは，次のいずれかに該当するものをいう。なお，同一の長管骨に以下の①から⑥の障害を複数残す場合でも，第12級 8 号と認定する。①次のいずれかに該当する場合であって，外部から想見できる程度（15度以上屈曲して不正ゆ合したもの）以上のもの(a)上腕骨に変形を残すもの(b)橈骨及び尺骨の両方に変形を残すもの（ただし，橈骨又は尺骨のいずれか一方のみの変形であっても，その程度が著しいものはこれに該当する）②上腕骨，橈骨又は尺骨の骨端部にゆ合不全を残すもの③橈骨又は尺骨の骨幹部等にゆ合不全を残すもので，硬性補装具を必要としないもの④上腕骨，橈骨又は尺骨の骨端部のほとんどを欠損したもの⑤上腕骨（骨端部を除く）の直径が 3 分の 2 以下に，又は橈骨もしくは尺骨（それぞれ骨端部を除く）の直径が 2 分の 1 以下に減少したもの⑥上腕骨が50度以上外旋又は内旋変形ゆ合しているもの（(a)外旋変形ゆ合にあっては肩関節の内旋が50度を超えて稼働できないこと，内旋変形ゆ合にあっては肩関節の外旋が10度を超えて稼働できないこと(b)エックス線写真等により，上腕骨骨幹部の骨折部に回旋変形ゆ合が明らかに認められることのいずれにも該当するもの））	第12級 8 号

（下肢の変形障害）

障害の程度	等　級
1 下肢に偽関節を残し，著しい運動障害を残すもの （「偽関節を残し，著しい運動障害を残すもの」とは，①大腿骨の骨幹部等にゆ合不全を残すもの，②脛骨及び腓骨の両方の骨幹部等にゆ合不全を残すもの，③脛骨の骨幹部等にゆ合不全を残すもののいずれかに該当し，常に硬性補装具を必要とするものをいう）	第 7 級10号

1下肢に偽関節を残すもの （「偽関節を残すもの」とは，①大腿骨の骨幹部等にゆ合不全を残すもので，上記第7級10号の①以外のもの，②脛骨及び腓骨の両方の骨幹部等にゆ合不全を残すもので，上記第7級10号の②以外のもの，③脛骨の骨幹部等にゆ合不全を残すもので，上記第7級10号の③以外のもの）	第8級9号
長管骨に変形を残すもの （「長管骨に変形を残すもの」とは，次のいずれかに該当するものをいう。なお，同一の長管骨に以下の①から⑤の障害を複数残す場合でも，第12級8号と認定する。①次のいずれかに該当する場合であって，外部から想見できる程度（15度以上屈曲して不正ゆ合したもの）以上のもの(a)大腿骨に変形を残すもの(b)脛骨に変形を残すもの（ただし，腓骨のみの変形であっても，その程度が著しいものはこれに該当する）。②大腿骨もしくは脛骨の骨端部にゆ合不全を残すもの又は腓骨の骨幹部等にゆ合不全を残すもの③大腿骨又は脛骨の骨端部のほとんどを欠損したもの④大腿骨又は脛骨（骨端部を除く）の直径が3分の2以下に減少したもの⑤大腿骨が外旋45度以上又は内旋30度以上回旋変形ゆ合しているもの（(a)外旋変形ゆ合にあっては股関節の内旋が0度を超えて稼働できないこと，内旋変形ゆ合にあっては，股関節の外旋が15度を超えて稼働できないこと，(b)エックス線写真等により明らかに大腿骨の回旋変形ゆ合が認められることのいずれにも該当するもの）	第12級8号

その等級に応じた労働能力喪失率の制限が争われることが多い。特に，事故後に減収が生じていない場合には，労働能力喪失率が問題となりやすいが，減収が生じていなくとも，労働能力の喪失が認められる事案もあり，従事している仕事内容，減収の有無，将来的な減収の可能性，再就職の際の制約等に関する主張立証が重要となる。裁判例では，会社員の左下肢欠損障害（4級5号）につき，従前の立ち仕事ができず事務作業となったこと，昇任昇格試験が受けられないこと，就労可能性が制限されていること等を挙げ，健常者と同様の収入を得ていることは本人の努力が背後にあることも否定できないとして，等級表に定められたとおり92％の労働能力喪失率を認めたもの（裁判例①）や会社員の左上肢欠損障害（4級4号）につき，業務のほとんどの場合において本件事故前と比較して大きく作業効率が落ちていること，そのため残業をしなければならない状況であること，事故前の収入を維持しているのは，本人の努力と会社の温情によるところが大きいとして，等級表に定められたものよりは低いものの60％の労働能力喪失率を認めたもの（裁判例②）がある。

また，下肢の短縮障害においては，短縮の程度が1cm程度で歩行障害が見られない場合や，仕事の内容が移動を伴わないデスクワークを中心とする事務職のような場合には，労働能力喪失が否定されたり，自賠責で認定された等級における喪失率よりも低めの喪失率が認定されることがあるため☆6，年齢，職業，下肢短縮の程度，下肢短縮による生活上の支障を具体的に主張立証する必要がある。

(2) 機能障害と後遺障害認定

上肢・下肢の機能障害は，身体の内部の障害であり，欠損障害とは異なり目視で判断することができない。そこで，将来にわたって障害が残存するか否かを判断するために，機能障害の認定には，原則として，事故による骨折や脱臼後のゆ合不良，靱帯・腱などの軟部組織の損傷，神経損傷等の器質的損傷が必要となる。裁判例では，外形上明らかな器質的損傷がないとしても，関節を動かせないでいると関節包の繊維化により関節拘縮が生じ，これによって可動域制限が生じている場合には後遺障害が残存したといえると判断したもの(裁判例③) もあるが，大多数の裁判例は，機能障害を認定するには，認定基準と同様に器質的損傷を必要とすると判断しているため，将来にわたり障害が残存することを立証するためには，関節可動域制限の原因を明確にしておく必要がある。

また，器質的損傷のない場合でも，疼痛による関節可動域制限は，局部の神経症状として評価され，後遺障害認定されることがあり (12級13号又は14級9号)，治療経過を主張立証することは重要である。

(3) 機能障害と基準値に達しない可動域制限

機能障害は，関節の可動域制限の程度により等級認定がなされるため，等級認定の基準値に達しない限り自賠責においては機能障害として認定されることはない。しかし，基準値が定められていれば，当然基準値にわずかに足りない事態が生じる。ほとんどの裁判例は，そのような場合にも，等級認定を否認するとの判断をしているが，中には，日常生活に極めて困難を来している面があるという実態を踏まえ，基準値に達していない関節可動域制限を機能障害として認定したものもある (裁判例④)。

また，関節可動域制限が基準値に至らず機能障害が否定されても，疼痛等が関節付近に残った場合に局部の神経症状として等級認定し損害算定をするもの

☆6　蛭川明彦「労働能力喪失の認定について」『赤い本(下)〔2006年版〕』177頁。

や，機能障害が認定された場合よりも少ない労働能力喪失率と後遺障害慰謝料を認めるものもある（裁判例⑤）。

(4) 可動域測定値の信用性

　機能障害は，関節の可動域制限の程度により等級認定がなされるが，後遺障害診断書に記載された可動域測定値が障害等級の基準値に達していても，自賠責保険では後遺障害非該当と判断されることがある。可動域測定は，原則として，医師による他動運動で行われるとはいえ，患者が痛みを訴えた場合にどの程度まで力を加え続けるかは，検査を行う医師によって異なるので，無条件に検査結果を信用することができないためと思われる。可動域測定の結果の信用性を検証するためにも，可動域制限を合理的に説明することのできる器質的損傷の有無や治療経過の確認が重要となる。

　また，可動域測定値の信用性は，訴訟においても争いとなることがある。訴訟では，文書送付嘱託等により診療録，看護記録，諸検査結果記録等を取得し，それらに基づき主張立証を行うことが多いが，可動域測定値の信用性が争いとなった場合には，後遺障害診断書に記載された診断内容や可動域測定値のみにとらわれず，診療録等に記載された治療経過における医師の所見，検査結果，患者本人の訴え等を総合的に検討することが重要となる。受傷から症状固定に至るまでの治療経過の中で，可動域測定を複数回行っており，数値が徐々に改善しているような場合には一般的に信用性が認められやすいが，数値が大幅に変化して安定しないような場合や，可動域測定が後遺障害診断時の１回しか行われておらず，他に可動域制限を裏づけるような所見や検査結果がみられない場合には，経過が不自然であるとして測定値の信用性が否定されることもある。裁判例には，症状固定時に後遺障害診断書に記載された可動域の測定値が，13日後の再測定により10度悪化した数値に修正された事案で，修正後の数値の信用性を認めることはできないとして，治療経過中の可動域を踏まえ，後遺障害認定を行ったもの（裁判例⑥）もある。

4　裁判例

◆左下肢欠損障害につき，等級表の定めるとおりの労働能力喪失率が認定された事例　①東京高判平20・11・20自保1764号２頁
　日没後，自動二輪車を運転中，交差点内の大半をふさぐ形で違法駐車していた普

通貨物自動車に追突し，左膝関節以上切断（4級5号）の後遺障害を残した会社員（男・固定時33歳）につき，事故前に従事していた立ち仕事ができず，事務作業を行っていること，免許を有するフォークリフトの作業が不可能であること，減収は生じていないが昇任昇格試験を受けることができないこと，就労の可能性が制限されていること等から，同期社員と比べ収入が減少する可能性が認められ，現在健常者と同様の収入を得ているのは，原告の努力が背後にあることも否定できないとして，92％の労働能力喪失を認定した。

◆左上肢欠損障害につき，等級表の定めるものより低い労働能力喪失率が認定された事例　②大阪高判平17・12・27自保1632号2頁

　　渋滞交差点を自動二輪車で直進中，渋滞車両に譲られて対向車線より右折してきた普通乗用自動車に衝突され，左神経叢損傷等の傷害を負い，左肘関節以上切断（4級4号）の後遺障害を残した営業職会社員（男・固定時31歳）につき，事故後に減収が生じていないことが認められるが，パソコンの入力や伝票をめくりながら電卓を打つ会計処理業務等ができず作業効率が低下しており，残業して仕事をこなしている等，減収が生じていないのは，本人の努力と就業先の温情によるものであり，離職した場合には再就職が困難になることが予測されるとして，60％（等級基準では92％）の労働能力喪失を認定した。

◆器質的損傷のない右上肢可動域制限につき，第10級10号の機能障害が認定された事例　③大阪地判平24・5・17交民45巻3号649頁・自保1884号58頁

　　普通貨物自動車を道路側端に駐車していたところ，普通乗用自動車に追突された歯科医師（男・固定時56歳）が，事故により，頸部捻挫，胸部両肩頭部打撲等の傷害を負い，右肩関節可動域制限（10級10号）の後遺障害が残存したと主張した事案で，機能障害を否定していた損害保険料率算出機構及び紛争処理機構の判断を覆し，肩関節に骨折や脱臼等の外形的に明らかな器質的損傷は認められない場合であっても，外力により関節包が侵襲を受け，痛み等の理由で関節を動かせないでいると，組織侵襲部位に癒着形成を招き，関節包の繊維化が生じることで，関節拘縮が生じ得ると考えられ，原告の受傷及びその後の治療経過は，当該関節拘縮の発生経過と整合するといえるとして，10級10号に該当する右肩関節拘縮による可動域制限の後遺障害が残存すると認定した。

◆可動域制限は認定基準には至らないが，後遺障害として認定した事例　④神戸地判平12・9・14交民33巻5号1515頁

　　道路上に立ち止まっていたところ，後退してきた普通乗用自動車に衝突され，左大腿骨骨折を負った原告（女・固定時67歳・実質的に主婦と同視）が，自動車保険料率算定会の認定において，左足関節の障害をまったく考慮されていないことにつき，かかる認定は，関節の曲がる角度から機械的，画一的に認定をしているものであって，障害の実態を見ない不当なものであると主張した事案で，労働能力喪失率

は，公平の観点からもある一定の基準によって判断されることもやむを得ないことであり，これらを判断するために，関節の屈曲及び伸展の度合いを基準とすることも特段の事情のない限り合理的といわなければならないとしたうえで，原告の左膝の屈曲の角度は130ないし135度であり，伸展の角度は10度であるが，家庭状況を考慮してもなお日常生活に極めて困難を来している面も認められるとして，左膝関節機能障害（12級7号）に該当するものと認めるのが相当であるとした。

◆可動域制限は認定基準には至らないが，5％の労働能力喪失による逸失利益を認定した事例　⑤神戸地判平26・7・18交民47巻4号915頁・自保1933号87頁

　自動二輪車で直進中，右折してきた対向普通貨物自動車に衝突された運送会社代表（男・固定時47歳）が，事故により，右肩腱板断裂等の受傷を負い，10級10号の後遺障害が残存したと主張した事案で，右肩の外転・内転が110度・0度，健側（左肩）の外転・内転が130度・0度であり，右肩関節の外転・内転の可動域が健側の4分の3以下に制限されていないことから，後遺障害の等級認定基準に至らないものの，軽度の可動域制限が残存しており，その回復の見込みはないとされていること，本件事故前に比べ，重い物が持てなくなり，パソコン操作や運転操作をするにあたって右肩が異常に凝るなどして，仕事に支障が出ていること等から，5％の労働能力喪失による逸失利益を認定した。

◆後遺障害診断後，日を置かずに修正された可動域測定値の信用性を否定した事例　⑥大阪地判平28・2・26自保1974号140頁

　交差点を歩行横断中，右折進行してきた普通乗用自動車に衝突された兼業主婦（固定時44歳）が，右脛骨遠位端骨折，右腓骨遠位端骨折の傷害を負い，右足関節可動域制限（10級11号）の後遺障害が残存したと主張する事案において，後遺障害診断書に基づき，右足関節の可動域が健側の2分の1以下に制限されていることを根拠に第10級11号に該当すると判断した損害保険料率算出機構の判断を覆し，後遺障害診断書に記載された可動域が治療経過のものに比べ極端に悪化していること，後遺障害診断から日を置かずに法律相談を受け，すぐに可動域の再測定を行い，後遺障害診断書に記載された可動域が10度悪化した数値に修正されていたことを挙げ，可動域の測定値は信用できないとして，治療経過中の可動域を踏まえ，右足関節の可動域制限は12級7号相当であるとの認定をした。

15 手指・足指の障害

1 定義・概要

手指・足指の骨格及び関節は以下のとおりである。

手指・足指の後遺障害には，欠損障害，機能障害の2つの種類がある。障害が生じたのが両手・両足か又は片手又片足にとどまるのかにより認定される等級が異なる点は，上肢・下肢と同様である。しかし，上肢・下肢と異なり，5本の指の障害の組み合わせ方により，多様な等級の障害が規定されている。また，手指・足指の障害は，上肢の機能障害，下肢の機能障害とそれぞれ同一系列として取り扱われるため，最終的な等級認定を行う際には注意が必要である。

2 等級認定基準

(1) 欠損障害

ア 手 指[☆1]

手指の欠損障害には，「手指を失ったもの」と「指骨の一部を失ったもの」がある。「手指を失ったもの」とは，手指の中手骨(掌の中にある骨)又は基節骨(掌側の指の骨)で切断したもの及び近位指節間関節(母指にあっては指節間関節)において，基節骨と中節骨とを離断したものとされている。切断とは関節部分以外の箇所から物理的に切り離されてしまっている状態をいい，離断とは骨に傷はないが，関節部分から分離してしまっている状態をいう。また「指骨の一部を失ったもの」とは，1指骨の一部を失っている(遊離骨片の状態を含む)ことがエックス線写真等により確認できるものとされている。ただし，指の先端の骨である末節骨の半分以上を失った場合は，後述する「手指の用を廃したもの」に該当するため，「指骨の一部を失ったもの」には含まれないことに注意が必要である。

手指の欠損障害の等級区分と認定基準の詳細は，☑表1のとおりである。

☆1 『労災補償障害認定必携〔第16版〕』254頁参照。

Ⅶ　15　手指・足指の障害　　　283

☑図1　手指・足指の図

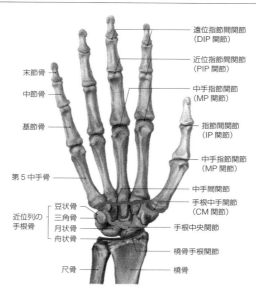

出所：「4 手根の関節と運動A橈骨手根関節」坂井建雄『標準解剖学』（医学書院，2017）277頁・図6 -40A。

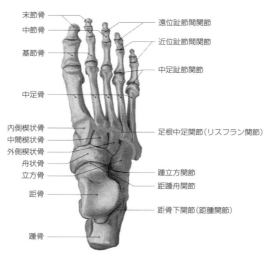

出所：「3 足首と足の関節と運動」坂井建雄『標準解剖学』（医学書院，2017）343頁・図7 -28A背面。

284　第2章　各論─類型別にみる後遺障害認定の実務

イ　足　　指☆2

　足指の欠損障害は，足指の「全部を失ったもの」である。「全部を失ったもの」とは，中足指節関節から先を失った場合とされている。中足指節関節とは，足指の根元部分をいうため，欠損障害とはいずれかの足指が根元からまったくなくなっている状態をいう。

　足指の欠損障害の等級区分と認定基準の詳細は，☑表1のとおりである。

☑表1　手指・足指の欠損障害の後遺障害等級

（手指の欠損障害）

障害の程度	等　級
両手の手指の全部を失ったもの	第3級5号
1手の5の手指又はおや指を含み4の手指を失ったもの	第6級8号
1手のおや指を含み3の手指を失ったもの又はおや指以外の4の手指を失ったもの	第7級6号
1手のおや指を含み2の手指を失ったもの又はおや指以外の3の手指を失ったもの	第8級3号
1手のおや指又はおや指以外の2の手指を失ったもの	第9級12号
1手のひとさし指，なか指又はくすり指を失ったもの	第11級8号
1手のこ指を失ったもの	第12級9号
1手のおや指の指骨の一部を失ったもの	第13級7号
1手のおや指以外の手指の指骨の一部を失ったもの	第14級6号

（足指の欠損障害）

障害の程度	等　級
両足の足指の全部を失ったもの	第5級8号
1足の足指の全部を失ったもの	第8級10号
1足の第1の足指を含み2以上の足指を失ったもの	第9級14号
1足の第1の足指又は他の4の足指を失ったもの	第10級9号
1足の第2の足指を失ったもの，第2の足指を含み2の足指を失ったもの又は第3の足指以下の3の足指を失ったもの	第12級11号
1足の第3の足指以下の1又は2の足指を失ったもの	第13級9号

(2)　機能障害

ア　手　　指☆3

　手指の機能障害には，「手指の用を廃したもの」と「おや指以外の手指の遠位

☆2　『労災補償障害認定必携〔第16版〕』275頁参照。
☆3　『労災補償障害認定必携〔第16版〕』255～256頁参照。

VII **15** 手指・足指の障害 285

指節間関節を屈伸することができなくなったもの」がある。手指の機能障害の
等級区分と認定基準の詳細は，☑表2のとおりである。

㋐ 用　廃

「手指の用を廃したもの」とは，自動車損害賠償保障法施行令（自賠法施行令）
別表第2の備考3において，手指の末節骨の半分以上を失い，又は中手指節関
節もしくは近位指節間関節（おや指にあっては，指節間関節）に著しい運動障害を残
すものをいうとされており，具体的には，①末節骨の長さを2分の1以上失っ
た場合，②中手指節関節又は近位指節間関節（おや指にあっては指節間関節）の可
動域が健側の可動域角度の2分の1以下に制限されている場合，③おや指につ
いて，橈側外転又は掌側外転のいずれかが健側の2分の1以下に制限されてい
る場合，④手指の末節の指腹部及び側部の深部感覚及び表在感覚が完全に脱失

☑表2　手指・足指の機能障害の後遺障害等級

（手指の機能障害）

障害の程度	等　級
両手の手指の全部の用を廃したもの	第4級6号
1手の5の手指又はおや指を含み4の手指の用を廃したもの	第7級7号
1手のおや指を含み3の手指の用を廃したもの又はおや指以外の4の手指の用を廃したもの	第8級4号
1手のおや指を含み2の手指の用を廃したもの又はおや指以外の3の手指の用を廃したもの	第9級13号
1手のおや指又はおや指以外の2の手指の用を廃したもの	第10級7号
1手のひとさし指，なか指又はくすり指の用を廃したもの	第12級10号
1手のこ指の用を廃したもの	第13級6号
1手のおや指以外の手指の遠位指節間関節（DIP）を屈伸することができなくなったもの	第14級7号

（足指の機能障害）

障害の程度	等　級
両足の足指の全部の用を廃したもの	第7級11号
1足の足指の全部の用を廃したもの	第9級15号
1足の第1の足指を含み2以上の足指の用を廃したもの	第11級9号
1足の第1の足指又は他の4の足指の用を廃したもの	第12級12号
1足の第2の足指の用を廃したもの，第2の足指を含み2の足指の用を廃したもの又は第3の足指以下の3の足指の用を廃したもの	第13級10号
1足の第3の足指以下の1又は2の足指の用を廃したもの	第14級8号

した場合の４つの場合がこれに該当する。なお、④については、自己申告のみ
で判断されるものではなく、医学的に当該部位を支配する感覚神経が断裂し得
ると判断される外傷を負った事実を確認するとともに、筋電計を用いた感覚神
経伝導速度検査を行い、感覚神経活動電位（SNAP）が検出されないことを確認
することによって認定される。

　関節の可動域を基準として機能障害を判断する点は、上肢の機能障害と同様
である。しかし、上肢は２分の１以下の可動域制限では「著しい機能障害」と
評価されるにとどまる一方、手指は２分の１以下の可動域制限によって用廃と
なる点に注意が必要である。

　また、「末節骨の長さを２分の１以上失った場合」という一見欠損障害に含ま
れると思われる状態をもって機能障害とする点にも注意が必要である。

㈡　遠位指節間関節の屈伸不能

　遠位指節間関節を屈伸することができないものとは、①遠位指節間関節が強
直したもの、②屈伸筋の損傷等原因が明らかなものであって、自動で屈伸がで
きないもの又はこれに近い状態にあるもののいずれかに該当するものをいう。

イ　足　　指☆4

　足指の機能障害は、「足指の用を廃したもの」のみである。「足指の用を廃し
たもの」とは、自賠法施行令別表第２の備考５において、第１の足指は末節骨
の半分以上、その他の足指は遠位指節間関節以上を失ったもの又は中足指節関
節もしくは近位指節間関節（第１の足指にあっては、指節間関節）に著しい運動障害
を残すものをいうとされており、具体的には、①第１の足指の末節骨の長さの
２分の１以上を失った場合、②第１の足指以外の足指を中節骨もしくは基節骨
を切断したもの又は遠位指節間関節もしくは近位指節間関節において離断した
場合、③中足指節間関節又は近位指節間関節（第１の足指にあっては指節間関節）の
可動域が健側の可動域角度の２分の１以下に制限される場合の３つがこれに該
当する。

　足指の機能障害の等級区分と認定基準の詳細は、☑表２のとおりである。

(3)　複数の後遺障害の残存

　手指・足指の後遺障害も、上肢・下肢の場合と同様、系列が異なる複数の後
遺障害が残存した場合、原則として併合して等級を認定するが、併合した結果、

───────────
☆4　『労災補償障害認定必携〔第16版〕』275〜276頁参照。

後遺障害の序列を乱すこととなる場合には，直近上位又は直近下位の等級で認定する。手指・足指は，片側だけでもそれぞれ5本の指に障害が生じることが考えられ，その組み合わせ方によって多様な等級が規定され複雑な構造となっているため，より注意が必要である。

直近上位の等級に認定するものの例として，「1手のこ指を失ったもの」(12級9号) と「1手のひとさし指，なか指又はくすり指の用を廃したもの」(12級10号) の組み合わせを考えると，併合の方法を用いると第11級相当となるが，「1手のおや指又はおや指以外の2の手指の用を廃したもの」(10級7号) よりは重く，「1手のおや又はおや指以外の2の手指を失ったもの」(9級12号) には達しないため，準用等級10級として評価することとなる。

また，上肢の機能障害と手指の欠損又は機能障害，下肢の機能障害と足指の欠損又は機能障害は，それぞれ同一もしくは相関連するものとして取り扱うことが認定実務上合理的であるため，具体的な運用にあたっては同一系列として取り扱われる（みなし系列）ことに注意が必要である。みなし系列の障害においては，まず同一系列内で等級評価をし，さらに，みなし系列全体での等級評価を行い，その後最終的な併合等級の認定をすることとなる。

例えば，「1手のおや指又はおや指以外の2の手指を失ったもの」(9級12号)，同一上肢の3大関節中の2関節について，「1上肢の3大関節中の1関節の用を廃したもの」(8級6号) 及び「1上肢の3大関節中の1関節の機能に著しい障害を残すもの」(10級10号) の組み合わせの場合を考えると，まず同一系列内である上肢の2関節の障害について併合の方法を用いて準用7級相当とし，さらに，みなし系列内の手指の障害である「1手のおや指又はおや指以外の2の手指を失ったもの」(9級12号) とを併合の方法を用いて準用第6級相当として評価することとなる。

3 主な争点と主張立証上の留意事項

(1) 手指・足指の後遺障害認定

手指・足指は，他の部位よりも後遺障害等級認定自体が大きな争いにならない傾向がある。手指・足指に後遺障害が残るときには，下肢や上肢，さらには他の部位により重篤な障害が発生していることが多く，そのような場合には，手指・足指の後遺障害が主たる争点となることは少ない。

288　　第2章　各論―類型別にみる後遺障害認定の実務

　また，手指の欠損障害，手指・足指の機能障害のうち，指の先端部分を失った場合や切断，離断した場合については，画像による判別が比較的容易であるため，特に等級認定自体が争いとなりにくい。一方で，労働能力喪失率は争いになりやすく，上肢・下肢の欠損障害と同様，従事している仕事内容や減収の有無等に関する主張立証が重要となる。裁判例では，タクシー運転手の右手指機能障害，知覚喪失等（併合11級）につき，長時間の運転やハンドルさばきが困難となり，洗車や事務作業も以前より時間がかかるようになったことで，収入減少が生じたとして，等級よりも高い23.5％の労働能力喪失率を認めたもの（裁判例①）や，信用組合職員の右手指機能障害（9級13号）につき，減収はないが，右手で紙幣をめくり枚数を確認する作業等の業務遂行に支障が生じており，作業時間の延長など本人の努力により作業効率の低下を抑えたとして，等級表に定められたものよりは低いものの25％の労働能力喪失率を認めたもの（裁判例②）がある。

(2)　機能障害と後遺障害認定

　手指・足指の機能障害のうち，「用廃」の具体的態様の一つとして，指の関節可動域制限がある。可動域の測定方法や可動域制限の原因として器質的損傷が必要となる点は，上肢・下肢の機能障害と同様である。

　また，手指・足指の機能障害においても，可動域制限の有無・程度や可動域測定値の信用性が争いとなることは多い。やはり，後遺障害診断書に記載された可動域測定値のみにとらわれることなく，可動域制限の裏づけとなる器質的損傷の有無の確認，治療経過中の医師の所見や検査結果等の検討を行うことが重要となろう。裁判例には，可動域制限の程度が争いとなり，事故後6年以上が経過した時点で行われた控訴審の鑑定の結果，等級認定の基準値に達していないとして，機能障害を否定し，局部に頑固な神経症状を残すもの（12級12号）との認定にとどめたもの（裁判例③）もあるため，可動域制限の有無・程度や可動域測定値の信用性が争点となった場合には，後遺障害診断書作成後の経過についても注意を向ける必要がある。

4　裁判例

◆右手指機能障害，知覚喪失等につき，等級表の定めるものより高い労働能力喪失率が認定された事例

①大阪地判平24・9・14交民45巻5号1151号・自保1888号67頁

片側2車線道路の第1車線中央付近に停止し，乗客の荷物をトランクに積み，運転席に乗り込みドアを閉めようとした際に，普通貨物車に接触されて右中指が切断されたタクシー運転手（男・固定時51歳）につき，右中指の機能障害（12級10号），右中指の知覚喪失等（12級13号），右示指の知覚喪失等（14級9号）に該当するとして，併合11級相当と判断し，利き腕の右腕に不自由があり，握力も低下していることから，長時間の運転，素早い進路変更等のハンドルさばきは困難となり，洗車や事務作業も以前より時間がかかっており，これらが収入の減少につながっているとして，23.5％（等級基準では20％）の労働能力喪失を認定した。

◆右手指機能障害につき，等級表の定めるものより低い労働能力喪失率が認定された事例 ②東京地判平21・11・30自保1817号107頁

沿道に駐車する営業用軽自動車に乗り込もうと運転席ドアを開けた際に，その横を進行してきた塵芥車に衝突され，右示指が切断され，右中指・右環指の可動域が著しく制限されて使えなくなり，9級の後遺障害が残った信用組合職員（男・固定時41歳）につき，減収は生じていないものの，右手で紙幣をめくり枚数を確認する作業に支障が生じ，コンピュータの入力や書類作成等の業務についても作業速度が低下したこと，勤務先の円滑な業務遂行に影響を与えないよう作業時間を延長するなどの努力をして作業効率の低下をできるだけ抑えてきたことから，25％（等級基準では35％）の労働能力喪失を認定した。

◆控訴審の鑑定結果に基づき関節可動域制限の程度を判断し，右手指機能障害を否定した事例 ③東京高判平14・9・25交民35巻6号1792頁

自転車で交差点を走行中，左方から進行してきた普通乗用自動車に衝突された人材派遣会社で稼働するアルバイト（男・固定時26歳）が，右母指中手指節関節の可動域制限による後遺障害（10級7号）を主張した事案で，事故後6年以上経過した時点で行われた控訴審の鑑定結果によれば，右母指中手指節関節の伸展側に可動域制限（左と比較して全体の可動域制限割合は36％）があり，また，右手母指に疼痛，運動痛があって母指の運動能力の点においても左右差があるほか，右手母指にふるえがあることを認められるとしつつ，右母指のふるえについて，鑑定人が外傷を契機とした心因反応によるヒステリー性振戦の可能性があると判断しているとして，10級7号を認定した自動車保険料率算定会の認定及び第1審判決を覆し，可動域制限の内容・程度は，10級7号に該当するものとはいいがたく，12級12号の「局部に頑固な神経症状を残すもの」に該当するものと解するのが相当であるとした。

事項索引

アルファベット

CRPS······141
　──の診断基準······142
　──判定指標······142
CT······33, 34, 65, 105
DSM−Ⅳ······123
　──の診断基準······124
DSM−Ⅴ······123
DTI（拡散テンソル画像）······34
DWI······66
ERG検査······206
FLAIR······65, 66
fMRI（脳機能MRI）······34
GCS······34, 40
ICD−10······123
　──の診断基準······125
JCS······34, 40
MRI······33, 34, 65, 66, 105
MRスペクトロスコピー······34
MTBI（軽度外傷性脳損傷）······60
PET······33, 34
PTSD······122
　──発症を否定し後遺障害を認めなかった例
　　······139
　──発症を否定し非器質性精神障害（外傷性神
　　経症）を認めた例······134
　──発症を認めた例······131
RSD······141
RSD（CRPSタイプ1）······144
SPECT······33, 34
SWI（磁化率強調画像）······66
T&Tオルファクトメーター······235
T2*（スター）······65
T2強調画像······65
VEP検査······206

あ

アコモドポリレコーダー······206
圧痛点······154
アメリカリウマチ学会
　──の診断予備基準······154
　──の分類基準······153
アリナミンテスト······236
アロディニア······141
異議申立て（損害保険料率算出機構への）······18
一括払い······18
インプラント費用······260
ウェクスラー成人知能検査（WAIS−Ⅲ）······43
永久残存性······4, 21
嚥下機能
　──検査······254
　──障害······250
音声障害······249

か

介護用品その他消耗品の費用······82
外　耳······215
外傷後健忘（PTA）······40
外傷性散瞳······204
外傷性神経症······120
外貌醜状······23, 184
外　鼻······229
カウザルギー······141, 144
蝸　牛······215
下肢短縮······25, 269, 271
加重（自賠責保険）······14
可動域測定値の信用性······279
可動域の測定方法······271
感音難聴······216
眼球の構造······197
関節拘縮······144

完全麻痺‥‥‥‥‥‥‥‥‥‥‥‥‥100	視覚伝導路‥‥‥‥‥‥‥‥‥‥‥199
偽関節‥‥‥‥‥‥‥‥‥‥‥‥‥269	視覚誘発電位検査‥‥‥‥‥‥‥206
基準嗅力検査‥‥‥‥‥‥‥‥‥235	歯牙障害‥‥‥‥‥‥‥‥‥23,250
既存障害‥‥‥‥‥‥‥‥‥‥‥‥25	歯科補綴‥‥‥‥‥‥‥‥‥‥‥252
機能障害‥‥‥‥‥‥‥269, 271, 284	磁化率強調画像（SWI）‥‥‥‥‥66
嗅　覚	耳小骨‥‥‥‥‥‥‥‥‥‥‥‥215
――障害‥‥‥‥‥‥‥‥23, 232	事前認定‥‥‥‥‥‥‥‥‥‥‥‥17
――の減退‥‥‥‥‥‥‥‥‥234	自宅での介護費用‥‥‥‥‥‥‥‥81
――の脱失‥‥‥‥‥‥‥‥‥234	自宅や自動車の改造費‥‥‥‥‥‥82
胸腹部臓器‥‥‥‥‥‥‥‥‥‥‥24	失　明‥‥‥‥‥‥‥‥‥‥‥‥200
局部の神経症状‥‥‥‥‥‥‥‥164	自動運動‥‥‥‥‥‥‥‥‥‥‥274
筋電図‥‥‥‥‥‥‥‥‥‥‥‥106	自賠責保険・共済紛争処理機構‥‥‥19
軽症頭部外傷‥‥‥‥‥‥‥‥‥‥60	「自賠責保険における高次脳機能障害認定システ
頸　椎‥‥‥‥‥‥‥‥‥‥‥‥165	ムの充実について」（報告書）‥‥‥30,60
頸椎捻挫型（むち打ち症）‥‥‥168	自賠責保険の支払基準‥‥‥‥‥‥‥5
軽度外傷性脳損傷（MTBI）‥‥‥‥60	視野狭窄‥‥‥‥‥‥‥‥‥‥‥203
WHOの定義‥‥‥‥‥‥61, 64-66	ジャクソンテスト‥‥‥‥‥‥‥172
欠損障害‥‥‥‥‥‥‥269, 271, 282	視野障害‥‥‥‥‥‥‥‥‥‥‥203
言語機能障害‥‥‥‥‥‥‥‥‥249	視野変状‥‥‥‥‥‥‥‥‥‥‥203
後遺症‥‥‥‥‥‥‥‥‥‥‥‥‥3	醜　状‥‥‥‥‥‥‥‥‥‥‥‥183
構音障害‥‥‥‥‥‥‥‥‥‥‥249	醜状障害‥‥‥‥‥‥‥‥‥‥‥183
高次脳機能障害‥‥‥‥‥‥‥‥‥29	露出面以外の――‥‥‥‥‥185
高次脳機能障害整理表‥‥‥‥‥‥36	露出面の――‥‥‥‥‥‥‥185
厚生労働省CRPS研究班‥‥‥‥‥142	主要運動‥‥‥‥‥‥‥‥‥‥‥274
厚生労働省のリウマチ研究班‥‥‥155	純　音‥‥‥‥‥‥‥‥‥‥‥‥217
語　音‥‥‥‥‥‥‥‥‥‥‥‥217	純音聴力検査‥‥‥‥‥‥‥‥‥220
語音聴力検査‥‥‥‥‥‥‥‥‥221	障害等級認定基準‥‥‥‥‥‥‥‥4
国際疼痛学会‥‥‥‥‥‥‥‥‥142	障害の系列‥‥‥‥‥‥‥‥‥‥10
骨　棘‥‥‥‥‥‥‥‥‥‥‥‥167	障害の序列‥‥‥‥‥‥‥‥‥‥10
骨盤骨の変形‥‥‥‥‥‥‥‥‥‥24	上肢・下肢の障害‥‥‥‥‥‥‥269
ゴールドマン型視野計‥‥‥‥‥206	症状固定‥‥‥‥‥‥‥‥‥‥‥‥5
混合難聴‥‥‥‥‥‥‥‥‥‥‥216	静脈性嗅覚検査‥‥‥‥‥‥‥‥236
根症状型（むち打ち症）‥‥‥‥168	耳　漏‥‥‥‥‥‥‥‥‥‥‥‥217
	神　経‥‥‥‥‥‥‥‥‥‥‥‥164
さ	神経根‥‥‥‥‥‥‥‥‥‥96, 166
	神経伝導速度‥‥‥‥‥‥‥‥‥106
細隙灯顕微鏡検査‥‥‥‥‥‥‥205	靭　帯‥‥‥‥‥‥‥‥‥‥‥‥‥97
鎖骨変形‥‥‥‥‥‥‥‥‥‥‥‥23	心的外傷後ストレス障害‥‥‥‥120
参考運動‥‥‥‥‥‥‥‥‥‥‥274	深部腱反射‥‥‥‥‥‥‥‥‥‥105
耳介（耳殻，耳たぶ）‥‥‥‥‥215	深部腱反射検査‥‥‥‥‥‥‥‥172
――の欠損障害‥‥‥‥‥‥‥220	

事項索引 293

スパーリングテスト·····172
スリットランプ検査·····205
生殖器の障害·····24
脊 髄·····93
脊髄電気刺激療法·····79
脊 椎·····94
線維筋痛症·····152
線維筋痛症診療ガイドライン·····153
——（2013年）·····155
——（2017年）·····155
遷延性意識障害·····78
遷延性植物状態·····78
素因減額·····130, 146
相当等級·····13
咀嚼機能障害·····249
損害保険料率算出機構·····17

た

他動運動·····274
中 耳·····215
中心性頸髄損傷·····101, 107
長管骨に変形を残すもの·····269
腸骨採取·····24
調節機能障害·····201
——に関する検査·····206
直像鏡眼底検査·····205
椎間板·····96, 165
椎間板ヘルニア·····167
定期金賠償·····83
伝音難聴·····216
電気味覚検査·····254
動揺関節·····271
特殊な性状の疼痛·····144, 146
徒手筋力テスト（MMT）·····105, 172
突発性難聴·····223

な

内 耳·····215
難 聴·····216
脳死状態·····78

脳深部電気刺激法·····79

は

鼻の欠損·····233
鼻を欠損しない機能障害·····234
馬尾神経·····104
バレ・リュー症候群·····207
バレ・リュー症状型（むち打ち症）·····169
反射性交感神経性ジストロフィー·····141
半盲症·····203
非器質性神経障害·····128
非器質性精神障害·····4, 110, 120
鼻 腔·····230
脾 臓·····24
ピッチ・マッチ検査·····221
皮膚の変化·····144
皮膚分節·····106
びまん性軸索損傷（DAI）·····32
びまん性脳損傷·····32
病的反射·····105
複 視·····202
副鼻腔·····230
副眼器の構造·····198
不全麻痺·····100
併合（障害等級認定）·····10
平衡機能障害·····220
ヘススクリーンテスト·····206
変形障害·····269, 275
骨の萎縮·····144

ま

まつげはげ·····204
味覚障害·····23, 250
醜いあと·····183
耳鳴り（耳鳴）·····216
耳の構造と機能·····215
三宅式（東大脳研式）ウェクスラー記憶検査（WMS
　－R）·····43
民事損害賠償·····21
むち打ち症·····22, 165

網膜電位図検査‥‥‥‥‥‥‥‥‥‥‥‥206

ら

ラウドネス・バランス検査‥‥‥‥‥‥‥221
ランドルト環‥‥‥‥‥‥‥‥‥‥‥‥‥201
流　涙‥‥‥‥‥‥‥‥‥‥‥‥‥‥‥‥205

両眼の視力障害‥‥‥‥‥‥‥‥‥‥‥‥201
労働能力喪失期間‥‥‥‥‥‥‥‥‥‥‥21
労働能力喪失率‥‥‥‥‥‥‥‥‥‥‥‥22
労働能力喪失率表‥‥‥‥‥‥‥‥‥‥7, 22
濾紙ディスク検査‥‥‥‥‥‥‥‥‥‥‥254

判例索引 295

判例索引

最高裁判所

最判昭50・10・24民集29巻 9 号1417頁······72
最判昭62・ 2・ 6 判時1232号100頁・判タ638号137頁······84
最判昭63・ 4・21民集42巻 4 号243頁······130, 181
最判平 6・11・24交民27巻 6 号1553頁······79
最判平 8・10・29民集50巻 9 号2474頁······181
最判平 8・10・29交民29巻 5 号1272頁······182
最判平11・12・20民集53巻 9 号2038頁・交民32巻 6 号1669頁······83
最判平18・ 3・30民集60巻 3 号1242頁・交民39巻 2 号285頁······6, 21

高等裁判所

東京高判昭58・ 9・29民集42巻 4 号259頁······168
東京高判平 6・ 5・30交民27巻 6 号1562頁······79
大阪高判平13・ 3・17自保1392号 1 頁······126
東京高判平14・ 6・18交民35巻 3 号631頁······262
東京高判平14・ 9・25交民35巻 6 号1792頁······289
東京高判平15・ 8・28自保1515号 5 頁······135
福岡高判平16・ 2・26交民37巻 1 号16頁・判時1860号74頁······135
大阪高判平17・12・27自保1632号 2 頁······280
札幌高判平18・ 5・26判時1956号92頁······70
東京高判平20・11・20自保1764号 2 頁······279
大阪高判平21・ 3・26交民42巻 2 号305頁······50
東京高判平22・ 9・ 9 交民43巻 5 号1109頁・自保1832号 8 頁······71
東京高判平22・11・24自保1837号 1 頁······73
東京高判平23・ 8・ 3 自保1856号 1 頁······73
東京高判平23・10・26自保1861号 1 頁······53
東京高判平23・10・26自保1863号30頁······148
福岡高判平23・12・22判時2151号31頁······90
東京高判平25・ 3・14判タ1392号203頁・自保1892号 1 頁······91
東京高判平26・ 7・ 3 自保1930号 1 頁······138
東京高判平26・ 7・24交民47巻 4 号859頁・自保1930号14頁······74
東京高判平26・12・24自保1942号30頁······193
東京高判平27・ 1・21自保1941号 5 頁······161
東京高判平28・ 1・20判時2292号58頁・自保1966号53頁······14
大阪高判平28・ 3・24自保1972号 1 頁······72

地方裁判所

東京地判昭55・3・4交民13巻2号345頁‥‥‥‥‥‥‥‥‥‥‥271

横浜地判昭55・3・27交民13巻2号394頁‥‥‥‥‥‥‥‥‥‥239

大阪地判昭57・8・31交民15巻4号1084頁‥‥‥‥‥‥‥‥‥240

東京地判昭62・10・29判時1273号78頁・交民20巻5号1369頁‥240

東京地判平2・5・18労民41巻3号466頁・労判563号20頁‥‥205

大阪地判平5・1・14交民26巻1号32頁‥‥‥‥‥‥‥‥‥‥‥241

岡山地判平5・4・23交民26巻2号521頁‥‥‥‥‥‥‥‥‥‥225

横浜地判平5・12・16交民26巻6号1520頁‥‥‥‥‥‥‥‥‥260

大阪地判平6・4・25交民27巻2号514頁‥‥‥‥‥‥‥‥‥‥261

東京地判平6・8・30交民27巻4号1129頁‥‥‥‥‥‥‥‥‥241

東京地判平6・12・27交民27巻6号1892頁‥‥‥‥‥‥‥‥‥256

東京地判平8・1・9交民29巻1号1頁‥‥‥‥‥‥‥‥‥‥‥242

大阪地判平8・1・29交民29巻1号144頁‥‥‥‥‥‥‥‥‥‥225

横浜地判平8・4・25交民29巻2号628頁‥‥‥‥‥‥‥‥‥‥225

千葉地佐倉支判平8・9・27判時1967号108頁‥‥‥‥‥‥‥‥86

大阪地判平9・7・18交民30巻4号998頁‥‥‥‥‥‥‥‥‥‥211

大阪地判平9・8・28交民30巻4号1215頁‥‥‥‥‥‥‥‥‥242

東京地判平10・3・19交民31巻2号342頁・判タ969号226頁‥‥81

横浜地判平10・6・8交民31巻3号815頁・判タ1002号221頁‥‥131

大阪地判平11・2・25交民32巻1号328頁‥‥‥‥‥‥‥131, 243

山口地岩国支判平11・3・8公刊物未登載‥‥‥‥‥‥‥‥‥‥126

東京地判平11・5・25交民32巻3号804頁‥‥‥‥‥‥‥‥‥‥243

東京地判平11・10・27交民32巻5号1650頁‥‥‥‥‥‥‥‥‥208

東京地判平11・11・26交民32巻6号1867頁‥‥‥‥‥‥‥‥‥210

岡山地判平12・1・17交民33巻1号52頁‥‥‥‥‥‥‥‥‥‥255

神戸地判平12・9・14交民33巻5号1515頁‥‥‥‥‥‥‥‥‥280

岐阜地判平12・12・28自保1494号2頁‥‥‥‥‥‥‥‥‥‥‥126

東京地判平13・2・28交民34巻1号319頁‥‥‥‥‥‥‥‥‥‥243

大阪地判平13・3・23交民34巻2号428頁‥‥‥‥‥‥‥‥‥‥210

松山地宇和島支判平13・7・12判時1762号127頁‥‥‥‥‥‥132

東京地判平13・8・7交民34巻4号1010頁‥‥‥‥‥‥‥‥‥261

東京地判平14・1・15交民35巻1号1頁‥‥‥‥‥‥‥‥‥‥262

神戸地判平14・1・31（平成13年（ワ）247号）裁判所ＨＰ‥‥271

福岡地飯塚支判平14・3・27交民37巻1号29頁・判時1814号132頁‥‥126, 128, 136

東京地判平14・7・17判時1792号92頁‥‥‥‥‥‥‥‥‥‥‥134

東京地判平15・1・28交民36巻1号152頁‥‥‥‥‥‥‥‥‥‥176

東京地判平16・8・25自保1603号9頁‥‥‥‥‥‥‥‥‥‥‥259

名古屋地判平16・10・22交民37巻5号1422頁‥‥‥‥‥‥‥‥136

判例索引 297

東京地判平17・2・24交民38巻1号275頁・自保1593号8頁‥‥‥‥‥‥89
東京地判平17・3・24交民38巻2号400頁・判時1915号49頁‥‥‥‥‥208
東京地判平17・12・21交民38巻6号1731頁‥‥‥‥‥‥‥‥226, 256
東京地判平17・12・21自保1637号9頁‥‥‥‥‥‥‥‥‥‥‥262
大阪地判平18・6・13・自保1665号16頁‥‥‥‥‥‥‥‥‥‥212
名古屋地判平18・9・29交民39巻5号1378頁‥‥‥‥‥‥‥‥‥147
東京地判平18・12・25自保1714号2頁‥‥‥‥‥‥‥‥‥‥‥213
大阪地判平19・7・26交民40巻4号976頁・自保1721号8頁‥‥‥‥‥86
名古屋地判平19・9・21交民40巻5号1205頁‥‥‥‥‥‥‥‥‥212
名古屋地判平19・11・21交民40巻6号1499頁・自保1728号7頁‥‥‥‥136
大阪地判平20・1・23交民41巻1号44頁・自保1736号6頁‥‥‥‥‥137
神戸地判平20・1・29交民41巻1号102頁・自保1766号14頁‥‥‥‥‥71
横浜地判平20・2・15自保1736号15頁‥‥‥‥‥‥‥‥‥‥‥137
神戸地判平20・8・26交民41巻4号1044頁・自保1794号2頁‥‥‥‥‥159
東京地判平20・9・18判時2034号56頁‥‥‥‥‥‥‥‥‥‥‥48
名古屋地判平21・1・16自保1795号21頁‥‥‥‥‥‥‥‥‥‥244
大阪地判平21・3・10自保1819号163頁‥‥‥‥‥‥‥‥‥‥138
東京地判平21・4・16判時2056号88頁・判タ1311号229頁‥‥‥‥‥51
神戸地判平21・11・11交民42巻6号1469頁・自保1841号37頁‥‥‥‥256
仙台地判平21・11・17交民42巻6号1498頁・自保1823号1頁‥‥‥‥87
東京地判平21・11・30自保1817号107頁‥‥‥‥‥‥‥‥‥‥289
東京地判平21・12・10交民42巻6号1600頁・判タ1328号181頁‥‥‥‥211
横浜地判平22・1・27自保1825号15頁‥‥‥‥‥‥‥‥‥‥‥257
横浜地判平22・2・8自保1836号94頁‥‥‥‥‥‥‥‥‥‥‥263
大阪地堺支判平22・2・19自保1820号16頁‥‥‥‥‥‥‥‥‥132
東京地判平22・2・23交民43巻5号1121頁‥‥‥‥‥‥‥‥69, 71
大阪地判平22・3・15交民43巻2号332頁‥‥‥‥‥‥‥‥‥‥191
岡山地判平22・3・30交民43巻2号497頁‥‥‥‥‥‥‥‥‥‥210
横浜地判平22・3・31自保1832号35頁‥‥‥‥‥‥‥‥‥‥‥51
東京地判平22・5・13交民43巻3号591頁・自保1832号139頁‥‥‥51, 257
京都地判平22・5・27自保1826号1頁・労判1010号11頁・判タ1331号107頁‥‥‥‥184
横浜地判平22・6・15自保1830号116頁‥‥‥‥‥‥‥‥‥‥260
東京地判平22・7・22交民43巻4号911頁・自保1831号49頁‥‥‥139, 263
さいたま地判平22・9・24交民43巻5号1212頁・自保1841号27頁‥‥‥‥133
京都地判平22・12・2自保1844号21頁‥‥‥‥‥‥‥‥‥‥‥162
東京地判平22・12・21自保1853号85頁‥‥‥‥‥‥‥‥‥‥‥115
福岡地判平23・1・27判タ1348号191頁・自保1841号1頁‥‥‥‥‥89
名古屋地判平23・2・18交民44巻1号230頁・自保1851号1頁‥‥‥‥87
京都地判平23・4・15自保1854号47頁‥‥‥‥‥‥‥‥‥‥‥133
神戸地尼崎支判平23・5・13判時2118号70頁‥‥‥‥‥‥‥‥‥52

千葉地判平23・8・17交民44巻4号1053頁・自保1864号23頁······52
名古屋地判平23・10・28自保1878号29頁······53
横浜地判平24・1・26自保1876号65頁······258
岡山地判平24・1・31交民45巻1号138頁······163
名古屋地判平24・2・24自保1872号1頁······53
仙台地判平24・2・28自保1870号28頁······264
横浜地判平24・2・28自保1872号10頁······162
東京地判平24・3・27交民45巻2号405頁・自保1873号54頁······148
横浜地判平24・3・29交民45巻2号447頁・自保1877号97頁······191
さいたま地判平24・5・11交民45巻3号602頁・自保1879号93頁······212
大阪地判平24・5・17交民45巻3号649頁・自保1884号58頁······280
東京地判平24・9・13自保1885号25頁······159
大阪地判平24・9・14交民45巻5号1151号・自保1888号67頁······289
東京地判平24・10・11交民45巻5号1239頁・自保1883号1頁・1892号12頁······90
東京地判平24・12・18交民45巻6号1495頁・自保1893号48頁······54
東京地判平25・1・16交民46巻1号49頁・自保1894号103頁······226
京都地判平25・2・5交民46巻1号212頁······177
横浜地判平25・2・28自保1896号144頁······264
福岡地判平25・7・4判時2229号41頁・自保1922号1頁······91
大阪地判平25・7・11交民46巻4号895頁・自保1912号38頁······149
東京地判平25・8・6交民46巻4号1031頁······177
東京地判平25・9・13交民46巻5号1228頁・自保1910号29頁······70, 74
神戸地判平25・10・10判時2234号75頁・自保1922号91頁······192
東京地判平25・11・13交民46巻6号1437頁・自保1915号700頁······244
横浜地判平25・11・18自保1917号80頁······138
東京地判平25・11・25自保1917号114頁······264
横浜地川崎支判平25・12・20自保1926号7頁······245
東京地判平25・12・26自保1917号124頁······255
名古屋地判平26・1・28交民47巻1号140頁······149
横浜地判平26・1・30交民47巻1号195頁······192
名古屋地判平26・3・25・自保1923号28頁······160
大阪地判平26・3・26交民47巻2号431頁······111
東京地判平26・3・28自保1926号134頁······113
名古屋地判平26・4・22自保1926号95頁······160
福井地判平26・5・2交民47巻3号589頁······177
京都地判平26・5・20交民47巻3号636頁・自保1928号31頁······149
さいたま地判平26・5・28自保1941号11頁······161
神戸地判平26・6・20交民47巻3号760頁······178
大阪地判平26・6・27交民47巻3号809頁······192
横浜地判平26・7・17交民47巻4号904頁······180

判例索引

神戸地判平26・7・18交民47巻4号915頁・自保1933号87頁‥‥‥‥‥‥‥‥‥193, 281
大阪地判平26・7・25交民47巻4号946頁・自保1931号15頁‥‥‥‥‥‥‥‥‥‥‥150
神戸地判平26・8・20交民47巻4号981頁‥‥‥‥‥‥‥‥‥‥‥‥‥‥‥‥‥‥‥178
名古屋地判平26・8・21交民47巻4号990頁・自保1932号1頁‥‥‥‥‥‥‥‥‥‥264
横浜地判平26・8・28交民47巻4号1060頁‥‥‥‥‥‥‥‥‥‥‥‥‥‥‥‥‥‥178
横浜地判平26・9・12交民47巻5号1152頁・自保1936号40頁‥‥‥‥‥‥‥‥‥193
大阪地判平26・9・12交民47巻5号1161頁‥‥‥‥‥‥‥‥‥‥‥‥‥‥‥‥‥‥111
京都地判平26・10・31交民47巻5号1326頁‥‥‥‥‥‥‥‥‥‥‥‥‥‥‥‥‥‥69
大阪地判平26・10・31自保1938号53頁‥‥‥‥‥‥‥‥‥‥‥‥‥‥‥‥‥‥‥‥113
横浜地判平26・11・13自保1939号73頁‥‥‥‥‥‥‥‥‥‥‥‥‥‥‥‥‥‥‥‥226
東京地判平26・11・17交民47巻6号1403頁・自保1940号104頁‥‥‥‥‥‥‥‥150
東京地判平26・11・18交民47巻6号1415頁‥‥‥‥‥‥‥‥‥‥‥‥‥‥‥‥‥179
横浜地判平26・12・2自保1941号63頁‥‥‥‥‥‥‥‥‥‥‥‥‥‥‥‥‥‥‥‥139
東京地判平26・12・25自保1941号28頁‥‥‥‥‥‥‥‥‥‥‥‥‥‥‥‥‥‥‥‥74
大阪地判平27・1・21交民48巻1号108頁‥‥‥‥‥‥‥‥‥‥‥‥‥‥‥‥‥‥112
神戸地判平27・1・29交民48巻1号206頁‥‥‥‥‥‥‥‥‥‥‥‥‥‥‥‥‥‥265
東京地判平27・2・13交民48巻1号230頁・自保1944号72頁‥‥‥‥‥‥‥‥‥194
名古屋地判平27・3・4交民48巻2号295頁・自保1949号31頁‥‥‥‥‥‥‥‥‥150
さいたま地判平27・3・20判時2255号96頁・自保1946号43頁‥‥‥‥‥‥‥‥‥15
さいたま地判平27・4・16自保1950号84頁‥‥‥‥‥‥‥‥‥‥‥‥‥‥‥‥‥‥194
横浜地判平27・8・26交民48巻4号997頁‥‥‥‥‥‥‥‥‥‥‥‥‥‥‥‥‥‥179
神戸地判平27・9・8交民48巻6号1608頁‥‥‥‥‥‥‥‥‥‥‥‥‥‥‥‥‥‥245
京都地判平27・9・16交民48巻5号1154頁・自保1961号22頁‥‥‥‥‥‥‥‥‥75
大阪地判平27・10・1自保1964号51頁‥‥‥‥‥‥‥‥‥‥‥‥‥‥‥‥‥‥‥‥265
京都地判平27・11・4交民48巻6号1345頁・自保1965号72頁‥‥‥‥‥‥‥‥‥151
名古屋地判平27・11・27交民48巻6号1443頁‥‥‥‥‥‥‥‥‥‥‥‥‥‥‥‥180
東京地判平28・1・25自保1969号54頁‥‥‥‥‥‥‥‥‥‥‥‥‥‥‥‥‥‥‥‥195
名古屋地判平28・2・16自保1972号99頁‥‥‥‥‥‥‥‥‥‥‥‥‥‥‥‥‥‥114
神戸地判平28・2・24自保1981号134頁‥‥‥‥‥‥‥‥‥‥‥‥‥‥‥‥‥‥‥162
名古屋地判平28・2・26交民49巻1号288頁‥‥‥‥‥‥‥‥‥‥‥‥‥‥‥‥‥181
大阪地判平28・2・26自保1974号140頁‥‥‥‥‥‥‥‥‥‥‥‥‥‥‥‥‥‥‥281
大阪地判平28・3・10自保1978号29頁‥‥‥‥‥‥‥‥‥‥‥‥‥‥‥‥‥‥‥‥55
東京地判平28・3・16交民49巻2号349頁‥‥‥‥‥‥‥‥‥‥‥‥‥‥‥‥‥‥180
札幌地判平28・3・30自保1991号1頁‥‥‥‥‥‥‥‥‥‥‥‥‥‥‥‥‥‥‥‥88
横浜地判平28・3・31自保1977号136頁‥‥‥‥‥‥‥‥‥‥‥‥‥‥‥‥‥‥‥139
金沢地判平28・3・31自保1991号14頁‥‥‥‥‥‥‥‥‥‥‥‥‥‥‥‥‥‥‥‥55
大阪地判平28・4・14自保1977号49頁‥‥‥‥‥‥‥‥‥‥‥‥‥‥‥‥‥‥‥‥55
神戸地判平28・4・20自保1976号42頁‥‥‥‥‥‥‥‥‥‥‥‥‥‥‥‥‥‥‥‥75
宇都宮地判平28・5・12自保1979号1頁‥‥‥‥‥‥‥‥‥‥‥‥‥‥‥‥‥‥49, 76
大阪地判平28・6・14自保1980号12頁‥‥‥‥‥‥‥‥‥‥‥‥‥‥‥‥‥‥‥‥56

判例索引

神戸地判平28・6・30自保1980号1頁‥‥‥‥‥‥‥‥‥‥‥‥‥‥‥‥‥‥‥‥56
大阪地判平28・7・28自保1985号43頁‥‥‥‥‥‥‥‥‥‥‥‥‥‥‥‥‥‥‥114
津地四日市支判平28・8・3自保1978号15頁‥‥‥‥‥‥‥‥‥‥‥‥‥‥50, 77
神戸地判平29・3・30自保1999号1頁‥‥‥‥‥‥‥‥‥‥‥‥‥‥‥‥‥‥‥88

後遺障害入門

〈認定から訴訟まで〉

2018年 8 月18日	初版第 1 刷印刷
2018年 9 月15日	初版第 1 刷発行
2018年10月31日	初版第 2 刷発行
2019年 1 月15日	初版第 3 刷発行
2020年 3 月31日	初版第 4 刷発行

	小 松 初 男
編 者©	小 林 覚
	西 本 邦 男
発 行 者	逸 見 慎 一
発 行 所	株式会社 青 林 書 院

電話 (03) 3815−5897
振替 00110−9−16920
〒113-0033 東京都文京区本郷 6 − 4 − 7
印刷／製本・シナノ印刷株式会社

検印廃止 落丁・乱丁本はお取り替えいたします。

©2018 Printed in Japan

ISBN978-4-417-01737-0

JCOPY 〈(社)出版者著作権管理機構 委託出版物〉
本書の無断複写は著作権法上での例外を除き禁じられています。
複写される場合は，そのつど事前に，(社)出版者著作権管理機構
（電話 03-5244-5088，FAX 03-5244-5089，e-mail: info@
jcopy.or.jp）の許諾を得てください。